Ferdinand Heinrich Müller

Die deutschen Stämme und ihre Fürsten

oder historische Entwicklung der Territorialverhältnisse Deutschlands im

Mittelalter

Ferdinand Heinrich Müller

Die deutschen Stämme und ihre Fürsten
oder historische Entwicklung der Territorialverhältnisse Deutschlands im Mittelalter

ISBN/EAN: 9783741184185

Hergestellt in Europa, USA, Kanada, Australien, Japan

Cover: Foto ©Lupo / pixelio.de

Manufactured and distributed by brebook publishing software
(www.brebook.com)

Ferdinand Heinrich Müller

Die deutschen Stämme und ihre Fürsten

Die

deutschen Stämme
und ihre Fürsten

oder

historische Entwickelung der Territorial-Verhältniſſe
Deutſchlands im Mittelalter

von

Ferdinand Heinr. Müller.

Vierter Theil.

Hiſtoriſch-geographiſche Darſtellung von Deutſchland
im Mittelalter vornehmlich während der Zeit des
zehnten Jahrhunderts.

Berlin.
Bei C. G. Lüderitz.
1844.

Die deutschen Stämme
und ihre Fürsten.

Oder:

Historische Entwicklung der Territorial-Verhältnisse Deutschlands im Mittelalter.

Von

Ferdinand Heinrich Müller.

Erster Theil.

Vorgeschichte der deutschen Stämme bis zur Bildung des fränkischen Reiches der Merowingen.

Aus dem Verlag von C. H. Lüderitz in Berlin übergegangen
1861
an Friedrich Andreas Perthes in Gotha.

Vorrede.

Indem ich hiermit eine neue Arbeit über einen schon vielfach behandelten Gegenstand der Oeffentlichkeit übergebe, scheint es vor allem nöthig zu sein, mich über den Inhalt, den Zweck und die Form derselben genauer auszusprechen.

Was zunächst den Inhalt dieser Schrift anbetrifft, so wird man es troß aller Arbeiten, welche bisher über die Geschichte unseres deutschen Vaterlandes erschienen sind, grade nicht für ein überflüssiges Unternehmen erachten mit einer neuen Schrift darüber hervorzutreten, zumal als es sich schon aus dem Titel derselben ergiebt, daß bei ihrer Abfassung ein ganz anderer Standpunkt gewählt worden, als er bei allen sonstigen Werken dieser Art gestellt ist.

Denn es läßt sich bekanntlich die Geschichte eines jeden Volkes von einer zwiefachen Seite auffassen, je nachdem man mehr das geistige Leben desselben berücksichtigt, wie es sich in seiner politischen Entwickelung

nach außen hin, in seiner Verfassung und in seinem ge=
sammten Kulturzustande in religiöser und intellektueller
Beziehung ausspricht, oder je nachdem man mehr das na=
türliche Leben desselben in seiner äußern volksthümlichen
Gestaltung und in seinem Verhältnisse zum Boden des
von ihm bewohnten Landes hervorhebt. Diese Natur=
seite der Geschichte des deutschen Volkes, welche aber
die wesentliche Grundlage für jene mehr geistige Seite
seines Lebens bildet und ihren Einfluß auf jene überall
zu erkennen giebt, ist der eigentliche Gegenstand und der
Zweck der Darstellung in dieser Arbeit, und bei dieser
Behandlung der deutschen Geschichte sind es besonders
drei Hauptgesichtspunkte, welche ich ins Auge faßte, das
geographische, das ethnographische und das genealogische
Element. Nur ist dabei zu bemerken, daß der erste und
zweite Gesichtspunkt in vieler Beziehung zusammenfallen,
indem hier von dem geographischen Elemente nur in so
fern die Rede sein kann, als es ein Ausdruck des ge=
schichtlichen Lebens des Volkes ist, und darum mit dem
ethnographischen Elemente immer verbunden sein muß.

Wenn man den heutigen Zustand von Deutschland
nach der eigenthümlichen Zersplitterung seiner Gebiete
betrachtet und sich die Frage zu beantworten sucht, wie
diese Gestaltung der vielen kleinern und größern Land=
schaften unter den in ihnen herrschenden besondern Für=
stenhäusern sich gebildet hat, so wird man zunächst auf
den Zustand Deutschlands im Mittelalter hingewiesen,
in welchem das deutsche Reich aus einer Reihe verschie=
dener zu einer politischen Gemeinschaft vereinigter Stämme

oder Völkerschaften bestand, deren Sonderung unter einander immer als die natürliche Grundlage seiner jetzigen Zertheiltheit anerkannt werden muß, so wenig auch
die frühern Stammunterschiede sich scheinbar jetzt noch
in den durch die historische Entwickelung hervorgegangenen Territorien erkennen lassen. Eben die Geschichte
dieser Stämme, welche bei ihrer in sich abgesonderten
und eigenthümlichen Entwickelung innerhalb des gemeinsamen deutschen Reiches schon im Mittelalter dem Reiche
den Charakter eines Bundesstaates verliehen, soll nach
den oben bemerkten Gesichtspunkten der Gegenstand einer
besondern Behandlung werden, dessen Bedeutung und
Wichtigkeit eben so wenig einer Rechtfertigung bedarf,
als es nöthig ist auf das Interessante dieser historischen
Entfaltung für die Betrachtung hinzuweisen. Denn nur
aus einer genügenden Kenntniß von dem Zustande und
dem Leben der einzelnen deutschen Stämme in ihrer
Besonderung und in ihrem gegenseitigen Verhältnisse
ergiebt sich auch eine gründliche Anschauung und Erkenntniß von dem gemeinsamen Leben des deutschen
Volkes in seinem Innern und in seiner Wirksamkeit
nach außen.

Schon Niklas Vogt äußert mit Recht in der Vor-
rede zu seinen trefflichen rheinischen Geschichten und Sagen, daß die deutsche Geschichte das Eigenthümliche
habe, daß sie in ihrer Allgemeinheit nur aus einer gründ-
lichen Kenntniß ihrer Besonderheiten und Einzelnheiten
d. h. ihrer Specialgeschichten bis in die niedrigsten
Kreise des politischen Lebens hinab genügend verstanden

werden könne, und daß sich hier mehr als bei irgend
einer andern Geschichte eines Volkes das Allgemeine,
Besondere und Einzelne gegenseitig durchdringe, bestimme
und erläutere, wie dies der äußere politische Zustand
der deutschen Nation in allen Zeiten gelehrt hat. Auch
hat man in der jüngsten Zeit darauf aufmerksam ge=
macht, daß das moderne deutsche Recht, wie es in den
verschiedenen Gebieten Deutschlands gilt, aus den ver=
schiedenen bei den einzelnen deutschen Stämmen herr=
schenden Rechtsgewohnheiten wie aus seinen ursprüngli=
chen Wurzeln erwachsen ist und sich nur daraus genü=
gend erkennen und würdigen lasse. Und darum hat
man sich in unserer Zeit mit besonderem Eifer auf die
genauere Erforschung der alten deutschen Volksrechte
und auf die damit zusammenhängende Geschichte der
einzelnen deutschen Stämme des Mittelalters gelegt,
und es sind in der letztern Beziehung so manche treff=
liche Arbeiten daraus hervorgegangen, wenn man auch
nicht behaupten kann, daß alle Stämme des deutschen
Reiches, noch weniger aber viele der aus ihren Gebie=
ten entstandenen größern Territorial = Herrschaften, bis
jetzt schon durchaus genügende Werke über ihre Ge=
schichte gefunden hätten.

Scheint auch beim ersten Anblicke die Geschichte
Deutschlands im Mittelalter mit der von Frankreich we=
gen der Zertheilung beider Länder in verschiedene volks=
thümliche Gebiete unter besondern Fürstengeschlechtern
eine große Uebereinstimmung zu zeigen, so erkennt man
doch leicht den wesentlich verschiedenen Charakter beider

historischen Gestalten. Denn in dem letztern Lande zeigt
sich die innere Sonderung immer nur als etwas mehr
oder minder Zufälliges, die sich nur auf gewisse Weise
an die ursprünglich dort vorhandenen volksthümlichen
Unterschiede anschließt, während diese Sonderung auf
dem deutschen Boden als die von der Natur gegebene
Grundlage des deutschen Reiches hervortritt. Darum
hatten die deutschen Stämme des gemeinsamen deutschen Reiches in ihrer gegenseitigen Absonderung immer
eine sittliche Berechtigung für sich, welche auch ihre gemeinsamen Beherrscher anerkennen mußten, und darum
hat sich hier aus der Auflösung und Neutralisirung der
Stämme in ihrer spröden Natürlichkeit ein ganz anderes Resultat ergeben als es dort erscheint. Ja es ist
hier trotz aller äußern Zersplitterung in politischer Beziehung eine größere innere, ideelle Einheit der deutschen
Volksthümlichkeit erreicht worden, als es in jenem Lande
der Fall ist, wo die äußere politische Einheit die innere
Gebrochenheit der Nationalität niemals hat überwinden
können

Indem also in dieser Darstellung das ethnographische Element oder die Gestaltung und Entwickelung
des äußern volksthümlichen Lebens der Deutschen nach
seiner Besonderung und seiner Allgemeinheit zum Mittelpunkte gemacht wird, haben wir es vornehmlich mit
dem Zustande und den gegenseitigen Verhältnissen der
National-Herzogthümer in Deutschland zu thun, und
haben zu zeigen, wie dieselben in ihrer politischen Entwickelung im Laufe der Zeit zersprengt worden sind, und

wie die natürliche Absonderung der Stämme des Reiches von einander aufgehoben worden ist, um aus ihnen
die Bildung verschiedenartiger kleinerer Territorien hervorgehen zu lassen, durch welche wiederum eine allgemeine deutsche Volksthümlichkeit hat erzeugt werden
können. Diese ethnographische Seite der deutschen Geschichte steht aber mit dem geographischen Elemente in
genauer Verbindung, weil bei der Darstellung jener
Verhältnisse die Untersuchung über die politischen Abtheilungen und Grenzmarken der deutschen Gebiete in
jener Zeit, wie solche trotz aller Verwischung auch jetzt
noch überall hindurchscheinen, erst die wesentliche Bestimmtheit in die Geschichte hineinbringt. Und diese politischen Abtheilungen hängen wieder genau zusammen
mit den kirchlichen Abtheilungen, in so fern sich beide
im Wesentlichen immer einander gedeckt haben, oder mit
der Zertheilung Deutschlands nach seinen Diöcesanspren-
geln, so daß eine Geschichte der deutschen Stämme im
Mittelalter ohne eine historische Entwickelung der politischen und kirchlichen Geographie Deutschlands nach seinen Herzogthümern und Gauen so wie nach seinen Erz-
bisthümern und Bisthümern gar nicht gedacht werden
kann. Darum erhält diese historische Arbeit zugleich
auf gewisse Weise einen geographischen Charakter, indem
sie die historische Entwickelung der politischen und kirchlichen Eintheilungen Deutschlands, ohne deren Kenntniß
weder die allgemeine deutsche Geschichte im Mittelalter
noch auch bis der neuern Zeit wahrhaft verstanden werden kann, an jenen Volksstämmen verfolgt; und die

Geschichte der Namen der Stämme und ihrer Gebiete, welche seit anderthalb Jahrtausenden in der verschiedensten Bedeutung und in dem verschiedensten Umfange gebraucht worden sind, muß nothwendig einen der wichtigsten Punkte in dieser Behandlung der deutschen Geschichte abgeben.

Es erhellt daraus von selbst, daß grade alle diejenigen Verhältnisse, welche auch in den ausführlichsten und trefflichsten Werken über die allgemeine deutsche Geschichte, woran es in unserer Litteratur doch keineswegs gebricht, entweder ganz zurücktreten oder nur auf eine sehr untergeordnete Weise berücksichtigt werden, hier als der Hauptgegenstand der Darstellung hervortreten werden. Denn schwerlich giebt es wohl eins von jenen Werken, in welchem man über so manche Punkte, die auf jeden Fall zu den wichtigsten und nothwendigsten für das Verständniß der allgemeinen Geschichte gehören, eine genügende Auskunft und Belehrung fände. Daß damit jenen Werken durchaus nicht ein Vorwurf gemacht werden soll und darf, das bedarf kaum einer Bevorwortung, wenn man den Zweck, den Charakter und die Haltung derselben beachtet, wonach sie sich unmöglich auf die Ausführung dieser Verhältnisse einlassen konnten ohne sich selbst zu verlieren, obschon es auf der andern Seite auch nicht zu läugnen ist, daß selbst bei den besten Autoren auf diesem Gebiete mancherlei falsche Vorstellungen in dieser Beziehung verbreitet sind, welche auf eine unzureichende Kenntniß jener Verhältnisse hinweisen.

Erst in der jüngsten Zeit ist das Studium der Gaugeographie Deutschlands im Mittelalter aufgeblüht, und man ist zu der Einsicht gekommen, daß sich nur aus ihr die Bildung und Gestaltung der jüngern Territorial-Herrschaften unter den jetzigen deutschen Fürstengeschlechtern genügend nachweisen lasse. Auch haben wir schon so manche treffliche Arbeiten über die Gaugeographie der deutschen Gebiete im Mittelalter seit kurzem erhalten, aber noch fehlt es an einem umfassenden Werke, in welchem die Resultate dieser Forschungen in Verbindung mit der allgemeinen Geschichte des Volkes dargestellt wären. Dazu gebricht es nicht minder an besondern Arbeiten, in welchen die historischen Schicksale der Namen der deutschen Stämme, ihre Wanderungen und Umgestaltungen von der ältern bis auf die neuere Zeit verfolgt wären, und eben so fehlt es noch an Arbeiten über die kirchliche Geographie, um eine übersichtliche aber gründliche Belehrung über den Zustand der einzelnen Hochstifte Deutschlands und deren gegenseitige Verhältnisse, durch welche auch der politische Zustand der deutschen Stämme so manche Erläuterung erhält, zu gewinnen. Ja der so wichtige Zweig der historischen Litteratur über die deutschen Hochstifte hat bis dahin ganz brach gelegen, und scheint in Folge des Aufblühens der politischen Specialgeschichten Deutschlands erst jetzt seinen Anfang zu nehmen.

Wenn es nun hier versucht wird, eine solche historische Entwickelung aller dieser Verhältnisse zu geben, die gleichsam das Gewebe bilden, auf welchem und in

welchem das eigentlich historische Leben des deutschen
Volkes zur Erscheinung kommt, so kann eine solche Arbeit bei dem jetzigen Zustande der historischen Wissenschaft in diesem Kreise auch immer nur mehr oder minder ein Versuch genannt werden, und es kann hier, zumal bei dem Charakter eben dieser Arbeit, wovon noch
weiter unten die Rede sein wird, auch nur das Allge-
meinste jener Verhältnisse dargelegt werden. Auf der
andern Seite aber muß man doch gestehen, daß für die
deutsche Geschichte im Allgemeinen und Besondern schon
so viel Treffliches erarbeitet worden ist, um sich wohl
bewogen zu fühlen, sich an ein solches Unternehmen zu
wagen. Verkennen darf man nur dabei nicht, daß es
noch sehr viele Punkte in unserer vaterländischen Geschichte rücksichtlich der eben berührten ethnographischen
und geographischen Verhältnisse giebt, welche bis jetzt
von einem fast undurchdringlichen Dunkel bedeckt sind,
das man vielleicht niemals zu lichten im Stande sein
wird. Bei den dürftigen Nachrichten, welche uns in
dieser Beziehung aus dem Alterthum und Mittelalter
hinterblieben sind, ist vieles so ungewiß und schwankend,
daß es sich nach den jetzt vorliegenden Quellen durchaus nicht zur Entscheidung bringen läßt, und daß man
sich über manche der wichtigsten Punkte immer nur mit
Vermuthungen wird begnügen müssen.

Als ein bedeutender Gewinn für das richtige Verständniß der Geschichte erscheint es mir nun dabei, ein
bestimmtes Bewußtsein darüber zu haben, wie weit unsere Kenntniß eigentlich reicht, und auf welchen Ver-

hältniſſen ein bis jetzt nicht zu erhellendes Dunkel ruht.
Daher ſollten Punkte von der Art beſonders bemerkbar
gemacht werden, und es war meine Abſicht, um allen
falſchen Vorſtellungen entgegen zu wirken, den eigentlichen Zuſtand der Dinge nachzuweiſen und die verſchiedenen Hypotheſen anzugeben, welche ſich zur Erklärung
ſolcher Verhältniſſe gebildet haben, um die Beſchaffen-
heit der hiſtoriſchen Syſteme würdigen zu können, welche
auf ſolchen muthmaßlichen Grundlagen aufgebaut worden ſind. Uebrigens verſteht es ſich wohl von ſelbſt,
daß es bei der zuſammenhängenden Darſtellung hiſtori-
ſcher Verhältniſſe nicht immer möglich iſt, ſich ſelbſt aller Hypotheſen zu enthalten, wo es an allen beſtimmtern
Nachrichten über die wichtigſten Lebensverhältniſſe der
deutſchen Völker zu einander mangelt. Doch ſcheint
dies auch ohne Nachtheil für die Sache geſchehen zu
können, wenn darauf hingewieſen iſt, daß man es dabei
nur mit einer Annahme zu thun habe, welche aber unter den gegebenen Umſtänden und nach der ganzen Lage
der Dinge als das einzig mögliche Mittel erſcheint, die
ſich dabei darbietenden Schwierigkeiten auf eine einfache
und angemeſſene Weiſe zu löſen.

Der Zweck dieſer Arbeit iſt nun allerdings, wie
der Titel beſagt, die hiſtoriſche Entwickelung der deutſchen Stämme im Mittelalter zur Erläuterung der Bildung und Geſtaltung der Territorial-Verhältniſſe Deutſchlands in der modernen Zeit zu geben, und dieſer ganze
vorliegende erſte Theil beſchäftigt ſich eigentlich nur mit
der Einleitung dazu oder mit der Geſchichte der deut-

schen Stämme und ihrer Gebiete bis auf die Zeit des
fränkischen Reiches der Merowingen. Es umfaßt also
dieser Theil nur den Zeitraum, welcher gewöhnlich wohl
noch der Zeit des Alterthums zugerechnet wird, obschon
man über den Anfangspunkt und über die Dauer des
sogenannten Mittelalters immer sehr verschiedener Meinung gewesen ist und auch nothwendig sein muß, je
nachdem man einen allgemeinern oder engern Standpunkt
der Betrachtung jener Zeit wählt. Doch wird man
schwerlich umhin können die Zeit vom Anfange des
vierten Jahrhunderts schon als einen integrirenden Theil
des Mittelalters zu betrachten, wenn man auch das Zeitalter vor den Constantiern noch als durchaus dem Alterthum angehörig in Anspruch nehmen möchte. Aber
an die Frage von dem Zustande jener deutschen Stämme
in den ersten Jahrhunderten des Mittelalters knüpft sich
sogleich wieder die Frage nach dem Ursprunge derselben,
da sie bekanntlich nicht von Anfang an gegeben sind,
sondern erst im Laufe der Zeit und zwar noch vor der
Epoche des Geschlechtes der Constantier größtentheils
hervortreten, und daher war es nothwendig auf die ältesten kleinen germanischen Völker zurück zu gehen, welche
um die Zeit des Anfanges unserer Zeitrechnung auf
dem Boden Germaniens erscheinen, und mit welchen die
Römer die langwierigen Kriege an dem Rhein und an
der Donau geführt haben. Das gab dann auch Gelegenheit den Zustand des römischen Germaniens im Osten
und Westen des Rheins, dessen Einfluß auf die spätern
Lebensverhältnisse der deutschen Völker in jeder Bezie-

hung von jeher anerkannt worden ist, genauer zu beleuch=
ten, und das geographische Element daran in seinen
Hauptzügen zu verfolgen.

Erst im Konflikte mit der römischen Welt haben
sich aus den ursprünglichen kleinen Stämmen auf dem
germanischen Boden die größern Stammverbindungen
hervorgebildet, deren Namen in der Geschichte der Völ=
kerwanderung eine so große Rolle spielen, und welche
sich sodann in der deutschen Geschichte und Geographie
bis auf den heutigen Tag, wenn schon in sehr verschie=
dener Bedeutung und meistens in ganz andern Gegen=
den als sie ursprünglich einheimisch waren, erhalten ha=
ben. Denn so erscheinen nicht nur dieselben Gegenden
in den verschiedenen Zeiten der Geschichte unter den
verschiedensten deutschen Stammnamen, wie z. B. die
zu beiden Seiten des untern Rhein unter den Namen
von Franken, Sachsen, Friesland, Lothringen und Bur=
gund vorkommen, sondern es greifen die Namen der
deutschen Völker in den verschiedenen Gebieten Deutsch=
lands auch immer so in einander über, wie die der Fran=
ken und Alemannen, der Franken und Sachsen, der
Franken und Hessen, der Sachsen und Thüringer, daß
man durch die Wandelbarkeit und die scheinbare Un=
sicherheit der Namen in der Bezeichnung der deutschen
Landschaften nicht selten in große Verlegenheit geräth.

Die historische Geographie Deutschlands im Mit=
telalter hat nun das Verhältniß dieser verschiedenen
Stammnamen der deutschen Völker zu einander und
ihre Geschicke nachzuweisen. Dies läßt sich aber nur

thun vermittelst der Namen der ursprünglichen germanischen Stämme aus dem römischen Zeitalter, und rechtfertigt daher die Ausdehnung dieser Arbeit auf die ältern Zustände der germanischen Völkerwelt. Auch sind
erst seit kurzem die Forscher auf dem Gebiete der deutschen Alterthumskunde darauf aufmerksam geworden, daß
alle politischen und kirchlichen Abtheilungen Deutschlands
im Mittelalter eben so auf den ursprünglichen Stamm-
verhältnissen der deutschen Völker beruhen, wie dieselben
die Grundlage der modernen politischen Verhältnisse im
Innern Deutschlands bilden. So wie aber die Erforschung des ältern Zustandes der germanischen Völkerwelt in dem römischen Zeitalter für die Erkenntniß des
Zustandes von Deutschland im Mittelalter immer von
Bedeutung gewesen ist, so hat wiederum das Studium
der Gaugeographie Deutschlands im Mittelalter nicht
nur dazu beigetragen die mittelaltrige Geographie Deutschlands zu begründen und die Geschichte jener Zeit auf-
zuhellen, sondern hat auch die gesammte frühere germanische Geschichte in den ersten Kaiserzeiten fast gänzlich
umgestaltet.

Als ein Nebenzweck dieser Arbeit kann es hier
ausgesprochen werden, die zahlreichen Resultate aller der
trefflichen Forschungen auf dem Gebiete der deutschen
Geschichte nach dem hier zum Grunde liegenden Standpunkte, welche entweder in besondern Werken oder auch
in den Zeitschriften der verschiedenen historischen Vereine
Deutschlands zerstreut liegen, einmal unter einen gemeinsamen Gesichtspunkt zusammen zu fassen, und wenn es

zunächst für mich ein wissenschaftliches Bedürfniß war,
dessen bewußt zu werden, was in dieser Beziehung erarbeitet worden ist, und wie sehr grade in den letzten
Decennien die ganze deutsche Geschichte sich umgewandelt hat, so möchte eine Darstellung dieser Gegenstände
auch für manche andere Freunde der vaterländischen Geschichte nicht ohne Interesse und Belehrung sein. Ganz
besonders betrifft dies alle diejenigen Verhältnisse, welche
hier am Anfange des zweiten Hauptabschnittes dieses
Theils unter dem Namen des römischen Germaniens
behandelt worden sind, wo es bei dem Mangel an allen Berichten der Alten nur auf Lokaluntersuchungen
und auf die neuern Berichte ankommt, welche bis
jetzt meist schwer zugänglich in den Provinzialzeitschrif-
ten und kleinern Abhandlungen noch nirgends für eine
genügende Behandlung einer Germania unter den Römern, für welche heut zu Tage die Arbeiten von Mannert, Wilhelm und anderer Autoren gar nicht mehr ausreichen, benutzt worden sind.   Doch konnten nach der
ganzen Anlage eben dieser Arbeit nur Andeutungen oder
die Grundzüge zu einer Germania nach den neuern Forschungen in historischer und antiquarischer Beziehung gegeben werden.

    Wie schon oben bemerkt ist, würde es ein Haupt-
zweck dieser Arbeit sein, alle Namen der deutschen
Stämme und Gebiete im Mittelalter von ihrem ersten
Hervortreten an nach ihrer historischen Entwickelung bis
auf die neuern Zeiten, wo sie sich zum Theil verloren
haben, zu verfolgen, um dadurch zu einer mehr klaren

und sichern Anschauung der ethnographischen und geographischen Verhältnisse unseres deutschen Vaterlandes, als sie sonst in den verschiedenen Werken dieses Theiles unserer Litteratur uns entgegentreten, zu gelangen. Auch wird man nicht läugnen können, daß eine solche historische Untersuchung außer dem bloßen Nutzen noch ein besonderes Interesse und eine wissenschaftliche Befriedigung gewähren muß. An acht Namen sind es vornehmlich, welche in dieser Beziehung auf dem Gebiete Deutschlands in Betracht kommen, und an welche sich noch viele andere Namen von mehr untergeordneter Art anschließen, oder die Namen der sechs Hauptstämme Deutschlands der Franken, Schwaben, Baiern, Thüringer, Sachsen und Friesen und im Westen des Rhein die beiden für die deutsche Geschichte nicht minder wichtigen Namen Burgund und Lothringen. Denn sie umfassen die Geschicke aller übrigen untergeordneten Stamm- oder Gebietsnamen wie z. B. von Hessen, Westfalen, Engern, Nordgau, Osterland, Holstein u. a. m., und sie sind von diesen ältern untergeordneten Namen entweder auf ganz entlegene Gebiete beschränkt worden, wie es bei Lothringen und Sachsen der Fall ist, oder sie haben den ältern und selbst auch neuern Namen ganz weichen müssen, und haben sich, wie es bei Schwaben, Franken und Thüringen der Fall ist, nur noch im Munde des Volkes erhalten. Die Schicksale der aus dem Mittelalter so glanzvoll herüberleuchtenden Namen sind so eigenthümlicher und verschiedener Art, daß man in dem heutigen Deutschland kaum jenes Deutschland der Zeit

I.   **

der Hohenstaufen wieder erkennen könnte, selbst wenn
man auch von dem verschiedenartigen politischen Zustande
durchaus absieht.

Denn wo ist das Herzogthum Schwaben jenes
berühmten Heldengeschlechtes geblieben? Wo und in
welchen Grenzen soll man das Herzogthum Franken der
Hohenstaufen suchen? Wo und wie ist aus den einst
den Hohenstaufen gehörigen fränkischen Ländern die Pfalz
hervorgegangen, und wo ist dieses Churland, dessen Name
in den Zeiten am Ende des Mittelalters mit solcher Bedeutung auftritt, wieder geblieben? Das alte Schwaben ist längst verschwunden. Die moderne Geschichte
und Statistik kennt es nicht mehr, und die Namen von
zwei der Burgen des Mittelalters haben sich in sein Gebiet auf der Ostseite des Rhein getheilt, während sich
allein im Westen noch der einheimische untergeordnete
Name des Elsaß, aber leider nur auf einem für Deutschland verloren gegangenen Gebiete, erhalten hat. Nur
die Vereinigung der beiden Länder Baden und Würtemberg könnte dereinst den alten, ruhmvollen Namen,
der in Deutschlands Kulturgeschichte so glanzvoll wie
in seiner politischen Geschichte ist, in einem Königreiche
Schwaben wieder herstellen. Unter allen jenen alten
Namen hat der von Baiern in der neuern Zeit sich in
der größten Ausdehnung erhalten und sich nach zwei
Seiten, im Westen und Norden, weit über seinen ursprünglichen Boden hinaus verbreitet oder über Theile
des schwäbischen und fränkischen Landes, während er im
Osten und Süden auf dieselbe Weise durch die aus

ihm hervorgegangenen Gebiete von Oestreich, Salzburg und Tyrol beschränkt worden ist, so daß der neuere Name im Verhältniß zum ältern der räumlichen Ausdehnung nach nur als verschoben erscheint. Als eine interessante Erscheinung kann es dabei bezeichnet werden, daß auf dem heutigen baierschen Gebiete in seinen jüngern Abtheilungen die alten volksthümlichen und die historisch gegebenen Namen wieder erneuert worden sind. Denn in der That sind doch solche Namen mehr als bloße äußerliche Bezeichnungen; an sie knüpft sich auf gewisse Weise das ganze volksthümliche Leben an, und wie auch immer der neuere politische Zustand von Deutschland sein mag, seine Bewohner halten an diesen alten nationellen Bezeichnungen stets fest, und wissen sich darin bei aller politischen Getrenntheit in ihrer von Natur gegebenen sittlichen Einheit.

Das zeigt sich besonders an dem Volke der Thüringer, welche trotz aller ihrer in sich abgeschlossenen volksthümlichen Gediegenheit ihren nationellen Namen so oft an ihre Nachbarn, an die Franken und Sachsen, haben aufopfern müssen, und deren Heimathsland in dem Herzen des neuern Deutschland seit den letzten Jahrhunderten die bunteste Zerstückelung und die größte Zerrissenheit in politischer Beziehung zeigt. Möchte doch auch hier einmal eine Zeit kommen, wo aus der Vereinigung der vielen kleinen unbedeutenden sächsischen Herzogthümer nebst den ihnen benachbarten Gebieten der alte Name Thüringen wieder zu der politischen Geltung und Bedeutung gelangte, welche er zwar im Verhält-

niß zu den übrigen deutschen Stammnamen immer nur
selten, aber unter seinen alten Landgrafen in dem Zeitalter der Hohenstaufen nicht ohne Ruhm gehabt hat.
Denn hat auch die politische Zersplitterung Deutschlands
ohne Zweifel die geistige Freiheit des deutschen Volkes
einst gerettet, so ist doch jetzt die Zeit der Nothwendigkeit
einer solchen äußern Zertheiltheit vorüber, und der Pro-
ceß der Vereinigung seiner vielfach aus einander gerisse-
nen Glieder, wie er seit dem Anfange dieses Jahrhunderts begonnen hat, könnte im Interesse der freien Entwickelung des deutschen Volkes jetzt wohl in mancher
Hinsicht beschleunigt werden.

Dem Stamme der Thüringer ist es aus mancherlei Ursachen im Mittelalter nicht vergönnt gewesen ein
ähnliches Nationalherzogthum zu bilden, wie sich ein solches bei den Schwaben, Baiern und Sachsen entwik-
kelt hat. Durch einen großen Theil der mittelaltrigen
Geschichte erscheint Thüringen immer nur als ein An-
hang oder Nebenland zu andern Gebieten Deutschlands,
und das Land der Friesen hat mit ihm in dieser Beziehung ein gleiches Schicksal getheilt. Doch zeigt sich
dabei der bedeutende Unterschied, daß der Name der
Friesen, welcher schon der Urzeit Germaniens angehört,
in den verschiedenen Jahrhunderten der Geschichte, gleichsam wandernd, in einem verschiedenen Umfange gebraucht
worden ist, seine politische Geltung, wenn auch auf untergeordnete Weise, sich immer bewahrt und selbst jetzt
noch seine Bedeutung in staatsrechtlicher Beziehung auf
dem Gebiete des jüngern Landes Hannover sich erhalten

hat, wenn auch grade nicht auf der Stelle, wo er uns
zuerst entgegen tritt.

Hat sich auch der Name Sachsen seit den ältesten
Zeiten der deutschen Geschichte bis jetzt in drei verschiedenen Gebieten Deutschlands behauptet, so hat doch
kaum ein anderer Name mehr Umgestaltungen erlebt
als er, und ist aus den Gebieten, in welchen er beim
Beginne des Mittelalters als einheimisch erscheint, fast
gänzlich verdrängt worden, so daß es fast als zweifelhaft erscheinen kann, ob er heut zu Tage noch ir-
gendwo in Deutschland als volksthümlich vorkommt. Aber
auch die ihm untergeordneten Namen haben sich nur
zum Theil ihr Dasein gerettet. Denn das Königreich
Sachsen hat sich ganz auf wendischem Grund und Boden in der alten Mark Meißen erhoben, die Herzogthümer Sachsen haben auf dem Boden von Thüringen
ihren Sitz aufgeschlagen, und nur das preußische Herzogthum Sachsen allein ist auf altsächsischem Boden,
auf dem Gebiete der Ostfalen, entstanden, dessen alter
Name schon frühzeitig von der jüngern Bezeichnung
Braunschweig und später wieder von dem Namen Hannover verschlungen worden ist. Das alte sächsische Engern ist noch früher spurlos verschwunden, und spiele
überhaupt immer nur eine sehr untergeordnete Rolle in
der Geschichte. Aber im Unterschiede von dem engerschen und ostfälischen Namen hat der Name Westfalens
stets eine weit größere, intensive Kraft bewiesen und
hat sich in dem westsächsischen Lande um so mehr zu
behaupten vermocht, je mehr der sächsische Name auch

im Munde des Volkes im Westen der Weser ganz er-
sterbend nur noch in den engerschen und ostfälischen
Landschaften, in dem Gebiete des sogenannten niedersächsischen Kreises, in staatsrechtlicher Beziehung sich seine
Geltung bewahrt, und sich sogar in den wendischen Ländern im Osten der Elbe, in dem sogenannten obersäch-
sischen Kreise, noch am Ende des Mittelalters Anerkennung zu verschaffen gewußt hat. Doch ist er weder dort
noch hier eigentlich volksthümlich geblieben oder geworben, und zeigt sich als solcher vielleicht nur in dem neu
erworbenen, ursprünglich wendischen Gebiete an der Elbe
von Wittenberg bis nach Dresden hinauf. Auf keine
Weise ist dies jedoch so der Fall wie in Schwaben
und Thüringen mit deren einheimischen Namen. Westfalens Name ist dagegen durch das ganze Mittelalter
der herrschende in dem Lande zwischen der Weser und
dem Rhein geblieben, hat hier eine volksthümliche Geltung gewonnen oder schon von früher behauptet, und
hat auch seine Anerkennung in der Kreiseintheilung
Deutschlands gefunden. Ja er hat sich in der neuesten
Zeit in einem Königreiche selbst zu einer welthistorischen
Bedeutung emporgeschwungen, und wenn ihm diese auch
wieder verloren gegangen, so hat er doch in seiner staats-
rechtlichen Erneuerung auf seinem alten echten Gebiete
fast nach seinem ursprünglichen Umfange in der großen
preußischen Provinz das ihm gebührende Recht wieder-
erlangt.

Dagegen scheinen nun die andern Theile der neuern
rheinpreußischen Gebiete keineswegs bis jetzt ihre genü-

genden Bezeichnungen gefunden zu haben, und dies führt
uns noch auf die Schicksale des fränkischen Namens.
So weit verbreitet und so angesehen auch der Name
Franken in der ältern deutschen Geschichte erscheint, so
sehr hat er doch seit Jahrhunderten von seinem alten
Ruhme verloren, und nachdem er noch zum letzenmale
in dem fränkischen Kreise sich eine politische Geltung
errungen hat, ist er jetzt auf dem weiten Gebiete von
Deutschland in politischer Beziehung gänzlich verschwunden. Aber im Unterschiede von dem sächsischen Namen
hat sich der fränkische Name doch in dem Lande am
Main, in dem sogenannten Frankonien, bis jetzt in volksthümlicher Bedeutung erhalten, was um so auffallender
erscheinen muß, als grade das eigentliche Verhältniß dieses Gebietes zu dem wahren fränkischen Gebiete in
Deutschland am Rhein entlang bis auf diese Stunde
noch so sehr im Dunkeln ruht. In dem hessischen Franken ist der fränkische Name frühzeitig untergegangen
oder hat gegen den uralten volksthümlichen Namen der
Hessen nie recht Wurzel schlagen können. In dem
rheinischen Franken ist er gleichfalls bald durch den mit
einer eigenthümlichen Bedeutung dort hervortretenden
Namen der Pfalz verdrängt worden, und am untern
Rhein, in dem Gebiete des fränkischen Ripuariens, hat
er noch früher dem Namen Lothringen weichen müssen.
Und doch ist derselbe grade hier, wo jetzt aus den Gebieten der drei Herzogthümer Jülich, Kleve und Berg
in Verbindung mit dem Erzstifte Köln eine neue preußische Provinz erwachsen ist, wahrhaft zu Hause, und

könnte für diese noch namenlose Provinz am besten wieder hergestellt werden, wenn man nicht den alten Namen Ripuarien für dieselbe erneuern wollte.

Der Name Lothringen ist zwar von keinem deutschen Stamme ausgegangen, hat aber seit dem karolingischen Zeitalter sich eine landschaftliche Bedeutung in den westrheinischen Gauen Deutschlands errungen, in welchen er dann später einen merkwürdigen Kampf mit dem Namen Burgund zu bestehen gehabt hat. Zwar gehört der burgundische Stamm nicht mehr der deutschen Geschichte im engern Sinne an, aber als Nachbarstamm der eigentlich deutschen Stämme und mit ihnen in vielfacher politischer Verbindung stehend ist das Volk der Burgunden und ihr Name für die deutsche Geschichte in den rheinischen Gebieten doch immer von der größten Bedeutung gewesen, und erfordert in allen Jahrhunderten der deutschen Geschichte eine besondere Berücksichtigung. In einer eigenthümlichen Beweglichkeit begriffen, hat sich der Name Burgunds durch die ganze Zeit des Mittelalters und selbst bis auf die neuere Zeit immer von dem Mündungslande der Rhone nordwärts bis zum Mündungslande des Rhein ausgebreitet, hat den lothringischen Namen aus einem großen Theile seines ursprünglichen Bereiches verdrängt, und sich zuletzt noch auf dem Boden des lothringischen Belgiens innerhalb der deutschen Gebiete in dem sogenannten burgundischen Kreise behauptet. Volksthümlich ist jedoch der burgundische Name nur in den zu Frankreich gehörigen Landschaften an dem Jura und an der Saone geblie-

ben, wo er ursprünglich als einheimisch erscheint, und
wo er immer in den verschiedensten Gestalten im Mittelalter sich geltend gemacht hat. Dort am Jura lag
auch die echt deutsche Pfalzgrafschaft Burgund, deren
Ueberreste vor noch nicht zwei Jahrhunderten dem deutschen Reiche erst durch die Franzosen geraubt worden sind.

Eben so hatte sich Deutschland bis auf die neuern
Zeiten in dem obern Mosellande ein Herzogthum Lothringen erhalten. Erst seit einem Jahrhundert ist der
Name Lothringen für Deutschland durch die Franzosen
verloren gegangen, und gehört dort an der obern Mosel
nur dem französischen Reiche an. In dem untern Maas-
lande aber, im Norden der Ardennen, ist der lothringische Name schon seit dem Mittelalter von dem burgundischen verdrängt worden, und auch dieser hat jetzt
wiederum dem alten dort einheimischen und durch alle
Jahrhunderte im Munde des Volkes fortlebenden Namen von Belgien weichen müssen. Bekanntlich war es
schon ein Prinzip des alten römischen Kaiserthumes auch
bei allen Verlusten des Reiches die Namen seiner Provinzen, an welche sich stets so viele Erinnerungen an die
Thaten des römischen Volkes knüpften, nicht fahren zu
lassen, und auch Deutschland hat das Recht, dem lothringischen Namen, um dessen Gebiete es in dem Mittelalter mit dem westfränkischen Reiche so viel zu kämpfen
gehabt hat, für seine Länder nicht zu entsagen. Kaum
möchte aber wohl für diejenige preußische Provinz,
welche jetzt aus den Gebieten von Trier, Coblenz und
Aachen unter dem seltsamen Namen von Nieder-Rhein

besteht, eine mehr geeignete Bezeichnung geltend gemacht
werden können als die von Lothringen, als deſſen Metropolen die Städte Trier und Aachen Jahrhunderte
lang gegolten haben.

Mit der hiſtoriſchen Entwickelung der Territorial-
Verhältniſſe Deutſchlands aus ſeinen ältern volksthümlichen Gebieten im Mittelalter hängt aber genau das
genealogiſche Element zuſammen, welches hier als der
zweite oder dritte Hauptgeſichtspunkt feſtgehalten worden
iſt. Denn ſo wie jene alten National-Herzogthümer
nur durch die großen fürſtlichen Geſchlechter in ihnen
ihr Beſtehen und ihre Bedeutung hatten, ſo haben ſich
die nachmaligen kleinern Territorien durch die in jenen
hervortretenden niedern fürſtlichen Geſchlechter gebildet,
und eine geographiſch-ethnographiſche Geſchichte des
deutſchen Volksſtammes iſt ohne eine Anknüpfung an
die Schickſale und die Verbreitung und Verzweigung
der fürſtlichen und herzöglichen Geſchlechter nicht mit
Beſtimmtheit und Klarheit zu verfolgen. Auch gewährt
es dabei noch immer ein eigenthümliches Intereſſe zu
erkennen, wie die heut zu Tage in den deutſchen Ländern herrſchenden Fürſtengeſchlechter, deren Anzahl ſich
auf ungefähr ſiebzehn beläuft, wenn man von der hy-
pothetiſchen Verwandtſchaft einiger derſelben abſieht und
die zu einem und demſelben Stamme gehörigen zu-
ſammenfaßt, allmählig in der Geſchichte hervorgetreten
ſind, und wie ſie die Herrſchaft in den verſchiedenen
Gauen Deutſchlands in der Geſtalt errungen haben, wie
es der heutige Zuſtand des deutſchen Bundes zeigt.

Der ältesten deutschen Geschichte gehören nur die drei Fürstengeschlechter der baierschen Agilolfingen und der fränkischen Merowingen und der Karolingen an. Für die eigentlich mittelaltrige Zeit der deutschen Geschichte nach dem Abgange der Karolingen sind es aber fünf große Heldengeschlechter, an deren Schicksale sich auch die Geschichte der deutschen Stämme und des deutschen Volkes im Allgemeinen knüpft. Dies sind die sächsischen Ludolfingen, die fränkischen Konradingen in ihren beiden Linien in Hessen und am Rhein, die fränkischen Babenberger, die schwäbisch-baierschen Welfen und vor allen die schwäbischen Hohenstaufen, welche das glorreichste Fürstengeschlecht des deutschen Volksstammes und der neuern Welt überhaupt bilden, und an sie schließen sich noch von untergeordneter Art an die sächsischen Billungen, die schwäbischen Zäringer, die baierschen Scheiern, das landgräfliche Geschlecht in Thüringen, die sächsischen Askanier, die Wettiner und einige andere. Aber fast alle jene ältern deutschen Heldengeschlechter sind auch seit dem Falle der Hohenstaufen erloschen, und nur einige der heutigen fürstlichen Geschlechter in Deutschland knüpfen ihren Ursprung noch an jene ältern an. Mit dem Hervortreten der schwäbischen Habsburger, welche ein halbes Jahrtausend lang eine der ersten Stellen unter den deutschen Fürsten eingenommen haben, beginnt das Zeitalter der jüngern deutschen Fürstengeschlechter, obschon jetzt auch jene Habsburger wieder vom Schauplatze der Geschichte abgetreten sind, wie ihn ihre alten Rivalen, die Luxemburger,

welche nur ein volles Jahrhundert in den letztern Zeiten des Mittelalters unter den deutschen Fürstengeschlechtern in hohem Ansehn standen, schon vor vier Jahrhunderten ober um die Zeit verlassen haben, als die fränkischen Hohenzollern zuerst den Ruhm ihres Hauses zu
begründen begannen. Die beiden Geschlechter der Welfen und der baierschen Wittelsbacher sind es allein,
welche sich aus der ältern hohenstaufenschen Zeit noch
mit einiger Bedeutsamkeit in die neuere Zeit hineingezogen haben.

Die heutigen eilf größern fürstlichen Geschlechter
auf dem Boden Deutschlands, welche für unsere Darstellung besonders in Betracht kämen, wären folgende.
Zuerst die sechs königlichen Geschlechter der Lothringer
in Oestreich, der Hohenzollern in Preußen, der Wittelsbacher in Baiern, der Welfen in Hannover und Braunschweig, der Wettiner in Sachsen und Thüringen und
der Beutelsbacher in Würtemberg, und sodann die
fünf großherzoglichen und herzoglichen Geschlechter der
Zäringer in Baden, der Brabanter in Hessen, der Ol-
denburger in Oldenburg und Holstein, der Nassauer in
Nassau und Luxemburg und der Askanier in Anhalt.
An sie reihen sich noch die fünf untergeordneten fürstlichen Häuser der thüringischen Schwarzburger, der
schwäbischen Hohenzollern und die von Lippe, Walbeck
und Reuß. Sie gehören sämmtlich in ihrem ersten
historischen Hervortreten dem alten klassischen Boden
von Deutschland an. Noch ist dann aber das fürstliche
Geschlecht der Meklenburger zu nennen, welches auf dem

wendischen Boden von Deutschland herrschend das einzige unter den Fürstenhäusern des neuern Deutschlands
ist, welches nicht deutschen Stammes sondern wendischen
Ursprunges ist. Für die allgemeine Entwickelung des
volksthümlichen Lebens in Deutschland ist es immer nur
von untergeordneter Art gewesen. Auch ist es eine
auffallende Erscheinung, daß aus diesem Geschlechte nie
ein großartiger Fürst hervorgegangen ist, woran es doch
selbst auch bei den kleinern echt deutschen Fürstengeschlechtern nie ganz gemangelt hat. Es theilt aber jenes
Fürstenhaus diese Erscheinung mit dem nun schon vor
zwei Jahrhunderten erloschenen alten pommerschen Für-
stenhause, welches gleichfalls dem slavisch-wendischen
Stamme angehörte.

Was nun die Form dieses Werkes anbetrifft, so
ermangelt dasselbe allerdings eines streng gelehrten Charakters, wenn gleich es den einer wissenschaftlichen Arbeit im Allgemeinen nicht verläugnen wird. Es war
aber von Anfang an meine bestimmte Absicht dieser
Arbeit eben diesen Charakter zu verleihen, durch welchen
sie sich, ohne ihre wissenschaftliche Bedeutung zu verlieren, auch einem größern Kreise von Lesern empfehlen
könnte. Denn auf gewisse Weise sollte sie als Ergän-
zung und Erläuterung für alle die größern Werke dienen, welche die neuere Litteratur über die Geschichte
unseres deutschen Vaterlandes besitzt. Auch erhellt es
wohl leicht, daß es keine großen Schwierigkeiten hätte
verursachen können, wenn ich ein blos dem äußern Anschein nach gelehrtes Werk hätte liefern wollen, da sich

ein solches nach den schon vorhandenen gelehrten Arbeiten über die deutsche Geschichte und vornehmlich auf
Grundlage des Werkes von Mascou, aus dem ja schon
so manche Werke dieser Art eigentlich hervorgegangen
sind, bald hätte zu Stande bringen lassen. Daher bedarf es kaum einer weitern Bemerkung, daß die hier
beigebrachten Citate nicht als Beweisstellen für die im
Texte behandelten Gegenstände dienen sollen, vielmehr
ist es der Zweck derselben nur auf diejenigen neuern und
bessern Arbeiten hinzuweisen, in welchen man über die
jedesmal in Betracht kommenden Verhältnisse eine aus-
führlichere Belehrung oder wo man entweder eine mit
meiner Auffassung der Sachen übereinstimmende oder
von ihr abweichende Annahme angegeben findet. Und
absichtlich habe ich dabei so viel wie möglich alle diejenigen Arbeiten benutzt, welche ich für die in der neuern
Zeit tüchtigsten und besten für die allgemeine und spe-
cielle Geschichte der deutschen Gebiete halten zu müssen
glaubte.

Vornehmlich aber kam es mir darauf an, wie schon
oben bemerkt ist, bei den zur Zeit noch ganz im Dunkeln liegenden oder zu den vornehmsten Streitfragen in
der deutschen Geschichte gehörenden Verhältnissen die
verschiedenen Auffassungen der neuern ausgezeichneten
Geschichtsforscher und gewissermaßen eine genetische Entwickelung ihrer Hypothesen zu geben, um den Zustand
jener Verhältnisse mit einem Blicke übersehen und würdigen zu können. Läugnen will ich nicht, daß diese
Arbeit dadurch an vielen Stellen, wo ich die verschie-

denen Auffassungen in dieser Beziehung zu vereinigen
und auszugleichen suchte, einen eklektischen Charakter ge-
winnt, obschon dies in vielen Fällen nicht grade zum
Nachtheil der wahren Erkenntniß der Verhältnisse ge-
reichen möchte. Durch die Anführung und ausführliche Mittheilung der Stellen aus den alten Autoren
selbst schien mir aber, zumal für den ersten Theil dieses
Werkes, eben nichts wesentliches gewonnen zu werden.
Denn abgesehen davon, daß die Quellen für die in
diesem ersten Theile behandelte Zeit allgemein bekannt
und zugänglich sind, kam es weniger darauf an zu wissen, was der Inhalt der jedesmal in Betracht kommenden Stelle sei und wo man solche zu suchen habe, als
vielmehr darauf, wie man den Inhalt aufzufassen und
zu erklären habe, da man aus den vorliegenden Angaben der Alten bisher immer die verschiedenartigsten
Auslegungen gegeben hat. Nur bei dem hier behandelten Abschnitte über das römische Germanien, wo es
sich um neuere Untersuchungen an Ort und Stelle handelt, sollen die Citate als aus den hier allein offen stehenden Quellen entnommen als wirkliche Beweise für
die mitgetheilten Thatsachen gelten.

Nun habe ich aber in dieser Beziehung noch zu
bemerken, daß diese ganze Arbeit, welche auf ungefähr
vier bis fünf Theile berechnet ist, nur als eine ganz
allgemeine Grundlage oder als eine Einleitung zu den
speciellen Arbeiten betrachtet werden möge, welche ich
über die besondern Theile der deutschen Geschichte von
dem geographischen und ethnographischen Standpunkte

aus zu veröffentlichen beabsichtige, so wie dieser erste
Theil eben nur als die Einleitung zu dem eigentlich
hier in Betracht kommenden Gegenstande angesehen werden kann. Darum konnte ich aber auch um so mehr
veranlaßt werden sowohl hier bei diesem ersten Theile
als bei dieser ganzen nur im Allgemeinen sich halten-
den Vorarbeit einen streng gelehrten Charakter zu vermeiden, und erst die spätern speciellen Arbeiten werden
es nachweisen müssen, ob meine Kräfte ausreichen einen
solchen Gegenstand nach den Quellen genügend zu behandeln. Was jene speciellen Arbeiten anbetrifft, in
welchen ich unser deutsches Vaterland zum Theil nach
seinen Naturgebieten, etwa nach Art meiner Schrift
über das Stromsystem der Wolga, zu behandeln denke,
so liegen mir dergleichen theilweise schon vor wie z. B.
über die obern Rheinlande oder über Helvetien, Hohenrhätien und Schwaben im Mittelalter, und ähnliche
Arbeiten und Untersuchungen habe ich über die Geschichte der westrheinisch-deutschen Gebiete begonnen,
deren historisch-ethnographische Verhältnisse noch so sehr
im Dunkeln liegen und daher mein Interesse ganz besonders auf sich zogen. Ueberhaupt haben aber die rheinischen Geschichten Germaniens grade in der jüngern
Zeit vielfach die Aufmerksamkeit und die Beschäftigung
der Freunde der vaterländischen Geschichte in Anspruch
genommen, woraus die hohe Bedeutung derselben für
die deutsche Geschichte im Allgemeinen und das Interesse, das sie einflößen müssen, sich klar genug zu erkennen giebt.

Daß übrigens diese Arbeit sich zunächst nur auf die Zeit des Mittelalters erstrecken soll, hat seinen natürlichen Grund darin, weil schon am Ende jener Zeit alle Territorial-Verhältnisse auf dem deutschen Boden im Wesentlichen so durchgebildet waren, wie sie bis auf die jüngste Umwälzungszeit die Grundlage für den innern politischen Zustand von Deutschland geblieben sind. Eine weitere Ausführung dieses Gegenstandes durch die neuere Zeit von der Reformation an bis auf die Zeit des Friedens von Luneville und des Kongresses von Wien könnte sich vielleicht später noch daran anschließen.

Noch kann im Allgemeinen bemerkt werden, daß diese Arbeit als ein Kommentar oder als eine zusammenhängende historische Erläuterung zu dem bekannten historischen Atlas Spruner's von Deutschland zu betrachten ist, da es für dieses verdienstvolle Chartenwerk, das selbst nach Kruse's früherer Arbeit immer als das erste in seiner Art bezeichnet werden muß, an einer solchen Erklärung fehlte, wie sie zu dem wahren Verständniß desselben unumgänglich nothwendig ist. War es auch anfangs meine Absicht diesen Theil mit einer eigenen Charte auszustatten, auf welcher vornehmlich die Sitze der ältesten kleinen deutschen Stammvölker auf dem klassischen Boden von Deutschland genau bestimmt werden sollten, weil die Charten von Spruner weder überall als ausreichend noch auch in jeder Beziehung der Kritik als genügend erscheinen möchten, so mußte dies vorläufig wenigstens noch aufgeschoben werden.

I. ***

Was die Fortſetzung dieſer Arbeit anbelangt, ſo ſoll der zweite Theil derſelben im nächſten Jahre erfolgen; es würde derſelbe die zweite Periode dieſer Geſchichte bis zur Begründung des deutſchen Reiches durch die ſächſiſchen Fürſten am Anfange des zehnten Jahrhunderts umfaſſen, und ſoll am Schluſſe jenes Zeitraumes zugleich eine vollſtändige Ueberſicht über die Gaugeographie und über die kirchliche Geographie Deutſchlands im Mittelalter geben. Ich kann daher nur wünſchen, daß dieſe Arbeit als ihrem Zwecke entſprechend ſich erweiſen, und daß ſie zur Befriedigung eines wiſſenſchaftlichen Bedürfniſſes nach dem für ſie genommenen Standpunkte beitragen möge.

Berlin, im July 1840.

Inhaltsverzeichniß.

Einleitung.

Erste Periode.

Die germanisch=deutsche Zeit oder die germanisch=deutsche Völkerwelt bis zur Mitte des sechsten Jahrhunderts. S. 39.

Erster Abschnitt.

Die germanisch = deutschen Stämme oder die Urzeit Germaniens bis zum Schluß des ersten Jahrhunderts unserer Zeitrechnung. S. 41.

Zweiter Abschnitt.

Die germanischen Völkervereine und die deutschen Stämme vom Jahre 100 bis 500. S. 232.

Das Heimathsland des deutschen Volkes, auf deſſen Boden ſich aus den verſchiedenen Stämmen deſſelben die Reihe
von größern und kleinern Staaten ausgebildet hat, welche
jetzt von dem deutſchen Bunde umfaßt werden, gehört nach
ſeinen natürlichen wie nach ſeinen hiſtoriſch = ethnographiſchen
Verhältniſſen zu den wichtigſten Theilen von Europa. Zwar
finden wir Deutſchland nicht in der Reihe jener drei ſchönen
Halbinſeln, welche den Süden des europäiſchen Erdtheiles
bilden, und welche von der Natur mit ihren reichſten Gaben
ausgeſtattet von je an die leuchtenden Glanzpunkte der alten
Welt und die Hauptſchauplätze der Völkerentwickelung in der
vorchriſtlichen Zeit geweſen ſind.· Aber wenn Deutſchland im
Verhältniß zu jenen auch dem mehr rauhen und weniger
reichen Norden angehört, ſo hat es dafür andere Gaben
und Vorzüge von der Natur erhalten, wie dies ſchon aus
der ſo reichen und wichtigen hiſtoriſchen Entwickelung der
Völker auf ſeinem Boden nothwendig hervorgeht.

Während jene drei Halbinſeln des europäiſchen Südens
mehr oder minder eine Beziehung zu den beiden andern Erd=
theilen der alten Welt zum aſiatiſchen Orient und zum afri=
kaniſchen Süden haben, gehört Deutſchland nur allein dem
europäiſchen Abenblande oder dem Heimathslande der
gebildetſten Völker der Erde an, und nur Italien nähert
ſich von jenen ſüdeuropäiſchen Ländern dem Charakter Deutſch=
lands rückſichtlich ſeiner Weltſtellung. Durch Italien ſteht

I.   1

Deutschland auch allein mit dem Süden in Verbindung, und
so wie Italien sein wesentlichstes Verhältniß zu Deutschland
hat, so ist durch alle Jahrhunderte hindurch die Entwickelung
des Völkerlebens in Deutschland durch die Beziehung auf
Italien bestimmt worden. Aber Deutschland ist nicht blos
ein echt europäisches Land, es ist das eigentliche Central=
land von Europa, wodurch die vielfach gespaltenen Glieder
dieses Erdtheiles zu einer wahrhaften Einheit zusammenge=
schlossen werden. Denn Deutschland verknüpft nicht nur den
Süden Europas durch die italische Halbinsel mit dem skan=
dinavischen Norden durch die dänische Halbinsel, sondern, in=
dem es die Natur des gebirgigen West=Europa mit der
Natur des flachen Ost=Europa in sich vereinigt, verknüpft
es auch die gebirgigen atlantischen Länder im Westen mit
den weiten sarmatischen Ebenen im Osten.

Diese eigenthümliche Weltstellung in der Mitte al=
ler Ländertheile Europas hat dem deutschen Boden vornehm=
lich zu einer so reichen historischen Entwickelung verholfen
und ihm während des Mittelalters in einer mehr als tau=
sendjährigen Zeit seinen Einfluß auf die übrigen Theile
Europas gesichert. Dazu kommt noch das besondere Ver=
hältniß, daß Deutschland nicht auf solche Weise das Cen=
tralland Europas bildet, daß es nicht auch auf das bestimm=
teste von allen übrigen Ländern wieder geschieden wäre und
sich als ein selbstständiges Glied in dem Gesammtor=
ganismus dieses Erdtheiles darstellte. Die zwiefachen Meere,
welche Deutschland auf der Nordseite unmittelbar bespülen
und auf der Südseite ihm nahe benachbart liegen, sind als
eben so viele Naturgrenzen wie auch als verbindende Glie=
der mit den übrigen Theilen zu betrachten. Das Alpen=
system, diese große Naturgrenze Deutschlands gegen Ita=
lien, liegt seinem größern Theile nach wesentlich auf deut=
schem Boden, und bildet den Kern nicht nur von ganz Europa
sondern vornehmlich auch von Deutschland. Die Lage dieses
europäischen Centralgebirges auf der südlichen Seite Deutsch=

lands bestimmt wiederum näher die kosmische Weltstellung dieses Theiles von Europa im Verhältniß zu der vorhin berührten tellurischen oder geographischen.

Denn Deutschland, schon an sich aus dem Kreise der Halbinseln des europäischen Südens herausgerückt, muß um so mehr im Gegensatz gegen dieselben einem Norden angehören, als die mit jenem Hochgebirgslande verknüpfte polarische Zone seinen Süden beherrscht. Das italische Halbinselland, an dessen Nordseite das Alpensystem liegt, erstreckt sich von der polarischen Zone desselben weit gegen Süden fast in die tropische Zone hinein und hat schon Antheil an vielen Erscheinungen des Südens der alten Welt. Bei Deutschland mußte dagegen bei seiner Ausbreitung von dem Alpengebirge nordwärts bis zu den baltischen Gestaden, die sich nur wenig über den Spiegel des Meeres erheben, eine völlige Umkehrung der klimatischen Verhältnisse eintreten, und wenn der Norden Deutschlands auch grade nicht ein milderes Klima als sein Süden zeigt, so mußte doch dadurch eine größere Gleichartigkeit aller klimatischen und der damit zusammenhängenden vegetativen Verhältnisse bewirkt werden. Wenigstens zeigen sich auf dem deutschen Boden nicht die großen Kontraste, welche uns auf dem Gebiete des italischen Halbinsellandes in seinem Norden und Süden entgegentreten. Der Einfluß davon auf die Entwikkelung des Völkerlebens ist in der Geschichte klar genug ausgesprochen.

Diese größere Gleichartigkeit der klimatischen Verhältnisse Deutschlands hängt wieder mit einer andern merkwürdigen Eigenthümlichkeit seines Bodens zusammen. Während alle übrigen Theile von Europa mehr oder weniger eine in ihnen vorherrschende Naturform der Oberflächenbildung der Erde haben, zeichnet sich Deutschland durch die größte Mannigfaltigkeit derselben aus. So wie schon Europa überhaupt, im Verhältniß zu den übrigen Erdtheilen, keinen constanten Naturtypus in sich zeigt, welcher dominirend hervorragte, sondern alle Formen der Oberflächenbildung der Erde in sich vereinigt und zu einem harmonischen, mannigfach in sich bestimmten Ganzen verknüpft, so trägt diesen Charakter in Europa vorzugsweise wiederum der deutsche Boden. Man findet hier die größte Abwechselung harmonisch geordneter Naturformen von Hochgebirgsländern, Tafelländern, Stufenländern mit den verschiedenartigsten Stromsystemen, ferner Gebirgssysteme der mannigfaltigsten Art und große Flachebenen. Wenn daher Europa den vollendetsten Typus der Erdoberflächenbildung giebt, so zeigt wiederum Deutschland als das Herz von Europa die Vollendung dessen, was die Natur in dem plastischen Bau der Erdoberfläche hat hervorbringen können.

Demnach darf es auch nicht befremden, daß sich die neuere Geognosie wesentlich auf deutschem Boden ausgebildet hat und von hier aus ein Gemeingut der übrigen europäischen Völker geworden ist, und indem man in dem Alpengebirge zuerst anfing den Bau der Erde zu studiren, ging daraus auch zuerst eine wissenschaftliche Geologie hervor. Deutschland ist die Heimath des wissenschaftlich betriebenen Bergbaues, und wenn auch schon manche andere Völker selbst in den uraltesten Zeiten Bergbau betrieben haben, wie die alten Tschuden am Ural und Altai, so unterscheidet sich von deren Bearbeitung der Grubenwerke doch wesentlich die der deutschen Völker, welche allen Nationen darin zum Muster gedient haben. Und so wie die Goldgruben der neuen Welt in Peru und Mexico durch deutsche Bergleute haben eröffnet werden müssen, so sind auch in der alten Welt die reichen Gold= und Erzgruben in jenem sibirischen Norden erst durch deutsche Bergleute wieder entdeckt und wahrhaft aufgeschlossen worden.

Nicht minder merkwürdig ist der Boden Deutschlands durch seine historisch = ethnographischen Verhältnisse. Denn so wie Europa überhaupt die Heimath und der Entwickelungsschauplatz der indogermanischen Völker genannt

werden muß, welche sich vor allen übrigen Völkern der Erde
durch einen eigenthümlichen höhern Adel auszeichnen, so ist
Deutschland wiederum der Entwickelungsschauplatz des edelsten Zweiges dieses großen Volksstammes oder des germanisch-deutschen Stammes, von welchem alle übrigen modernen Kulturvölker Europas mehr oder weniger ausgegangen sind. Zwar hat man versucht die Spuren und Anfänge des
germanisch-deutschen Volksstammes bis in das Innere von Asien
als dem gemeinsamen Mutterlande der Menschheit zurück zu verfolgen, aber alles was die germanisch-deutschen Völker ihrer
eigentlichen Natur nach sind, nach ihrem gesammten eigenthümlichen Leben in politischer und intellektueller Beziehung,
das sind sie erst auf dem deutschen Grund und Boden.

In den Wäldern Germaniens zwischen dem Rhein und
der Donau bildete sich zu der Zeit, als die mächtigste und
gewaltigste Herrschaft, welche jemals die Welt gesehen, die
der römischen Imperatoren nach ihren materiellen und geistigen Hülfsmitteln in Blüthe stand, dasjenige Leben aus, von
welchem einige Jahrhunderte später die gesammte Welt umgestaltet und erneuert werden sollte. Die glanzvolle römische
Welt hat die eigenthümliche Schmach erlitten von Barbaren vernichtet zu werden, aber grade diese Barbaren wurden
die Träger des neuen geistigen Lebens, welches in der christlichen Religion der Welt aufgegangen war, und welches nur
vorläufig unter der Obhut der griechisch-römischen Welt hatte
erstarken sollen, um seinem Wesen nach ungefährdet an jene
eigentlichen Organe des göttlichen Geistes überzugehen.
In den Wäldern Germaniens zeigen sich die ersten Anfänge
von dem Gefolgewesen und dem Lehnssystem, welche
als eine höhere Form des politischen Lebens im Verhältniß
zu allen bisher von Griechen und Römern entwickelten Staats-
formen über ein Jahrtausend den Charakter der abendländischen Welt in politischer Beziehung bilden sollten.

Der Kern, der in der Zeit der Völkerwanderung auf
dem deutschen Boden zurückgebliebenen germanisch-deutschen

Stämme bildete auch fortan den Mittelpunkt der ge=
sammten Entwickelung der christlich = germanischen Welt. Von
dem Boden Deutschlands ging die Erneuerung des römischen
Weltreiches aus in dem heiligen römischen Reiche
durch die echt deutschen Karolingen, und bei der zweiten Er=
neuerung desselben durch die Sachsen wurde der alte Boden
Germaniens der eigentliche Sitz des römisch=deutschen Kai=
serthums. Diese Zeit des Mittelalters ist die Glanzpe=
riode des deutschen Landes und Volkes unter der glorreichen
Herrschaft der drei Kaiserhäuser der Ottonen, Salier und
Hohenstaufen aus den drei edelsten echt deutschen Stämmen
der Sachsen, Franken und Schwaben, welche nach einander
die Weltherrschaft geführt haben. Diese Zeit ist das Hel=
denalter der deutschen Nation zu nennen.

Das römisch = deutsche Reich war auf ein Jahrtau=
send lang das herrschende in Europa, gegen welches alle
übrigen Reiche germanischen Ursprunges im Abendlande in
eine untergeordnete Stellung traten. Seine Geschichte ist
die gesammte abendländische Geschichte oder die allgemeine
Geschichte, deren Bedeutung damit für immer gesichert
ist. Denn auf deutschem Boden haben sich vornehmlich die
päpstliche Hierarchie und das Lehnssystem, die beiden
großen Formen des religiösen und politischen Lebens der
Menschheit im Mittelalter, entfaltet. Von der deutschen
Kirche ist eigentlich die Begründung der päpstlichen Hierar=
chie im Abendlande ausgegangen als das nothwendige und
vernünftige Bildungsmittel in der Erziehung der noch rohen
Völker; aber dieselben Deutschen, welche diese Zucht der Welt
gaben, haben diese Zucht in der Fülle der Zeit, als ihr Zweck
erreicht war, wieder abgelegt und aufgehoben. Die große
Kirchenreformation, welche das Heldenalter der deutschen
Nation völlig abschließt, ist die größte That des deutschen
Volkes, die höchste Entfaltung des Geistes in seiner Freiheit.

Somit erhellt, daß der germanisch=deutsche Boden das
Land der allgemeinen Interessen ist, der Interessen der

allgemeinen Bildung in politischer und intellektueller Beziehung. Die römisch=deutschen Kaiser sind die Verfechter dieser allgemeinen Interessen, welche sich in der Vorstellung von dem Reiche aussprechen. Doch erklärt es sich daraus auch zugleich, daß diese Kaiser bei aller ihrer Machtfülle es nicht dahin haben bringen können, wohin es die untergeordneten Könige der übrigen germanischen Reiche gebracht haben. Aber wenn auch jene Kaiser selbst zu Grunde gegangen sind, so ist doch das, was sie in der langen Zeit des Mittelalters erarbeitet haben, ein Gemeingut der modernen europäischen Könige und Herrscher und die gesammte sittliche Grundlage ihrer Macht geworden. Für das Allgemeine hat Deutschland im Mittelalter gearbeitet, darum stand es an der Spitze der Weltentwickelung mit seinem Kaiser und mit dem von ihm emporgehobenen Papste. Deutschland ist das Land der Allgemeinheit, und das Allgemeine ist die Grundbestimmung des deutschen Charakters. Das Allgemeine ist aber seiner Wahrheit nach der Gedanke, und so wie derselbe in der Religion zum Inhalt kommt, so kommt er in der Philosophie zu der ihm angemessenen Form, und beide, die Religion und die Philosophie, haben in der modernen Welt ihre Entwickelungsstufen wiederum nur bei dem deutschen Volke durchgemacht. Aber diese Form der Allgemeinheit des deutschen Charakters ist nicht die abstrakte, sondern wesentlich die concrete Allgemeinheit, welche die Besonderung und Vereinzelung in sich enthält. Und wenn es in der Geschichte nicht selten den Anschein hat, als hätten die Deutschen das Besondere über dem Allgemeinen vergessen, so hat man dagegen nicht minder mit Recht behauptet, daß die Deutschen meistens das Allgemeine über dem Besondern vergessen hätten. Der äußere Zustand der deutschen Nation in fast jeder Zeit scheint das zu bestätigen.

Denn keins unter den europäischen Völkern ist mehr in sich gespalten und getheilt und gliedert sich selbst mehr

in sich als das deutsche, und bei aller sonstigen Gemein=
samkeit im Leben und in der Gesinnung tritt diese Verein=
zelung so charakteristisch hervor, daß sie in der ursprüngli=
chen Naturanlage der Germanen begründet sein muß. So
wie die Germanen von Anfang an in einer großen Anzahl
kleiner Stämme auftreten, so hat sich auch bei der spätern
Vereinigung derselben zu größern gemeinschaftlichen Waffen=
bündnissen und Völkerstämmen die ursprüngliche Zerspaltung
immer erhalten, und die eigenthümlichen Naturverhältnisse des
deutschen Bodens trugen dazu bei, die größern Stammge=
nossenschaften in ihrer spröden Selbstständigkeit gegen
einander zu bewahren. Dieselben deutschen Völkerstämme,
welche Karl der Große in den Verband seiner Weltherrschaft
hineinzog, standen noch eben so getrennt und selbst feindselig
einander gegenüber, als die Fürsten aus dem Stamme der
Sachsen das römisch=deutsche Reich begründeten, und wenn
sie im Verlaufe der Zeit auch ihre natürliche Absonderung
gegen einander innerhalb eines und desselben Staates
aufgeben mußten, so traten wieder andere Zertheilungen ein,
welche anscheinend noch unheilvoller werden mußten. In=
dessen grade diese Zerspaltung nach dem Falle der mächtigen
Kaiser aus dem Stamme der Schwaben war dem deutschen
Leben höchst förderlich, sie hat die geistige Befreiung der
Deutschen am Ende des Mittelalters eigentlich vorbereitet
durch die allgemeine Aufregung der Kräfte und durch die
Verallgemeinerung der Bildung. Das Reich dieser Welt
ging zwar für die Deutschen verloren, aber bei der immer
bedeutender hervortretenden innern, ideellen Einheit wur=
den die größten Eroberungen und Entdeckungen in dem Reiche
des geistigen Lebens gemacht, und grade die letzten Zeiten
des Mittelalters gehören zu den wichtigsten und selbst auch
glorreichsten der deutschen Geschichte.

Es erhellt also, daß bei aller Allgemeinheit, welche sich
in dem Wesen und Charakter des deutschen Volkes ausspricht,
die Besonderung und Individualisirung im Aeußern

immer nebenhergeht, und diese mußte nothwendig auf die
Allgemeinheit des geistigen Lebens zurückwirken. Daraus er=
klärt sich der eigenthümliche republikanische Sinn bei den
deutschen Völkern in intellektueller Beziehung bei der größten
Anhänglichkeit und Liebe zu ihren alten Fürstengeschlechtern.
Die Deutschen sind Republikaner zu nennen in der Re=
ligion und Wissenschaft, während das monarchische Prin=
zip in politischer Beziehung zu jeder Zeit das herrschende bei
ihnen gewesen ist. Der Republikanismus in intellektueller
Beziehung ist auch der Grundcharakter des gesammten Pro=
testantismus mit seinem kirchlichen und wissenschaftlichen
Leben, wodurch er sich von der römischen Kirche wesentlich
unterscheidet.

Die Gliederung des deutschen Volkes in seine fünf oder
sechs Hauptstämme der Franken und Sachsen mit den
Friesen, der Thüringer und der Schwaben und Baiern
und das Verhältniß derselben zu einander innerhalb des deut=
schen Reiches, wie dasselbe nach dem Abgange der Karolin=
gen sich bildete, zeigt uns den eigentlichen Mittelpunkt in
der politischen Entwickelung des deutschen Volkes im Mit=
telalter. Die Neutralisation dieser Stämme in ihrer
spröden Natürlichkeit, um bei der immer bestehen bleibenden
und auch anerkannten Mannigfaltigkeit und Individualisirung
ein gemeinsames deutsches Volksthum zu erzeugen,
wie es die neuere Geschichte gezeigt hat, war einer der Zwecke
der politischen Entwickelung dieses Volkes. Grade hierin liegt
ein Hauptinteresse, welches man an der Geschichte des deut=
schen Volkes in jener Zeit zu nehmen genöthigt ist. Indem
wir aber fragen, wie diese Stämme, welche erst im Verlauf
der Geschichte auf dem deutschen Boden auftreten, sich ge=
bildet haben, müssen wir auf die ältesten Völkerverhältnisse
Germaniens in der römischen Zeit zurückgehen, und durch
eine genauere Betrachtung derselben wird sich ergeben, daß
eine genügende Einsicht in den Zustand und die Verhältnisse
der spätern deutschen Stämme erst ein Resultat der sichern

Erkenntniß des ursprünglichen Zustandes der kleinen deut=
schen Völker und Stämme in jenem römischen Zeitalter sein kann.

Es scheinen nun zwar jene Stammunterschiede
durch den Verlauf der historischen Entwickelung in Deutsch=
land ganz aufgehoben zu sein, dennoch sind die Spuren da=
von in der Verbreitung der deutschen Dialekte noch im=
mer kenntlich genug und zeigen uns trotz aller jetzt bestehen=
den Zersplitterung Deutschlands noch die Gebiete der alten
deutschen Stämme des Mittelalters. Nur ist dabei zu be=
rücksichtigen, daß sich diese Stämme und ihre Dialekte erst
historisch gebildet haben, oder daß sie erst durch den Prozeß
der deutschen Stammelemente mit einander entstanden sind, so
daß sie zwar in einer gewissen Beziehung schon zu den älte=
sten kleinen deutschen Völkern stehen, aber ihre später beste=
hende Gestalt, Ausdehnung und Durchbildung erst in den
Jahrhunderten empfangen haben, welche den Untergang der
römischen Weltherrschaft im Abendlande bezeichnen. Wenn
daher heut zu Tage der Unterschied zwischen den Ober=
Deutschen und Nieder=Deutschen in den Stämmen
und ihren Dialekten auf dem Boden Deutschlands noch so
erkennbar ist und dieser Unterschied im Mittelalter so domi=
nirend in der Geschichte hervortritt, so kann derselbe aus hi=
storischen Gründen doch keineswegs so unbedingt an die äl=
testen deutschen Völker angeknüpft werden, als wie es in
neuern Zeiten oft geschehen ist. Die vielfachen Veränderun=
gen in dem Verhältnisse der deutschen Völker zu einander
vor und während jener genannten Zeit müssen nothwendig
wie auf die Gestaltung der spätern deutschen Stämme so
auch auf die Umwandlung ihrer Dialekte einen großen Ein=
fluß ausgeübt haben.

Noch jetzt zeigt sich in dem nordwestlichen Nieder=
Deutschland ein gemeinsamer großer Sprachstamm ver=
breitet, welcher aus den Umgebungen von Göttingen und
Duderstadt an der obern Leine im Eichsfelde auf der Ostseite,
und von dem Thale der Diemel auf der Westseite der We=

fer an diesem Strom hinab bis zum Meere, und jenseit des Harzes von der Elbe im Osten bis zum Deltalande des Rheins westwärts hinüberreicht und sich dann auch über die Gebiete auf der Ostseite der untern Elbe ausgedehnt hat. Es ist dies die Sprache der Sachsen, das Niederdeutsche oder der niedersächsische Dialekt der spätern Zeit, woran sich das Friesische und die Sprache der jüngern Holländer eng anschließt, so wie das Englische und Skandinavische noch immer seine alte Verwandtschaft mit demselben beurkundet.

Aber über das ganze Oberland von Deutschland zeigt sich eine andere Sprache verbreitet, deren verschiedene Dialekte sich zwar alle einander näher stehen, jedoch auch hier noch streng von einander geschiedene und scharf abgegrenzte Sprachgebiete bilden. Denn von Kassel und von Fulda an südwärts über den Main hinaus bis nach Karlsruhe am Ober=Rhein und bis nach Stuttgart am mittlern Neckar findet sich der fränkische Sprachstamm verbreitet, welcher auf das Gebiet der deutschen Franken des Mittelalters hinweiset und von Osten nach Westen, von Bamberg am obern Main bis nach Köln und Trier über den Rhein hinausreicht. Auf der Ostseite dieser fränkischen Mundart folgt die zweite mitteldeutsche Mundart zwischen dem Thüringerwalde und dem Harze oder die Sprache der Thüringer, welche unserer Schriftsprache sehr nahe steht. Von der Werra im Westen reichte sie anfangs ostwärts nur bis zur Saale, dem Grenzflusse der Thüringer gegen die Slaven, hat sich aber nach Unterjochung der letztern weiter nach Osten ausgedehnt über das heutige Sachsen und einen Theil der brandenburgischen Marken, wo ihr der Einfluß der niedersächsischen Sprache entgegengetreten ist. Südwärts folgen sodann die beiden oberdeutschen Dialekte. Denn von dem Thale der Murg und von dem obern Neckar breitet sich am Rhein aufwärts bis in die Hochthäler der Alpen die schwäbische oder alemannische Mundart aus, deren Laute von

Straßburg im Elsaß bis nach Augsburg am Lech vernommen werden, und hinter diesem Sprachgebiete der Schwaben folgt in weiter Verbreitung die Volkssprache der Baiern, die von Augsburg und München an der Donau abwärts bis nach Wien sich erstreckt und von dem Stromknie von Regensburg sich bis in das Alpenland von Tyrol hineinzieht. Aber auch die Sprache der Bewohner der Ober=Pfalz am Fichtel=Gebirge und am Böhmer=Walde soll weder zur fränkischen, noch thüringischen, noch schwäbischen, sondern zur baierschen Mundart gehören und dadurch die Beziehung dieses Gebietes (des alten Nordgaues) zum Baierlande beurkunden [1]).

Schon im Allgemeinen schließen sich diese Gebiete der deutschen Mundarten und der ihnen entsprechenden Stämme an die verschiedenen großen Naturformen an, an welche der Boden Deutschlands vertheilt ist. Noch bestimmter aber ist dies der Fall mit den weitern Unterschieden innerhalb ihrer selbst, und dies führt uns zunächst zur genauern Betrachtung der Naturbildung Deutschlands nach seinem eigenthümlichen Terrassenbau von dem Hochgebirge der Alpen bis zu den Niederungen an der deutschen und baltischen Meeresküste.

Die Naturbildung Deutschlands.

Das Alpengebirge, der Kern und der Träger des Baues von dem gesammten westlichen Europa, bildet auch den eigentlichen Kern des deutschen Landes. In seiner mächtigen Ausbreitung von der Mündung der Rhone bis zum mittlern Donau=Laufe und bis zum nordöstlichen Winkel des Adria=Meeres scheidet es die vier schönsten ihm nach den vier Himmelsrichtungen angelagerten Länder von West=Europa

---

1) Zeuß, die Herkunft der Baiern von den Markomannen. München 1839. 8. S. 22.

ober Deutschland und Italien, Frankreich und Ungarn. Von
seinen Riesenhöhen, die mit ewigen Schneefeldern und Glet=
schermassen bedeckt sind, ergießen sich die vier mächtigsten
Ströme herab, welche wie der Rhein und die Donau, der
Po und die Rhone die Landschaften des westlichen Europa
bewässern und befruchten. An seiner Nordseite liegen, ter=
rassenförmig sich abdachend, längs der Ufer des Rheins
und der Donau, die Gaue Germaniens. Das Gebirge selbst
gehört nach seinen wichtigsten Theilen noch zum germani=
schen Gebiete. Denn die sogenannten Centralalpen von
dem Montblanc bis zum Groß=Glockner waren, mit weni=
gen Ausnahmen, schon im Mittelalter von Schwaben und
Baiern bevölkert bis dahin, wo sich in die Thäler des Süd=
abhanges dieses Gebirges die welsche Bevölkerung der Lom=
barden eingedrängt hatte; und nur in dem Quellgebiet des
Rheins und des Inn in den Alpenthälern zwischen dem St.
Gotthard und dem hohen Ortles (in den rhätischen Alpen)
finden wir den mit der ältern gallischen Urbevölkerung Im
Zusammenhange stehenden Stamm der Romanen in einer
etwas größern Ausdehnung als noch jetzt. Aber so weit
das Gebirge seinen grandiosen Alpencharakter trägt, so weit
zeigt sich seit der ältern Zeit des Mittelalters germanische
Bevölkerung.

Die Ostalpen dagegen, welche durch die beiden gro=
ßen Flügel gebildet werden, die von dem Groß=Glockner
auf der Ostgrenze Tyrols sich nordostwärts bis zur Donau
bei Wien und südostwärts bis zur Halbinsel Istriens hinzie=
hen und dort im Alterthum die norischen Alpen, hier die
karnischen und julischen Alpen genannt wurden, sind als eine
frühere Heimath slavischer Völker erst im Laufe der Zeit
für den Boden Deutschlands gewonnen worden. Dieses Al=
pengebirge bildet nun die erste Region Deutschlands, es
ist die Region der Hochgebirgslandschaften in der heu=
tigen Schweiz, in Tyrol, Salzburg, Steiermark, Oestreich,
Kärnthen, Krain und Istrien.

Da das Alpengebirge sich in einem großen nach Norden gekrümmten Bogen durch die Mitte West=Europas hindurchzieht, so schließen sich die übrigen ihm angelagerten
Naturformen, welche sämmtlich von seiner erhabenen Mitte
aus beherrscht werden, in immer größern Bogen von dem
atlantischen Ocean im Westen bis zu den sarmatischen Ebenen im Osten an dasselbe an. Den convexen Bogen des
Alpengebirges umlagert zunächst auf der ganzen Nordseite
eine Zone von Tafellandschaften in mäßiger Breite aber
sehr lang ausgedehnt. Sie bleibt überall in einer Höhe von
1000 bis 1500 Fuß, und trägt auf ihrem Rücken weite un-
absehbare Ebenen, aus welchen das Alpengebirge im Süden steil emporsteigt. Nirgends ist hier Gebirgsbildung, nur
Hügelland. Diese Zone erstreckt sich in ihrer weitesten Ausdehnung von Genf in Südwesten bis nach Regensburg im
Nordost und bis Passau im Osten. Die größte Länge dieser
Tafelflächen von Genfer=See bis nach Passau beträgt an
80 Meilen, die größte Breite von Regensburg am Donau-
Knie bis zum Durchbruch des Inn aus dem Alpengebirge
bei Kufstein an 20 Meilen. Die Stadt Genf hat dort eine
Meereshöhe von 1218 Fuß, Zürch von 1284 F., Constanz
1200 F., Ulm an der obern Donau 1526 F., München am
Fuße des Alpengebirges 1600 F., Regensburg nur an 1100 F.
und Passau sogar nur 790 Fuß.

Diese Zone von Tafellandschaften bildet die zweite
Region Deutschlands und wird im Allgemeinen das baierische Hochland genannt. Sie umfaßt die nördliche flache
Schweiz an der Aar, den südöstlichen Theil von Schwaben
an der obern Donau oder das sogenannte Ober=Schwaben
und vornehmlich das alte Bajoarien, aus welchem das heutige Baiern aber in einem ganz verschiedenen Umfange davon hervorgegangen ist. Die ganze Ebene scheint mit großen Trümmermassen überdeckt zu sein, bildet jedoch eine der
ausgedehntesten Kornkammern Deutschlands. So wie
der Südrand dieser Plateauebene durch das Alpengebirge,

ſo wird auch ihr Nordrand ſcharf begrenzt durch eine Reihe
von niedern Gebirgsketten, welche ſich gleichfalls in einem
Bogen von Genf bis nach Paſſau herumziehen. Es ſind
im Nordweſten die Gebirgsketten des Jura und die der
rauhen oder ſchwäbiſchen Alp, welche ſich als nordöſt=
liche Fortſetzung des Jura durch Schwaben und Franken bis
zum Fichtel=Gebirge hinziehen, und ſobann auf der Nordoſt=
ſeite die Gebirgsketten des Böhmer=Waldes bis zu den
Manharts Bergen in Oeſtreich, wo die Quellen der
Moldau der Donau nahe benachbart liegen.

Durch den Rhein=Strom oder vielmehr durch das Bek=
ken des Boden=Sees in Ober=Schwaben, der ſich in
dieſer Hochebene in ſchräger Richtung von den Alpen bis
zum Jura hinzieht, wird das Tafelland in zwei ungleiche
Theile getheilt in den ſüdweſtlichen kleinern, die flache
nördliche Schweiz, die von der Aar mit ihren Zuſtrömen
Reuß und Limmat durchzogen wird, und den nordöſtlichen
größern, der von der Donau mit ihren alpiniſchen Zuflüſſen
bewäſſert wird. Dieſer letztere Theil iſt die eigentliche Hei=
math der alten Bajoaren, während jener an der Aar und
rings um den Boden=See von den Nachkommen der alten
Alemannen bevölkert wird. Die ziemlich tiefe, muldenar=
tige Einſenkung jenes ſchönen ſchwäbiſchen Seebeckens mit=
ten auf der erhabenen Hochebene iſt zugleich der Grund, daß
ſich ſeine an Obſt und Wein ſo reiche Umgebung wegen
des dort herrſchenden milden Klimas ſo vortheilhaft auszeich=
net vor den mehr kühlen und rauhen baierſchen Tafelflächen
an der Donau und ihren Zuſtrömen. Aber ein Höhenzug,
welcher das Quellgebiet der Donau in der ſchwäbiſchen Land=
ſchaft Baar am Schwarzwalde und auch die Zuflüſſe zu ihr
von dem Stromgebiet des Rheins in dem Boden=See ſchiebe,
iſt durchaus nicht vorhanden. Nur über flache Hochebenen,
auf denen die Leutkircher Haide und andere ſumpfige und
moraſtige Gegenden in der Nähe des Feder=Sees bei Buchau
liegen, zieht hier die Waſſerſcheide der beiden großen

germanischen Stromsysteme des Rheins und der Donau auf
der Ost= und Nordseite des Boden=Sees aus den Arlberger
Alpen zum Schwarzwalde nur wenige hundert Fuß über dem
Spiegel jenes Sees erhaben hin, und ließe dort leicht eine
Wasserverbindung zwischen beiden Flußgebieten zu Stande
kommen.

Den Hauptstrom der baierschen Hochebene bildet aber
die Donau, welche (ähnlich wie der Po und die Rhone)
ein Längenbegleiter des Alpensystems an seiner Nord=
und Ostseite genannt werden muß, und welche nicht nur die
Mehrzahl der nordwärts aus den Alpen hervorbrechenden
Ströme, sondern auch alle ihnen nach Osten hin entfließenden
Gewässer in sich aufnimmt. Indem die Donau von den
Hochebenen der Baar am Schwarzwalde herabkommend bald
nach ihrem Ursprunge die Kalkketten des Jura bei dem Berg=
schlosse Fürstenberg durchbricht, wendet sie sich in nord=
östlicher Richtung durch Ober=Schwaben über Ulm in das
Gebiet der baierschen Tafelflächen hinein, an deren Nordrande
sie entlang fließt und bei der alten Römer=Festung Regens=
burg ihr nördlichstes Stromknie bildet, welches als mi=
litärische Position gegen das Innere von Deutschland schon
im Alterthume eine wichtige Rolle gespielt hat. Von jenem
Punkte an wendet sie sich am Fuße der Vorhöhen des Böh=
mer Waldes in südöstlicher Richtung zurück, um aus den
germanischen Gauen herauszutreten. Die linke Wasser=
scheide der Donau zieht auf dem Rücken der sie dort be=
gleitenden Gebirgsketten in nicht großer Entfernung von der
eigentlichen Stromrinne hin. Auf der linken Seite empfängt
die Donau hier fast gar keine Zuströme; nur auf der rechten
Seite, von Süden her, kommen alle ihre wasserreichen Zu=
flüsse, und es erhellt daraus, daß die allgemeine Senkung
der baierschen Hochebene nach Norden und Nordosten gerich=
tet ist.

Auf der Nordseite der Donau sind es blos zwei kleine
Gewässer, die hier zu nennen sind, einmal die Altmühl,

der Hauptfluß der Landschaft Eichstädt; welche im Rücken
der Bergketten des fränkischen Jura entspringt, dieselben im
Zickzacklaufe durchbricht und sich zwischen Ingolstadt und
Regensburg zur Donau einmündet, und dann die Nab, der
Hauptfluß der Ober=Pfalz, welche von dem Fichtelgebirge
herabkommend und noch ganz dem Gebiet der Hochebene
angehörig sich in das Stromknie bei Regensburg ergießt.
Aber von Süden her kommen die wilden und reißenden
Alpenströme mit ihren Gletscherwassern, welche den
zahmen Plateaustrom, der sich nur mit Mühe am Nord=
rande der Hochebenen durch die Versumpfungen des soge=
nannten Donau=Mooses von Ulm bis über Neuburg und
Ingolstadt hinaus durcharbeitet, beleben und durch ihre
Wasserfülle zum weitern Fortgange nöthigen. Dies sind die
Iller, der bei Augsburg vorübergehende Lech, der alte
Grenzstrom der Schwaben und Baiern, die bei München
vorübergehende Isar und der gewaltige durch die salzbur=
gische Salza bereicherte Inn, welcher als der eigentliche
alpinische Quellstrom der Donau betrachtet werden muß.
Von Passau an oder von der Vereinigung des tyrolisch=
baierschen Alpenstromes mit dem schwäbisch=baierschen
Plateaustrome beginnt mit der allmähligen Senkung des
sich nun ostwärts fortziehenden Donau=Thales eine andere
Natur an diesem Strome. Indem der Nordostflügel des
Alpengebirgslandes mit den Bergketten des mittelbeutschen
Gebirgskranzes in größere Annäherung tritt, rauscht die
Donau rascheren Laufes zwischen den sie einengenden Ge=
birgsketten hindurch und bahnt sich unter Strudeln und
Katarakten ihren Weg nach den weiten pannonischen
Ebenen von Ungarn. Hier ist das große Pfortenland
von Süd=Deutschland, durch welches seit Alters die barba=
rischen Völker Ost=Europas in die südbeutschen Gaue ein=
gedrungen sind. In diesem durch seinen Obst= und Wein=
reichthum und durch seine romantische Natur ausgezeichneten
Theile des Donau=Thales ward darum nachmals die Mark

Austrien oder Oestreich errichtet zur Beschützung des Thores von Deutschland. Die aus den steierschen Alpen hervorbrechende und sich zur Donau ergießende wasserreiche Ens war der alte Grenzstrom Bajoariens und somit auch Deutschlands gegen Osten. In dem Kahlenberge bei Wien umströmt die Donau das nordöstlichste Vorgebirge des Nordostflügels der Alpen, welchem sich nordwärts gegenüber an dem Stromufer das weite von der March bewässerte fruchtbare Marchfeld ausbreitet, und weiter ostwärts tritt die Donau in die Ebene von Ober=Ungarn ein, die nur noch an dreihundert Fuß über dem Spiegel des Meeres liegt.

Die den Ost=Alpen gegen Osten entfließenden Gewässer in den Gebieten des alten Noricum und Pannonien nimmt die Donau erst in ihrem mittlern Laufe auf. Es sind die Drau mit der Mur und die Sau mit der Kulpa, welche aus dem innersten Winkel der beiden östlichen Alpenflügel kommend im Mittelalter das Gebiet des slavischen Karantaniens bewässerten, wo sich in dem karolingischen Zeitalter die Reihe der karantanischen und windischen Marken erhob, aus denen die Landschaften von Steiermark, Kärnthen und Krain mit Istrien hervorgegangen sind.

Jenseit jener Gebirgsketten, welche die Plateauflächen auf der Nordseite umsäumen, folgt sodann ein weit ausgebreitetes Gebiet von Berglandschaften, völlig contrastirend mit den Plateauflächen und mit dem Alpengebirgslande. Diese Zone besteht aus der mannigfaltigsten Gruppirung von Erhebungen und Senkungen aller Art. Während sich in der Region der Bergebene eine große Einförmigkeit der Oberflächenbildung zeigt, findet sich in dieser Zone die größte Mannigfaltigkeit in der Gestaltung der Erdoberfläche. Diese Zone beschränkt sich aber nicht blos auf das eigentliche Deutschland, sondern sie zieht sich in einem mächtigen Bogen durch das mittlere West=Europa hindurch. Sie erfüllt das mittlere und östliche Frankreich, einen großen Theil des mittlern und südlichen Deutschlands mit Böhmen und

Mähren und das nordwestliche Ungarn. Das ganze Gebiet zeigt jedoch nur mäßige absolute Erhebungen, nirgends findet sich hier ein alpinischer Charakter wie in der Schweiz und in Tyrol; denn kaum einige Kuppen erreichen eine Höhe von ungefähr 5000 Fuß, und dies bezeichnet dort im Alpengebirge die Grenze des Baumwuchses und den Anfang der Region der Alpentriften. Die Schneekoppe auf dem schlesischen Riesengebirge mit einer Höhe von 5000 Fuß ist der höchste Gipfel in diesem Gebiete; der hohe Feldberg bei Freiburg auf dem Schwarzwalde hat nur eine Höhe von 4608 Fuß, in den Vogesen hat der hohe Ballon des Wasgau nur an 4368 Fuß, der Brocken im Harz nur 3500 Fuß, der Ochsenkopf auf dem Fichtel-Gebirge nur 3400 Fuß, und die höchste Erhebung der rauhen Alp nur 3100 Fuß.

Die wichtigsten Gebirgsglieder dieser Region von Berglandschaften sind die Coted'or in Burgund im Nordwesten der Saone und des Doubs, ferner die Plateauhöhen von Langres zwischen den Quellen der Saone, Seine und Maas, welche nach drei verschiedenen Meeren nach Süden, Westen und Norden abfließen, dann die Vogesen mit ihrer nördlichen Fortsetzung des Hartgebirges bis zum Donnersberge zwischen der Nahe und dem Rhein, und der Hundsrück mit der Eifel zu beiden Seiten der Mosel. Auf der Ostseite des Rhein folgen der Schwarzwald mit seiner nördlichen Fortsetzung des Odenwaldes, der Spessart am Main, und am Rhein abwärts der Taunus, der Westerwald und das Siebengebirge bei Bonn. Daran reihen sich weiter ostwärts die Höhen der Rhön und des Vogelsberges in Hessen zwischen der Weser, Main und Rhein, und nordwärts die Gebirgsketten von Westfalen bis zum Osning an der Ems zwischen Münster und Osnabrück. Dann folgt weiter ostwärts das Weser=Gebirge zu beiden Seiten der mittlern Weser, und die Gebirgsgruppe des Harzes zwischen der Weser und Elbe. Der Harz aber bildet zugleich den

2*

äußersten Vorsprung dieser Gebirgsregion nach Norden
hin zu den norddeutschen Flachebenen. An ihn schließen
sich weiter gegen Osten die Gebirge an der obern Saale
und Elbe bis zur Oder und dem Quellgebiet der Weichsel
oder das Thüringer-Waldgebirge, das sächsische Erz-
gebirge, das Fichtel-Gebirge mit dem Böhmer Walde,
das Lausitzer-Gebirge und die schlesisch-mährischen Gebirgsketten.

Diese Zone von niedern Gebirgslandschaften ist nun
mannigfaltig durchbrochen von Stromthälern, deren Quellgebiet nicht innerhalb der Kurve des Plateaulandes liegt,
sondern deren Quellen sämmtlich innerhalb eben dieser Zone
gelegen sind. Dahin gehören im äußersten Westen der
Doubs und die Saone als Zuflüsse der Rhone am äußern
Rande des Jura, dann die linken Zuflüsse des Rhein wie
der Ill im Elsaß, die Nahe und die lothringische Mosel
mit der Saar, die rechten Zuflüsse des Rhein wie die
Kinzig, Murg, der schwäbisch-fränkische Neckar mit seinen
Nebenflüssen Kocher und Jaxt, der fränkische Main mit
seinen Zuströmen und die Lahn. Sodann die hessisch-
thüringischen Flüsse Fulda und Werra, die beiden Quellströme der Weser. Ferner im Osten die Saale, die Unstrut
in Thüringen und die Eger und Moldau in Böhmen als
Zuflüsse zu dem Elbe-System. Alle diese Flüsse sind nicht
selbstständige, sondern nur Zuflüsse zu andern. Sie heißen
daher die Ströme des Berglandes oder die hintern Zuströme im Unterschiede von den Flüssen des norddeutschen
Flachlandes, und im Allgemeinen sind sie alle durch eine
romantische Natur und eine pittoreske Umgebung ausgezeichnet.

Es bildet diese Zone die dritte Region Deutschlands
im weitern Sinne von den burgundischen Gebieten an der
Saone im Westen bis zu den Bergketten im Osten der
March auf der Grenze von Ober-Ungarn. Sie umfaßt die
Landschaften des alten Ober-Lothringen im Westen des

Rheins, die Gebiete der alten Franken am Rhein und Main, den größern Theil von dem Gebiete der Alemannen oder das doppelte Nieder-Schwaben am Rhein und am Neckar, die Landschaften der Hessen und der Thüringer von der Fulda und Werra bis zur Saale, einen Theil des Landes der alten Sachsen in Westfalen und Engern, und auf der Ostseite das Gebiet der slavischen Tschechen in Böhmen und Mähren. Nach eben diesen Völkerstämmen zerfällt aber dieses mittelbeutsche Gebirgsrevier in fünf Hauptgruppen, welche durch die größern Stromthäler von einander geschieden werden. Erstens die lotharingische Gebirgsgruppe auf der Westseite des Rheins zu beiden Seiten der Mosel. Zweitens auf der Ostseite des Ober-Rheins die schwäbisch-fränkische Gebirgsgruppe zwischen dem Rhein, Main und der Donau; drittens auf der Ostseite des Unter-Rheins die hessisch-westfälische Gebirgsgruppe zwischen der Weser und dem Rhein.' Daran schließt sich ostwärts die sächsisch-thüringische Gebirgsgruppe zwischen der Weser und der Elbe, und fünftens die böhmisch-mährische Gebirgsgruppe an der obern Elbe südwärts bis zur Donau. In dem Fichtel-Gebirge oder in dem Quellgebiet des Mains, der Saale, Eger und Nab berühren sich die schwäbisch-fränkische, sächsisch-thüringische und böhmisch-mährische Gebirgsgruppe. Die Bergmasse des Fichtel-Gebirges bildet einen wichtigen Mittelpunkt in dem gesammten Bergrevier des mittlern West-Europa, dort scheiden sich die Wassersysteme der drei Hauptströme Deutschlands, des Rheins, der Donau und der Elbe.

Das sich durch Deutschland im Osten des Rheins hindurchziehende Gebirgsrevier erscheint schon im Alterthum unter dem gemeinsamen Namen des hercynischen Waldes (sylva Hercynia oder saltus Hercynius), obschon dieser Name wegen seiner allgemeinen Bedeutung von den Alten häufig in einem verschiedenen Umfange gebraucht und nicht selten auch nur einzelnen Theilen dieses Gebirgsreviers

beigelegt wurde [1]). Am wahrscheinlichsten scheint es dabei
zu sein, daß dieses weit ausgedehnte, damals mit mächtigen
und zusammenhängenden Waldungen bedeckte Bergland nach
der bei den deutschen Anwohnern heimischen Bezeichnung
von den Alten seinen Namen empfangen habe [2]). Denn
das Wort Hart bedeutet eine Hochwaldung und hat sich
nicht nur bis jetzt in den Namen vieler einzelnen Gebirgs=
glieder jener ganzen Masse wie in dem Harz, dem Spessart
(Speicheshart), Manhart, dem Rothhaar= und dem Hart=
Gebirge wie auch wohl in den Ardennen, sondern auch noch
ganz besonders in den Namen der großen Königsforsten des
Mittelalters am Rhein, wie bei Karlsruhe, Darmstadt und
Frankfurt erhalten [3]).

Allmählig lernten die Römer jedoch die einzelnen Theile
dieses großen Gebirgsgebietes unter besondern Namen unter=
scheiden, wenn gleich der allgemeine Name als besondere
Bezeichnung für einzelne Striche, aber nur in dem mehr
unbekannten Osten, fortdauerte. Schon zu des Drusus Zeit
tritt die Berggruppe des Taunus hervor, welcher von Mela
sogar zu den erhabensten Gebirgen gerechnet wird, und bald
darauf wird das Teutoburger Waldgebirge (saltus
Teutoburgiensis) bekannt, welches den südöstlichen Theil
der langgestreckten Berggruppe des Osning an den Quellen

---

1) Wilhelm, Germanien und seine Bewohner. Weimar 1823.
8. S. 27 bis 30.

2) Doch herrscht bis jetzt noch viel Streit über die Ableitung
dieses Namens aus dem deutschen oder gallischen Sprachstamm.
Für das letztere erklärt sich Zeuß, die Deutschen und die Nachbar=
stämme. München 1837. 8. S. 2. 3. So auch Duncker, origines
Germanicae. Berol. 1840. 4. Comment. I. p. 45.

3) Wenck, hessische Landesgeschichte. Frankfurt 1789. 4. Th. II.
S. 27. L. v. Ledebur, das Land und Volk der Brukterer. Ber=
lin 1827. 8. S. 5. Barth, Deutschlands Urgeschichte. Baireuth 1818.
8. Th. II. S. 19.

der Ems und Lippe in der Nähe der Weser bildet [1]). Die
Südwestecke des alten hercynischen Waldes oder der südliche
Theil des Schwarzwaldes an den Quellen der Donau erscheint in der spätern römischen Zeit unter dem Namen des
Marciana-Waldes, während der nördliche Theil am untern Neckar das Abnoba-Gebirge genannt wurde. Aber
derselbe Name Abnoba (Aunoba) erscheint auch im Norden
des Mains zur Bezeichnung der Bergketten im südlichen
Westfalen, wo das Ebbe Gebirge noch jetzt seine Lage an-
zeigt, und mit demselben in Verbindung steht der schon bei
Cäsar genannte Bacenis-Wald oder die Gebirgsgruppe
des Egge-Gebirges mit dem Eberkopf auf der Grenzmark
der Sueven, Chatten und Cherusken [2]). Auch die schwäbische
Alp wurde den Römern unter dem Namen Alba zur Zeit
ihrer Kämpfe mit den dortigen Alemannen bekannt.

Aber erst beim Ptolemaeus treten die meisten Namen
der übrigen Glieder des hercynischen Waldes hervor. Er
nennt uns das Harz-Gebirge unter dem Namen Melibokus,
womit er den Semana-Wald verbindet. Dann aber erscheint bei ihm der umfassende Name des Sudeta-Ge-
birges, worunter die Gebirgsketten von dem Thüringer
Walde ostwärts über die Elbe hinaus bis zur Oder zu verstehen sind, und er bezeichnet das südwärts sich daran an-
schließende Böhmerwaldgebirge mit dem Namen des Ga-
breta-Waldes. Das schlesische Riesengebirge erscheint bei
ihm unter dem Namen des asciburgischen Gebirges, und
wird von andern auch das vandalische Gebirge genannt.
Aber der im engern Sinne bei ihm noch so genannte or-
cynische Bergwald umfaßt die schlesisch-mährischen Gebirgsketten ostwärts bis zu den sarmatischen Gebirgen, den heu-

---

1) Ledebur, allgem. Archiv für die Geschichtskunde des
preußischen Staates. Berlin 1834. 8. Th. XIII. S. 339 bis 351.

2) Ledebur, das Land und Volk der Brukterer S. 6. 7.
122. 123.

tigen Karpathen. In Verbindung mit jenem orcynischen
Bergwalde steht dann noch das Luna=Waldgebirge,
welches man des Namens wegen gewöhnlich in dem Man=
harts=Berge an den Quellen der Moldau gesucht hat, aber
vermuthlich wohl die mährisch = ungarischen Bergketten
bezeichnet ¹).

An dem äußersten Rande jenes großen Bergkranzes
beginnt sodann das Gebiet der Niederung von West=
Europa, es ist das nordwestliche Frankreich, das nördliche
Deutschland und die Ebenen von Schlesien, Pommern und
Polen, welche sich unmittelbar an die weiten sarmatischen
Ebenen von Ost=Europa anschließen. Es zeigen sich hier
mächtig ausgedehnte aber im ganzen sehr einförmige
Flächen, die sich nur wenig über den Spiegel des Meeres
erheben und sich, wie in dem Deltalande des Rhein, zum
Theil unter denselben hinabsenken. Dem äußern Abfalle
jenes umsäumenden Gebirgsreviers entquillen große Land=
ströme, welche von dort aus die flachen Ebenen bewässern
und sich unmittelbar ins Meer einmünden. Die allgemeine
Senkung geht aber nach drei verschiedenen Meeresbecken,
so die Seine zum französisch=englischen Kanale, die Ems
und Weser zum deutschen Meere und die Ober und
Weichsel zum baltischen Meere. Alle diese Flüsse sind
selbstständige Stromsysteme, in so fern sie eine eigene Mün=
dung haben. Sie sind die vordern Landströme zu nen=
nen und haben alle eine analoge Bildung.

Diese weiten Niederungen, welche wir von dem wal=
digen Landrücken der Ardennen zwischen den Flußgebieten
der Schelde und Seine im Westen bis zur untern Elbe und
bis zur Oder im Osten zu verfolgen haben, bilden die
vierte Region Deutschlands. Es sind die Landschaften
von Nieder=Lothringen oder Belgien, die Gebiete der
Friesen und der Sachsen vom Rhein bis zur Elbe

---

1) Wilhelm, Germanien und seine Bewohner S. 30 bis 46.

und die der baltischen Slaven oder der Wenden von der
Elbe und Saale bis zur Oder.

In diese vier Regionen oder Terrassen des Alpenlandes,
des Tafellandes, des Berglandes und des Flachlandes mit
der vierfachen Klasse von Strömen gliedert sich das mittlere
West=Europa und auch der Boden Deutschlands. Dazu
kommt aber zur Vermehrung der Mannigfaltigkeit noch eine
fünfte Klasse von Strömen, wenn schon mit keinem individuell
geschiedenen Gebiete. Dies sind die durchbrechenden
Stromsysteme, welcher Name ihren Charakter am besten
bezeichnet und sie von der Natur der übrigen Ströme unter=
scheidet. Denn der große Halbkreis von Gebirgslandschaften
des mittlern West=Europa wird durch zwei große Strom=
thäler von eigenthümlicher Art durchbrochen und dadurch das
ganze Gebiet in drei große natürliche Reviere getheilt,
in ein westliches, mittleres und östliches. Diese drei großen
Reviere kann man nach den Gewässern die Stromprovinzen
nennen oder nach den Gebirgsmassen, welche sie einschließen,
die drei Gebirgsprovinzen des mittlern West=Europa.

Diese natürliche Scheidung geschieht durch die beiden
durchbrechenden Tiefthäler des Rheins und der Elbe.
Beide unterscheiden sich von allen andern nordwärts fließen=
den Strömen charakteristisch dadurch, daß sie zunächst zwei
große selbstständige Stromgebiete Europas bilden und
dann, daß sie dem innern Kranze des großen Gebirgsbaues
entquillen. Der Rhein ist von beiden offenbar der bedeu=
tendere Strom, weil er den Alpen, dem Kern von ganz
West=Europa, entströmt und von da aus alle übrigen gegen
Norden vorgelagerten Naturformen durchbricht, während die
Elbe nur aus dem deutschen Mittelgebirgssystem oder aus
dem Bergkessel des Böhmer=Landes hervorkommt. Beide
durchschneiden den großen Gebirgshalbkreis, der sich ihnen
dammartig in dem mittlern Deutschland entgegensetzt. An
diesen Stellen verschwindet [nun auf einige Zeit der sonst
milde Charakter der Thalbildung der beiden Stromsysteme,

dort zeigen sich enge Schluchten, wilde Stromengen und tiefe Thalspalten. Es tritt dort zum letztenmale die Fels= bildung des Hochgebirges auf und zwar dicht an der Grenze der großen Niederung.

So zeigt sich der Durchbruch des Rheins auf die groß= artigste Weise bei Bingen im Rheingau bis nach Coblenz hinab und wiederum von Andernach bis nach Bonn, und so zeigt sich der Durchbruch der Elbe bei Lowositz in Böhmen unterhalb Leitmeritz bis nach Pirna und Meißen. Daher sind diese Stellen an der Grenze des nördlichen Tief= landes die romantischen Stromgegenden Deutschlands bei einer sonst milden Umgebung der Landschaft. Es sind am Rhein die weinreichen Rheingaue von Mainz bis nach Köln, und an der Elbe die sogenannte sächsische Schweiz, das obst= und weinreiche Meißner Hochland. Nur der Rhein und die Elbe haben diese Natur, welche ihrer Thalbildung einen eigenthümlichen Charakter mittheilt.

Der Rhein, welcher die Mitte Germaniens durchströmt, zeigt diese Natur in dem großartigsten Maaßstabe und ist schon durch seine Naturverhältnisse der merkwürdigste, wie durch seine historischen Verhältnisse der wichtigste Fluß von ganz Europa. Die Elbe, welche die Wiederholung dieser Naturbildung in einem etwas kleinern Maaßstabe zeigt, liegt schon an der Ostgrenze des eigentlichen Germaniens und scheidet den klassischen Boden Deutschlands von dem slavischen oder wendischen Deutschland, wo sich das Gebiet der wen= dischen Marken in dem heutigen Sachsen (dem alten Meißen) und in Brandenburg befindet. Beide Ströme bilden aber die Hauptbollwerke für die Sicherheit Deutschlands gegen alle von Westen und Osten andringenden Feinde, von wo stets seit den Zeiten der Römer an die Angriffe auf die Freiheit Deutschlands von außerhalb gekommen sind. Denn beide Flüsse sind nicht zu umgehen, sondern müssen mit gewaff= neter Hand überschritten werden.

Nur zwei andere mehr untergeordnete Flüsse zeigen noch das Ansetzen einer ähnlichen Bildung, was aber darum auch von keiner historischen Bedeutung geworden ist. So die Weser bei ihrem Durchbruche durch die westfälische Pforte oberhalb Minden. Zwar erscheint im Mittelalter auch ihr östlicher Quellstrom, die Werra, unter dem Namen Wisera und Weser [1]), doch beginnt der eigentliche Strom dieses Namens erst nach der Vereinigung der Fulda und Werra und ist nach seiner Natur und Weltstellung mit der Elbe nicht zu vergleichen. Dann aber zeigt sich kaum noch bemerkbar das Ansetzen einer solchen Bildung in der Maas auf der Westseite des Rheins bei ihrem Durchbruche durch das Ardenner = Waldgebirge oberhalb Namur auf der Naturgrenze zwischen Frankreich und den deutschen Nieder= landen oder Belgien.

Der Rhein ist der eigentlich germanische Strom zu nennen, weil er von seinen Quellen bis zu seiner Mün= dung fast durch alle Zeiten hindurch nur die deutschen Land= schaften durchströmte, und grade dadurch, daß sein Mün= dungsland ein Hauptsitz deutschen Volkslebens geworden ist, unterscheidet er sich wesentlich von der Donau, die nur in ihrem obern Laufe dem deutschen Boden angehört und in ih= rem untern Laufe immer das Heimathsland barbarischer Völ= ker gewesen ist. Seit der Zeit der Größe und der Herrlich= keit des deutschen Volkes, seit den Zeiten des römisch=deut= schen Kaiserthumes bildete er die Hauptpulsader des klassischen Bodens von Deutschland. An ihm fand die groß= artigste Entwickelung des deutschen Lebens statt, an ihm la= gen die größten und herrlichsten deutschen Städte, welche wie Mainz und Köln in geistiger und weltlicher Beziehung die Metropolen des deutschen Landes und Volkes zu nen= nen sind. Die große Mannigfaltigkeit der von ihm durch= strömten Terrassenlandschaften erklärt auch den großen Reich=

---

1) Zeuß, die Deutschen und die Nachbarstämme S. 15.

thum der historischen Erscheinungen an ihm in der Entwik=
kelung seiner Anwohner von den romanischen Rhätiern an
seinen Quellen durch die zahlreichen deutschen Gaue hin=
durch bis zu seinem Deltalande in Holland.

Nach der Vereinigung der verschiedenen Quellströme bei
Chur, der Hauptstadt von Hohenrhätien, bricht der Rhein
in einem mächtigen Querspalt nordwärts aus dem Alpenge=
birge hervor, um in die baiersche Tafelebene einzutreten.
Hier aber nimmt ihn das schwäbische Seebecken des Bo=
den = Sees auf, welcher in seiner Längenerstreckung von
Südost nach Nordwest die ganze Breite jener Hochfläche ein=
nimmt. Als ein schon mächtiges Gewässer entfließt ihm der
Rhein gegen Westen bei dem alten Constanz und behält
diese Richtung bis nach der Stadt Basel an dem großen
Stromknie auf der Grenzmark von Burgund und Schwaben.
Diese Strecke bildet zugleich den merkwürdigen Durchbruch
des Rheins durch die Gebirgsketten des Jura in vier Ka=
tarakten oder Stromschnellen, worunter der berühmteste der
bei Schafhausen weniger durch seine Höhe als vielmehr durch
die Breite und Wasserfülle des Stromes ausgezeichnet ist.
Hier empfängt der Rhein auch seinen ersten großen und
wasserreichen Zustrom in dem alpinischen Gewässer der Aar,
welche ihm die gesammte Wasserfülle der innern Schweiz
zuführt.

Mit der Nordwendung des Rheins bei Basel verändert
das Stromthal seinen Charakter, es beginnt da eine ganz
andere Natur. Schon bei dem Austritt des Stromes aus
dem Alpengebirge beginnt eigentlich der mittlere Theil
seines Laufes, aber da ihn dort das schwäbische Seebecken
verschlingt und er sodann bei dem Durchbruch durch den
Jura, wo er schon in das mitteldeutsche Gebirgsrevier ein=
tritt, noch nicht schiffbar sein kann, so rechnet man seinen
mittlern Lauf erst von dem Stromknie bei Basel, und
dieser reicht bis zu der großen Stromspaltung an der Spitze
des holländischen Deltalandes. In drei Stufen durchschnei=

bet der Rhein in diesem Theile seines Laufes die Gauen des heutigen Deutschland in grader Richtung von Süden nach Norden. Sie reichen von Basel bis Mainz, von Mainz bis Köln und von Köln bis Kleve.

Mit reißender Schnelligkeit schießt der Rhein bei Basel vorüber, und innerhalb der großen Gebirgszone des mittlern Deutschlands zieht sich die tiefe Thalsenkung des Stromes bis nach Mainz an 40 Meilen weit fort. Das Thal, welches vorher nur eine enge Spalte war, erweitert sich zu einer schönen fruchtbaren Ebene, welche im Osten und Westen von Gebirgsketten umsäumt wird, die den Strom in seinem nördlichen Laufe begleiten, und welche, mit zahlreichen Burgruinen und mächtigen Hochwaldungen bedeckt, auch diesem Theile des Rhein = Thales eine romantische Schönheit verleihen. Hier ist es der Schwarzwald mit dem Odenwalde, zwischen welchen der Neckar sich zum Rhein ergießt, dort ist es die Gruppe der Vogesen mit dem Hartgebirge. Durch seinen milden Himmel und seine reiche Vegetation zeichnet sich dieser Theil des Rhein = Thales sehr vortheilhaft aus vor den im Rücken jener Gebirgsketten sich ausbreitenden Hochflächen, welche im Osten das Tafelland von Ober = Schwaben an der obern Donau, im Westen aber die lothringischen Bergflächen an der obern Mosel bilden. Denn schon in der Ebene von Basel hat der Spiegel des Rheins nur eine Höhe von ungefähr 800 Fuß über dem Meere (ähnlich wie die Donau bei Passau), und bei Mainz im Rheingau liegt derselbe nur noch an drittehalb hundert Fuß über dem Meere.

Unter steten Spaltungen und Krümmungen wühlt sich der reißende Strom in dem lockern Erdreich der Thalebene seine Bahn und bildet bis nach Mainz hin eine überaus große Anzahl von Inseln und Auen. Ja er ist anfangs so reißend, daß er von Basel bis nach Straßburg stromaufwärts gar nicht befahren werden kann, da findet keine Bergfahrt, sondern nur Thalfahrt statt. Erst bei Straß=

burg beginnt die großartige Rhein = Schifffahrt, hier
ist der große Stapelplatz des Handelsverkehrs am Ober=
Rhein und die obere große Rhein = Furth für Handels=
züge und Kriegsheere.

Von Basel bis nach Mainz durchströmte der Rhein im
Mittelalter die Landschaften von Schwaben und Fran=
ken, die Länder der Hohenstaufen oder die im engern Sinne
sogenannten Reichsländer. Straßburg, die Hauptstadt
des rheinischen Schwabens, war eine der vornehmsten Sitze
deutschen Lebens am Rhein. Aber von der Einmündung der
Murg bei Rastadt begann das fränkische Land und zwar zu=
nächst das sogenannte Rhein = Franken, das sich am
Strome bis zur Aufnahme der Mosel hinabzog, und aus
welchem nachmals die Rhein = Pfalz hervorgegangen ist. Die
Städte Speier und Worms, die Wiegen des deutschen
Bürgerthumes, liegen schon auf fränkischem Boden, welcher
sich ostwärts bis zum Quellgebiet des Main hinauferstreckt.
Denn mit seinen beiden mächtigen Armen, Mosel und
Main, greift der Rhein weit in die ihm ostwärts und west=
wärts angelagerten Gebiete ein und verbindet noch jetzt das
innere Deutschland und Frankreich. Der Main, der von
den Höhen des Fichtel = Gebirges kommt und dem Haupt=
strom ein Drittheil seiner Wasserfülle zuführt, durchfließt in
westlicher Richtung aber in zwei großen südwärts gekrümm=
ten Bogen, bei Bamberg und Würzburg vorübergehend, die
Landschaften von Ost=Franken oder Frankonien, und bei
Frankfurt vorübereilend das Gebiet des rheinischen Frankens,
welche beide durch die Gebirgsgruppe des Spessart geschie=
den werden.

Das uralte Mainz, seiner Einmündung gegenüber in
dem Winkel des Rhein gelegen, bezeichnet die eigentliche
Mitte des klassischen Bodens von Deutschland im Mittel=
alter. Von je an eine wichtige militärische Position und der
Lage nach mit Regensburg an der Donau zu vergleichen
bildete es immer den Schlüssel zu Deutschland und die

mittlere große Furth am Rhein=Strom. Die von den Römern hierher verpflanzte Weinkultur an den Anhöhen von Laubenheim und Nierstein beurkundet die Wichtigkeit dieser Lokalität im Alterthum, wie die benachbarten kaiserlichen Pfalzen Tribur und Ingelheim im Mittelalter.

Aber unterhalb Mainz nimmt das Rhein=Thal wieder einen andern Charakter an, indem die breite fruchtbare Ebene gegen Norden plötzlich durch einen großen Felsriegel geschlossen wird. Dies ist das rheinische Schiefergebirge, welches von Südwest nach Nordost quer durch das Rheinthal hindurchsetzt und hier der Hunsrück, dort der Taunus genannt wird. Bei dem Orte Bingen, wo sich das romantische Thal der Nahe vom Hunsrück zum Rhein öffnet, tritt der Strom in den ersten engen Spalt des vorliegenden Gebirges ein, und hier mußte erst nachmals die Kunst durch Felssprengungen einen Weg für die Schifffahrt bahnen, so daß nun die großen Schiffe mitten durch ein furchtbares Felsthor hindurch aus dem Rheingau bis in die Niederlande hinabgehen können. In gewaltigen Strudeln rauscht der mächtige Rhein über eine dreifache Felswand vom Binger=Loch bis nach St. Goar hinab, ehe er aus diesem Gebirgsriegel in die Ebene von Coblenz eintritt, wo sich von Osten her das schöne Thal der Lahn zum Rhein hin öffnet und von Südwest her die wasserreiche Mosel ihre Fluthen mit demselben verbindet. Aber noch hat der Strom das Niederland nicht erreicht. Dies ist erst bei Köln der Fall nach Durchbrechung eines dritten Gebirgsriegels. Denn was sich auf dem linken Stromufer in den Vulkankegeln der Eifel an der Mosel einzeln zeigt, das findet sich auf dem rechten Ufer des Rheins in der Masse des Siebengebirges unterhalb Neuwied in einem großartigen Maaßstabe vereinigt. Denn die domartigen Kuppeln der Vulkankegel jenes Gebietes, aus deren hartem Gestein die anliegenden Städte und vornehmlich der berühmte Dom zu Köln erbaut worden sind, beurkunden die ehemalige Thätigkeit un=

terirbischer Feuergewalten an dem mächtigsten Durchbruche
der mitteldeutschen Gebirgsregion und zwar auf der Grenz=
mark des Berglandes gegen das Flachland. Bei Bonn
hört die Gebirgsbildung auf, und das alte Köln liegt schon
in der norddeutschen Niederung, wo der Spiegel des Rhein=
stromes nur noch eine Höhe von etwas über hundert Fuß über
dem Meere hat.

Von dem rhätischen Chur abwärts bis nach Köln hin
sind überall längs des ganzen Stromes die Hügel und Berg=
gehänge mit Weinpflanzungen bedeckt, dies ist das be=
rühmte Land des Weinbaues, die Heimath der Rheinweine.
Aber mit dem Aufhören dieser Thalbildung bei Köln ist auch
die Nordgrenze der Weinkultur gegeben, da beginnt schon der
untere Lauf des Rheins oder auch der untere Abschnitt
des mittlern Laufes. Jene Natur des rheinischen Stromes
theilt jedoch auch die Mosel in ihrem mittlern und untern
Laufe. Die Mosel ist mit Ausnahme der Maas der größte
Nebenfluß des Rheins, sie ist auf seinem linken Ufer, was
der Main auf seinem rechten. Von den Hochebenen von
Langres herabkommend und die Tafelflächen Lothringens
bei Metz, Toul und Nancy bewässernd geht die Mosel in
nordöstlicher Richtung bei dem alten berühmten Trier, wo
sich der weinreiche Moselgau an ihren Ufern ausbreitet, un=
ter mancherlei Windungen vorüber um sich bei Coblenz in
den Rhein zu ergießen, dem sie wiederum ein Drittheil seiner
Wasserfülle zuführt. Darum ist aber der Rhein auch ein so
mächtiger Strom, der die gewaltigsten Lasten trägt. Vor=
nehmlich ist es der Schwarzwald, der seinen Waldreichthum
in den kolossalen Flössen auf dem Rhein hinabsendet. Doch
geht diese Floßschifffahrt nur stromabwärts, indem die
Flösse in den Niederlanden auseinander genommen werden.
Erst von Straßburg an beginnt die regelmäßige Schifffahrt
auf dem Rheinstrom und zwar die Thalfahrt und Bergfahrt.
Man nennt die Wasserreise von Straßburg bis nach Mainz
die Oberfahrt, die von Mainz bis Köln die Mittel=

fahrt, und die von Köln bis nach Holland die Nieder=
fahrt. Jede dieser drei Strecken bedarf eines eigenen Schiff=
baues, einer eigenen Landungsart und Schiffergeräthes we=
gen der Verschiedenheit der Thalbildung des Flusses und sei=
ner Strömung. Diese Abschnitte sind aber bestimmt durch
die Natur des Stromes, und ihr folgte die historische Ent=
wickelung seiner Anwohner. Nur an diesen drei Punkten
konnten die drei großen Stapelplätze des Rhein=Han=
dels entstehen, die Orte Straßburg, Mainz und Köln, welche
in der Geschichte des Rhein=Thales und der Kulturgeschichte
des mittlern Europa von je an eine so wichtige Rolle ge=
spielt haben.

Die große Metropole **Köln**, die eigentliche Hauptstadt
des deutschen Reiches im Mittelalter, liegt am Anfange der
norddeutschen Niederung an den Ufern des Rheinstromes.
Köln ist zugleich die Hauptstadt des fränkischen Ripua=
riens, welches sich zu beiden Seiten des Stromes von der
Mündung der Mosel bis zum holländischen Deltalande hin=
abzog. Hier befindet sich die untere große Furth über
den Rheinstrom. Der sich fortan in einer weiten Ebene aus=
breitende Strom nimmt an Breite und Tiefe seiner Gewässer
immer mehr zu, er erscheint hier schon wie ein See und be=
droht nicht selten durch seine Einbrüche die benachbarten
Landschaften mit Verheerung. Aber es gehen auch die gro=
ßen holländischen Seeschiffe auf ihm bis nach Köln hin=
auf und machen dadurch diese Stadt zu einem Seehafen.
Unterhalb Köln bewässert der Rhein, bei Düsseldorf vorüber=
gehend, die drei blühenden Landschaften von Jülich, Kleve
und Berg, und nimmt hier auf seiner Ostseite die nicht un=
bedeutenden Gewässer der Ruhr und Lippe in sich auf,
welche aus der weiten, nur von niedern Bergzügen unter=
brochenen Ebene Westfalens ihm zuströmen.

Bei **Kleve** beginnt die Stromspaltung des Rheins,
da breitet sich von Osten nach Westen das holländische
Deltaland aus, welches fast in einem gleichen Niveau mit

dem Meere gelegen, zum Theil noch unter daſſelbe hinab=
ſinkt. Dieſes Deltaland, welches von dem Strome in zwei
Hauptarmen, dem nördlichen Rhein und der südlichen Waal,
durchschnitten wird, hat als ein erſt dem Meere abgewonne=
nes Land im Laufe der Zeit die verſchiedenſten Umgeſtaltun=
gen erlebt, und iſt durch alle Jahrhunderte berühmt durch
die Tüchtigkeit ſeiner Bewohner und durch deren Kenntniß
im Seeweſen. Dieſes echt deutſche Land Holland bildet die
Krone von allen rheiniſchen Landschaften, und die Rückwir=
kung des blühenden Zuſtandes dieſes Kulturlandes von Hol=
land an der Mündung des Rheins auf alle übrigen rheini=
ſchen Gebiete bis zu den Quellen des Stromes aufwärts
iſt durch alle Zeiten des Mittelalters zu erkennen. Nur
durch das welthiſtoriſche Auftreten am Anfange der neuern
Zeit ſind die Bewohner der holländiſchen Gauen ihren übri=
gen deutſchen Brüdern etwas entfremdet worden.

Noch einen großen Nebenstrom, die Maas, nimmt der
Rhein in ſeinem Deltalande in ſich auf. Sie kommt gleich
der Moſel von den lothringiſchen Tafelflächen her, und
durchſtrömt, nach Durchbrechung des waldigen Bergrückens
der Ardennen von Verdun bis nach Namur, die weſtrhei=
niſche Niederung, um ſich mit der Waal zu vereinigen und
ſo das Inſelland der Maas=Mündung zu bilden, mit wel=
chem ſich auch die Schelde vereinigt. Aber ein mächtiger
Strom iſt die Maas nur erſt in der weſtrheiniſchen Nie=
derung in den Gebieten von Brabant, Hennegau und Lim=
burg, und ſie gehört nur ſcheinbar dem lothringiſchen Ta=
fellande in ihrem obern Laufe an. Es zeigen ſich hier die
beiden großen weſtrheiniſchen Marken Deutſchlands ge=
gen das weſtfränkiſche Land oder Frankreich, es ſind die
obere und die untere weſtrheiniſche Mark, beide geschieden
durch die Ardennen. Im Süden iſt es das Moſelland,
im Norden das Maasland, beide von weſentlich verſchie=
dener Natur. Im Mittelalter bildeten ſie die lotharingi=
ſchen Gebiete oder Ober= und Nieder=Lothringen, welche

heut zu Tage unter den Namen des französischen Lothringen (Lorraine) und Belgien dem deutschen Stammlande
leider schon entzogen sind, so daß nach dem Verluste jener
Marken die Thallinie des Rheinstromes selbst zur Grenzmark
Deutschlands nun hat werden müssen.

Gliederung der deutschen Geschichte.

Die gesammte Entwickelung der Welt der germanisch-
deutschen Völker von ihrem ersten Auftreten in der Geschichte
bis auf die Gegenwart gliedert sich zu einer Reihe von drei
Stufen oder Stadien. Die beiden Heroen, welche diese
Gliederung in der historischen Entfaltung des germanischen
Lebens bezeichnen, sind Karl der Große in politischer Beziehung und Luther in religiöser Beziehung, und durch sie
wird auch das Leben der eigentlich deutschen Stämme in
dem germanischen Heimathslande nach seinem Entwickelungsgange charakterisirt. Da nun die gesammte germanisch-
deutsche Welt als mit der Entwickelung der christlichen Religion zusammenfallend die Welt der Freiheit des geistigen
Lebens der Menschheit genannt werden muß, so kann man
das erste Stadium der Entwickelung bezeichnen als das der
natürlichen noch ungebundenen Freiheit in politischer und
religiöser Beziehung. Mancherlei Versuche wurden in jener
Zeit gemacht, um eine höhere sittliche Einheit unter den germanisch-deutschen Völkerschaften zu begründen, deren Ausführung jedoch nur erst dem deutschen Fürstengeschlechte der
fränkischen Karolingen gelang. Seitdem war der Einheits-
punkt des Lebens der germanisch-deutschen Welt in dem
durch Karl den Großen begründeten Kaiserthum gefunden,
und damit beginnt auch die zweite Stufe der Entwickelung
der gebundenen und unter der Zucht der römischen Kirche
stehenden Freiheit dieser Welt während der Zeit der Herrschaft
der päpstlichen Hierarchie. Eben dieser Zeit gehört auch die
Bildung und Gestaltung des Reiches der eigentlich deutschen

3*

Stämme in dem germanischen Heimathslande an, wo das Kaiserthum Karls seine eigentliche Stätte fand, und wo die einzelnen das deutsche Reich bildenden Stämme in der Füh= rung desselben sich ablöseten, bis mit dem Sinken der Hoheit des Kaiserthumes und der Auflösung der Stämme eine gänz= liche Umgestaltung dieses Reiches gegeben ward. Die Be= freiung Deutschlands und der christlich=germanischen Welt im Allgemeinen von der Vormundschaft Roms ist das Werk Luthers. Als Begründer der Reformation ist Luther der Repräsentant der wahrhaften ihrer selbst gewissen Freiheit, wie sie das Prinzip und der Charakter der neuern Welt geworden ist. Die Zeit der Reformation zeigt auf dem deutschen Boden schon die aus der Zertrümmerung der deutschen Stämme hervorgehende Gestaltung der neuern Territorial=Verhältnisse mit den heute in jenen Gebieten herrschenden Fürstenhäusern.

Geht man aber bestimmter von dem hier in Betracht kommenden geographisch=ethnographischen Standpunkte in der historischen Entwickelung Deutschlands nach seinen Stäm= men und Fürstengeschlechtern aus, so ergiebt sich eine mit jener ersten Eintheilung nur zum Theil zusammenfallende Gliederung in fünf Perioden, welche hier zunächst genauer zu charakterisiren sind.

Die erste Periode oder die germanisch=deutsche Zeit reicht von dem ersten Hervortreten der Völker dieses Stammes bis zur Mitte des sechsten Jahrhunderts unserer Zeitrechnung. Sie zeigt die ersten volksthümlichen Elemente der nachmaligen Stämme Deutschlands, entfaltet zugleich die gesammte germanisch=deutsche Völkerwelt, zeigt die Bil= dung und Gestaltung der Völkerbündnisse Germaniens, die erste Gestaltung der eigentlich deutschen Stämme, ihre Son= derung von den übrigen germanischen Völkern und reicht bis dahin, wo das deutsche Gebiet mit seinen Stämmen nach Osten und nach Süden hin seine nachmaligen Grenzmarken erhalten hat.

Die zweite Periode oder die fränkisch=deutsche Zeit reicht von der Gestaltung des fränkischen Reiches durch das Geschlecht der Merowingen bis zur völligen Auflösung desselben nach dem Abgange des Geschlechtes der Karolingen oder bis in die erste Hälfte des zehnten Jahrhunderts. Dieser Zeitraum zeigt das Leben der echt deutschen Stämme auf dem klassischen Boden Deutschlands in der Vereinigung mit dem Reiche, welches von einem der aus ihrer Mitte hervor=gegangenen Stämme auf romanischem Grund und Boden errichtet war, und dadurch die ihrer Selbstständigkeit beraub=ten Stämme Deutschlands mit den germanisch=deutschen Völkern in Gallien und Italien wieder in nähere Verbin=dung brachte.

Die dritte Periode oder die eigentlich deutsche Zeit giebt uns zuerst das deutsche Reich nach der vollen Selbstständigkeit seiner Stämme unter den ältern deutschen Fürstenhäusern. Es ist dies zugleich die Zeit der Hoheit des deutschen Volkes in politischer Beziehung, die eigentliche Zeit des römisch=deutschen Kaiserthumes, welche bis zur Mitte des dreizehnten Jahrhunderts reicht. Die schon durch die fränkische Herrschaft sich einander mehr genäherten deutschen Stämme bilden nun in der erneuten Vereinigung ein gemeinsames Reich, in welchem die drei Hauptstämme oder die Sachsen, Franken und Schwaben unter ihren Fürstengeschlechtern nach einander die Herrschaft führen, diese dann auch über die Nachbarn, die Burgunder und Lombar=den ausdehnen und durch die kaiserliche Gewalt ihrem Stamme und Volke die Vorherrschaft in der modernen Welt erringen. Doch stehen sich auch die Stämme noch in spröder Natür=lichkeit gegenüber, obgleich schon in dieser Periode eine Lösung derselben und eine gegenseitige Verschmelzung in der Spren=gung der volksthümlichen Herzogthümer erfolgt. Die alten großen Herrschergeschlechter der Deutschen gehen dabei zu Grunde. Dafür tritt eine andere Reihe niederer Herrscher=geschlechter hervor, welche auf den Trümmern der alten volksthümlichen Herrschaften neue Territorial=Herrschaften zu begründen beginnt. Damit hängt auch das neue Ueber= greifen Deutschlands über das alte flavische Ost=Germanien zusammen.

Die vierte Periode begreift die Zeit der Ausbildung der Territorial=Herrschaften in Deutschland, und reicht bis auf die Zeit der Reformation. Nach dem Falle des Kaiserthumes treten die zahlreichen deutschen Fürstengeschlech= ter in den verschiedensten Abstufungen hervor, und sind be= müht ihre Landesherrschaften ohne Rücksicht auf die alten volksthümlichen Grenzmarken, die sich nur in den geistlichen Diöcesen erhalten haben, im Kampfe mit einander zu be= gründen, zu erweitern und zu befestigen. Zwischen diese sich neu gestaltenden weltlichen Herrschaften unter bestimmten Fürstengeschlechtern, zu welchen fortan auch das Kaiserthum gehört, ziehen sich die zahlreichen geistlichen Herrschaften der Prälaten verschiedenen Standes hindurch, und an sie schließen sich noch die reichsunmittelbaren Gebiete der Städte und Ritterschaften.

Die fünfte Periode seit der Reformation zeigt, wie aus den vornehmsten jener weltlichen Herrschaften durch ihre Fürstengeschlechter aus der frühern Zeit die neuern fürstlichen Gebiete hervorgegangen sind, welche nach einem langen und hartnäckigen Kampfe ihrer Fürsten mit der sich aufs Neue erhebenden kaiserlichen Gewalt eine völlige politische Selbst= ständigkeit erringen und nach manchen Umwälzungen der jüngsten Zeit, wozu auch die Vernichtung der geistlichen Herrschaften und die Einziehung der Gebiete der Reichsstädte gehört, das neue Deutschland in der Vereinigung seiner Fürsten zum deutschen Bunde bilden.

Erste Periode.

Die germanisch-deutsche Zeit oder die germanisch-deutsche Völkerwelt bis zur Mitte des sechsten Jahrhunderts.

Diese Periode gewährt schon alle diejenigen Elemente, welche für die Bildung und Gestaltung der Stämme Deutschlands in der eigentlichen Zeit des Mittelalters nothwendig sind, und zwar lassen sich die Wurzeln derselben schon um die Zeit des Beginnes unserer Zeitrechnung bestimmter nachweisen. Doch befanden sich zu eben jener Zeit die volksthümlichen Elemente, aus welchen die spätern deutschen Stämme erwachsen sind, nicht alle auf dem Boden des heutigen Deutschland. Das alte Germanien erstreckte sich mit seinen Stämmen und Völkern ostwärts weit über die Grenzen des jetzigen Deutschlands hinaus. Demnach haben wir die gesammte germanisch-deutsche Völkerwelt zu übersehen und kennen zu lernen, wie sich aus den ursprünglich hervortretenden Geschlechts-, Gau- und Stammvereinen die größern Völkerverbindungen und Waffengenossenschaften unter den neuern Namen gebildet haben, unter welchen sie durch das ganze Mittelalter hindurch bekannt gewesen sind. Daraus wird sich zugleich ergeben, wie ein Theil jener Völkerwelt aus dem alten Germanien sich in das

römifche Reich verloren hat, während aus dem andern Theile
die jüngern Stämme Deutfchlands hervorgegangen find,
welche wir am Ende diefes Zeitraumes fchon vollftändig
ausgebildet und in ihren Sitzen auf das Gebiet befchränkt
finden, welches wir den klaffifchen Boden Deutfchlands
nennen müffen. In der Mitte des fechsten Jahrhunderts
hat mit dem vollftändigen äußern Ausbau der Welt der
chriftlich = germanifchen Staaten (jedoch mit Ausfchluß der
nordifch = germanifchen Welt in Skandinavien) auch das mit=
telaltrige Deutfchland feine Naturgrenzen gefunden.

Die beiden Hauptabfchnitte, in welche diefer erfte
Zeitraum zerfällt, ergeben fich aus dem verfchiedenartigen
Verhältniffe der germanifch = deutfchen Völkerwelt zur Welt
des Alterthumes oder zum römifchen Reiche. Durch die
Römer wurde jene nordifche Welt der Germanen zuerft ent=
deckt, nachdem fie fich bei ihren Eroberungszügen gegen den
Norden durch die Reihe der gallifchen Völker fiegreich hin=
durch gearbeitet hatten. Durch die Römer wurden die Ger=
manen erft zu einem höhern politifchen Leben im Kampfe
mit der Welt des Südens erweckt, und zu ihrem eigenen
Verderben hat jene alte Welthauptftadt in Italien die An=
griffe und Eroberungsplane auf das germanifche Land un=
ternommen, bis bei der zunehmenden politifchen Mündigkeit
der germanifchen Völker und bei dem durch inneres Verder=
ben hervorgerufenen Verfall der Macht des römifchen Welt=
reiches die Germanen an Rom rächten, was es an der gan=
zen Welt gefrevelt hatte.

Der erfte Abfchnitt zeigt demnach die urfprünglich
germanifch = deutfche Völkerwelt in dem alten Groß = Germa=
nien als die Elemente umfaffend, aus welchen die eigentli=
chen Deutfchen der fpätern Zeit hervorgegangen find, fodann
die Angriffe der Römer auf jene Welt und die Ausbreitung
ihres Reiches über einen Theil derfelben in den rheinifchen
Gebieten.

Der zweite Abschnitt zeigt die beginnende Reaktion der germanischen Völkerwelt gegen das römische Reich in den Umgestaltungen des politischen Lebens der Germanen, und die Umwandlung der Vertheidigungskämpfe in Angriffs= kriege auf das Weltreich durch die großen Waffengenossen= schaften, denen die Vernichtung der alten Welt nach ihrem äußern Zustande gelungen ist, womit wieder die Gestaltung des eigentlich deutschen Germaniens nach seinem spätern Zu= stande zusammen hängt.

Erster Abschnitt.

Die germanisch=deutschen Stämme oder die Urzeit Germaniens bis zum Schluß des ersten Jahrhunderts unserer Zeitrechnung.

---

1) Das erste Hervortreten des deutschen Volks= stammes. Die Kelten, die Germanen und Gal= lier. Die Bojen und Belgen. Der Name der Germanen und der Deutschen.

Schon an drei Jahrhunderte vor unserer Zeitrechnung wird zum erstenmale der Name unserer deutschen Vorfahren genannt und zwar an den Gestaden des baltischen Mee= res. Der Bernsteinhandel war es, welcher die Alten mit jenen Gegenden bekannt machte [1], und durch die merkwür= dige Entdeckungsreise des Massilioten Pytheas zur Zeit Alexanders des Großen ward zuerst jener ferne Norden der

---

[1] Pfister, Geschichte der Deutschen. Hamburg 1829. 8. Th. I. S. 4 bis 6.

alten Welt aufgeſchloſſen [1]).　Denn durch Pytheas lernen wir dort die Volksnamen der Teutonen und Guttonen kennen, von welchen der erſtere ſich als die allgemeine ein= heimiſche Bezeichnung des deutſchen Volksſtammes zu erken= nen giebt, der letztere aber an den ſpäter ſo berühmten Namen der Gothen erinnert, welcher in eben jenen Gebieten zuerſt hervortritt, oder auch an den der Jüten in dem däni= ſchen Halbinſellande [2]), obſchon beide unläugbar in Beziehung zu einander ſtehen und vermuthlich nur ein und derſelbe ſind. Auch ſcheint aus den dunkeln Andeutungen des Pytheas über jene Gegend zuerſt der Name des baltiſchen Meeres hervorzuklingen [3]).

Doch ſtand der deutſche Volksſtamm urſprünglich nicht in unmittelbarer Berührung mit der Welt des Südens, wenn gleich es ſehr ſchwierig iſt die erſte Verbindung beider ſicher nachzuweiſen.　Denn als das Hauptvolk des Nordens der alten Welt oder aller Länder Europas, welche ſich jenſeit des mächtigen Alpengebirges ausbreiten, nennen uns die Al= ten die Kelten, und es iſt bei ihnen viel die Rede von den Wanderungen dieſer Kelten von den atlantiſchen Geſta= den im Weſten bis zum Mündungslande der Donau am Pontus im Oſten.　Aber ſo gewiß es iſt, daß die eigentli= chen Kelten oder Galen (Gallier), welche Cäſar in der Mitte des bei ihm ſogenannten Galliens antraf, von den Germanen durchaus verſchieden ſind, eben ſo ſicher iſt es, daß man bei dieſen keltiſchen Wanderungen während der Zeit vom ſiebenten bis zum dritten Jahrhundert keineswegs

---

1) Barth, Deutſchlands Urgeſchichte. Baireuth 1817. 8. Th. I. S. 135 bis 155.

2) Adelung, älteſte Geſchichte der Deutſchen, ihrer Sprache und Litteratur bis zur Völkerwanderung. Leipzig 1806. 8. S. 87.

3) Kufahl, Geſchichte der Deutſchen bis zur Gründung der germaniſchen Reiche im weſtlichen Europa. Berlin 1831. 8. Th. I. S. 7.

immer an eigentlich gallische Völker zu denken hat [1]). Der
Name der Kelten oder Galater dieute häufig nur zur allge=
meinen Bezeichnung der Völker des Nordens oder des
Nordwestens wie der der Scythen für die des Nordostens
der alten Welt, und man sprach nicht minder von Kelto=
Skythen und Kelto = Ligyern wie von Kelt = Jberiern und
Kelto = Germanen oder Belgen. Gallische und germanische
Völker wurden von demselben ursprünglich gemeinsam um=
faßt [2]).

Demnach darf es nicht befremden unter den von Nor=
den her andringenden Völkerschaaren, welche die Alten mit
dem Namen der Kelten bezeichnen, auch schon frühzeitig
Stämme deutscher Abkunst wahrzunehmen, und eben nach
der Seite hin, wo die gallischen Wanderungen ausliefen,
scheinen deutsche Schaaren, wenn auch unter einem fremden
Namen, den Alten zuerst bekannt geworden zu sein. Die
Alten waren anfangs wenig im Stande beide Volksstämme
von einander zu unterscheiden, und bis auf die Zeit des An=
fangs unserer Zeitrechnung hin wurden Gallier und Ger=
manen stets mit einander von ihnen verwechselt [3]). Erst
Julius Cäsar, dieser eigentliche Entdecker der nordischen
Welt, zeichnete bestimmt den Unterschied, der zwischen bei=
den Volksstämmen obwaltete und der seitdem auch im All=
gemeinen von den Alten immer beobachtet worden ist. Es
war aber bei der geringen Kenntniß, welche die Alten vor
Cäsars Zeit von jenen nordischen Völkern hatten, eine solche
Verwechselung um so eher möglich, als sich beide Stämme
nach ihren Sitten und Gebräuchen, nach ihrer leiblichen Bil=
dung und auch nach ihrer Sprache in mancher Beziehung,

---

1) **Barth**, Deutschlands Urgeschichte I. S. 81 bis 101. 187
bis 231.

2) **Rudhart**, über den Unterschied zwischen Kelten und Ger=
manen. Erlangen 1826. 8.

3) **Duncker**, origines German. I. p. 87 — 90.

vornehmlich im Gegensatz gegen die südlichen Völker, einander sehr **verwandt** oder doch ähnlich gezeigt haben müssen. Denn aus den neuern Sprachforschungen ergiebt sich, daß die eigentlich gallischen Völker gleich den germanischen und sarmatisch=slavischen auch nur einen Zweig von dem großen **indogermanischen** Volksstamme gebildet haben, dessen unterschiedene sich einander mehr oder minder fern stehende Glieder von West=Asien aus über den größten Theil von Europa bis zum westlichen Occan hin verfolgen lassen [1]).

Als ein mächtiger Volksstamm treten die eigentlichen Kelten oder Galen in der Geschichte auf, obschon ihm das Schicksal zu Theil geworden ist, grade in der Zeit zersprengt und seiner Selbstständigkeit beraubt zu werden, als er sich über den Zustand der Barbarei des Naturlebens zu erheben begann, so daß er sich in seinen Ueberresten wie in den **Kymren,** Galen und Ersen heut zu Tage nur in den entlegensten Gliedern des nordwestlichen Europa erhalten hat. Einstmals ausgebreitet über die Landschaften von **Gallien,** über alle **brittischen** Inseln und über einen Theil des alten **Iberiens,** welche Gebiete als seine **Urheimath** zu betrachten sind [2]), bevölkerte dieser Volksstamm auch die südlichen Theile **Deutschlands** in den Alpen= und Donau= Landschaften. Auch muß man im Allgemeinen die große Naturgrenze des **hercynischen** Waldes in der Mitte des heutigen Deutschlands beim Beginn der historischen Zeit des Nordens als diejenige **ethnographische** Grenzscheide betrachten, durch welche das Stammland Germaniens von den gallischen Gebieten geschieden wurde [3]).

---

1) **Zeuß,** die Deutschen und die Nachbarstämme. S. 18 bis 20. Améd. Thierry, histoire des Gaulois. Paris 1828. 8. Tome I. Introd. p. XXI.

2) **Niebuhr,** römische Geschichte. Berlin 1812. 8. Th. II. S. 252 bis 258.

3) **Mannert,** Geographie der Griechen und Römer. Th. III. Germanien. Leipzig 1820. 8. S. 3. 7.

Nun werden uns aber schon von den Alten unter den Bewohnern des Alpenlandes Halb=Germanen (Semigermani) genannt [1]), und wenn darunter wirklich Stämme deutscher Abkunft zu verstehen sein sollten, so muß man entweder annehmen, daß deutsche Schaaren sich schon frühzeitig über jene Naturgrenze hinaus unter die gallischen Völker gemischt und dort ihre Sitze genommen haben, wie eine solche Vermischung beider Volksstämme sowohl am untern Rhein als auch an der untern Donau schon früh statt gefunden hat, oder man müßte mit einigen annehmen, daß die Urheimath des germanischen Volksstammes einstmals bis zu den Alpen gereicht habe und jene Stämme nur die geringen Ueberreste einer stärkern deutschen Bevölkerung gewesen seien, welche bei dem Einbruche einer großen von Südwesten kommenden gallischen Völkerfluth in die nördlichern Gegenden zurückgedrängt worden sei [2]). Zwar sprechen die Alten weiter nicht von einer germanischen Bevölkerung der Alpen, aber der jüngere Zustand der Gebirgsgaue in den Centralalpen, wo man, neben den Ueberresten der rhätischen Völker in dem Quellgebiet des Rheins und des Inn, eine durchaus deutsche Bevölkerung findet, ist immer sehr schwierig zu erklären gewesen, da die Annahme einer Germanisirung jener Gebiete in der spätern Zeit, vornehmlich bei Vergleichung mit den westlichen Alpen, nicht als ganz genügend erscheinen möchte.

Schon in sehr früher Zeit bemerken wir ein Ziehen und Wandern germanischer Schaaren aus ihrer Heimath am nördlichen Meere nach Süden und Südosten zu den Gestaden des Pontus und nach der untern Donau, wie sich dies nachmals in den gothischen Wanderungen wiederholt. Deutsche Schaaren sind unstreitig unter denjenigen keltischen

---

1) Zeuß, die Deutschen und die Nachbarstämme. S. 225. 226.

2) Heinr. Schulz, zur Urgeschichte des deutschen Volksstammes. Hamm 1826. 8. S. 63 bis 73.

Völkern gewesen, welche sich zu Anfang des britten Jahr=
hunderts vor unserer Zeitrechnung, bei der Auflösung des
macedonischen Reiches nach dem Tode Alexanders des Großen,
über die untern Donau=Gegenden verheerend ausbreiteten, in
Griechenland einbrangen und zum Theil nach Klein=Asien
übergingen.   Denn Kimbern und Teutobobiaken wer=
ben uns unter den Völkerschaaren baselbst genannt, gleich=
zeitig mit den Teutonen am baltischen Meere und mehr als
anderthalb Jahrhunderte vor dem bekannten Einbruche der
Kimbern und Teutonen in die Alpenländer [1]).   Und die
kriegerischen durch ihre Tapferkeit berühmten Gäsaten,
welche aus dem transalpinischen Gallien von der Rhone
ober vom Rhein kurz vor dem Ausbruche des zweiten
punischen Krieges den Völkern in dem cisalpinischen Gallien
bei dem Unterjochungskriege derselben durch die Römer zu
Hülfe kamen, sind, wie es sogar römische Inschriften be=
zeugen, echt germanischen Stammes [2]).

Das Ziehen der beutschen Völker nach der untern
Donau bauerte aber auch durch das ganze britte Jahrhun=
bert fort, und brachte bort Völkernamen zur Kunde der
Griechen, welche erst in weit spätern Zeiten an den baltischen
Gestaden wieder bekannt geworben sind.   So lernen wir aus
griechischen Inschriften hier zuerst die S c i r e n und Ba=
s t a r n e n kennen, von welchen die letztern auch in der ersten
Hälfte des zweiten Jahrhunderts durch ihre politischen Ver=
bindungen mit den jüngern macedonischen Königen bekannt
genug geworben sind [3]).   Doch treten die beutschen Schaaren
baselbst auf einem Gebiet, welches ursprünglich den Völkern
t h r a c i s c h e n und i l l y r i s c h e n Stammes angehörte, immer
nur unter und neben den mächtigen gallischen Völkern auf,

---

1) Pfister, Geschichte der Deutschen. I. S. 11. Adelung,
älteste Geschichte der Deutschen. S. 99.

2) Barth, Deutschlands Urgeschichte. I. S. 221 bis 225.

3) Duncker, origines Germ. I. p. 80 — 82.

so daß darum eine Sonderung derselben den Alten schwer
werden mußte und Verwechselungen nicht zu vermeiden
waren. Die mächtigen Skordisken an der untern Donau,
die angeblichen Abkömmlinge jener Kelten, welche Griechen=
land verheerten, werden von den Alten Sprachgenossen
der dortigen echt deutschen Bastarnen genannt [1]. Ist es
nun auch sicher, daß die Hauptmasse des Volkes der
Skordisken dem gallischen Volksstamme angehörte [2], so
konnten doch bei der eigenthümlichen Natur jenes Namens
auch deutsche Stämme von demselben umfaßt werden,
wodurch die Angabe der Alten zum Theil gerechtfertigt würde.

Folgen wir dem Laufe der Donau nach Westen zu auf=
wärts, so finden wir in den Thälern des Alpengebirges an
den Quellflüssen jenes Stromes von dem Gebiet der Rhätier
an die ausgebreiteten Völkernamen der Taurisken und
Vindeliker, an welche sich ostwärts zur untern Donau hin
die Skordisken anschließen [3]. Zwar haben alle diese
Namen mehr ein geographisches als ethnographisches
Gepräge, doch ist es sicher, daß durch sie die in jenen
alpinischen Gebieten wohnende gallische Bevölkerung be=
zeichnet wird. Dasselbe ist auch der Fall mit dem Namen
der Bojen, welcher um die Zeit des Anfanges unserer
Zeitrechnung an dem ganzen Nordsaume der Alpen entlang,
auf den Tafelflächen an der obern Donau und am hercy=
nischen Walde eine große Rolle spielt und dort als seit
Alters einheimisch noch lange nachher von den alten
Geographen erwähnt wird [4].

Die Alten nennen uns zwei mächtige gallische Völker,
die Helvetier und die Bojen, welche in den letzten
Jahrhunderten vor unserer Zeitrechnung das ganze südliche

---

1) Pfister, Geschichte der Deutschen. I. S. 17.

2) Duncker, origines German. I. p. 34 — 36.

3) Mannert, Germanien. S. 487. 493. 519.

4) Barth, Deutschlands Urgeschichte. I. S. 389 bis 391.

Deutschland innerhalb des hercynischen Bergwaldes von dem obern Rhein und Main im Westen bis zu den Ebenen an der mittlern Donau im Osten bewohnten [1]). Auch haben sich in allen diesen Gebieten noch zahlreiche Spuren des gallischen Sprachstammes in den Namen der Lokalitäten bis in die spätere Zeit erhalten [2]). Kann man nun auch der in neuerer Zeit aufgestellten Behauptung, daß der Name der Bojen ein ganz allgemeiner gewesen sei und als die Wald= bewohner zu beiden Seiten der obern Donau bis zu den Alpen hin bedeutend eine germanische Bevölkerung jener Gebiete bezeichnet habe [3]), nicht beipflichten, so scheint doch dieser Name außer seiner Beziehung auf einen einzelnen Stamm, wie ein solcher auch in dem italischen Gallien vor= kommt, zugleich eine allgemeine Bezeichnung für die ge= sammte gallische Bevölkerung an der obern Donau und dem hercynischen Walde, ostwärts von den Helvetiern, gewesen zu sein. Dazu kommt noch, daß der bojische Name durch die aus Italien versprengten Bojen auch in den Ostalpen und über die ihnen ostwärts bis zur Donau vorgelagerten Ebenen, in dem nachmaligen Noricum und Pannonien, ver= breitet wurde [4]), wofern dies nicht ein Theil derjenigen Bojen sein sollte, welche nach ihrer Vertreibung aus dem Lande Bojohemum durch die vordringende Macht der germa= nischen Sueven hier eine Zuflucht suchten [5]).

Niemals erscheinen aber in der Geschichte die hercyni= schen Bojen in einer solchen Macht und mit solcher Volks= menge, wie man es nach Maaßgabe der Ausdehnung ihres

1) Mannert, die älteste Geschichte Bajoariens und seiner Bewohner. Nürnberg 1807. 8. S. 2 bis 5.

2) Duncker, origines Germ. I. p. 39 — 50.

3) Pfister, Geschichte der Deutschen. I. S. 20.

4) Buchner, Geschichte von Baiern. Regensburg 1820. 8. Th. I. S. 41. 42. Thierry, histoire des Gaulois. I. p. 337.

5) Zeuß, die Deutschen und die Nachbarstämme. S. 244 bis 247.

Namens erwarten sollte, woraus man zu entnehmen berech=
tigt ist, daß die verschiedenen kleinern gallischen Völker,
welche wir nach dem Untergange der bojischen Herrschaft
noch in Ober=Deutschland vorfinden, einst unter diesem Na=
men mitumfaßt worden seien. Als den Hauptsitz der eigent=
lichen Bojen im Norden der Alpen müssen wir aber den
Bergkessel des Quellgebietes der Elbe betrachten, wo sich der
Name Bojohemum oder Böheim als Andenken an jene
alte gallische Bevölkerung durch alle Zeiten der Geschichte
erhalten hat ¹). An diesem von der Natur befestigten Ge=
biete der Bojen innerhalb des hercynischen Bergwaldes brach
sich zuerst der große gegen Süden vordringende Völkerstrom,
welcher die Römer ein Jahrhundert vor unserer Zeitrechnung
zunächst in genauere Berührung mit der germanischen Welt
brachte, so wie gegen Westen am Rhein in dem Lande der
Belgen, deren Name dort eine ähnliche Rolle spielt wie
der der Bojen an der Donau.

Wenn man in dem Donau=Lande von Ober=Deutsch=
land eine große Wanderung gallischer Völkerschaften von
Westen nach Osten wahrnimmt, bis hier in dem ersten
Jahrhundert vor unserer Zeitrechnung eine mächtige Reaktion
germanischer Stämme eintrat, welche das gallische Element
allmählig verdrängend und vernichtend sich bis zum obern
Rhein hin ausbreitete, so zeigt sich dagegen in dem Rhein=
Lande von Nieder=Deutschland von je an ein Vordringen
germanischer Völkerschaften nach Westen im Kampfe mit
den dort wohnenden gallischen Stämmen, welche eine ähn=
liche Reaktion äußernd die erstern zum Theil wieder ver=
drängten oder in sich aufnahmen, obschon die Gebiete
zu beiden Seiten des untern Rhein stets den Germanen
verblieben sind ²). Daraus erklärt sich auch Cäsars An=

---

1) Mannert, die älteste Geschichte Bajoariens. S. 10 bis 12.
2) Schulz, zur Urgeschichte des deutschen Volksstammes.
S. 73. 123.

I.   4

gabe von einer ehemaligen Ueberlegenheit der Gallier über
die Germanen.

Schon die ältesten dem Pytheas gleichzeitigen oder nur
wenig jüngern griechischen Autoren über den Norden sprechen
von den Cimbern oder Kimbern am nördlichen Ocean
und von den großen Verheerungen durch Meeresfluthen
daselbst, wodurch die cimbrischen Stämme zur Auswanderung
genöthigt sein sollen [1]). Wir finden somit in jenen nordischen Gebieten eine unter dem Namen der cimbrisch-
teutonischen Stämme vorkommende Völkermasse, mit
deren Ausbreitung und Wanderungen sich das historische
Leben unserer Vorfahren eröffnet [2]). Aber schon lange vorher, ehe diese Stämme bei ihren Zügen nach dem Süden
mit der römischen Welt in Berührung kamen, müssen sich
dieselben westwärts gewandt und durch ihre kriegerischen
Unternehmungen gegen die Gallier die Veranlassung zur
Entstehung neuer Völkerschaften und eines neuen Volksstammes gegeben haben. Mag das untere Rhein=Thal
selbst nun ursprünglich von gallischen oder germanischen Völkern bewohnt gewesen sein, so erscheint es doch in der historischen Zeit immer im Besitz der letztern, und germanische
Stämme scheinen sich einstmals siegreich bis zur Marne
und untern Seine ausgebreitet zu haben, deren Ufer später
die Grenzmarken zwischen den eigentlich gallischen und den
belgischen Völkern bildeten [3]).

Die Belgen, die Bewohner des ganzen Nordostens der
nachmaligen römischen Provinz Gallien bis zum untern
Rhein hin, waren, wie es Cäsar angiebt und wie es der
Gang der Geschichte zu beweisen scheint, von den eigentlichen Galliern nach Sprache und Sitte verschieden und
größtentheils germanischer Abstammung. Dennoch hat

---

1) Abelung, älteste Geschichte der Deutschen. S. 47 bis 49.

2) Kufahl, Geschichte der Deutschen. I. S. 12 bis 15.

3) Kufahl a. a. O. I. S. 29 bis 31.

man in neuern Zeiten im Widerspruch mit Cäsars Berichten
nicht nur den germanischen Ursprung der Belgen überhaupt
geläugnet, sondern auch die von ihm genannten germanischen Völker auf der Westseite des Rheins von den
eigentlichen Deutschen im Osten des Stromes bestimmt absondern zu müssen geglaubt, indem man aus sprachlichen
Gründen beide zusammen unter dem Namen der Belgen
oder Kymren für einen echten Zweig des großen gallischen Volksstammes ausgab [1]). Die germanischen Cimbern und die gallischen Kymren sollten durchaus von einander verschieden sein und jene Berichte Cäsars und seiner Nachfolger nur auf einer Verwechselung jener beiden Völkernamen
beruhen [2]).

Bestätigt sich indessen bei der Dunkelheit dieses ethnographischen Verhältnisses das einstmalige Vorbringen germanischer Stämme in das Innere Galliens, so muß man es
als eine Folge der siegreichen Reaktion des entweder verdrängten oder unterworfenen gallischen Elementes betrachten,
daß hier auf der Grenzmark Galliens und Germaniens ein
Mischlingsvolk entstand, während sich das echt germanische Element nur in den dem Rhein näher liegenden Gebieten ungetrübt erhielt, weil es entweder dort stets einheimisch war oder durch die Aufnahme neuer verwandter
Elemente von der Ostseite des Rheins sich dem Einfluß
der um sich greifenden gallischen Volksthümlichkeit gewachsen
zeigen konnte. Wenn aber die germanisch=gallische Bevölkerung der nordöstlichen Landschaften Galliens bei ihren
gallischen Nachbarn gewöhnlich den Namen der Belgen
führte, der eine Erklärung aus der gallischen und deutschen
Sprache zuzulassen scheint [3]), so erhielt sich doch bei ihnen

---

1) Zeuß, die Deutschen und die Nachbarstämme. S. 186
bis 192.

2) Duncker, origines Germ. I. p. 95 — 102.

3) Barth, Deutschlands Urgeschichte. I. S. 128.

4*

selbst auch der Name der Cimbern, und bei der Verbreitung belgischer Stämme nach den brittischen Inseln hin,
wie es schon durch Cäsar bekannt ward, hat der Name der
Cimbern oder Kymren neben dem der Galen trotz aller
folgenden Revolutionen in den Völkerverhältnissen bis jetzt
daselbst seinen Ruhm sich bewahrt [1]). So erklärt es sich
auch, daß die Cimbern von den alten Autoren bald für
Gallier, bald für Germanen ausgegeben werden [2]), und daß
der Name der Belgen im Allgemeinen für alle Völker auf
der Westseite des Rheins bis zur Seine und Marne hin
gebraucht wurde, so weit die Römer das Belgica ihrer Provinz Gallien nach Maaßgabe der dortigen Volksthümlichkeit
ausgedehnt hatten.   Doch ist nothwendig zu unterscheiden
zwischen den **gallischen Belgen** und den **belgischen
Germanen**, welche letztern dort ihre Sitze hatten, wo
nachmals in jenem Gallia Belgica die beiden kleinern Provinzen von **Ober=** und **Nieder=Germanien** (Germania
superior und inferior) sich bildeten [3]). Nur darf man die
Belgen im engern Sinne weder zu scharf von den Galliern
noch auch von den Germanen absondern, indem bei dem
allmähligen Uebergange der volksthümlichen Elemente in
einander die einzelnen Volkszweige sich bald mehr dem einen,
bald dem andern Stamme anschließen.

Cäsar fand bei seiner Ankunft in Gallien beide Ufer
des Rheins von dem Stromknie bei Basel bis nach dem
Deltalande hin abwärts von Germanen bewohnt, und
zwar werden uns an seiner linken Uferseite an eilf deutsche
Völker genannt.   Am Ober=Rhein entlang in der Thalebene
des Elsaß und von Rhein=Baiern westwärts bis zu den Vogesen und dem Hart=Gebirge wohnten die Stämme der

---

1) Adelung, älteste Geschichte der Deutschen. S. 246. 247.

2) Kufahl, Geschichte der Deutschen. I. S. 30.

3) Mannert, Geographie der Griechen und Römer. Th. II.
1. Gallien. Nürnberg 1789. 8. S. 206.

Nemeten um Straßburg und Speier und westwärts neben ihnen die Tribokken, und weiter abwärts die Vanglionen um Worms [1]). Doch wurden diese drei Völker ursprünglich nicht zu den germanischen Bewohnern des belgischen Galliens gerechnet, indem Cäsar das Land Belgien und das Gebiet der belgischen Stämme mit Einschluß der unter ihnen wohnenden deutschen Völker nur auf die untern Gegenden des Rheins unterhalb der Einmündung des Mains beschränkt [2]). Erst später ward der Name Belgien auch auf dies Gebiet ausgedehnt, und Augustus machte das belgische Gallien dadurch zur größten von den vier Provinzen des gesammten gallischen Landes, daß er selbst noch die drei gallischen Stämme der Lingonen, Sequaner und Helvetier zu beiden Seiten der obern Saone und des Jura mit demselben verband [3]). Jene drei deutschen Völker scheinen auch erst nicht lange vor Cäsors Zeit vermuthlich in Folge der sogenannten cimbrischen Wanderungen aus dem östlichen Ober-Deutschland hier eingewandert zu sein und mit Zurückdrängung der gallischen Bevölkerung am Ober-Rhein ihre Sitze genommen zu haben [4]). Denn damit muß die Zurückziehung der gallischen Helvetier aus dem Gebiete zwischen dem Rhein und Main, wo seitdem die sogenannte Einöde der Helvetier erscheint, nach Süden hin zusammenhängen, indem wir dieses Volk zu Cäsars Zeit nur auf das Hochland der Aar zwischen den Alpen, dem Jura und dem Rhein beschränkt finden [5]).

---

1) Zeuß, die Deutschen und die Nachbarstämme. S. 217 bis 222. Barth, Deutschlands Urgeschichte II. S. 130.

2) Eichhorn, deutsche Staats- und Rechtsgeschichte. Göttingen 1834 8. Th. I. S. 55.

3) Mannert, Geographie der Griechen und Römer. II. 1. S. 33.

4) Eichhorn, deutsche Staats- und Rechtsgeschichte I. S. 54.

5) Mannert, alte Geographie II. 1. S. 187.

Die acht übrigen germanischen Völker auf der linken Seite des Rheins wohnten aber in dem ursprünglichen belgischen Gallien, und unter ihnen nehmen die Trevirer, deren Hauptort Trier sich nachmals zur Hauptstadt von ganz Gallien erhob, und die zu beiden Seiten der ganzen untern Hälfte der Mosel bis zum Rhein ausgebreitet waren, die erste Stelle ein. Ihre nördlichen Nachbarn waren die vier deutschen Stämme der Eburonen, Condrusen, Pämanen und Cärösen, welche sich in Verbindung mit einem fünften deutschen Volke, den Aduatiken, über das Bergland an der mittlern Maas oder über die Eifel und einen Theil des Ardenner=Waldgebirges ausdehnten, so daß ihre Sitze ostwärts bis zum Rhein reichten, während sie auch an der Maas abwärts bis zum Rheindelta sich verbreiteten. In dem Deltalande des Rheins selbst erscheinen die Bataver, deren Gebiet erst nach Cäsars Zeit zu Gallien gerechnet wurde. Aber der am meisten gegen Westen vorgeschobene deutsche Stamm war das streitbare Volk der Nervier, deren Gebiet sich an der Sambre, dem westlichsten Zustrom zur Maas, in dem heutigen Hennegau auf der Nordseite des Ardenner=Gebirges ausdehnte [1]).

Jene vier zusammengenannten kleinern Völker an der mittlern und untern Maas sind dadurch wichtig, daß sich von ihnen aus der Name der Germanen im Alterthum verbreitet hat. Sie standen in einer gemeinsamen Wehrverbindung (Wehrmannei), und führten schon zu Cäsars Zeit bei den Galliern diesen von der Kriegsverfassung entlehnten Namen, welcher nachmals, wie Tacitus sagt, auf alle übrigen rheinischen Stämme der Deutschen überging und zuletzt die allgemeine Bezeichnung dieses Volksstammes

---

1) Herm. Müller, die Marken des Vaterlandes. Bonn 1837. 8. Th. I. S. 27 bis 65.

bei den Römern wurde [1]). Doch ist es nicht unwahrscheinlich, daß dieser Name schon lange vorher bei den Stämmen
im Innern Deutschlands zur Bezeichnung ihrer kriegerischen
Bundesgenossenschaften üblich war [2]). Denn die in neuerer
Zeit vorgeschlagene Ableitung des Namens der Germanen
aus dem Gallischen als Bewohner von Berglandschaften
bezeichnend, womit man auch die gallische Nationalität jener
belgischen Germanen an der Maas in Verbindung brachte [3]),
ist bis jetzt zu wenig begründet, um ohne weiteres angenommen werden zu können. Aber grade von der Seite, wo
in dem Konflikt gallischen und deutschen Lebens der germanische Name seine historische Bedeutung erlangte, begannen auch die Römer-Kriege gegen die deutschen Völker;
eben dort, wo die Natur keine großen völkerscheidenden
Grenzen gezogen hat, ist Germanien den feindlichen Angriffen
am meisten bloßgestellt. In derselben Gegend, wo durch die
Angriffe der Römer der Name der Germanen der herrschende
zur Bezeichnung des deutschen Volksstammes wurde, entstand
dann später wiederum der Name der Franken, dessen Ausbreitung am Schlusse des fünften Jahrhunderts das Ende
der römischen Weltherrschaft im Abendlande bezeichnet.
Schon diese Umstände bezeugen die Wichtigkeit der untern
Rhein-Landschaften für Germanien in historisch-geographischer
und ethnographischer Beziehung.

Uebrigens erscheinen später bei der Verallgemeinerung des germanischen Namens jene vier Stämme in
Verbindung mit den Aduatikern wieder unter dem besondern

---

1) **Pfister**, Geschichte der Deutschen. I. S. 24. **Mannert**,
Germanien. S. 5. 142.

2) **Luden**, Geschichte des deutschen Volkes. Gotha 1825. 8.
Th. I. S 507. 508.

3) **Zeuß**, die Deutschen. S. 59.

Namen der Tungern, der ſich noch jetzt daſelbſt in dem
Orte Tongern erhalten hat [1]).

Aber die uns von Pytheas genannten Völkernamen der
Teutonen und Guttonen an den nördlichen Meeresgeſtaden
führen auf die einheimiſche Bezeichnung unſerer Vorfahren.
Denn Deutſche oder Teutſche haben ſie ſich immer ſelbſt
genannt nach den verſchiedenen Mundarten ihrer Sprache,
und die in der älteſten Zeit ſtets zuſammengenannten Dop-
pelnamen der Teutonen und Guttonen oder der Cimbern
und Teutonen möchten vielleicht ſchon auf einen innern
Unterſchied der germaniſchen Völker hinweiſen, wie er ſich
als Gegenſatz von Niederdeutſchen und Oberdeutſchen
durch alle Geſchichte hindurchzieht. Da den Namen der
Teutonen kein beſonderer einzelner Stamm geführt hat noch
auch führen konnte, ſo mußte er nothwendig häufig verſchwinden, wenn von einzelnen deutſchen Stämmen die Rede
war, mußte aber immer wieder hervortreten, wenn die
Deutſchen ſelbſt eine allgemeine Bezeichnung ihres Stammes
angeben oder einen Unterſchied unter den einem verſchieden-
artigen Entwickelungsgange anheimgefallenen germaniſchen
Völkern andeuten wollten, wie es ſich bei der Auflöſung des
großen Franken-Reiches zeigte [2]).

Denn das Stammwort ſelbſt Deut, Diet, Thiet oder
Theod als Appellativ bedeutet Volk in allen altdeutſchen
Mundarten, wie es ſich auch in vielen Eigennamen erhalten
hat, und konnte allein die einheimiſche und urſprüngliche
Bezeichnung unſerer Vorfahren ſein [3]). Der Name der
Guttonen aber hat gleich dem der Jüten und Gothen

---

1) Mannert, alte Geographie. II. 1. S. 175.

2) Phillips, deutſche Geſchichte mit beſonderer Rückſicht auf
Recht, Religion und Staatsverfaſſung. Berlin 1832. 8. Th. I.
S. 14. 15. Luden, Geſchichte des deutſchen Volkes. I. S. 21. 22.

3) Pfiſter, Geſchichte der Deutſchen. I. S. 30. Adelung,
älteſte Geſchichte der Deutſchen. S. 150.

nicht minder einen allgemeinen Charakter, und bezeichnet so
wenig wie die letztern ein einzelnes deutsches Volk. Des=
halb konnte er, wie später zu erwähnen ist, auch als Be=
zeichnung für eine Verbindung zahlreicher und verschiedener
deutscher Stämme in Gebrauch kommen.

Wir finden demnach mindestens schon in der Zeit des
zweiten Jahrhunderts vor unserer Zeitrechnung das Gebiet
der germanischen Völkerwelt von den Gestaden des
baltischen und deutschen Meeres ausgebreitet südwestwärts
bis zu den Ardennen und südostwärts bis zur untern
Donau. Nach Süden bildete damals noch der Gebirgswall
des hercynischen Waldes die Grenzmark gegen das
gallische Ober=Deutschland. Aber es zeigte sich auch schon
das Bestreben der germanischen Völker diese Naturgrenze zu
überschreiten und durch die Ausbreitung über die Tafelflächen
an der Donau die eigentliche Grenzmark Deutschlands in
dem Alpengebirge zu erreichen, was ihnen nach dem
Falle der Macht der gallischen Völker auch gelungen sein
würde, wenn ihnen die Römer nicht zuvorgekommen wären
und durch ihre militairischen Grenzlinien daselbst auch dem
Lande Germanien seine Grenzen gesetzt hätten.

**2) Die Wanderungen der Cimbern und Teuto-
nen und das Hervortreten des Unterschiedes
zwischen den Germanen Nieder=Deutschlands
und den Sueven Ober=Deutschlands.**

Bestimmter treten die germanischen Völker in der Ge=
schichte hervor in den sogenannten cimbrischen Wande=
rungen, durch welche der Zustand Süd=Deutschlands zuerst
umgestaltet wurde. Als Ausgangspunkt derselben hat man
nach den Angaben der Alten die Gestade des germanischen
Nordmeeres zu betrachten, und sie erstreckten sich von dort
zunächst auf der alten Zuglinie der deutschen Stämme süd=

oſtwärts bis zur untern Donau, wo die Kämpfe der Römer
mit den Völkern galliſchen und germaniſchen Stammes im
Zuſammenhange mit ihnen zu ſtehen ſcheinen. Denn ſchon
ſeit dem Beginn des zweiten Jahrhunderts vor unſerer Zeit=
rechnung ſpielt dort der mächtige germaniſche Stamm der
Baſtarnen, deren ſich die macedoniſchen Könige aus dem
Geſchlechte der Antigoniden bei ihren Kämpfen mit den
Römern bedienten, eine wichtige Rolle, und ſeit dem Falle
des macedoniſchen Reiches um die Mitte des zweiten Jahr=
hunderts erneuerten ſich dort alljährlich die Einbrüche der
Skordisken in Verbindung mit andern Stämmen, unter
denen auch Cimbern genannt werden, von der Donau her
in die römiſchen Beſitzungen, wobei mit abwechſelndem Glücke
zwiſchen ihnen und den Römern geſtritten wurde [1]). Der
Name der Cimbern war hier alſo nicht unbekannt.

Plötzlich tritt hier aber als eine ganz neue Erſcheinung
ein mächtiges Conglomerat germaniſcher Stämme unter
dem Namen der Cimbern auf, von deſſen Geſtaltung und
Wanderung die Alten nichts weiter vernahmen, als daß es
von Norden her andringend von den Bojen in ihrer Berg=
feſte des Quellgebietes der Elbe zurückgeſchlagen ſei und ſich
dann ſüdoſtwärts weiter zur mittlern und untern Donau ge=
wandt habe. Weſtwärts brach von dort dies cimbriſche
Völkerheer in das noriſche Land der Oſtalpen ein, um
nach Italien vorzubringen. Indeſſen trotz der Niederlage
der Römer daſelbſt unter dem Conſul Papirius Carbo bei
Noreja im Jahre 113 wandte ſich dieſe Schaar wieder um,
und zog in der großen Thalebene der obern Donau am
Nordſaume der Alpen entlang weſtwärts zum Rhein, wo
ein zweites mächtiges Conglomerat germaniſcher Stämme
unter dem Namen der Teutonen in die galliſchen Gebiete
einzubringen ſuchte. Am obern Rhein vereinigten ſich beide

1) Thierry, histoire des Gaulois. II. p. 182. Pfiſter,
Geſchichte der Deutſchen. I. S. 32. 33.

Völkerheere, welche sich viele der auf ihren Zügen berührten gallischen Völker wie die Ambronen, vermuthlich auch ein Theil der Bojen und die helvetischen Stämme der Tigurinen und Toygenen angeschlossen hatten [1]). Mit diesen Wanderungen germanischer Stämme durch die jenseit des hercynischen Waldes gelegenen Gebiete hängt ohne Zweifel schon die Schwächung der Macht der dort hausenden gallischen Völker zusammen, die unter dem Namen der Bojen und Helvetier vorkommen [2]). Denn seitdem müssen die letztern sich allmählig aus ihren frühern Gebieten, die sich bis zum Main hin nordwärts erstreckten, nach Süden zum obern Rhein am Fuße der Alpen zurückgezogen haben, so daß fortan im westlichen Theile des hercynischen Waldes die helvetische Einöde (desertum Helvetiorum) am Schwarzwalde genannt wird, wie an der obern Donau die Einöde der Bojen (desertum Bojorum) erscheint [3]).

Wie alle spätern Germanen, welche in das römische Reich einbrangen, verlangten diese Cimbern und Teutonen in Gallien von den Römern Abtretung von Land, um ihnen im Kriege dafür zu dienen, und als dies bei der Gefahr, in welche dadurch die römischen Besitzungen in dem südlichen Gallien geriethen, verweigert wurde, suchten jene kriegerischen Stämme ihre Forderungen mit Gewalt durchzusetzen. So erhoben sich die den Römern so furchtbaren cimbrischen Kriege. An drei consularische Heere wurden in den Jahren 109 bis 105 aufgerieben, und erst der gewaltige Cajus Marius stellte in seinem viermaligen Consulate von 104 bis 101 das wankende Kriegsglück der Römer wieder her. Die Siege des Marius bei Aquae Sextiae am Westfuße der Alpen in der gallischen Provinz über die Teutonen im Jahre 102, und sodann über die Cimbern, welche

---

1) Pfister a. a. O. I. S. 33. 34.

2) Duncker, origines Germ. I. p. 106. 107.

3) Mannert, die älteste Geschichte Bajoariens. S. 9. 20.

auf dem frühern Wege durch die rhätischen Alpen sich den
Zugang zu Italien bahnen wollten, in den raubischen
Ebenen am Südsaume der Alpen im Jahre 101 hemmten
noch auf einige Zeit die Wanderungen der germanischen
Völker nach Süden [1]).

Auch bei diesen Wanderungen wie bei allen frühern der
nordischen Völker wiederholt sich die Sage von Meeres=
einbrüchen und Ueberschwemmungen, welche die erste
Veranlassung zum Aufbruche der Stämme gegeben haben
sollen, und dies führt wieder auf die Nordgestade Germa=
niens zurück. Doch ist dabei nicht zu verkennen, daß jene
beiden Völkernamen große Conglomerate verschiedener
Stämme bezeichnen, die bei ihrer Fortbewegung nach Süden
immer mehr anwuchsen [2]). Auch erhellt, daß es zwei
Hauptzüge waren, welche von Norden und von Osten
kommend erst an dem Alpengebirge, der großen Barriere
gegen die nordische Welt, mit einander zusammentrafen und
sich daher bald vereinigten, bald trennten. An ein einzelnes
oder an zwei einzelne Völker ist hier eben so wenig zu denken
wie bei den spätern Markomannen des zweiten Jahrhunderts
unserer Zeitrechnung, deren Andringen auf die illyrischen
Provinzen der Römer mit diesen cimbrischen Zügen vollkom=
men zu vergleichen ist. Teutonen und Cimbern erkannten
sich aber als Brüder an, und beide sind nach allen von den
Alten überlieferten Angaben durchaus deutsche Stämme
gewesen [3]).

Rühmten sich auch die Römer ihre Feinde völlig ver=
nichtet zu haben, so werden doch gewiß nicht alle ihren
Untergang gefunden haben, und wohl mochten die Alpen=
thäler manchen Ueberresten ihrer zersprengten Stämme, auf
welche vielleicht die von den Alten genannten Halb=Germa=

---

1) **Kufahl**, Geschichte der Deutschen. I. S. 39 bis 54.
2) **Adelung**, älteste Geschichte der Deutschen. S. 108.
3) **Pfister**, Geschichte der Deutschen. I. S. 39 bis 41.

nen hinweisen, eine schützende Zuflucht gewähren, wenn auch
die Ableitung einiger merkwürdigen deutschen Alpenbe=
wohner wie der in den Gebirgsgauen des südöstlichen Ty=
rol von jenen Cimbern weder erwiesen noch wahrscheinlich
ist [1]). Doch soll nach Cäsar eine Abtheilung der Teutonen,
die am Rhein zurückgelassen war, nach manchen Wanderun=
gen und Fehden mit den belgischen Germanen, an deren
Grenzen jenes Völkerheer zuerst eine Schranke fand, unter
ihnen eine Zuflucht gefunden haben und die Stammväter
der an der untern Maas vorkommenden Abuatiken gewor=
den sein [2]).

Die einmal angenommene Richtung zur Ausbreitung
der Germanen nach Süden und Südwesten dauerte je=
doch fort, und als ein Hauptgrund der Wanderungen ergiebt
sich deutlich die starke Bevölkerung des germanischen
Landes, welches sich vornehmlich zwischen dem Nieder=Rhein
und dem nördlichen Meere ausbreitete. Die innern Zwistig=
keiten der gallischen Stämme in dem damals von den Rö=
mern noch nicht unterworfenen celtischen oder mittlern
Gallien veranlaßten neue Unternehmungen der germani=
schen Stämme, durch welche zugleich das südliche Deutsch=
land eine völlig veränderte Gestalt erhielt. Auch werden wir
dadurch mit einem neuen allgemeinen Namen der deutschen
Völker bekannt. Denn kaum ein halbes Jahrhundert nach
den cimbrischen Wanderungen tritt zuerst der Name der
Sueven hervor, der fortan in der ganzen ältern deutschen
Geschichte von großer Bedeutung bleibt.

Seit Cäsars Zeit erscheinen die Sueven immer als ein
Haupttheil der deutschen Völker, und es wird von den Al=
ten stets unterschieden zwischen den eigentlichen Ger=
manen am Nieder=Rhein und an den Gestaden des deut=
schen Meeres und den ostwärts und südostwärts davon woh=

---

1) Adelung, älteste Geschichte der Deutschen S. 125 bis 130.
2) Pfister a. a. O. I. S. 44.

nenden Sueven in Ober=Deutschland. Die erstern hatten
durchaus feste Sitze, in denen sich die uralten Stammna=
men selbst während der Zeit des Mittelalters erhalten ha=
ben, und hatten erblichen Landbesitz. Die letztern er=
scheinen mehr unstät, gleichsam als ackerbauende Nomaden,
aber weniger weil sie noch nicht zu jenem festen Leben ge=
kommen wären, sondern vielmehr weil sie aus jenem stätigen
Zustande herausgetreten waren [1]). Jene eigentlichen
Germanen erscheinen in einem Zustande der Wehrverfas=
sung, und Landeigenthum, woran sich die politische Freiheit
knüpfte, bildet die Grundlage dieser Form des germanischen
Lebens; die Sueven dagegen zeigen die Form einer Kriegs=
verfassung, und grade bei ihnen hat sich das so eigen=
thümliche Gefolgewesen ausgebildet, welches nicht blos
auf die spätern Eroberungsversuche der Germanen gegen das
römische Gebiet so einflußreich gewesen ist, sondern auch den
Mittelpunkt für die gesammte politische Entfaltung der
Deutschen im Mittelalter abgiebt.

Die ersten in der Geschichte auftretenden Sueven er=
scheinen weniger als einzelne von Natur gegebene Völker=
schaften, wie es bei den eigentlichen Germanen der Fall ist,
denn als kriegerische Genossenschaften, welche aus
den altvaterlichen Sitzen ausgewandert oder von den germa=
nischen Stammvölkern ausgesandt neue politische Vereine
gegründet hatten. Sie vollendeten im Kampfe mit den gal=
lischen Völkern Süd=Deutschlands, was nicht lange vorher
die Cimbern begonnen hatten. Denn dort am hercynischen
Waldgebirge und in den Hochebenen an der obern Donau
westwärts bis zum Main und Rhein finden wir um die
Mitte des ersten Jahrhunderts vor unserer Zeitrechnung die
suevischen Vereine der Hermunduren und Markomannen
und zwar in bei weitem mehr ausgedehnten Gebieten als

---

1) Pfister a. a. O. I. S. 53 bis 65.

es sich bei jenen niederdeutschen Germanen zeigt [1]). Als
den am meisten gegen Südwesten vorgedrungenen Vortrab
dieser suevischen Vereine muß man aber offenbar jene drei
Stämme der Vangionen, Nemeten und Tribokken
betrachten, welche in der Zeit der beiden ersten Decennien
jenes Jahrhunderts den gänzlichen Rückzug der Helvetier aus
dem Gebiete am Schwarzwald und am Neckar bewirkten,
und nach Ueberschreitung des Rheins schon geraume Zeit
vor des Ariovistus Heereszug nach Gallien in der westrheini=
schen Thalebene bis zu den Vogesen hin ihre Sitze nahmen [2]).

Die Namen jener beiden suevischen Vereine der Her=
munduren und Markomannen bedeuten offenbar nichts wei=
ter als Kriegsmänner oder Waffengenossenschaften
an den Grenzmarken des deutschen Stammlandes. Das
bei ihnen vorherrschende und auch wohl von ihnen zuerst
entwickelte Gefolgewesen mußte nothwendig früh die Bildung
fürstlicher und königlicher Geschlechter mit sich führen,
wie dies aus den Angaben über einen Ariovist, Nasua und
Cimber erhellt, und alles was die Alten über die Organisa=
tion und die Art des Lebens bei diesen Völkern berichten,
spricht für die erst durch die Geschichte hervorgerufene Ge=
staltung und Entstehung derselben [3]).

Durch die Streitigkeiten der gallischen Völker der Ar=
verner, Aeduer und Sequaner untereinander, deren
Sitze sich in der Auvergne, Bourgogne und Franche comté
ausbreiteten, wurden diese suevischen Völker zuerst in Gallien
hineingeführt [4]). Als Bundesgenosse der Sequaner überschritt
der markomannische Fürst Ariovist mit einem Gefolge von
15,000 Mann den Ober=Rhein und bewirkte schnell die
Ueberwältigung der Aeduer. Aber nur zu bald hatten es

---

1) Mannert, Germanien S. 42. 44. 55. 56.
2) Dancker, origines Germ. I. p. 107.
3) Rusahl, Geschichte der Deutschen I. S. 79 bis 83.
4) Thierry, histoire des Gaulois II. p. 277 — 280.

die Sequaner zu bereuen, die deutschen Kriegsschaaren in ihr
Land geführt zu haben, von welchem ein Drittheil an dieſel=
ben abgetreten werden mußte. Denn ſchon forderte Arioviſt
für die neue über den Rhein gekommene Hülfsſchaar der
Haruben das zweite Drittheil des Landes, und überhaupt
zählte man über hunderttauſend Deutſche, welche ſich um
den Arioviſt verſammelt hatten, und welche ſich in dem
ſchönen und fruchtbaren galliſchen Lande niederzulaſſen beab=
ſichtigten [1]). Jene Haruben aber, neben denen auch die
Sebuſen genannt werden, waren wohl nur einzelne Abthei=
lungen der ſueviſchen Markomannen, bei denen Arioviſt als
oberſter Gefolgsherr an der Spitze ſtand. Die Herleitung
dieſer beiden Stämme von den nachmals vom Ptolemäus in
der cimbriſchen Halbinſel genannten Haruben und von den
vom Tacitus an der untern Elbe erwähnten Eudoſen, womit
man überhaupt das Ziehen der Sueven von der cimbriſchen
Halbinſel aus an der Elbe aufwärts im Rücken der von ih=
nen nach Süden gedrängten Cimbern und Teutonen in Ver=
bindung gebracht hat [2]), iſt noch ſehr zweifelhaft. Dagegen
darf man wohl als ſicher annehmen, daß ſchon durch die
markomanniſchen Sueven des Arioviſt die alte Herrſchaft der
Bojen in Bojohemum vernichtet worden iſt, wie auch ſeine
Verbindung mit einem noriſchen Fürſten im Süden der
Donau dafür ſpricht [3]). Die Ueberreſte der galliſchen Bojen
zogen ſich in die benachbarten Gebirgswaldungen zurück, wo
ſie auch noch ſpäter erſcheinen. Zum Theil ſchloſſen ſie ſich
an die Helvetier bei deren Unternehmung in Gallien einzu=
wandern an.

Aber der Verſuch der Germanen zu einer Anſiedlung in
Gallien ſcheiterte durch die Ankunft des Julius Cäſar
als Proconſul von Gallien, welche letztere wieder durch die

---

1) Pfiſter, Geſchichte der Deutſchen I. S. 44 bis 47.

2) Duncker, origines German. I. p. 103 — 108.

3) Duncker, l. c. I. p. 111 — 113.

zu gleicher Zeit versuchte Wanderung der Helvetier be=
schleunigt wurde. Denn beschränkt bei ihrer Volksmenge in
ihren neuern Sitzen auf der Hochebene der Aar zwischen den
Alpen, dem Jura und dem Rhein=Strom vom Bodensee bis
zum Knie bei Basel, und auch den steten Angriffen der be=
nachbarten deutschen Kriegsschaaren bloßgestellt, hatten sich
diese Helvetier mit einigen kleinern, vermuthlich gallischen
Stämmen am Ober=Rhein, wie mit den Raurachern,
Tulingen und Latobrigen und einer etwas größern
Schaar von Bojen vereinigt, um ihr rauhes Bergland mit
den schönen Gefilden von Gallien zu vertauschen. Als durch
diesen Aufbruch die gallischen Stämme der Aeduer und
Sequaner sich so von einem doppelten Feinde bedroht sahen,
auf der einen Seite von den durch ihre Tapferkeit den
übrigen Galliern überlegenen Helvetiern und auf der andern
Seite von den Germanen, ergaben sie sich den Römern,
und die Helvetier wurden zunächst durch einen entscheidenden
Sieg Cäsars genöthigt in die von ihnen verlassenen Gaue
am Fuße der Alpen zurückzukehren [1]).

Die Besiegung und Zurückdrängung der Helvetier aus
dem innern Gallien brachte den römischen Feldherrn sogleich
in einen Kampf mit den Sueven, gegen welche die gal=
lischen Völker selbst Cäsars Schutz erfleheten [2]). Aber so
gefährlich und furchtbar dieser Kampf auch erschien, so gab
er doch dem Cäsar die erwünschteste Gelegenheit seine und
Roms Herrschaft in dem gesammten gallischen Lande zu be=
gründen. Denn mit den zahlreichen Schaaren des Ariovist
hatten sich nicht nur die drei oberrheinischen Stämme der
Tribokken, Nemeten und Vangionen vereinigt, sondern Cäsar
hörte auch von den Treviren, daß sich die kriegerische Jugend

---

1) J. v. Müller, Geschichte der schweizerischen Eidgenossen=
schaft. Leipzig 1806. 8. Th. I. S. 24 bis 37. Kufahl, Geschichte
der Deutschen. I. S. 92 bis 99.

2) Pfister, Geschichte der Deutschen. I. S. 48.

von hundert Gauen der Sueven aus dem Innern Germaniens den Ufern des Rhein genähert habe, um nach Ueberſchreitung dieſes Stromes ſich dem Arioviſt anzuſchließen.
Dieſe überrheiniſchen Sueven ſind aber offenbar nicht
die Chatten, wie man gewöhnlich angenommen hat, ſondern
vielmehr ihre öſtlichen und ſüdöſtlichen Nachbarn die Hermunduren, deren Gebiet ſich zu beiden Seiten des
Thüringer-Waldes an dem obern Main und der obern
Saale ausdehnte ¹). In Cäſars Nachrichten tritt aber
weder ſchon der eine noch der andere dieſer beſtimmtern
Namen hervor.

Cäſars Feldherrntalent gab dieſem Kampfe um die
Herrſchaft in Gallien zwiſchen den Römern und Germanen ſogleich eine vortheilhafte Wendung durch die Beſitz-
nahme der Stadt Beſontio (Besançon) am obern Doubs,
der Hauptſtadt der Sequaner, und noch ehe die überrheiniſchen
ſueviſchen Hermunduren ſich mit ihren Stammgenoſſen im
Weſten des Rheins hatten vereinigen können, entſchied die
ſiegreiche Schlacht Cäſars im obern Elſaß im Jahre 58
nicht blos über das Schickſal Galliens, ſondern auch über
das der Welt der germaniſchen Völker auf ein halbes Jahr-
tauſend ²). Denn das was die belgiſchen Germanen am
Nieder-Rhein und im nördlichen Gallien ausgeführt hatten,
das gelang nicht dieſen ſueviſchen Germanen in dem mittlern
Gallien. Das Land Gallien wurde durch das Zurückwerfen
der Germanen über den Ober-Rhein zunächſt römiſch,
zum erſtenmale ward nun der Rhein-Strom von den
römiſchen Legionen erreicht und die römiſche Herrſchaft bis
zu den Ufern ſeines obern Laufes hin ausgedehnt. Nur die
ſchon früher dort angeſiedelten Stämme der Tribokken,

---

1) Kufahl, Geſchichte der Deutſchen. I. S. 79. Anmerk. 2.
S. 102. Anmerk. 56.

2) Kufahl a. a. O. I. S. 100 bis 109.

Nemeten und Vangionen blieben in ihren Sitzen auf dem
linken Rhein=Ufer, mußten jedoch Roms Oberhoheit an=
erkennen [1]).

3) Die Eroberung Belgiens und die Entdeckung des Rhein=Stroms durch Julius Cäsar.

Die Besiegung der Sueven am Ober=Rhein hatte zur
Folge, daß bald ein ähnliches Schicksal die belgischen Ger=
manen am Nieder=Rhein ereilte. Denn die gallischen Völker,
welche nach Cäsars glänzenden Waffenthaten nicht minder
vor den Römern wegen ihrer Freiheit besorgt waren als
früher vor den Germanen, suchten die durch ihre Tapferkeit
vor allen Galliern berühmten Belgen aufzureizen, welche
bei dem Umsichgreifen der Römer im mittlern Gallien schon
Ursache genug zu haben glaubten für ihre Freiheit die
Waffen zu ergreifen. So kam eine große Verbindung
der gallischen Belgen von der Seine und Mosel bis zum
Nordmeere hin zu Stande, an welcher auch fast alle Stämme
der belgischen Germanen Theil nahmen. Aber die alte
Eifersucht und der Haß der gallischen und belgischen Völker
gegen einander so wie der letztern unter sich und dann die
Politik der Römer zersprengten bald dies gefährliche Bünd=
niß, welches bei der überlegenen Anzahl der Streitkräfte der
vereinigten Völker dem Cäsar die Früchte seiner bisherigen
Siege in Gallien zu entreißen drohete. Das Anschließen
der belgischen Remen um Rheims zwischen der Aisne und
Marne an Cäsar bahnte den Römern den Weg in das bel=
gische Gebiet und bereitete die Auflösung jener Verbindung
vor. Die belgischen Stämme der Suessionen, Bello=
vaken und Ambianen, welche als die westlichen Nachbarn
der Remen die Gebiete von Soissons, Beauvais und Amiens

---

1) Mannert, Germanien. S. 36.

an der untern Aisne und an der Somme bewohnten, wurden nun von Cäſar leicht unterworfen, und erſt an den belgiſchen Germanen wie vornehmlich an den Nerviern fand er einen andern Widerſtand [1]).

Dieſe Nervier, an der Sambre und Schelde wohnend, hatten ſich ihre urſprünglichen germaniſchen Sitten und Lebensweiſe noch vollkommen rein erhalten, und waren weithin berühmt durch ihren kriegeriſchen Sinn und ihre Tapferkeit. In der blutigen Schlacht Cäſars gegen ſie an der Sambre, wo ſie mit ihren belgiſchen Bundesgenoſſen den Atrebaten und Veromanduern, ihren weſtlichen und ſüdlichen Nachbarn in den Gebieten von Artois und Vermandois, vereinigt kämpften, ſiegte Cäſar nur durch die Ueberlegenheit der römiſchen Kriegskunſt über den Muth der Verzweiflung, und er ehrte ſelbſt die unglücklichen Reſte des zum Theil aufgeriebenen Volkes. Cäſar folgte dem Laufe ſeiner Siege an der Maas abwärts, und griff die Aduatiken an, welche eben im Begriff geweſen waren den Nerviern zu Hülfe zu eilen. Sie glaubten ſich durch ihre große feſte Stadt zu ſchützen, welche wahrſcheinlich nachmals unter dem Namen Aduaca Tongrorum oder Tungri, das heutige Tongern in Weſten von Maſtricht, vorkommt, aber dieſe ward von den Römern erſtürmt, und auch dies Volk zum Theil vernichtet [2]).

Nur die beiden belgiſchen Stämme der Morinen und Menapier an den Küſten der Nordſee in Flandern blieben allein von jener großen Verbindung übrig, welche Cäſars Siege im Jahre 57 zerſprengten; denn jene beiden Völker behaupteten ſich noch eine Zeitlang in ihren Waldungen und Sümpfen gegen die Angriffe der Römer. Cäſar hatte ſich nun aber ſchon dem Deltalande des Rhein genähert, in

---

1) **Dewez**, histoire générale de la Belgique. Bruxelles 1826. 8. Tome 1. p. 136 — 141.

2) **Kufahl**, Geſchichte der Deutſchen. I. S. 111 bis 120.

welchem wir gleich nach seiner Zeit das Volk der Bataver
kennen lernen. An dem untern Stromlaufe jedoch unmittelbar vor seiner Spaltung traf er den belgischen Stamm
der östlichen Menapier, welche man von dem gleichnamigen Volke auf der Westseite der Schelde wohl unterscheiden muß [1]). Diese rheinischen Menapier auf der einen
Seite von den Römern bedrängt, waren es damals nicht
minder auf der andern Seite von dem innern Deutschland
aus, und dies hängt wieder zusammen mit der erobernden
Ausbreitung der suevischen Hermunduren auf Kosten der
eigentlichen Germanen am Mittel-Rhein. Diese Bewegungen
auf der Ostseite des Rhein und die zu gleicher Zeit beginnenden Unternehmungen des mächtigen deutschen Volkes der
Trevirer, welche bis dahin zwar Bundesgenossen Cäsars
gewesen waren, aber mit Mißtrauen die Ausbreitung römischer
Herrschaft im Westen des Rhein sahen, waren es, welche
nicht nur alle westlichen Uferlandschaften jenes großen
Stromes unter die Botmäßigkeit der Römer brachten, sondern die römischen Legionen auch zum erstenmale in das
Innere Germaniens einführten. Eine Reihe deutscher Völkernamen wird uns hier von den Alten zuerst genannt.

Die drei Stämme der Usipier oder Usipeter, der
Tenchterer oder Tenkterer und Ubier, welche das rechte
Ufer des Rheins von der Einmündung des Main an abwärts
bewohnten, die ersten im Rheingau, die zweiten an der Lahn
und Sieg und die letzten bis über die Wipper hinab, sahen
alljährlich ihre Gebiete von den kriegerischen Schaaren der
Sueven verwüstet, und wenn diese Feindseligkeiten auch zunächst von den beiden kleinern suevischen Stämmen der
Landen und Batten (der Langobarden des Ptolemäus in
dem Lahngau und Battengau an der obern und mittlern
Lahn) ausgingen, so erschien doch die Gefahr von diesem

---

1) Herm. Müller, die Marken des Vaterlandes. 1. S. 22
bis 26.

vorgeschobenen Posten der mächtigen Hermunduren jenen
rheinischen Germanen so bedeutend, daß ein großer Theil
jener beiden erstern Völker der Usipier und Tenchterer sich
zur Aufsuchung neuer Sitze im Westen des Rheins bewogen
fühlte. Nach langem Umherirren kamen sie an der Spitze
des rheinischen Deltalandes an, wo sie im Jahre 56 durch
List und Gewalt nach Zurückwerfung der Menapier den
Rhein überschritten und sich eines Theiles der Sitze ihrer
Gegner bemächtigten ¹).

Die Tapferkeit dieser deutschen Stämme und besonders
der Ruhm ihrer trefflichen Reiterei gab den von Cäsar in
Gallien besiegten Völkern neue Hoffnungen zur Wiederge=
winnung ihrer Freiheit. Auch unterließen jene, von diesen
letztern aufgefordert nicht, sogleich ihre Streifzüge bis in die
Gebiete der Eburonen und Condrusen, damals der
Schutzverwandten der Treviter, auszudehnen. Aber diese
Gefahr für die römische Herrschaft in Gallien führte den
Cäsar schnell in die Rhein=Lande zurück. Da er unabhän=
gige feindliche Stämme nicht am linken Rhein=Ufer dulden
zu dürfen glaubte, besiegte er nicht ohne Hinterlist diese ihm
offenbar furchtbaren neuen deutschen Ankömmlinge in der
Gegend zwischen der untern Maas und dem Rhein, und
warf sie über den letztern Strom wieder zurück. Damit
aber die deutschen Völker nicht weitere Versuche machten,
jene Stromlinie, welche die Grenzmark der neuen gallischen
Eroberungen bilden sollte, zu überschreiten, beschloß Cäsar
die Germanen für ihr eigenes Land besorgt zu machen und
über den Rhein zu gehen. Auch bewogen ihn dazu noch
einige andere Umstände. Denn die Sigambern, welche,
hier zum erstenmale genannt, das Gebiet im Süden der
obern Ruhr bewohnten, nahmen die flüchtigen Usipier und
Tenchterer bei sich auf und unterstützten sie, während zugleich
die Ubier, von den Sueven bedrängt, als das erste der

---

1) Kufahl, Geschichte der Deutschen. I. S. 121 bis 123.

germanischen Völker sich dem Cäsar freiwillig ergaben und
seine Hülfe gegen ihre Widersacher begehrten.   So über=
schritten im Jahre 55 die römischen Legionen unter Julius
Cäsar zum erstenmale den Rhein=Strom auf einer Brücke,
welche wahrscheinlich in der Gegend von Köln über densel=
ben geschlagen wurde.   Verheerend brach Cäsar in das Land
der Sigambern ein, kehrte aber schon nach achtzehn Tagen
wieder zurück, da er es weder für rathsam hielt mit der ge=
sammten suevischen Macht der Hermunduren sich in einen
Kampf einzulassen, noch auch deren äußerste Vorposten, die
Lauden und Batten, die südlichen Grenznachbarn jener
Sigambern, mit ihm zu kämpfen geneigt waren [1]).   Julius
Cäsar aber ist der Römer, welcher den **gallischen** und
germanischen Norden der alten Welt **entdeckt** und
aufgeschlossen, und welcher an beiden Ufern des germa=
nischen Stromes des Rhein die siegreichen Adler der römischen
Legionen aufgepflanzt hat.

Aber wenn auch die Ubier durch den römischen Schutz
vor der Gefahr der feindlichen Sueven gesichert waren, so
blieb dennoch die Verbindung der **überrheinischen Ger=
manen** mit den **Völkern Belgiens,** und diese faßten
neuen Muth zu ihrer Befreiung.   Zwar mußten sich auch die
beiden nördlichsten belgischen Stämme der Morinen und
Menapier bei Gelegenheit der Heeresfahrt Cäsars nach Britan=
nien der römischen Waffengewalt beugen, aber nun traten
die den Römern lange verbündeten Trevirer, die durch
ihr weit ausgedehntes Gebiet an der untern Mosel ein
wichtiges Bollwerk für Germaniens Freiheit bildeten und
durch ihre wohlgeübte Reiterei in großem Ansehn standen,
als Vertheidiger der deutschen Freiheit auf, und ihnen schlossen
sich außer den Eburonen auch die schon halb erdrückten
nördlichen Stämme der Nervier, Aduatiken und Menapier
an.   Selbst mehrere gallische Stämme machten mit ihnen

---

1) Kufahl a. a. O. I. S. 124 bis 130.

gemeinsame Sache, so wie zahlreiche Hülfsschaaren aus dem
überrheinischen Germanien ihnen zuströmten. Der trevirische
Fürst Indukiomar und der Eburonen-Fürst Ambiorix
waren die Häupter dieser Verbindung [1]. Erst nach langen
und schweren Kämpfen gewann Cäsar die Oberhand und
nöthigte die Trevirer zur Anerkennung der römischen Oberhoheit. Sobann unternahm Cäsar, um die überrheinischen
Germanen zu schrecken und um sie von der Verbindung
mit ihren Brüdern auf der Westseite des Rheins abzuhalten,
seinen zweiten Zug über diesen Strom im Jahre 53
etwas oberhalb das ersten Uebergangsortes.

Auch diesmal blieb der römische Feldherr nur kurze Zeit
in Germanien. Denn die drohenden Nachrichten, welche
ihm die befreundeten Ubier von dem Andringen der furchtbaren Sueven aus Ober-Deutschland mittheilten, scheinen
ihn bald zur Rückkehr bewogen zu haben. Cäsar ließ aber
damals einen Theil der Rhein-Brücke stehen, und legte
wie zum Zeichen seiner nahen Rückkehr in das germanische
Land an dem gallischen Ufer einige Befestigungswerke an.
Noch blieben aber im Westen des Stromes die Eburonen
unter ihrem unermüdlichen Fürsten Ambiorix unter den
Waffen und den Römern gefährliche Gegner. Denn erst im
Jahre 51 gelang es dem Cäsar nach der Vertreibung des
Ambiorix aus den Waldschluchten der Ardennen die Eburonen
zu überwältigen. Ihr Fürst fand eine Zuflucht jenseit des
Rhein. Das Volk selbst, gegen welches Cäsar alle benach-
barten Stämme aufbot, denen sich auch Reiterschaaren der
Sigambern zum Plündern anschlossen, ward größtentheils
aufgerieben. So waren nebst den gallischen Belgen auch
die belgischen Germanen nach blutigen Kämpfen endlich ge-
nöthigt worden sich der römischen Oberhoheit zu unterwerfen.
Das gesammte linke Rhein-Ufer von dem helvetischen
Gebiete an bis zum Deltalande der Bataver abwärts war

---

1) **Pfister**, Geschichte der Deutschen. 1. S. 63 bis 65.

durch Julius Cäsar die Grenzmark des Römer=Reiches geworden [1]).

Seitdem erscheinen nicht blos diese belgischen Germanen, sondern auch viele Schaaren von dem rechten Rhein=Ufer in römischen Kriegsdiensten unter Cäsars Legionen. Diese Germanen waren es, welche ihm seine wichtigsten Siege erfechten halfen; sie befestigten durch ihre Tapferkeit seine Herrschaft in Gallien und errangen ihm die Weltherr=schaft in dem Kampfe bei Pharsalus [2]). Besonders er=scheinen die Bataver als treue und eifrige Bundesgenossen der Römer, ohne daß man genau die Veranlassung wüßte, wie sie mit denselben in Verbindung gekommen sind. Durch Gewalt ist es gewiß nicht geschehen [3]). Auch Octavianus Augustus hat durch diese germanischen Söldner sich die Weltherrschaft errungen, und fortan blieben die aus Germa=nen bestehenden prätorischen Cohorten zu Rom die eigentliche Stütze des Thrones der römischen Imperatoren [4]).

Die belgischen Germanen wurden unter des Augustus Herrschaft durch seinen Schwiegersohn Vipsanius Agrippa immer mehr in das römische Interesse gezogen und an die römische Oberhoheit gewöhnt. Agrippa war der zweite römische Feldherr, welcher im Jahre 36 den Rhein über=schritt, als er die Ubier, welche unablässig sowohl von den Sueven als auch von ihren nächsten Nachbarn im Osten, den Sigambern, den heftigen Feinden der Römer, bedrängt wurden, auf das linke Stromufer versetzte, wo sie fortan in der Gegend von Köln, der alten Colonia Ubiorum, die Wächter des römischen Galliens am Rhein gegen die Ger=

---

1) Kufahl, Geschichte der Deutschen. I. S. 131 bis 151.

2) Pfister, Geschichte der Deutschen. I. S. 69. Mannert, Germanien. S. 38.

3) van Kampen, Geschichte der Niederlande. Hamburg 1831. 8. Th. I. S. 14. 22.

4) Mannert, Germanien. S. 59.

manen wurden. Ihr altes Heimathsland auf der Oftfeite
des Flusses wurde darauf von den Tenkterern besetzt [1]).
Aber wie wenig man daran denken durfte die überrheinischen
Germanen eben so zu behandeln wie die belgischen, zeigte
die berüchtigte clades Lolliana im Jahre 16, als die von dem
römischen Statthalter M. Lollius gereizten Sigambern,
Usipier und Tenkterer verheerend in das belgische Gallien
einbrachen. Dies veranlaßte den Augustus selbst nach
Gallien zu gehen, um jene so wichtige Grenzprovinz des
Reiches zu organisiren, und um die Rhein-Barriere in
einen festen und sichern Zustand zu bringen. Seitdem wur=
den auch die Namen von Ober= und Nieder=Germa=
nien zur Bezeichnung der auf dem linken Stromufer von
deutschen Stämmen bewohnten Gebiete üblich, die jedoch zu
dem vierten Haupttheile der gallischen Provinz oder zu
Gallia Belgica gehörten [2]).

Die Wichtigkeit jener Barriere des Römer=Reiches gegen
die Welt der deutschen Völker in dem eigentlichen oder
Groß=Germanien erhellt aber aus dem Umstande, daß
sich nun auf des Augustus Geheiß an acht Legionen am
Rhein lagerten, von denen die eine Hälfte ihre Standquar=
tiere von Mainz (Moguntiacum) an abwärts bis zur
Mosel hatte, während die andere Hälfte ihre Hauptstütz=
punkte zu Köln (Colonia Ubiorum) und bei Santen zu
Castra Vetera fand und mit kleinern Abtheilungen die
Stromufer im Deltalande schützte. Diese sogenannten ger=
manischen Legionen schirmten also nur das eigentlich
belgische Land, wo der Rhein am wenigsten eine feste Natur=
grenze zwischen den ihm ostwärts und westwärts angelager=
ten Gebieten bildet. Dagegen blüheten am obern Rhein
mehr friedliche Ansiedlungen auf. So in dem helvetischen
Lande die Stadt Windisch (Vindonissa) an der untern

---

1) Pfister, Geschichte der Deutschen. 1. S. 70.
2) Mannert, alte Geographie. II. I. S. 206.

Aar, und an dem Rhein selbst hatte Augustus in dem Gebiete der Rauracher die Kolonialstadt Augusta Rauracorum, bald eine blühende Prachtstadt etwas oberhalb des
heutigen Basel, anlegen lassen [1]). Weiter abwärts erhoben
sich allmählig die Städte der Nemeten Straßburg (Argen-
toratum) und Speier (Civitas Nemetum) und die Stadt
der Vangionen Worms (Civitas Vangionum). Es standen
aber am obern Rhein von Mainz an bis zum helvetischen
Lande ursprünglich keine römischen Truppen, und die dort
wohnenden deutschen Völker scheinen mit den über den Rhein
zurückgeworfenen suevischen Markomannen am Schwarzwalde
und an der obern Donau in keiner weitern Verbindung gestanden zu haben und der römischen Herrschaft treu ergeben
geblieben zu sein [2]).

**4) Die Eroberung der Alpenländer durch die
Römer und die Erweiterung der Reichsgrenze
bis zur obern Donau.**

Zur Behauptung der Erwerbungen am Rhein war aber
für die Römer auch die Besitznahme der Alpenlandschaften nach der obern Donau hin unumgänglich nothwendig, und dazu kam nicht minder die Sicherheit Italiens
in Betracht, welches letztere ohne die Beherrschung der
Alpenpässe, die bei dem eigenthümlichen Bau des Alpengebirges von der italischen Seite aus eben so schwer zu er-
steigen sind, wie sie von der deutschen Seite aus ungemein
zugänglich sind, nicht ohne stete Gefahr vor den Einbrüchen
nordischer Völker behauptet werden konnte. Dennoch hatten

---

1) J. v. Müller, Geschichte der schweizerischen Eidgenossenschaft. I. S. 50. 55. Mannert, alte Geographie. II. I. S. 235.

2) Kufahl, Geschichte der Deutschen. I. S. 156 bis 163.
Mannert, Germanien. S. 105. 107.

die Römer bei allen ihren Kämpfen mit den Völkern der
nordischen Welt diese alpinischen Gebiete von den Quellen
des Rheins ostwärts fort bis zur untern Donau hin bisher
immer unbeachtet lassen müssen, und wurden erst durch die
Raubeinfälle der streitbaren Alpenvölker in die fruchtbaren
italischen Gefilde auf jene Gebiete hingewiesen [1]).

Nach dem gänzlichen Sturze der bojischen Macht durch
die Markomannen des Ariovist verschwindet allmählig
auf den Tafelflächen des obern Donau=Landes am Nord=
saume der Alpen, wo jene suevischen Kriegsschaaren umher=
schwärmten, das alte gallische Element, dessen Andenken
sich jedoch daselbst noch bis in die spätere Zeit in vielen
Städte= und Flußnamen erhalten hat [2]). Wichen nun auch
später die deutschen Schaaren bei dem Vorbringen der Römer
über die Alpen aus jenen Gebieten wieder zurück, so . ent=
behrten jene sogenannten Einöden im südlichen Deutsch=
land doch niemals einer starken Bevölkerung. Es konnte
sich aber der Name einer bojischen Einöde hier um so mehr
behaupten, als er sich vermuthlich besonders an die un=
fruchtbaren Landstriche des sogenannten Donau=Mooses
an der obern Donau und um den Lech anschloß. Doch tritt
eine solche bojische Einöde auch auf der Ostseite der Alpen
an der mittlern Donau hervor, seitdem die dort hausenden
Bojen, welche nach ihrer Vertreibung aus Italien bei ihren
tauriskischen Stammgenossen eine Zuflucht gefunden hatten,
durch unglückliche Kämpfe mit den Skordiskern und Geten
in dem ungarischen Flachlande entweder aufgerieben oder
nach Westen in die Alpen zurückgedrängt waren [3]).

Seitdem die Römer mehr ihre Aufmerksamkeit auf das
Alpengebirge richteten, lernten sie dort an funfzig kleine

---

1) Luden, Geschichte des deutschen Volkes. I. S. 161.

2) Buchner, Geschichte von Baiern. Regensburg 1820. 6.
Th. I. S. 25. 26.

3) Mannert, Germanien. S. 474 bis 487.

Völkerschaften in den verschiedenen Alpengauen kennen [1]).
Schon Cäsar hatte bei seinen Kriegszügen nach Gallien, ab=
gesehen von seinen Kämpfen mit den Völkern in den West=
Alpen, welche theils gallischen theils ligurischen Ursprungs
waren, die drei kleinen Alpenvölker der Nantuaten,
Veragrer und Sedunen in dem obern Rhone=Thal in
dem heutigen Wallis bekriegt, als er sich die Alpenstraße
über den großen St. Bernhard eröffnete, und am St. Gott=
hard in dem Quellgebiet des Rhein lernte er das Volk der
Lepontier kennen, deren Namen sich noch jetzt am obern
Tessino in dem Leventiner=Thal erhalten hat. Auch in die
östlichen Alpen, in das heutige Kärnthen, soll Cäsar einge=
drungen sein; es sollen das Gail=Thal als das Julische
Thal so wie die Julischen Alpen in Krain nach ihm
den Namen führen, und damals soll von ihm am Fuße der
karnischen Alpen die Pflanzstadt Forum Julium angelegt
worden sein [2]). Sicher ist es wenigstens, daß er mit einem
norischen Fürsten in Verbindung stand, der ihn in seinem
Kriege gegen Pompejus mit Reiterei unterstützte.

Aber schon seit älterer Zeit unterhielten die Römer mit
den Bewohnern der Ost=Alpen einen Verkehr, und es er=
scheinen dieselben unter dem allgemeinen Namen der Tau=
risker d. h. Bergbewohner [3]). Der Eisenreichthum der
steierschen Alpen und der Handelsverkehr mit diesem Pro=
dukte bewirkte eine solche Verbindung zwischen beiden Völ=
kern, und seit der Anlegung der Kolonie Aquileja, des
Hauptbollwerkes der römischen Macht im nordöstlichen Italien
am Anfange des zweiten Jahrhunderts vor unserer Zeit=

---

1) Barth, Deutschlands Urgeschichte. I. S. 425 bis 434.

2) Muchar, das alt=celtische Noricum, in der steiermärkischen
Zeitschrift. Grätz 1822. 8 Th. II. Heft 1. S. 40 bis 42. Muchar,
das römische Noricum. Grätz 1825. 8. Th. I. S. 250. Barth a.
a. O. I. S 357.

3) Mannert, die älteste Geschichte Baioariens. S. 4.

rechnung nahm der Verkehr zwischen ihnen immer mehr
zu [1]). Der Handelsort Noreja, vermuthlich am Südab=
hange der steierschen Alpen gelegen, ließ auch den bestimmten
Volksnamen der Noriker für die dortigen taurißkischen
Stämme hervortreten [2]). Die Noriker gehören aber, soweit
man aus den von ihnen erhaltenen sprachlichen Elementen
erkennen kann, dem gallischen Volksstamme an [3]).

Erst die Zeit der Herrschaft des Octavianus Augustus
in der römischen Welt brachte auch die Entscheidung über
das Schicksal der Alpenvölker in den zu dem spätern Deutsch=
land gehörigen Central= und Ostalpen. Die Unterjochung
der illyrisch=pannonischen Völker in den südöstlichen
Alpen am Adria=Meere noch in der Zeit der Triumviral=
Herrschaft in den Jahren 35 und 34 eröffnete die Reihe der
Kämpfe der Römer gegen jene kriegerischen Bergvölker in
der großen Grenzbarriere Italiens gegen den Norden, und
dies bahnte den römischen Waffen den Weg zu dem Gebiet
der Skordisken, deren Macht zur Sicherung der illyrischen
Provinzen der Römer gleichfalls gebrochen werden mußte [4]).

Etwas später als Augustus die Alleinherrschaft gewon=
nen hatte, wurden auch die Centralalpen in dem heutigen
Graubünden, Tyrol und Salzburg oder von den Rheinquellen
am St. Gotthard bis zum Groß=Glockner und bis zum
Quellgebiet der Drau entdeckt und erobert. Dort war aber
das Gebiet der rhätischen Stämme, deren Ueberreste sich
in den Romanen von Hohenrhätien noch bis jetzt erhalten
haben und schon im Mittelalter auf die Alpengaue am obern
Rhein und obern Inn beschränkt seitdem das Grenzvolk
Deutschlands gegen Italien bildeten. Man hat zwar in

---

1) Muchar, das alt=celtische Noricum, in der steiermärkischen
Zeitschrift. Grätz 1821. 8. Th. I. Heft 3. S 18 bis 27 und 60.

2) Mannert, Germanien. S. 487 bis 491.

3) Duncker, origines Germ. I. p. 63 — 65.

4) Barth, Deutschlands Urgeschichte. I. S. 410 bis 420.

diesen Rhätiern Stammgenossen der italischen Urvölker, vor=
nehmlich der Etrusker, zu erkennen geglaubt [1]), doch ist es
bei weitem wahrscheinlicher, wie sich aus den Ueberresten der
rhätischen Namen ergiebt, daß die Alten unter dem Namen
der Rhätier die in den Centralalpen zusammenwohnenden
gallischen und ligurischen Stämme umfaßt haben,
während die mit ihnen immer in Verbindung genannten
Vindeliker, deren älteste Sitze sich an den Nordgehängen
der Alpen befanden, blos dem gallischen Stamme ange=
hören [2]). So viele Thäler jene Alpengebiete enthalten, eben
so viele streitbare Völker der Rhätier nennen uns die Alten,
und von vielen derselben wie von den Camunen, Tridentinen,
Triumpilinen, Venosten, Breunen und andern hat sich das
Andenken noch jetzt in den Namen der dortigen Alpengaue
erhalten [3]). Von zwei Seiten wurden jene Völker durch
des Augustus Stiefsöhne Drusus und Tiberius angegriffen.
Denn während Drusus das Etsch=Thal aufwärts in Tyrol
eindrang, wohin vor ihm noch kein römisches Heer gekom=
men war, brach Tiberius vom Ober=Rhein, von Helvetien
aus, in diese Alpenländer ein. So erfolgte durch den letztern
die erste Entdeckung des Bodensees, auf welchem er mit
den Stämmen der Vindeliker zu kämpfen hatte. Aber erst
nach den gewaltigsten Anstrengungen gelang es den überle=
genen Römer=Heeren, welche sich am Nordfuße der Alpen
vereinigten, jene tapfern Alpenvölker, die zum Theil aufge=
rieben wurden, zu unterjochen [4]).

---

1) J. v. Müller, Geschichte der schweizerischen Eidgenossen=
schaft. I. S. 42. Niebuhr, römische Geschichte. 1812. Th. I.
S. 70. Otfr. Müller, die Etrusker. Breslau 1829. 8. Th. I.
S. 162.

2) Duncker, origines Germ. I. p. 67 — 74.

3) Barth, Deutschlands Urgeschichte. I. S. 425 bis 435.

4) J. v Hormayr, Geschichte der gefürsteten Grafschaft
Tyrol. Tübingen 1806. 8. Th. I. Mannert, Germanien. S. 505
bis 526.

So endete im Jahre 15 vor Chr. Geb. die Freiheit jener Völker. Die Unterjochung der Noriker schloß sich unmittelbar an die Bezwingung der rhätisch = vindelicischen Völker an ¹), und die Vernichtung der Skordisken im Rücken der illyrischen Alpenvölker durch Tiberius sicherte die römischen Eroberungen in den östlichen Alpen ²). Das ganze Gebirgssystem der Alpen von der untern Rhone bis zur mittlern Donau und bis zum Adria=Meere war so der römischen Herrschaft unterthan geworden. Durch die Ge= winnung der Landschaften von Rhätien, Vindelicien und Noricum, hatte das Römer=Reich die obere Donau erreicht, und zur Sicherung dieser Eroberungen ward dort in der Nähe der Donau am untern Lech die römische Kolonie und Prachtstadt Augusta Vindelicorum angelegt, welche un= ter dem Namen Augsburg durch alle Zeiten der deutschen Geschichte einer der Hauptpunkte Süd=Deutschlands geblieben ist. Doch fällt die Einrichtung jener Gebiete von den Rhein= Quellen am St. Gotthard im Westen bis zum Ostabfall der Alpen in Ungarn zu den beiden römischen Provinzen Rhätien nebst Vindelicien und Noricum, denen sich später das von den illyrischen Pannoniern bevölkerte Pan= nonien an der mittlern Donau in der oberungarischen Ebene anschloß, nebst der Anlegung von zahlreichen Kolonien und Municipien erst in die Zeit der nächsten Nachfolger des Augustus, als das Vertheidigungssystem der Römer an der mittlern Donau auf der Ostseite des Kahlenberges den suevischen Markomannen gegenüber seinen Anfang nahm ³).

Zu ihrem eigenen Nachtheil hatten aber die Römer die Selbstständigkeit der kleinen Alpenvölker vernichtet und sie

---

1) Muchar, das alt=celtische Noricum a. a. O. Th. II. Heft 1. S. 70 bis 80.

2) Mannert, Germanien. S. 492 bis 498.

3) Mannert, die älteste Geschichte Bajoariens. Seite 23. Muchar, das römische Noricum. I. S. 157 bis 169.

zum Theil ausgerottet.   Denn wenn auch das Vorrücken
der römischen Reichsgrenze bis zur obern Donau hin die
früher dort vorhandenen suevischen Kriegsschaaren veranlaßte
über den Strom nach Norden zurückzuweichen, und Italien
also vorläufig gegen alle Angriffe von Norden her mehr ge=
sichert erschien, so fehlten doch nun die eigentlichen Wächter
jener Alpenpforten, und bei dem Sinken der Römer=
Herrschaft seit der Zeit des zweiten und dritten Jahrhunderts
konnten dann die Barbaren ohne Mühe durch sie nach
Italien hindurchbringen.   Das zeigte sich gleich in der Zeit
der Markomannen=Kriege unter dem Kaiser Marcus Aurelius
und später in der Zeit der gothischen Wanderungen.

5) Die Eroberungskriege des Drusus in Ger= manien und ihre Folgen.

Die Beschränkung des germanischen Landes durch die
Eroberungen der Römer auf der West= und Südseite dessel=
ben und die Aufstellung einer ansehnlichen Kriegsmacht an
den Ufern des Rhein und der Donau mußte nothwendig
auf den Zustand der deutschen Völker im germanischen
Stammlande zurückwirken, indem dadurch die bisher bei
ihnen üblichen Pforten zur Ableitung ihrer Uebervölkerung
verschlossen wurden, da weder die rheinischen Nieder=Germa=
nen ihre kriegslustige Jugend nach Gallien hin aussenden
konnten, noch auch die Kriegsgenossenschaften der Sueven
in Ober=Deutschland Raum zu ihrer Ausbreitung fanden.
Und trotz jener Beengung des Gebiets der germanischen
Völker wurden noch in der Zeit des Augustus mehrere groß=
artige Versuche der Römer unternommen, um auch Groß=
Germanien der römischen Oberhoheit zu unterwerfen und
den Nieder=Rhein innerhalb der Reichsgrenzen zu verlegen.
Sei es nun daß des Augustus Politik schon seit der
Gewinnung der Stromufer des Rhein und der Donau den

Grundſatz feſthielt, die Grenzen des Römer=Reiches nicht
mehr über dieſe von der Natur gezogenen Linien hinaus zu
erweitern, oder daß er erſt durch die unglücklichen Erfolge
im Kampfe mit der nordiſch=germaniſchen Völkerwelt dazu
geführt wurde: ſo erkannte doch der große Feldherr D r u ſ u s,
daß die abendländiſchen Provinzen des römiſchen Reiches von
dem N i e d e r = R h e i n aus am meiſten den feindlichen An=
griffen bloßgeſtellt ſeien, daß zur Sicherung Roms hier neue
Vorwerke auf dem rechten Stromufer errichtet werden
müßten, und daß das eigentliche Germanien bis zur Elbe
hin in ein r ö m i ſ c h e s V o r l a n d umgewandelt werden
müßte.   So begann nun durch die Römer ein Kampf gegen
die germaniſche Welt, welcher erſt nach einem halben Jahr=
tauſend mit der Begründung germaniſcher Reiche auf den
Trümmern des römiſchen Weltreiches endete.

Druſus führte aber ſeine berühmten germaniſchen Kriege
nicht blos wie Cäſar mit germaniſchen Söldnern ſondern
mit ganzen Völkern, die er in das römiſche Intereſſe zog,
und darunter waren für ihn die B a t a v e r und die F r i e ſ e n
durch ihre geographiſche Lage die wichtigſten.   In vier Feld=
zügen durchzog der Beſieger der Alpenvölker vom Jahre 12
bis 9 vor unſerer Zeitrechnung ganz Germanien vom Rhein
bis zur Elbe, und wurde ſo der eigentliche E n t d e c k e r aller
der deutſchen Völkerſchaften, aus welchen nachmals die
Vereine der Franken und Sachſen hervorgegangen ſind.

Nachdem Druſus zunächſt die beiden Stämme der
S i g a m b e r n und U ſ i p i e r, welche zur Unterſtützung der
unruhigen Gallier den Rhein zu überſchreiten ſuchten, zurück=
geſchlagen und in ihrem eigenen Lande heimgeſucht hatte,
verband er den Rhein mit der Yſſel (Saale) durch einen
K a n a l, die berühmte foſſa Druſiana, und beſchiffte als
der erſte Römer mit einer Flotte die Zuyder=See und die
Nordſee, von wo er in die Ems einlenkte, die auch durch
ihn zuerſt entdeckt ward.   Die beiden mächtigen Völker der
F r i e ſ e n und C h a u k e n an den Geſtaden der Nordſee zu

beiden Seiten der Ems, jene im Westen, diese im Osten bis
zur Elbe hin, erscheinen fortan als Bundesgenossen der
Römer. Die Brukterer aber an der obern Ems, welche
dem Drusus auf diesem Strom hinab in das Gebiet der
Amsivarier entgegenrückten, wurden in einem Schifföstreffen
besiegt, und müssen in Folge desselben das freundschaftliche
Verhältniß mit den Römern wieder erneuert haben, in
welchem sie schon seit Cäsars Zeit mit denselben gestanden
zu haben scheinen [1]). Die Anlegung eines Kastelles an dem
linken Ufer der Ems, welches unter dem Namen Amisia
erscheint, beurkundete die weitern Plane des römischen
Feldherrn [2]).

Den germanischen Völkern entging die sie bedrohende
Gefahr keineswegs, und daher brachten die Sigambern
nach dem Rückzuge der Römer ohne Mühe eine Verbindung
der rheinischen Germanen zu Stande, an welcher auch die
mächtigen Cherusken auf der Ostseite der Weser an dem
Harz Antheil nahmen. Selbst die Chatten suchte man mit
Gewalt zum Beitritte zu dieser Verbindung zu bewegen.
Daher eröffnete Drusus seinen zweiten Feldzug im Jahre 11
von einer andern Seite her. Denn während die Sigambern
mit aller Macht in das Gebiet der Chatten einfielen, drang
Drusus, von Vetera Castra aus den Rhein überschreitend, an
der Lippe aufwärts mitten in Westfalen ein, durchzog das
Land der Brukterer und Sigambern, und drang ohne Wider-
stand bis zur Weser, vermuthlich etwas unterhalb der
Vereinigung ihrer beiden Quellströme, vor und bedrohte die
Cherusken. Zwar nöthigte ihn die nicht unbedeutende Macht
der verbündeten Stämme, die bei dem Orte Arbalo an den
Quellen der Ruhr noch die Ueberlegenheit der römischen
Kriegskunst kennen lernten, bald zum Rückzuge, aber auch

---

1) L. v. Ledebur, das Land und Volk der Brukterer. S. 176
bis 186.

2) Pfister, Geschichte der Deutschen. I. S. 79. 80.

hier ließ er als Stützpunkt zu fernern Unternehmungen ein
an der obern Lippe bei der Aufnahme der Liefe erbautes
Kastell Alifo zurück, welches auf der Grenzmark der
rheinischen Germanen gegen die ostwärts zum cheruskischen
Bunde gehörigen deutschen Stämme, an der mittlern Weser,
gelegen seine militairische Wichtigkeit bei allen folgenden
römischen Kriegen im Innern Germaniens behauptet hat [1]).

Dieses Werk des Drusus und die zu gleicher Zeit von
ihm vorgenommene Errichtung von Festungswerken auf dem
Taunus in dem Gebiete der Chatten bewog nun dies Volk
sich an das Bündniß ihrer nördlichen Stammgenossen anzu=
schließen. Deshalb unternahm Drusus seine beiden folgenden
Feldzüge zunächst gegen die streitbaren Chatten, und hielt
es für nothwendig auch den gefürchteten Sueven, den
östlichen Grenznachbarn derselben, die Ueberlegenheit der
römischen Waffen zu zeigen, um sie von einer Verbindung
mit den übrigen Germanen abzuhalten. So begann im
Jahre 9 der merkwürdige Kriegszug, welcher die römischen
Legionen auf der großen Heerstraße mitten durch Germanien,
wie sie noch jetzt von Mainz nach Magdeburg führt, bis
an die Ufer des Stromes brachte, welcher stets den alten
klassischen Boden Deutschlands von den jüngern deutschen
Ländern gesondert hat. Unter blutigen Kämpfen durchschrit=
ten die Legionen das Land der Chatten, bahnten sich über
die Weser (die östliche Weser oder Werra) und über den
hercynischen Wald einen Weg durch das Gebiet der suevischen
Hermunduren, und durchzogen die Gaue der Cherusken
an den südlichen und östlichen Gehängen des Harz=Gebirges.
An den Ufern der Elbe (ungefähr in der Gegend von

---

1) Ledebur, das Land und Volk der Brukterer. S. 290
bis 305. Bekanntlich ist früher über die Lage von Alifo immer
viel Streit gewesen, da es bald in dem Quellgebiet der Lippe, bald
ganz in der Nähe des Rhein gesucht wurde, vergl. Grupen,
origines Germaniae oder das älteste Deutschland unter den Römern,
Franken und Sachsen. Lemgo 1764. 4. Th. I. S. 77 bis 98.

Magdeburg), dem Gebiet der mächtigen Kriegsgenossenschaften der suevischen Semnonen und Langobarden
gegenüber, pflanzte Drusus sein Siegeszeichen über die Unterjochung der Völker Germaniens auf. Den Zweck seines
Feldzuges hatte er erreicht und mehr vollbracht, als zu erwarten war. Aber schnelle Rückkehr war nothwendig, und
ein Sturz mit dem Pferde machte dem Leben dieses jungen
Helden auf dem Wege nach Moguntiacum nur zu schnell
ein Ende [1]).

Indessen des Drusus gewaltsame Eroberungsplane waren
der Freiheit der germanischen Völker weniger gefährlich als
die verschlagene Politik des Tiberius, der zur Vollendung
des einmal begonnenen Werkes von seinem Stiefvater sogleich an den Rhein gesandt wurde. Die durch die römischen
Waffen geschreckten deutschen Völker bis zur Weser wurden
leicht in Abhängigkeit gebracht, die allein widerstrebenden
Sigambern wurden durch List und Gewalt unterworfen,
und an 40,000 Deutsche, meistens Sigambern und Sueven
aus dem Lahngau und Battengau, nach Gallien verpflanzt,
wo sie zwischen der untern Maas und dem Rhein als
römische Unterthanen ihre Wohnsitze erhielten und später
einen Hauptbestandtheil der salischen Franken bildeten. Man
hat sie wohl mit Unrecht für die dort genannten Gugernen
gehalten [2]), da letztere mehr wahrscheinlich nur einen Theil
der schon in früherer Zeit daselbst ansäßigen Menapier
sein möchten [3]).

Vergeblich waren die Versuche der rheinischen Germanen
sich der römischen Herrschaft zu entledigen. Tiberius unter-
warf, nachdem er aufs neue den Oberbefehl über die germanischen Legionen übernommen hatte, in den ersten Jahren
unserer Zeitrechnung bis batavischen Kaninefaten in dem

---

1) Kufahl, Geschichte der Deutschen. I. S. 176 bis 189.

2) Barth, Deutschlands Urgeschichte. I. S. 466.

3) Luden, Geschichte des deutschen Volkes. I. S. 196. 197.

nordwestlichen Theile des rheinischen Deltalandes, zwang alle
deutschen Stämme auf der Ostseite des Rhein zur Anerken=
nung der römischen Oberhoheit, und wußte sogar die Cherus=
ken in ein Bündniß mit den Römern zu ziehen. Bis zur
Weser hin erhoben sich römische Standlager, und überall
wurden daselbst auf den in militairischer Beziehung wichtigsten
Punkten und auf den Grenzmarken der einzelnen deutschen
Völker Befestigungslinien zur Sicherung der römischen
Herrschaft angelegt.   Ja Tiberius brachte auf einem kühnen
Kriegszuge durch die nördlichsten Gaue Germaniens auch die
Chauken wieder in ein Bundesverhältniß mit Rom, und
brang, während seine Flotte die Nordsee beschiffte und in die
Elbe einlief, mit den Legionen bis zum untern Laufe dieses
Stromes vor, wo nur die feindliche Stellung der furchtbaren
Langobarden seinem Siegeszuge eine Schranke setzte [1]).

So war ganz Nieder=Deutschland bis zur Elbe
und bis zu den Ländern der Sueven hin römisch geworden.
Die Barriere aber am Rhein=Strom, der limes Rhenanus,
war durch zahlreiche Befestigungswerke gesichert.   Schon
Drusus hatte am Rhein eine Reihe von funfzig Kastellen
angelegt, welche sich von Moguntiacum, dem Haupt=
waffenplatz der Römer an diesem Strome in dem obern
Germanien, an demselben hinab bis zum batavischen Delta=
lande hin erstreckten, und die zum Theil die Grundlage der
spätern deutschen Rhein=Städte wurden.   Durch Kriegs=
Flottillen standen die in ihnen gelagerten Legionen mit ein=
ander in Verbindung, und die Berghöhen des Taunus in
der Nähe von Mainz bildeten mit den dort angelegten Boll=
werken, an welche sich nachmals die große Vertheidigungs=
linie durch das ganze südwestliche Groß=Germanien anschloß,
einen Zwinger für die Erhaltung der römischen Herrschaft
in dem Stammlande der Germanen [2]).   So schien des

---

1) Kufahl, Geschichte der Deutschen. I. S. 190 bis 199.
2) Luden, Geschichte des deutschen Volkes. I. S. 188, 189.

Drusus Absicht erreicht und sein Werk vollendet. Auch fällt in diese Zeit der merkwürdige Zug des Domitius Ahenobarbus (des Großvaters des nachmaligen Kaisers Nero) auf Veranlassung der Bewegungen der suevischen Völker an der obern Donau von hier aus mitten durch Germanien bis zur Elbe, die er nur in derselben Gegend, bis wohin Drusus vordrang, erreicht haben kann. Dadurch tritt nun zum erstenmale der Name der Hermunduren in der Geschichte hervor [1]). So wie aber Domitius nur mit Hülfe dieses Volkes seinen Zug ausgeführt haben kann, so erscheint dasselbe auch in späterer Zeit immer in einem freundschaftlichen Verhältnisse mit den Römern an der obern Donau [2]).

6) Die Freiheitskämpfe der Germanen unter Armin und Marbod und die Eroberungszüge des Germanicus.

Alle jene weitschichtigen Eroberungspläne der Römer wurden jedoch bald vereitelt durch zwei merkwürdige Unternehmungen, welche von verschiedenen Seiten ausgehend und auf verschiedene Art ausgeführt die Wiederherstellung der Freiheit der germanischen Völker bezweckten, und welche uns wieder genauer in die Kenntniß des germanischen Landes und seiner Bewohner einführen. Die eine Unternehmung war im südöstlichen Deutschland und ging von den suevischen Völkern aus, die andere war im nordwestlichen Deutschland und ward von den germanischen Stammvölkern vollbracht.

Denn in Ober=Deutschland an der mittlern Donau zeigt sich um die Zeit des Anfanges unserer Zeitrechnung der eigenthümliche Versuch zur Begründung eines großen suevischen

---

1) Roth, Hermann und Marbod. Stuttgart 1817. 8. S. 67.
2) Kufahl, Geschichte der Deutschen. 1. S. 263. 264.

Reiches unter Marbod aus einem fürstlichen Geschlechte der Markomannen. Um die Zeit als die römischen Legionen über die Barriere des Alpengebirges bis zu den Tafelflächen an seinem Nordsaume vordrangen, verbreiteten sich die Kriegs= schaaren der suevischen Markomannen, welche noch seit früher an der obern Donau und am Schwarzwalde ihre Sitze hatten, als das herrschende Volk über jene Gebiete, mußten aber bei dem Streben der Römer die Stromlinie der Donau als Grenzmark ihrer neuen Eroberungen zu erreichen, noth= wendig mit diesen in einen Kampf gerathen, der für sie um so gefährlicher zu werden drohete, als sie von der rheinischen Seite Germaniens aus zugleich im Rücken angegriffen wer= den konnten. Da trat der junge Fürst Marbod, welcher in der Welthauptstadt selbst in römischer Kriegskunst und Politik sich wohl ausgebildet hatte, an die Spitze seiner Stammge= nossen, und wandte sich, fürs erste andere Plane verfolgend als einen Kampf mit Rom, mit ihnen um die Zeit der Eroberungskriege des Drusus in Nieder=Deutschland oder ums Jahr 9 vor unserer Zeitrechnung nach dem ehemaligen Lande der Bojen im hercynischen Walde, dessen Lage einen sichern und festen Sitz für die neu zu begründende Herrschaft gewährte [1]). Hier in Bojohemum bildete sich durch Mar= bods Staatskunst und Waffengewalt ein großer Verein suevischer Völker, der sich von der mittlern Donau bis zur untern Elbe und ostwärts bis zur Weichsel hin erstreckt zu haben scheint, und ein mächtiges Bollwerk gegen alle weitern Unternehmungen der Römer in das Innere von Ober=Deutschland abgab [2]).

Dieses suevische Reich Marbods umfaßte außer den eigentlichen Markomannen die Quaden an ihrer Ostseite an der March, das berühmte und edle Volk der Semnonen an der mittlern Elbe und die streitbaren Langobarden an

---

1) Duncker, origines Germ. I. p. 126 — 128.

2) Kufahl, Geschichte der Deutschen. I. S. 253 bis 258.

der untern Elbe oder die ältesten Hauptstämme der Sueven, die hier zuerst in der Geschichte hervortreten. Mit seinen auf römische Weise geordneten und geübten Kriegsschaaren scheint er große Eroberungen in dem Gebiete der nordöstlichen germanischen Völker gemacht zu haben, und da lernen wir wieder eine Reihe von Völkernamen kennen, welche nach den Deutungen der Neuern später auf dem Schauplatz der Geschichte eine große Rolle gespielt haben. Denn in den von den Alten uns überlieferten Namen der Völkerschaften, welche sich Marbod unterworfen haben soll, und welche in der That mehr ein sarmatisches als ein germanisches Gepräge tragen [1]), hat man die ausgebreiteten deutschen Stämme der Lygier an der obern und mittlern Oder und der Gothen und Burgundionen an der Warthe und Weichsel wieder zu erkennen geglaubt.

Der Mittelpunkt dieser suevischen Macht und die Residenz des suevischen Königs war der Ort Maroboduum in dem alten Bojenheim in der Nähe der heutigen Stadt Budweis im südlichen Böhmen an der Moldau, mit einem festen Schlosse versehen, welches die Schätze des neuen Herrschers bewahrte. Die Stadt selbst ward bald ein blühender Handelsort, wo sich römische Künstler und Kaufleute niederließen und ihren Verkehr weithin durch die germanischen Landschaften bis zu den baltischen Gestaden ausdehnten. Es war dies der erste Versuch zur Begründung einer politischen Einheit auf dem deutschen Boden. Aber es war auch nur die Errichtung eines Reiches, nicht die Errichtung eines freien Völkerbundes. Es sollte ein Reich nach Art dessen der römischen Imperatoren sein, und dem widerstrebte der Geist und das Leben der germanischen Völker. Das ist auch der Grund seines baldigen Unterganges [2]).

---

1) Luden, Geschichte des deutschen Volkes. I. S. 214. 215 und 475.

2) Pfister, Geschichte der Deutschen. I. S. 85. 86.

Diese furchtbare suevische Macht war jedoch der römischen Politik keineswegs gleichgültig, und während das rheinische Nieder=Deutschland unter der Verwaltung des tüchtigen und gewandten Statthalters Sentius Saturninus ganz beruhigt und der römischen Herrschaft gewonnen erschien, durfte nach der Meinung des Augustus diese Verbindung suevischer Stämme in Ober=Deutschland weder der Macht Roms Trotz bieten, noch auch den rheinischen Germanen bei feindlichen Unternehmungen gegen Rom zum Rückhalt dienen. Darum sollte Tiberius auch hier auf den Befehl seines Stiefvaters Roms Herrschermacht geltend machen [1]). An neun Legionen sammelten sich im Jahre 6 nach Chr. Geb. in Noricum und Pannonien an den Ufern der Donau. Die neu angelegte Grenzfestung, der große Waffenplatz Carnuntum an der Donau, etwas oberhalb der Einmündung der March in dieselbe, ward zum Stützpunkt der Bewegungen der gegen Norden vordringenden römischen Kriegsmacht unter Tiberius bestimmt, während zugleich Sentius Saturninus mit drei Legionen vom Mittel=Rhein her durch das Land der Chatten sich einen Weg bahnte, um sich mit den illyrischen Truppen zu vereinigen. Jetzt mußte auch das suevische Ober=Deutschland unter römische Herrschaft fallen, wenn nicht in demselben Augenblick der große Aufstand der illyrisch=pannonischen Völker an dem Adria=Meere und an den karnischen Alpen ausgebrochen wäre und den Tiberius zum Rückzuge nöthigte. In Rom selbst fürchtete man bei der Vereinigung der suevischen und illyrischen Völker die Wiederkehr der cimbrischen Schrecken. Aber Marbod dachte nur auf seinen augenblicklichen Vortheil, er nahm einen Frieden an, den ihm die Römer gern gewährten [2]). Die Freiheit der Germanen war seinen eigenen Interessen unter=

---

1) Mannert, Germanien. S. 111. 112.
2) Kufahl, Geschichte der Deutschen. 1. S. 259 bis 266.

geordnet, sie sollte nur ein Mittel für seine besondere Herr=
schaft sein, und darum brach auch diese bald zusammen.

Denn als nach dreijährigem blutigen Kampfe Rom
über das wiederbezwungene Illyrien und Pannonien seine
Siegesfeste feierte, erscholl die Schreckensnachricht vom Nie=
der=Rhein. Das rheinische Germanien hatte sich der
römischen Herrschaft entledigt, und diese Reaktion gegen
Roms Herrschaft schließt uns wieder mehrere wichtige Loka=
litäten des klassischen Bodens von Germanien auf. Daburch
daß es der römischen Politik gelungen war die Fürsten des
mächtigen Cherusken Volkes, welches damals unter allen
Stämmen Nieder=Deutschlands an politischer Bedeutung
hervorragte, ganz zu umstricken, mußten die kleinern Völker
istävonischen Stammes in Westfalen und am Rhein
völlig der römischen Herrschaft anheimfallen. Auch konnte
nach solchen Vorarbeiten Quinctilius Varus, des Sentius
Nachfolger in der germanischen Statthalterschaft, ohne Ge=
fahr daran denken, sein Standlager über die Grenzen des
mittlern Germaniens hinaus (wo sich nachmals West=
falen von Engern schied) in dem Gebiete der Cherusken an
der mittlern Weser oberhalb ihres Durchbruches durch die
westfälische Gebirgspforte, welche Gegend durch ihre strate=
gische Wichtigkeit aus den spätern Kämpfen der Franken und
Sachsen in der karolingischen Zeit bekannt genug ist [1]), auf=
zuschlagen. Aber die Zuversicht der Römer in der ruhigen
Beherrschung und Romanisirung von Nieder=Deutschland
mußte der junge cheruskische Fürst Armin (Hermann),
welcher gleich Marbod in Rom sich gebildet hatte und von
dem Kaiser selbst hoch geehrt ward, trefflich zu benutzen zur
Wiederherstellung der altväterlichen Freiheit.

Durch Armin kam eine große Verbindung fast
sämmtlicher Völker des eigentlichen germanischen Stamm=

---

1) Lebebur, das Land und Volk der Brukterer. S. 196.

landes zu Stande, deren Mittelpunkt die Cherusken bil=
deten. Denn Antheil nahmen an derselben, außer den beiden
großen binnenländischen Völkern der Cherusken und Chatten
vom hermionischen Stamme, die westlichen Nieder=Germanen
die Brukterer, Sigambern, Marsen, Usipier und
Chattuarier vom istävonischen Stamme nebst den suevischen
Landen und Batten an der Lahn, und von den nördlichen
Nieder=Germanen ingävonischen Stammes die Chasuaren
und Amsivarier im Hasegau und Emsgau [1]). Die Nach=
richt von dem Aufstande eines entfernten deutschen Volkes,
nach einigen der Amsivarier, wahrscheinlicher aber der Sigam=
bern, bewog zuerst den Varus sein Standlager zu verlassen,
um sich zur Verbindung mit den übrigen römischen Kriegs=
haufen nach dem festen Aliso an der Lippe zurückzuziehen.
Auf diesem Wege tritt nun der waldige Höhenzug des
Osning (wovon der berühmte Teutoburger Wald nur den
südöstlichen Theil zwischen den Quellen der Lippe und Ems
bezeichnet) in der Geschichte hervor [2]), welcher sich in der
Richtung von Südost nach Nordwest von der mittlern Weser
an der westfälischen Pforte bis zur mittlern Ems erstreckt
und sich in der Mitte zwischen den vier westfälischen Bis=
thümern Minden und Osnabrück im Norden und Münster
und Paderborn im Süden ausbreitet. In den Sümpfen
und Bergschluchten dieses Gebietes wurde im Jahre 9 unserer
Zeitrechnung das Schicksal Germaniens durch das Feldherrn=
talent des jungen cheruskischen Helden für immer entschieden,
der römische Statthalter selbst mit drei der tüchtigsten
römischen Legionen fand dort seinen Untergang. Die genaue
Bestimmung der Lokalität dieser clades Variana ist noch

---

1) Kufahl, Geschichte der Deutschen. I. S. 209.

2) Ledebur, allgemeines Archiv für die Geschichtskunde
des preußischen Staates. Berlin 1834. Theil XIII. Seite 339
bis 355.

ungewiß, doch scheint sie wohl in der Gegend von Detmold gesucht werden zu müssen [1]).

Groß=Germanien zwischen dem Rhein und der Donau war wieder frei geworden von der römischen Herr= schaft. Denn auch Aliso, der große Waffenplatz der Römer mitten in Nieder=Deutschland, mußte, obschon er nicht mit Gewalt eingenommen werden konnte, von den Römern bald geräumt werden. Die Germanen aber erstrebten nichts weiter als die Herstellung ihrer Unabhängigkeit; an einen von den Römern befürchteten Einfall in Gallien oder gar Italien war um so weniger zu denken, als dieser cherus= kische Völkerverein nicht zu Eroberungen, sondern nur zur Vertheidigung geschickt war [2]). Auch zerfiel nicht blos die große Verbindung der deutschen Völker, sondern unter den Cherusken selbst brachen Partheiungen aus, welche auf die Freiheit Germaniens nur allzu nachtheilig einzuwirken droheten. Ein fortgesetzter Kampf mit Rom war damals für die germanische Freiheit nothwendig, und bald genug erneuerten sich die Angriffe der Römer. Denn wenn auch Tiberius, welcher von dem Augustus sogleich an den Rhein geschickt wurde und bei seinem zweimaligen Uebergange über diesen Strom bis in die Nähe der Ems vordrang, jeden entscheidenden Kampf mied, so wurde doch die römische Kriegszucht unter den neu gebildeten Legionen wiederhergestellt und die deutschen Völker geschreckt. Ja die beiden Küsten= völker der Friesen und Chauken blieben auch ferner im

---

1) A. v. Werſebe, über die Völker und Völkerbündnisse des alten Deutschlands. Hannover 1826. 4. S. 21. Anmerk. 22 Ueber die Lokalität dieser Schlacht, über die Zeit und über die die Schlacht betreffende Litteratur vergl. Ed Schmid bei Ersch und Gruber, allgem. Encyklopädie. Art. Hermann. Abth. II. Th. VI. S. 220 bis 222. Ledebur, die Brukterer. S. 196. Anmerk. 676.

2) Kufahl, Geschichte der Deutschen. 1. S. 209 bis 219.

freundschaftlichen Vernehmen mit Rom und duldeten selbst römische Besatzungen in ihrem Gebiete [1]).

Aber des Drusus Plane wurden von seinem Sohne, der nach dem Siegesschauplatze des Vaters benannt war, mit Talent und Glück wieder aufgenommen. Auch mußte Tiberius bei der Uebernahme der Herrschaft in Rom nach des Augustus Tode es zunächst gern sehen, daß die aufrührerischen germanischen Legionen unter der Leitung seines Neffen Germanicus durch Beschäftigung in der Schule der Kriegskunst ihm unschädlich gemacht wurden [2]). Des Germanicus dreijährige siegreiche Feldzüge in Germanien in den Jahren 14 bis 16, einem so kriegserfahrnen Feldherrn wie Armin gegenüber, sind nur daraus zu erklären, daß letzterer blos das Haupt einer freien Völkerverbindung war, während der erstere mit einem Kernheer von acht Legionen als unumschränkter Oberfeldherr die deutschen Gaue mit Krieg überzog. Und doch, bleibt es wunderbar, daß Roms gesammte Macht unter seinen größten Kriegshelden an dem Freiheitssinn und an der Tüchtigkeit weniger deutscher Völker sich brechen mußte. Der Schauplatz der Feldzüge des Germanicus war der klassische Boden von Westfalen und Engern zwischen dem Rhein und der Weser, nachmals der Schauplatz der Kämpfe zwischen Karl dem Großen und den Sachsen.

Der erste Feldzug des Germanicus war gegen die Marsen gerichtet, welche die Nordwesthälfte des Osning bewohnten. Von dem großen niederrheinischen Standlager Castra Vetera, der Einmündung der Lippe in den Rhein ungefähr gegenüber gelegen [3]), den germanischen Strom

---

1) Kufahl, Geschichte der Deutschen. 1. S. 220 bis 222.

2) Luden, Geschichte des deutschen Volkes. 1. S 262.

3) Das Lager Castra Vetera war das Hauptbollwerk der Römer am Nieder=Rhein, über welchen hier eine Brücke führte, und bildete das Standquartier von zwei Legionen. Es ward vom Augustus

überschreitend drang Germanicus auf einem schnellen Zuge
in der Richtung gegen Nordost (auf der heutigen großen
Straße von Wesel nach Münster, wo schon Domitius
Ahenobarbus während seiner Statthalterschaft in Germanien
in den dortigen Brüchen Brücken und Knüppeldämme, die
pontes longi, hatte anlegen lassen) durch den cäsischen
Bergwald bei dem heutigen Kösfeld bis zur Ems vor, jenseit
welcher er das Gebiet der Marsen unvermuthet überfiel, mit
Feuer und Schwerd verheerte und ihr Heiligthum Tanfana
zerstörte. Aber der Aufstand der Brukterer, Usipier und
Tubanten nöthigte ihn bald zu einem Rückzuge, der nicht
ganz ohne Verlust ablief [1]).

Der zweite Feldzug des Germanicus im Jahre 15
war eben so unvermuthet gegen die Chatten gerichtet.
Zunächst erneuerte er die Befestigungswerke seines Vaters
auf dem Taunus, und während er die Cherusken, welche
überdies durch die Partheiungen unter ihren Fürsten Armin
und Segest in ihrer Thätigkeit nach außen hin gelähmt wurden, durch einen Theil seines Heeres auf der Nordseite ihres
Gebietes bedrohete, drang er von der trockenen Witterung
begünstigt an der Lahn gegen Nordosten in die hessischen
Gebiete ein, und stieg über die Höhen des Vogelsberges zu
der Eder in Nieder-Hessen hinab, wo er nach der Besiegung
der Chatten ihren Hauptort Mattium (jetzt Maden, der
Hauptort des spätern Hessengaues) in Asche legte. Auch
wurde in Folge dieses Kriegszuges der Fürst Segest mit
seiner Familie von den Römern aus der Bedrängniß befreit,
in welcher er sich in seiner festen Burg in dem südwestlichsten

---

selbst bei seiner Anwesenheit in Gallien angelegt auf der Anhöhe
des Fürstenberges bei Santen, wo noch jetzt die Ueberreste davon zu
sehen sind. Knapp, Geschichte der Deutschen am Nieder-Rhein.
Elberfeld 1830. 8. S. 7. 165.

1) Ledebur, das Land und Volk der Brukterer. S. 188. 208
bis 210.

Theile des cheruskischen Gebietes in der Nähe der Diemel
durch seine Stammgenossen befand. Er folgte dem Sieger
in das römische Land [1].'

Diese Raubeinbrüche der Römer bewogen aber alle
Nieder=Germanen unter dem Vorstande Armins und der
Cherusken zur Erneuerung der frühern Verbindung, und
da Germanicus das ganze mittlere Land im Aufstande er=
blickte, er aber vornehmlich die Cherusken anzugreifen ge=
dachte, welche er mit Recht für den Heerd und den Mittel=
punkt des ganzen Krieges ansah, so wollte er die Verbün=
deten auf mehrern Punkten bedrohen und wählte für sich selbst
den Weg, den ihm sein Vater vorgezeichnet hatte. Von der
See aus, mit Hülfe der sich in das Meer ausmündenden
Flüsse, konnten die Germanen am besten im Rücken ange=
griffen und der Krieg leicht in das Innere Germaniens, in
das Gebiet der Cherusken, getragen werden. Die Freund=
schaft der Friesen und Chauken unterstützte diesen Plan.
Während demnach der alte gediente Feldherr Aulus Cäcina
mit der einen Heeresabtheilung von Vetera Castra aus über
den cäsischen Wald gegen Nordosten vordrang, die Reiterei
aber an dem Meeresgestade entlang ihren Weg nach der
Ems nahm, erreichte Germanicus mit dem Hauptheere die=
sen Fluß zur See, und verheerend durchzog das vereinigte
Römer=Heer das Land der Brukterer zwischen der Ems
und Lippe. Beim weitern Vordringen ostwärts zur Weser
in die Schluchten des Teutoburger Waldes kam man
an die alte Wahlstatt der clades Variana, wo die gebleichten
Gebeine der vor sechs Jahren gefallenen Legionen von Ger=
manicus unter Abhaltung einer Todtenfeier zur Erde bestattet

---

1) Kufahl, Geschichte der Deutschen. I. S. 222 bis 227.
Die Burg des Segest hält man nicht ohne Grund für die nachmals
so berühmte Eresburg im sächsischen Hessengau. Ledebur, das
Land und Volk der Brukterer. S. 130. Anmerk. 473. S. 212. An=
merk. 712.

wurden. Hier in der Nähe erneuerte sich der Kampf zwischen
den Römern und Germanen, da Armin mit den verbündeten
Völkern in der für sie selbst günstigsten Gegend die römischen
Legionen umgeben hatte, und nur mit Mühe vermochten die
Römer eine erneuerte Niederlage abzuwenden. Die Letztern
schrieben sich zwar den Sieg zu, aber der sofort angetre=
tene Rückzug des Germanicus bewies am besten den
Stand der Dinge. Der Angriff auf die Cherusken war
ganz mißlungen [1]).

Mit Hülfe der befreundeten Chauken schiffte Germanicus
sein Heer wieder auf der Ems ein, während die Abtheilung
unter dem Cärina auf dem Landwege nach dem Rhein zu=
rückgeschickt wurde. Dieser letztern eilte Armin nach, und
griff sie an den Engschluchten bei dem Uebergange über die
Brücken und Knüppeldämme im Norden der untern Lippe
an [2]). Nur mit der größten Mühe konnte sich diese römische
Heeresabtheilung einer völligen Vernichtung entziehen. Am
Rhein herrschte bei der Nachricht von ihrer Noth ein solcher
Schrecken, daß man zu Vetera Castra die Brücke abwerfen
wollte, und nur des Germanicus Gemahlin Agrippina ver=
mochte durch ihre Standhaftigkeit den Untergang der Ueber=
reste dieser Abtheilung abzuwenden. Auch das Hauptheer
selbst unter dem Oberfeldherrn erlitt bei seiner Rückkehr auf
dem Meere nicht minder Verlust in aller Art [3]). So war
also Germanien im Jahre 15 zum zweitenmale von seinen
Feinden befreit. Armin zerstörte alle zurückgebliebenen Denk=
male der römischen Herrschaft im Osten des Rhein, und nur
das Kastell Aliso an der obern Lippe, welches in Folge
dieses Zuges des Germanicus scheint wiederhergestellt worden
zu sein, blieb in den Händen der Römer, so wie auch die

---

1) Ledebur, das Land und Volk der Brukterer. S. 213
bis 215.

2) Ueber diese Lokalität s. Ledebur a. a. O. S. 221. 222.

3) Kufahl, Geschichte der Deutschen. I. S. 228 bis 237.

Linie von Vertheidigungswerken an dem Nordufer der Lippe
von Alifo bis nach Vetera Castra noch behauptet wurde [1]).

Indessen der unermüdliche Germanicus gedachte auf
einem dritten großen Feldzuge im Jahre 16, indem er auf
dem zuletzt betretenen Wege von dem nördlichen Ocean aus die
Cherusken in ihrem Heimathslande angriff, den großen Kampf
zur Entscheidung zu bringen, und die Verbindung mit den
drei deutschen Stämmen an den Gestaden der Nordsee, mit
den Batavern, Friesen und Chauken, mußte nach des
römischen Feldherrn Erwartung den glücklichen Ausgang der
Unternehmung nicht zweifelhaft lassen. Auf einer großen
Flotte von tausend Schiffen kam das römische Heer von der
Zuyder=See aus über den Ocean nach der Mündung der
Ems, wo die Truppen bei dem Kastell Amisia ausgeschifft
wurden und durch das Gebiet der Chauken ostwärts zur
Weser gelangten, deren linkem Ufer sie aufwärts folgten.
Die Besiegung der Angrivarier, welche an der Weser
unterhalb ihres Gebirgsdurchbruches wohnend der Sache der
Cherusken ergeben waren und im Rücken der Römer einen
Aufstand erhoben hatten, führte den Germanicus bis zur
westfälischen Pforte, wo er den Kriegsschaaren der
Cherusken gegenüber mit Hülfe seiner trefflichen batavischen
Reiterei den Uebergang über den Strom erzwang. Dort
auf der Ostseite der Weser in der von Bergen im Osten und
von dem Flusse im Westen umsäumten Thalebene, das Feld
Ibistavisus genannt [2]), nur wenig oberhalb Minden kam
es zu einer blutigen Schlacht, in welcher die Germanen
unter Armins Führung zwar geschlagen aber nicht über=
wunden wurden [3]).

Denn nun erhoben sich alle Stämme auf der Ostseite
der Weser, und es kam bald nicht weit von der erstern

1) Ledebur, das Land und Volk der Brukterer. S. 224. 225.

2) Ledebur a. a. O. S. 228. Anmerk. 751.

3) Luden, Geschichte des deutschen Volkes. I. S. 284 bis 299.

Gegend mehr abwärts am Strom am Steinhuber-Meere
auf der cheruskisch-angrivarischen Grenze zu einem neuen
blutigen Kampfe, und die Römer gestanden selbst, daß sie
nur durch ihre überlegene Kriegskunst die Germanen besiegt
hätten. Germanicus drang nicht weiter in das cheruskische
Gebiet ein. Er errichtete ein Denkmal über alle zwischen
dem Rhein und der Elbe angeblich unterworfenen Völker,
aber er schiffte auch seine Legionen auf der Ems wieder
ein und kehrte zurück. Unterwegs litt seine Flotte noch
Schiffbruch, und nicht ohne großen Verlust wurde das
römische Gebiet am Rhein wieder erreicht. Doch kamen
durch die nach allen Seiten hin verschlagenen Fahrzeuge
mancherlei wunderbare Nachrichten über die nordischen Gebiete der Erde an jenem Ocean nach Rom. Damit aber
die Germanen aus dem Unfall der Flotte und aus der miß-
lungenen Unternehmung gegen die Cherusken nicht neue
Hoffnung schöpfen möchten, ließ er noch in dem Herbst
desselben Jahres unter einem Legaten einen Kriegszug gegen
die Chatten machen, während er selbst aufs neue die
Marsen überfiel, und dort durch die Verrätherei eines ihrer
Fürsten noch einen von den drei Adlern der varianischen
Legionen wieder gewann [1]).

Germanicus glaubte, nur noch ein Feldzug werde hin-
reichen, um seines Vaters Plane zur Vollendung zu bringen.
Aber des Kaisers Tiberius Ausspruch, daß man genug ge-
than habe, und daß man fortan durch kluge Politik Roms
Herrschaft in Germanien besser begründen werde als durch
die Gewalt der Waffen, beendete seine Unternehmungen.
Germanicus mußte im Jahre 17 nach Rom zurückkehren
und hielt dort einen glänzenden Triumph, der durch zahlreiche
deutsche Gefangene verherrlicht wurde. Die Germanen
jedoch waren in ihrer Heimath frei, und zahlreiche römische
Gefangene schmachteten noch, wie die spätere Geschichte

---

1) Kufahl, Geschichte der Deutschen. I. S. 238 bis 247.

7*

lehrt, in den deutschen Wäldern. Merkwürdig und einzig in der Geschichte bleibt auf jeden Fall dieser Kampf der kleinen deutschen Stämme gegen die überlegene Macht der römischen Imperatoren, denen doch die ganze Welt erlag. Der Ruhm, Deutschlands Freiheit gerettet zu haben, gebührt besonders den Harz = Anwohnern, den Cherusken, welche unter ihrem Helden Armin die erste Stelle unter den Völkern Germaniens einnahmen, und deren Name durch das An= schließen vieler kleineren deutschen Stämme an sie weit hin von der Elbe im Osten bis über die Weser nach Westen verbreitet war. Als ihre Hauptbundesgenossen aber in diesem Kampfe mit Rom erscheinen die drei Völker der Chatten, Brukterer und Marsen, denen auch die drei Legionsadler des varianischen Heeres zur Beute fielen. Dies sind zugleich die vier Hauptvölker des ältern eigentlichen Germaniens in historischer und ethnographischer Beziehung, da sie schon ringsum theils von geschwächten, theils von solchen Völkern umgeben waren, die die römische Politik gewonnen hatte [1]).

7) Der innere Zwiespalt der deutschen Völker und der batavische Freiheitskrieg.

Die Römer gaben vorläufig ihre Eroberungsplane auf Germanien auf, der Rhein und die Donau blieben die sorgfältig bewachten Barrieren ihres Reiches gegen die Welt der deutschen Völker, und sie durften erwarten durch ihre Politik, durch ihre Freunde und Bundesgenossen im Innern Germaniens und durch die innere Zwietracht, die bald unter den Stämmen ausbrach, doch noch zum Ziele zu gelangen. Leider tragen aber die nur fragmentarischen Nachrichten über die Begebenheiten im Innern Germaniens nur wenig zur Kenntniß des Landes und seiner Bewohner

---

1) Pfister, Geschichte der Deutschen. I. S. 98 bis 100.

bei. Doch sehen wir, daß nicht nur die große Verbindung der Völker von der Elbe bis zum Rhein nach dem
Verschwinden der Gefahr durch die Römer sich auflösete,
sondern daß auch bei den Cherusken innerer Zwiespalt
ausbrach, der durch die politische Stellung des Armin zu
den übrigen Häuptlingen dieses Volkes hervorgerufen ihrem
Vorrange unter den deutschen Völkern Gefahr brachte [1]).

Unter solchen Umständen traten noch die beiden Völkerverbindungen der Cherusken und der Markomannen,
beide freilich von wesentlich verschiedener Natur in ein feind-
seliges Verhältniß mit einander, und wenn auch der Uebertritt der beiden suevischen Völker der Semnonen und Langobarden an der mittlern Elbe zu dem niederdeutschen Bunde
und die in jener Gegend gelieferte große Schlacht zum Vortheil der Cherusken entschied, so hatten diese selbst doch
keinen Gewinn davon. Marbod mußte durch die Erhebung
seiner eigenen Völker bewogen schon im Jahre 19 bei den
Römern eine Zuflucht suchen. Der Gothe Catvalda aber,
welcher bei den Markomannen seine Stelle eingenommen
hatte, erlitt bald ein ähnliches Schicksal durch einen feindlichen Angriff der Hermunduren, und während die vertriebenen Häuptlinge selbst auf römischem Gebiete ihr Leben
beschlossen, bildeten die Römer aus ihren ansehnlichen Gefolgschaften ein eigenes kleines suevisches Reich am
Norbufer der Donau zwischen den Flüssen March und Gran,
dessen König der Quade Vannius in einem Verhältniß
abhängiger Bundesgenossenschaft gehalten wurde. Armin
aber fiel im Jahre 22 als Opfer der Eifersucht und der
Zwietracht unter den cheruskischen Fürsten, und mit dem
Tode dieses großen Mannes war die Einigkeit unter den
Völkern Nieder-Deutschlands gänzlich gelöst [2]).

---

1) Kufahl, Geschichte der Deutschen. I. S. 250 bis 252.
2) Luden, Geschichte des deutschen Volkes. I. S. 309 bis 329.

Unter ben fuevifchen Völkern Ober=Deutfchlands an
der Donau traten feit dem Verfall des markomannifchen
Reiches die Hermunduren mit immer größern Anfehn her=
vor, und obwohl ihnen der friedliche Verkehr mit Rom
wünfchenswerth erfchien und fie auch ferner in gutem Ver=
nehmen mit den Römern blieben, haßten fie doch den
römifchen Einfluß im Innern Germaniens, und fuchten alle
Spuren von Abhängigkeit von Rom dafelbft zu vernichten.
Um fo mehr nährten die Römer die Zwietracht bei den
Völkern Deutfchlands am Rhein und an der Wefer, fo
daß fie bei den zum Theil wieder aufgenommenen Kämpfen
nicht ohne Glück ftritten.　Aber die Friefen, die alten
Bundesgenoffen der Römer, wurden durch deren Uebermuth
bewogen, alle römifchen Schaaren aus ihrem Lande zu ver=
jagen, und fie machten dadurch wieder gut, was fie im
Bunde mit den Feinden des deutfchen Vaterlandes an ihren
Stammgenoffen gefehlt hatten [1]).

Als das mächtigfte Volk aber und gleichfam als die
Verfechter der deutfchen Freiheit an der Rhein=Seite Ger=
maniens erfcheinen in jener Zeit die Chatten obfchon in
einer eigenthümlichen Stellung zu ihren Nachbarvölkern, da
fie fowohl mit den ihnen nahe verwandten Cherusken als
auch mit den fuevifchen Stämmen nach der Donau hin in
Feindfchaft ftanden und immer nur ungern mit den rheinifchen
Germanen gemeinfame Sache machten, an welche fie fich
bei ihrer Stellung gegen die römifche Welt nothwendig an=
zufchließen hatten.　So erfcheinen auch in der fpätern Zeit
der deutfchen Gefchichte die Heffen in ihrem Verhältniß
zu den Franken am Rhein, zu den Sachfen am Harz und
zu den Alemannen an der obern Donau.　Die Cherusken
dagegen waren durch die innere Zwietracht fo gefchwächt,
daß fie fich zur Herftellung der innern Ruhe zur Zeit des

---

1) van Kampen, Gefchichte der Niederlande. I. S. 27.
Pfifter, Gefchichte der Deutfchen. I. S. 109.

Kaisers Claudius aus Rom einen Sprößling ihres alten Fürstengeschlechtes erbaten, obschon sie dadurch nicht zur Eintracht gelangten, und so wie die Chatten in die Unruhen daselbst zu ihrem Vortheil sich einmischten, so benutzten dies auch die streitbaren Langobarden zur Erweiterung ihrer Macht und ihres Ansehns [1]).

Indessen dauerten die Bewegungen am Rhein und an der Donau durch den Conflikt römischer Politik und germanischen Lebens immer fort. Die Römer wurden dadurch stets aufs neue veranlaßt, ihre Herrschaft zur Sicherung ihrer transalpinischen Provinzen auch in Germanien weiter auszubreiten, wo noch mancherlei feste Punkte in ihren Händen waren, und auf der andern Seite versuchten die Germanen zur Sicherung ihrer Freiheit immer jene Barrieren am limes Rhenanus und Danubianus zu durchbrechen. So traten zur Zeit des Claudius die Chauken feindlich gegen ihre alten Bundesgenossen, die Römer, auf und unternahmen unter der Anführung des Kaninefaten Gannascus zur See Raubzüge nach den gallischen Küsten, bis der tüchtige Feldherr Domitius Corbulo, der Statthalter am Nieder= Rhein, nicht nur das römische Gebiet an den Mündungen des Rhein sicherte, sondern auch die Friesen wieder in ein abhängiges Verhältniß brachte [2]). Schon sollte durch ihn die römische Herrschaft an den Gestaden der Nordsee bis zur Mündung der Elbe hin aufs neue begründet werden, als im Jahre 47 der Befehl des Kaisers, alle Besatzungen über den Rhein zurückzuführen, Germanien von seinen Feinden wieder befreite. Vermuthlich ging erst damals das wichtige Aliso für die Römer verloren, und nur die Ver= theidigungswerke auf dem Taunus wurden als ein wichtiges

1) Kufahl, Geschichte der Deutschen. I. S. 275 bis 278.
2) van Kampen, Geschichte der Niederlande. I. S. 28.

Außenwerk für die obergermanischen Legionen zu Mainz auch noch ferner behauptet [1]).

Von um so größerer Bedeutung wurden seitdem die festen Ansiedlungen und die römischen Standlager an den Ufern des untern Rhein selbst. Dort wurde nun der alte Hauptort der Ubier durch des Kaisers Claudius Gemahlin Agrippina im Jahre 50 zum Andenken ihres Großvaters Vipsanius Agrippa zur römischen Kolonie erhoben und Colonia Agrippina genannt, und diese Stadt wuchs in kurzer Zeit so, daß sie schon nach Nero's Tode als die erste in der ganzen Rhein=Gegend galt [2]). Dieses Ansehn hat auch nachmals Köln unter der Herrschaft der Deutschen sich bewahrt. Auch duldeten die Römer an der rechten Uferseite des Stromes daselbst keine neuen Ansiedlungen deutscher Völker, und so wie die Friesen dort zurückge= drängt wurden, so auch die Schaar von Amsivariern, welche von den Chauken aus ihrer Heimath an der Ems vertrieben daselbst Sitze nehmen wollten [3]).

Im suevischen Ober=Deutschland erscheinen aber um die Mitte des ersten Jahrhunderts die Hermunduren als die Verfechter der deutschen Freiheit, und ihren Angriffen erlag damals nach einer Dauer von drei Decennien der römische Vasallenstaat des Vannius an der mittlern Donau. Von den Römern nicht unterstützt, suchte sich der quadische Fürst vergeblich durch Reiterschaaren von sarmatischen Jazygen, die damals zuerst an der Donau auftraten, zu behaupten; die Verbindung der mächtigen Hermunduren mit den aus= gedehnten Stämmen der Lygier an der obern Oder bewirkte die Auflösung seines Reiches. Er selbst fand eine Zuflucht

---

1) Kufahl, Geschichte der Deutschen. I. S. 281 bis 283. Ledebur, das Land und Volk der Brukterer. S. 232.

2) Mannert, Germanien. S. 102. 103. Knapp, Geschichte der Deutschen am Nieder=Rhein und in Westfalen. S. 79.

3) Kufahl, Geschichte der Deutschen. I. S. 283 bis 286.

auf dem römischen Gebiete, doch scheint sich ein Ueberrest
seiner Herrschaft im Norden der Donau auch noch ferner
unter dem Schutze der Römer erhalten zu haben [1]). Somit waren die Hermunduren bei dem innern Verfall der
Macht der Markomannen das herrschende Volk an der
ganzen obern Donau entlang. Der Name der Markomannen verschwindet hier selbst auf längere Zeit, und nur
erst die erneuten großen Kämpfe zwischen der römischen und
germanischen Welt an der Donau riefen ihn wieder hervor.
Leider geriethen aber auch die beiden Hauptvölker Germaniens
an der Rhein-Seite und an der Donau-Seite, die Chatten
und Hermunduren, ums Jahr 58 in einen Kampf mit
einander, welcher durch das streitige Gebiet der Salzquellen
an der fränkischen Saale hervorgerufen ward. Auch hier
behielten die Hermunduren die Oberhand, wenn schon die
Macht der Chatten, wie ihre fortgesetzten Fehden mit den
Römern zeigen, dadurch nicht gebrochen ward [2]).

So dauerte die Zwietracht, welche von Anfang an durch
die Römer genährt war, ein halbes Jahrhundert fort; nicht
nur zwischen den eigentlichen Germanen und Sueven, sondern auch in jedem Theile wieder besonders, wobei die einzelnen Stämme bald für, bald gegen die Römer auftraten.

Aber nur ein Decennium später, als in Rom das julische
Kaiserhaus endete und die Feldherrn der verschiedenen Heere
im Abendlande und Morgenlande mit einander um das
Cäsareuthum stritten, traten die von Cäsar zuerst besiegten
Germanen noch einmal für die alte Freiheit auf und gaben
auch ihren transrhenanischen Stammgenossen Veranlassung
an diesem Kampfe Theil zu nehmen. Der große batavische
Freiheitskrieg, den die belgischen Germanen unter dem
Vorstande der Bataver erhoben, brachte alle Uferlandschaften
des Rhein in Bewegung, und drohete durch die Zertrüm-

---

1) Mannert, Germanien. S. 116 bis 118.
2) Pfister, Geschichte der Deutschen. 1. S. 116.

merung dieser großen Grenzmark das römische Weltreich
selbst zu erschüttern. Aber die Uneinigkeit der Germanen
und Roms Kriegszucht und altes Glück befreite auch diesmal die weltbeherrschende Stadt von der Gefahr. Der Kampf
zwischen dem Vitellius und dem Vespasianus gab dem
kühnen und unternehmenden Claudius Civilis die nächste
Veranlassung seinem wohlbegründeten Hasse gegen Rom Luft
zu machen. Die Erhebung seiner Stammgenossen der Bataver, denen sich die Kaninefaten und Friesen sogleich
anschlossen, angeblich im Interesse der sich bekämpfenden
Imperatoren, erhob den Muth aller deutschen Völker, und
die Besiegung und Vertreibung der Römer aus dem batavischen Gebiete führte ihm sogleich Bundesgenossen aus dem
Innern Germaniens zu, während die Legionen am Nieder-
Rhein unter Hordeonius Flaccus, welche theils dem einen,
theils dem andern Imperator ergeben waren und überdies
noch zum Theil aus deutschen Kriegsschaaren bestanden, den
siegreichen Feinden das Feld räumen mußten. Die Brukterer und Tenchterer überschritten den Rhein, überall
traten die deutschen Bundesgenossen der Römer zu ihren
Stammgenossen über, und nur Vetera Castra, das große
römische Bollwerk am untern Rhein, behauptete sich gegen
die Angriffe des batavischen Feldherrn. Zugleich aber ward
Mainz von einer über den Rhein gekommenen Schaar von
Chatten, Mattiaken und Usipiern umlagert, und die
Ermordung des römischen Oberfeldherrn durch seine eigenen
Truppen mußte das ganze Gebiet des Rhein-Stroms den
Germanen preis geben [1]).

Denn vergebens erscholl indessen die Nachricht aus
Rom, daß Vespasianus nach Besiegung seiner Gegner die
Alleinherrschaft übernommen habe; die Germanen kämpften
nun offen für ihre eigene Sache, und der Uebertritt der
Trevirer und Lingonen zu ihnen brachte auch die gal-

---

1) Kufahl, Geschichte der Deutschen. I. S. 286 bis 303.

lischen Völker zum Aufstande gegen Rom unter die Waffen,
und ließ diese an die Errichtung eines neuen gallischen
Reiches denken. Da fiel nun auch Vetera Castra, die
Stämme der Tungern und Nervier schlossen sich gleich=
falls den Batavern an, und dennoch war das ganze Unter=
nehmen seiner Auflösung nahe. Wie zu Cäsars Zeit war
die Verbindung der gallischen und belgischen Völker ohne
innere Kraft. Bei der Nachricht von dem Herannahen neuer
Legionen, welche der Imperator unter Petilius Cerialis im
Jahre 69 über die Alpen sandte, zerfiel das gallische Reich,
nur die Trevirer und Lingonen blieben der Sache des Civilis
ergeben. Aber auch die Ubier um Köln konnten sich von
dem römischen Interesse nicht lossagen, und vernichteten die
den Batavern zu Hülfe eilenden Schaaren der Friesen und
Chauken. Daher ward Trier, die neue Hauptstadt des
gallischen Reiches, von den Römern wieder in Besitz genom=
men, und nach der Niederlage der Bataver und Treverer
mit ihren Bundesgenossen bei Trier mußte auch das ge=
sammte linke Rheinufer sich wieder der römischen Waffen=
gewalt unterwerfen [1]). Das Deltaland des Rhein blieb
mit seinen vielen Stromlinien das letzte Bollwerk der Frei=
heit der Bataver, welche von ihren Bundesgenossen verlassen
bald die Unmöglichkeit erkannten den Römern auf die Dauer
allein zu widerstehen. Claudius Civilis knüpfte Unterhand=
lungen mit dem römischen Oberfeldherrn an. Die Bataver
kehrten in ihr früheres Bundesgenossenverhältniß zu
Rom zurück, wonach sie zwar von Abgaben frei blieben,
aber Kriegsvölker zu stellen hatten. Die batavischen
Cohorten gehörten auch ferner zu den tüchtigsten Truppen
der römischen Heere [2]).

So endete dieser große Kampf. Nicht unrühmlich war
von den Germanen in den Rhein=Gebieten gestritten, aber

---

1) van Kampen, Geschichte der Niederlande. I. S. 30 bis 42.

2) Kufahl, Geschichte der Deutschen. I. S. 303 bis 323.

noch behauptete sich Roms Macht ihnen gegenüber; die
Barriere des Rhein=Stroms ward für das Weltreich
wieder hergestellt. Was die Bataver schon jetzt versuchten,
konnte erst spätern Geschlechtern der Deutschen in eben dieser
Gegend nach einer größern innern Zersetzung des Lebens der
römischen Welt gelingen.

Die ersten wichtigen Begebenheiten, welche nach dem
batavischen Freiheitskriege auf die Umgestaltung der Völker=
verhältnisse Germaniens einen bedeutenden Einfluß hatten,
sind die Kämpfe der Römer an der untern Donau mit
den Daken und Geten vom thracischen Stamme, die
mit den suevischen Völkern Ober=Deutschlands in mannig=
facher Berührung standen, und sodann die Eroberungen des
Kaisers Trajanus daselbst am Schlusse des ersten und am
Anfange des zweiten Jahrhunderts [1]. Sie bilden die Vor=
bereitung zu dem zweiten Zeitraum der Entwickelung der
germanischen Stämme in der ersten Periode. Ehe wir aber
dazu übergehen, haben wir zu übersehen, was uns die zu
jener Zeit lebenden beiden Hauptschriftsteller über Germanien,
Plinius und Tacitus, von den deutschen Völkerverhält=
nissen berichten, womit das zu vergleichen ist, was der etwas
spätere Ptolemäus aus der Mitte des zweiten Jahrhun=
derts über die germanische Geographie und Ethnographie
angiebt. Durch jene Autoren bekommen wir zuerst ein voll=
ständiges System der germanischen Völkerstämme, wie es
am Schlusse des ersten Jahrhunderts bestand.

8) Die germanisch=deutsche Völkerwelt.

Aus den Angaben der alten Autoren über die verschie=
denen deutschen Völkerschaften erhellt bestimmt genug, daß
einige derselben durch ein engeres Band mit einander

---

1) Pfister, Geschichte der Deutschen. I. S. 130 bis 133.

verknüpft waren als andere, wie dies auch durch die Geschichte jener Zeit bestätigt wird. Schon die Römer wußten
diese Gegensätze unter den deutschen Stämmen, die unstreitig
auf einer größern oder geringern Stammverwandtschaft
beruheten, bei ihren Eroberungsplanen trefflich zu benutzen.
Bisher haben wir den historisch gegebenen Gegensatz kennen
gelernt zwischen den eigentlichen Germanen in Nieder-
Deutschland am Rhein und an der Nordsee und zwischen
den Sueven in Ober-Deutschland, und so wie Cäsar schon
diesen Unterschied andeutet, so ergiebt sich derselbe auch aus
den etwas dunkeln Berichten Strabos, der zunächst nach
ihm diese Verhältnisse berührte [1]). Es erhellt aber auch aus
dem Gange der Geschichte zu jener Zeit, daß nicht minder
unter den zahlreichen Stämmen der eigentlichen Germanen
eine größere oder geringere Verwandtschaft zu einander statt
fand, die auf ihre politischen Verhältnisse einen großen Einfluß ausübte, und damit hängen die von Tacitus und
Plinius berichteten Gruppirungen der deutschen Stämme zusammen. Nur scheinbar weichen beide Autoren in der nähern
Bestimmung jener Gruppen von einander ab, wenn Tacitus
von einem dreifachen Germanien nach seinen Völkern,
Plinius aber von einem fünffachen Germanien spricht,
da ihre Angaben sowohl auf die Sueven als auf die eigentlichen Germanen bezogen werden müssen [2]).

---

1) Wilhelm, Germanien. S. 82 bis 84.

2) Ueber das Verhältniß der deutschen Stammsage zu dem
historisch gegebenen Unterschiede unter den deutschen Völkern hat
sich Tacitus zwar nicht ausgesprochen, da er nach der Angabe jener
Sage in seiner Germania dieselbe sogleich unberücksichtigt läßt und
die germanische Völkerwelt nur nach jenem historischen Unterschiede
darstellt, aber aus der Gruppirung derselben bei Plinius wird man
von selbst auf die richtige Auffassung dieses Verhältnisses geführt.
Vergl. besonders E. Th. Gaupp, das alte Gesetz der Thüringer
mit einer Abhandlung über die Familien der altgermanischen Volksrechte. Breslau 1834. 8. S. 24 bis 32.

Aber der durchgreifende Unterschied, welcher sich zwischen diesen beiden Hauptklassen aller germanisch=deutschen Völker in der Geschichte bis auf die Zeit der Völkerwanderung geltend macht, führt zugleich nothwendig auf die Frage von der Herkunft und der Abstammung dieses eigenthüm=lichen Volksstammes, welcher dereinst die erste Stelle in der Welt einzunehmen berufen war. Wenn es auch unläugbar ist, daß die Germanen mit mehrern westasiatischen Völkern rücksichtlich der Sprache eine gewisse Stammver=wandtschaft beurkunden, und wenn man deßhalb dem Gesetz der spätern historisch bekannten Völkerwanderungen gemäß die Stammväter des deutschen Volkes aus dem innern Asien mit Grund glaubte herleiten zu müssen [1]), so ist doch auf der andern Seite anzuerkennen, daß die Germanen als das, was sie in der Geschichte erscheinen, nur auf deutschem Grund und Boden erscheinen. Die Geschichte weiß nichts von einer Einwanderung des deutschen Volksstammes aus dem asiatischen Orient in das europäische Abendland. Auch die deutsche Stammsage weiß nichts von einer Ein=wanderung dieses Volkes aus dem Osten in sein historisch bekanntes Heimathsland, vielmehr verweisen die Sagen bei vielen deutschen Völkern auf einen Ursprung im Norden und auf eine Verbreitung in der Richtung von Norden nach Süden [2]). So besonders bei der großen Gruppe der gothisch=vandalischen Völker im östlichen Germanien [3]).

Wenn man nun bisher annahm, daß die germa=nischen Stammvölker bei ihrer Einwanderung in Europa allmählig von den ihnen nachfolgenden slavischen Völkern,

---

1) Pfister, Geschichte der Deutschen. I. Beil. 1. S. 519 bis 530.

2) Phillips, deutsche Staats= und Rechts=Geschichte. I. S. 18. 19.

3) Geijer, Geschichte von Schweden. Hamburg 1832. 8. S 10 bis 14.

welche in der Geschichte immer als ihre östlichen Nachbarn
erscheinen, nach Westen gedrängt worden seien, bis sie ihr
späteres Heimathsland im Westen der Weichsel erreicht
hatten, so widerspricht dem doch die Geschichte. Denn grade
in dem Weichsel-Lande finden wir die Urheimath der
Slaven [1]), und statt einer Verbreitung von Osten nach
Westen sehen wir in der Geschichte von den cimbrischen
Wanderungen an durch die Zeiten der erobernden Ausbreitung
der Gothen und Wardger ein Ziehen deutscher Stämme
von den nördlichen Meeresgestaden nach Südosten zu den
Ufern des Pontus. Ja es können die deutschen Völker um
so weniger von ihren slavischen Nachbarn westwärts gedrängt
worden sein, als die Slaven im Verhältniß zu den Germanen fast immer in einem dienenden Verhältnisse erscheinen, und die ostwärts gewandten Eroberungszüge der
Gothen und Wardger sich über alle slavischen Stämme bis
zur Wolga hin erstreckten [2]). Ist aber auch die Verbreitung
germanischer Stämme in der Richtung von Norden nach
Süden und von Westen nach Osten im Allgemeinen durch
die Geschichte bestätigt, so erweiset sich doch das ganze bisher meistens angenommene Wanderungssystem derselben
nur unter gewissen Bedingungen als richtig.

Im Gegensatz gegen die Annahme einer Abstammung
der Germanen aus dem Orient bemerkt Tacitus, daß dieselben ein ganz eigenthümliches und nur sich selbst
gleiches Geschlecht seien. Zugleich weiset aber die gesammte leibliche Bildung dieses Stammes auf den Norden
hin, und zwar ergiebt sich das Küstengebiet der Nordsee als
der traditionelle Ursitz des deutschen Volksstammes, von
wo aus sich derselbe südwärts über das Land zwischen dem

---

1) Schaffarik, über die Abkunft der Slawen nach Lor.
Surowiecky Ofen 1828. 8. S. 28 bis 30.

2) Schulz, zur Urgeschichte des deutschen Volksstammes S. 75
bis 78. 90.

untern Rhein und der untern Elbe bis in die Bergregion
des hercynischen Waldes hinein ausdehnte [1]). Dieses ur=
sprüngliche Germanien, welches sich westwärts über
den Rhein hinaus bis zu den Ardennen erstreckte, und dessen
Bewohner die Germanen des Tacitus im engern Sinne
sind, hat aber frühzeitig seine kriegerischen Söhne nach
Süden und Osten ausgesandt, so daß schon in vorgeschicht=
licher Zeit germanische Schaaren über die Hochebenen an
der Donau und über die weiten Flachebenen an dem bal=
tischen Meere bis zur Oder und Weichsel verbreitet waren,
wo ihnen fremdartige Völkerschaften entweder hatten aus=
weichen oder sich ihnen hatten unterwerfen müssen. In
diesem weitern Sinne reichte Germanien von den Ar=
dennen bis zur Weichsel und den Karpathen und von
den Gestaden der Nordsee und Ostsee aufwärts bis zur
Donau in der Nähe der Alpen. Die Ausbreitung deutscher
Stämme aber jenseit des hercynischen Waldgebirges, wo
ursprünglich noch gallische Völker hauseten, und ostwärts
über die Elbe hinaus, wo schon seit der Urzeit slavische
Stämme, Wenden bei den Germanen genannt [2]), ihre
Sitze hatten, veranlaßten zuerst die Bildung der Stämme
der Sueven, deren Heimathsland nach der Angabe der
Alten sich in einem mächtigen Halbkreise um das ursprüng=
liche Germanien von der obern Donau gegen Osten und
Nordosten bis zum baltischen Meere hinzog [3]). So stehen
sich eigentliche Germanen und Sueven unter den deutschen
Völkern einander gegenüber, und durch diese ursprüngliche
Sonderung beider von einander entwickelte sich ein Unter=
schied in der deutschen Volksthümlichkeit, der auf
die Umgestaltung der ganzen alten Welt von Einfluß war,

---

1) Schulz a. a. O. S. 248 bis 267.

2) Schaffarik, über die Abkunft der Slawen. S. 62 126.

3) Wilhelm, Germanien. S. 95.

und der in seinen Folgen die gesammte Entwickelung des
deutschen Volksstammes selbst bestimmt hat [1]).

Vergleicht man das westliche oder eigentliche Germanien und das östliche oder suevische Germanien
mit einander, so ergiebt sich nicht nur in dem gesammten
politischen Zustande und in dem Charakter ihrer Bewohner
ein bedeutender Unterschied, sondern es erhellt auch, daß das
germanische Land im Westen der Elbe oder das Land am
Nieder=Rhein und an den Gestaden der Nordsee als das
eigentliche Heimathsland des deutschen Volksstammes
betrachtet werden muß. Auch erhellt ferner, daß das suevische
Germanien nicht der frühere Aufenthaltsort der germanischen
Völker gewesen sei, von wo die Sueven etwa ihre zuerst aus
dem Osten nach dem Abendlande vorgerückten Stammgenossen westwärts zusammengedrängt haben [2]), sondern daß
vielmehr das weit ausgedehnte Suevien von Westen her
seine germanische Bevölkerung erhalten habe. Denn in dem
westlichen Germanien finden wir eine große Anzahl kleiner
aber sehr volkreicher Stämme, welche in durchaus festen
Sitzen mit einem auf der Ackerkultur beruhenden politischen Leben so wenig jemals daran gedacht haben ihre
Wohnsitze zu verändern, daß nur die größte Noth einzelne
Stämme zur Auswanderung bewegen konnte. Auch haben
sich die zahlreichen Namen dieser kleinen Stämme größtentheils an eben den Lokalitäten, wo sich die Stämme stets
erhalten haben, bis auf die neuern Zeiten behauptet, und
beweisen damit zugleich die Nichtigkeit der Wanderungs-
theorie der deutschen Völker in diesem germanischen Stammlande [3]). Wo aber hier Völkerstämme von einem bedeutend
größern Umfange sich zeigen, als es sonst hier der Fall

_____

1) Gaupp, das alte Gesetz der Thüringer. S. 62 bis 65.
96 bis 128.

2) Adelung, älteste Geschichte der Deutschen. S. 191.

3) Kufahl, Geschichte der Deutschen. I. S. 164.

iſt, wie bei ben Cheruſken und Chatten, da ſind es nur
politiſche Vereinigungen, bei benen die Namen vieler
kleinerer von einem in politiſcher Beziehung hervorragenden
Namen verſchlungen wurden. Denn auch bei jenen beiden
größern Völkern bildeten die eigentlichen Cheruſken und
Chatten als Bewohner des Harzgaues und des fränkiſchen
Heſſengaues an ſich nur kleinere Stämme.

Dagegen erſcheinen nun die S u e v e n in einer Reihe
weit ausgebreiteter, mächtiger Völker, deren Kriegsruhm
ſchon zu Cäſars Zeit den der übrigen Germanen überſtrahlte,
ſo ſehr auch die Römer ben letztern bei ihren Kämpfen mit
denſelben ben Ruhm der Tapferkeit zuerkennen mußten. In
weniger feſten Sitzen als ihre weſtlichen Stammgenoſſen
trat bei den Sueven das ruhige ackerbauende Leben vor dem
mehr beweglichen kriegeriſchen Leben zurück, welches
weit eher die Erzeugung eines wahren K ö n i g t h u m e s mit
ſich führen mußte, als es bei jenen Germanen der Fall
war, wo ſich die freie Volks= und Gauverfaſſung weit länger
erhalten hat [1]), und ſo wie jene Sueven ſchon zu Cäſars
Zeit durch Eroberungsluſt bis nach Gallien geführt wurden,
ſo haben ſich ihre kriegeriſchen Schaaren noch früher über
die dem germaniſchen Stammlande ſüdwärts und oſt=
wärts angelagerten Gebiete ausgebreitet. Aber eben dieſe
letztern (öſtlichen) Gebiete waren auch nur ein v o r ü b e r =
g e h e n d e r Aufenthaltsort germaniſcher Völker, aus welchem
ſie darum im Laufe der Zeit auch ſpurlos verſchwunden ſind.
So ſicher es iſt, daß das weit ausgebreitete Suevien in
den baltiſchen Flachebenen zu Tacitus Zeit die Heimath
mächtiger germaniſcher Völker war, ſo ſicher iſt es babei
auch, daß ſie hier nicht in dem germaniſchen Heimathslande,
ſondern u n t e r u n d n e b e n a n d e r n Völkern wenn auch
als die h e r r ſ c h e n d e n wohnten, unter deren Namen die

---

[1]) Gaupp, das alte Geſetz der Thüringer. S. 94.

beherrschten Urbewohner mit begriffen wurden [1]). Grade diese ostgermanischen oder s u e v i s ch e n Völker sind es, welche das römische Weltreich erobert und sich auf den Trümmern desselben niedergelassen haben, und merkwürdig erscheint es dabei, daß diese über so weite Räume ausgebreiteten Völker bei ihrem Eintritt in das Römer=Reich keineswegs in s o l ch e n Schaaren ankommen, wie man es ihrer frühern Ausdeh= nung angemessen halten sollte. Die großen suevischen Völker scheinen in dieser Beziehung selbst vielen der kleinen west= germanischen Völker nachzustehen, deren Volksmenge durch die langdauernden blutigen Kriege mit den Römern und durch sonstige Angaben über ihre Bevölkerung, wie bei der Wan= derung der Usipier und Tenkterer, genugsam beurkundet wird.

Da nach dem bisher bemerkten die Sueven nur als S p r ö ß l i n g e der westlichen Germanen zu betrachten sind, so bezieht sich die von Tacitus mitgetheilte S t a m m s a g e des germanischen Volkes zugleich auch auf die Sueven, und diese Sage in Verbindung mit den weitern Angaben über den westgermanischen Stamm der I n g ä v o n e n führt wie= der darauf, das K ü s t e n g e b i e t der Nordsee als die Ur= heimath des deutschen Volksstammes zu betrachten.[2]). Diese Stammsage über den Ursprung und die Verzweigung des deutschen Volkes ist aber doppelt, und darum ist auch des Plinius Angabe über die Gruppirung der deutschen Völker mit ihr zu vereinigen. „Die Germanen, bemerkt Tacitus, feiern in alten Liedern, welche allein die Stelle der Geschichte und Jahrbücher bei ihnen vertreten, T u i s t o den erdgebornen Gott und den Sohn desselben Mannus als den Ursprung und die Begründer des Volkes. Dem Mannus schreiben sie drei Söhne zu, nach deren Namen die am Ocean I n g ä= v o n e n, die in der Mitte des Landes Hermionen und

---

1) Schulz, zur Urgeschichte des deutschen Volksstammes. S. 120 bis 134.

2) Schulz a. a. O. S. 273 bis 294. 328 bis 338.

die übrigen Istävonen genannt werden. Einige aber
zählen, sich auf die Freiheit stützend, die das Alterthum
giebt, mehrere Söhne des Gottes und mehrere nach ihnen
benannte Völker wie **Marsen, Gambrivier, Sueven
und Vandalier** als wahre und alte Benennungen [1]."

Es gab demnach **drei Hauptzweige** der eigentlichen
Germanen, welche unter den drei Gattungsnamen der In=
gävonen, Hermionen und Istävonen vorgeführt werden,
und wenn nach einer andern Auffassung historisch bekannte
Volksnamen angegeben werden, an welche die Abstammung
der einzelnen Völker geknüpft wird, so erhellt leicht, daß
von jener doppelten Stammsage die erstere einen **mythisch=
traditionellen** Charakter, die letztere aber einen **histo=
rischen** Charakter hat [2]. Zwar sind auf gewisse Weise
die Marsen, vornehmlich aber die Gambrivier für uns
dunkele Namen in der Geschichte, da es eine bis jetzt noch
nicht begründete Annahme ist, daß durch sie die **Bewohner
der Niederungen** an der Küste des deutschen Meeres be=
zeichnet werden [3]), wo uns Tacitus die Ingävonen nennt;
dagegen tritt der Name der Sueven geschichtlich um so be=
deutender hervor, und an ihn schließt sich der der Vandalen
genau an. Dies ergiebt sich aus des Plinius Nachricht über
die Hauptstämme Germaniens.

Die germanischen Völker zerfallen, wie Plinius bemerkt,
in **fünf Klassen** oder Geschlechter. Erstens die **Vindiler**
(oder **Vandiler**), wozu die Burgundionen, die Varinen und
die Guttonen gehören. Zweitens die **Ingävonen**, wozu
die Cimbern, Teutonen und die Stämme der Chauken ge=
hören. An sie schließen sich die **Istävonen** an den Ufern
des Rheins, und die vierte Gruppe in der Mitte Germaniens
bilden die **Hermionen**, wozu die Sueven, die Hermiun=

---

1) **Wilhelm,** Germanien. S. 86.
2) **Schulz,** Urgeschichte. S. 313.
3) **Schulz** a. a. O. S. 314 bis 316.

buren, bie Chatten und Cherusken gehören. Die fünfte
Klaffe aber bilden die Peucinen und Baftarnen an den
Grenzen Daciens [1]). Die doppelte Stammfage des Tacitus
zeigt sich auf gewiffe Weife vereinigt. Denn die brei Haupt=
zweige der germanischen Völker sehen wir bei beiden Autoren
unter benselben Namen in benselben Sitzen angegeben, und
wenn auf der einen Seite die fuevischen Völker in eine
nähere Verbindung mit den eigentlichen ober westlichen Ger=
manen gesetzt werden, so trennt sie Plinius auch wieder
davon und zwar unter einem Namen, der dem der Sueven
in mancher Beziehung gleich kommt. Auffallend aber kann
es nicht sein, daß Plinius die bis zum äußersten Südosten
vorgedrungenen fuevischen Kriegsschaaren, welche auf der
alten Wanderstraße der Germanen zum Pontus schon an
zwei Jahrhunderte vor unserer Zeitrechnung unter dem Namen
der Baftarnen, mit welchem der der Peucinen ganz gleich=
bedeutend ist, in der Verbindung mit gallischen Stämmen
an der untern Donau auftreten, als eine eigene Gruppe
auffaßt, da sie von dem eigentlichen Sueven=Lande mehr
oder minder getrennt sein mochten. Offenbar sind diese
südöstlichsten Sueven später in die Gothen aufgegan=
gen, deren Name dem der Sueven und Vandalen als
Collektivname zur Bezeichnung der östlichen germanischen
Stämme nachfolgte [2]).

Wenden wir uns zur nähern Betrachtung der einzelnen
Völker der beiden Hauptklassen der germanischen Welt, so
haben wir hierbei von den eigentlichen Germanen im deutschen
Stammlande auszugehen.

---

1) Wilhelm, Germanien. S. 81.
2) Wilhelm, Germanien. S. 92 bis 94.

I. Die eigentlichen Germanen.

Im Unterschiede von den östlichen oder suevischen Germanen entbehren diese westlichen oder eigentlichen Germanen eines besondern Namens, da die Bezeichnung derselben als Cimbern, wie man sie früher benannte [1]), zu wenig durch die Angaben der Alten gerechtfertigt ist, um sich Geltung verschaffen zu können. Dafür kommen hier die drei Namen der Hauptzweige dieser Germanen in Betracht, deren Erklärung von je an auf die verschiedenste Weise versucht ist und kaum eine und dieselbe Erklärungsart zuzulassen scheint. Ist auch die geographische Lage jener drei Zweige der westgermanischen Völker im Allgemeinen ziemlich sicher, so erheben sich doch bedeutende Schwierigkeiten bei der genauern Bestimmung des Verhältnisses derselben zu einander, so wie bei der Bestimmung des Verhältnisses der germanischen Bevölkerung Skandinaviens zu diesen Bewohnern des germanischen Heimathslandes.

Was zunächst die Namen der drei Hauptstämme der Germanen anbetrifft, so ist im Allgemeinen immer die Erklärung vorherrschend gewesen, daß sie von den Wohnsitzen derselben entlehnt seien [2]), obschon man zur Herleitung der in ihnen enthaltenen Stammwörter bald zur deutschen, bald zur belgischen oder kymrischen Sprache seine Zuflucht nahm. Wie nun auch das Wort Inge erklärt werden mag, so scheint doch der Name der Ingävonen nur eben das zu bedeuten, was Tacitus als nähere Bestimmung zu demselben hinzufügt, nämlich Meeresanwohner [3]), und mit Recht hat man schon früher diesen Namen

---

1) Adelung, älteste Geschichte der Deutschen. S. 240.

2) Schulz, Urgeschichte S. 294 bis 299.

3) Wilhelm, Germanien. S. 89. Adelung, älteste Geschichte der Deutschen. S. 185.

mit den entsprechenden Bezeichnungen der Pommern, Morinen und Armoriker verglichen [1]).   Auf gleiche Weise hat
der Name der Istävonen einen geographischen Gehalt
und ist, da unter ihm die westfälisch-rheinischen Germanen
verstanden werden, als Westbewohner oder Westländer zu
erklären [2]).   Aber bei dem dritten Namen oder dem der
Hermionen reicht diese Erklärung nicht aus.   Er verweiset
vielmehr auf die Götter- und Heroenwelt der alten Deutschen,
und veranlaßte somit auch eine mythologische Deutung
aller jener drei Stammnamen.   Mit Unrecht hat man den
Namen der Hermionen (Hermonen, Herminonen) schon in
den ältern griechischen Sagen finden und aus denselben ableiten wollen [3]), mit Sicherheit erscheint er erst beim Pomponius Mela, und erinnert an den Irmin, (Jörmun bei
den Normannen) oder Hermin, weshalb man auch die Leseart Herminonen vorzog.   Diesem Hermin stellte man
die beiden andern Heroen Inge und Isko zur Seite, und
leitete so von dem Tuisto oder Tuisko und Mannus als den
mythischen Repräsentanten des deutschen Volksstammes die
drei Zweige der Ingävonen, Istävonen und Herminonen ab [4]).
   Sobald man davon ausgeht, daß das Küstengebiet an
den südlichen und östlichen Gestaden der Nordsee, wo die
deutsche Volksthümlichkeit in leiblicher Beziehung, die wesentlich auf ein nordisches Heimathsland am Meere hinweiset, sich bis jetzt in ihrer reinsten Gestalt erhalten
hat, der Ursitz des ganzen deutschen Geschlechtes gewesen
sei, so ergiebt sich damit auch von selbst, daß der Stamm
der Ingävonen der eigentliche Urstamm der Germanen

---

1) Schlözer, allgem. nordische Geschichte. Halle 1771. 4.
S. 113.
2) Wilhelm, Germanien. S. 90.
3) Mannert, Germanien. S. 10. 145.
4) J. Grimm, deutsche Mythologie. Göttingen 1835. 8. S. 204
bis 214.

ſei, von welchem ſich eben ſo gegen Südweſt die Iſtävonen
und gegen Südoſt die Hermionen allmählig abgezweigt haben
können, wie aus dieſen eigentlichen Germanen wiederum
die Sueven hervorgegangen ſind. Auch iſt es ſicher, daß
es eben dort, wo jetzt der Buſen der Nordſee tief in das
Innere des germaniſchen Landes eindringt, in der Urzeit ein
größeres Ländergebiet gegeben habe, auf welchem die
ingävoniſchen Völker in größerer geographiſcher Einheit und
Annäherung an einander gewohnt haben können, bis dieſelbe
durch gewaltige Naturrevolutionen mehr und mehr zer=
ſtört worden iſt. Solche Zerſtörungen und Umgeſtaltungen
des Landes durch das Andringen mächtiger Meeresfluthen
wiederholen ſich aber dort durch alle Jahrhunderte der Ge=
ſchichte, und der hiſtoriſche Zuſammenhang dieſer Naturrevo=
lutionen in den Küſtenländern des Nordſeebeckens mit den
älteſten nordiſchen Völkerwanderungen ſcheint durch die
Angaben der Alten beglaubigt zu ſein. Die urſprüngliche
innere Einheit der Völker des Ingävonen-Stammes iſt
noch jetzt in ihrer Zerſplitterung, wie ſie ſich in den getrenn=
ten Küſtengebieten von Friesland, Jütland und Norwegen
zeigt, erkennbar [1]).

Schon die Reihenfolge, in welcher Plinius und Tacitus
die drei Hauptſtämme der Germanen angeben, ſpricht dafür,
die Ingävonen für den relativ älteſten Stamm zu
halten, und zwar um ſo mehr als dieſelben auch als Anwoh=
ner des Sevo = Gebirges (mons Sevo, das ſkandinaviſche
Kjölen-Gebirge) genannt werden, wo nach den Angaben der
Alten der eigentliche Anfang des germaniſchen Landes
(initium Germaniae) ſein ſollte [2]). Man hat daher den
ingävoniſchen Volksſtamm auch den ſkandinaviſch=nor=
diſchen Stamm unter den Germanen genannt, deſſen
Glieder eben ſo über die Küſtengebiete Deutſchlands an der

---

1) **Schulz,** Urgeſchichte. S. 278 bis 292.

2) **Wilhelm,** Germanien. S. 89.

Nordsee wie über alle skandinavischen Landschaften ausge=
breitet sein sollten [1]). Indessen wie man in der jüngsten
Zeit aus sprachlichen Gründen für jene drei Stammnamen
der Germanen eine andere Deutung aufnehmen zu müssen
glaubte, welche nach Analogie der Eigennamen für ein=
zelne Völker und Personen sich auch dort bestätigen sollte,
so hat man auch die skandinavischen Germanen von ihren
Stammgenossen in Deutschland getrennt. Denn danach
würden die Namen der Ingävonen, Istävonen und Her=
minonen nichts anderes bedeuten als die Vornehmen, die
Edlen und die Starken. Aber die germanische Bevöl=
kerung von Skandinavien umfaßte man nach den Andeutun=
gen des Plinius unter dem Namen der Hillevionen,
worunter entweder Bewohner der Meeresküste oder eines
Gebirgslandes zu verstehen sein sollten. Dieser vierte
nordische Stamm der Germanen sollte der Sprache nach
zwar den drei andern germanischen Hauptstämmen gegenüber=
stehen, aber im Unterschiede von dem herminonischen und
rheinländischen Stamme der Germanen, deren Sprache auf
eine nähere Verwandtschaft mit dem suevischen oder gothischen
Stamm hinweiset, sich wiederum an den ingävonischen
Stamm der Germanen anschließen [2]).

Schon frühzeitig suchte man die in sich dialektisch
unterschiedene Sprache der alten Deutschen zur bestimmtern
Gruppirung der einzelnen Völker dieses Stammes zu be=
nutzen, und der Hauptunterschied zwischen dem nieder=
deutschen und oberdeutschen Dialekte schien ein leichtes
Mittel darzubieten, die Abstammung der deutschen Völker
von einander nachzuweisen. Dennoch ist dies bei dem Man=
gel an bestimmten Nachrichten über die Sprache der einzel=
nen Völker und bei ihrem spätern politischen Zustande seit
der Zeit des Markomannen=Krieges, wo sich aus dem Zu=

---

1) Schulz, Urgeschichte. S. 278.
2) Zeuß, die Deutschen und die Nachbarstämme. S. 70 bis 80.

ſammenfallen ganz verſchiedener Elemente neue beutſche
Völker bildeten, kaum geeignet um zu einem ſichern Reſul=
tate zu gelangen. So glaubte man früher mit ber Klaſſe
ber ſueviſchen und ber eigentlichen Germanen ben ober=
deutſchen und ben niederbeutſchen Dialekt in Verbindung
bringen zu können ¹), während andere mit mehr Recht bie
beiben Hauptbialekte ſchon an bie eigentlichen Germanen
vertheilten ²).

Wenn nun boch wieder in ber neueſten Zeit auf bie
umfaſſendſte Weiſe verſucht worden iſt, ein vollſtändiges
ethnographiſches Syſtem Germaniens auf Grundlage
ber bei ben einzelnen Völkern angenommenen bialektiſchen
Verſchiedenheit ber beutſchen Sprache aufzuführen, ſo
erhellt von ſelbſt, baß bies nicht ohne mancherlei Willkühr
geſchehen konnte ³). Nach Analogie ber Bildung und Ge=
ſtaltung ber helleniſchen Stämme muß man auch hier vor=
ausſetzen, baß bie verſchiedenen beutſchen Völker, von einer
gemeinſamen ſprachlichen Grunblage ausgehend, erſt un=
ter verſchiedenen Naturverhältniſſen ihre beſondern Dia=
lekte ausgebildet haben, und baß ſie bei bem mannigfachen
Uebergreifen und Durcheinanderwerfen auch mehr und minder
ihre Mundart geändert haben werben, bis mit ber feſtern
Fixirung ber ſpäter hervortretenden Völkerſchaften die Mund=
arten burch ben Einfluß ber Naturverhältniſſe und ber
in ihnen vorherrſchenden volksthümlichen Elemente bie=
jenige Geſtaltung annahmen, wie ſie burch bie Denkmale
aus jener Zeit überliefert ſinb. Demnach ſcheint bie hiſto=
riſche Entwickelung ber beutſchen Völker bas wichtigſte
Moment zur beſtimmtern Gruppirung berſelben abge=
ben zu müſſen.

---

1) Abelung, älteſte Geſchichte ber Deutſchen. S. 187. 362
bis 365.

2) Schulz, Urgeſchichte. S. 294 bis 299.

3) Zeuß, bie Deutſchen u. bie Nachbarſtämme. Münch. 1837. 8.

1. Die Iſtävonen.

Aus einer ganzen Reihe kleiner Völkerſchaften auf dem rechten Rhein=Ufer beſtehend, haben dieſe Iſtävonen den Ruhm, in dem Kampfe mit der römiſchen Welt durch ihre Anſtrengung und Ausdauer am meiſten dazu beigetragen zu haben, daß Germaniens Freiheit aufrecht erhalten wurde. Mit der Angabe ihrer Wohnſitze und ihrer politiſchen Ver= hältniſſe in der Zeit des erſten Jahrhunderts unſerer Zeit= rechnung haben wir daher auch die Darſtellung der germa= niſchen Völkerwelt zu beginnen.

Es zeigen ſich dieſe iſtävoniſchen oder rheiniſch=ger= maniſchen Völker ausgebreitet von dem Rheingau an der Biegung des Rheins bei Mainz, wo ſich die Stamm= ſitze der Uſipier und Tenkterer vorfinden, am rechten Ufer dieſes Stromes entlang nordwärts bis zur Mündung der Yſſel, von wo eine ſich gegen Oſten ziehende Linie, die bis in die Nähe der Weſer unterhalb ihres Austrittes aus der weſtfäliſchen Pforte reicht, dieſelben von den ingävo= niſchen Völkern ſchied. Nach Oſten hin bezeichnet dagegen eine Linie, welche auf der Weſtſeite der Weſer, den Döning durchſchneidend, ſich von Norden nach Süden über das Quellgebiet der Ruhr und Lahn bis zum Taunus bei Mainz erſtreckt, die Grenzmark zwiſchen den iſtävoniſchen und hermioniſchen Völkern Germaniens. Ueberall haben ſich auf dieſem Gebiete die aus der älteſten Zeit der Geſchichte her= überreichenden Völkernamen erhalten, und die Gaugeographie des Mittelalters nebſt der kirchlichen Eintheilung Deutſch= lands laſſen noch jetzt die immer ſtätigen Sitze der älteſten rheiniſchen Völker auf dieſem klaſſiſchen Boden Germa= niens mit Beſtimmtheit nachweiſen [1]).

---

1) Die Erläuterung der Urzeit Deutſchlands auf dieſem Ge= biete durch die ſpätern politiſchen und kirchlichen Verhältniſſe im

Wenn es nichts destoweniger durch die Geschichte be=
stätigt wird, wie es grade aus dem Beispiele jener Usipier
und Tenkterer erhellt, daß einzelne Völker zuweilen ihre Sitze
geändert haben, so geschah dies nie nach Willkühr, sondern
nur unter ganz besondern Umständen. Denn abgesehen da=
von, daß diese eigentlichen Germanen zu Cäsars Zeit durch=
aus keine Nomaden waren, was sie vermuthlich nie ge=
wesen sind, so war bei dem volkreichen Zustande der einzelnen
Stämme dieses Germaniens selbst nicht einmal der Raum
hinreichend zur beliebigen Veränderung ihrer Wohnsitze, die
sie bei ihren Kämpfen mit den Römern stets mit der größten
Hartnäckigkeit vertheidigt haben. Auch darf man sich bei
der Angabe von ähnlichen oder übereinstimmenden
Völkernamen in verschiedenen Gegenden nicht verleiten
lassen an Wanderungen der Völker zu denken, da dies fast
immer ganz verschiedene Völker waren, wie es durch
die Geschichte und die Geographie des Mittelalters nachge=
wiesen wird. Dagegen war es etwas sehr gewöhnliches,
daß kriegerische Schaaren mit ihren Familien von einem
Volke auszogen und sich in andern Gegenden Niederlassungen
zu erkämpfen suchten, obschon dies letztere immer nur selten
gelang, und es noch seltener dahin kam, daß sie in den neu
erlangten Sitzen unter ihren bisherigen Volksnamen eine
eigene Völkerschaft bilden konnten [1]). Mit Recht hat man
bemerkt, daß die Auswanderer gewöhnlich nur die Ober=
häupter und die wehrhaftesten Krieger eines Volkes

Mittelalter auf die gründlichste Weise ist das große Verdienst der
trefflichen Arbeit L. v. Ledebur's (das Land und Volk der Bruk=
terer), dessen Resultaten wir hier nur zu folgen haben. Die ältern
Arbeiten über die Völker Germaniens von Reichard, Mannert
und Wilhelm so wie auch das ethnographische Werk von Zeuß
über die Deutschen und ihre Nachbarn sind für die Bestimmung
der Sitze der istävonischen Völker als ganz unbrauchbar zu bezeichnen.

[1]) Wersebe, über die Völker und Völkerbündnisse des alten
Deutschlands. S. 6. Anmerk. 5.

waren, welche die Rache ihrer Nachbarn hauptsächlich zu fürchten hatten, wogegen die in der Heimath Zurückgebliebenen den Namen der Völkerschaft immer fortführten [1]).

Der Rhein=Strom war aber nur erst seit des Augustus Zeit die Grenzmark der istävonischen Germanen und Germaniens überhaupt. Denn auf dem linken Ufer desselben wohnten noch die belgischen Germanen, welche schon frühzeitig durch die römische Herrschaft von ihren Brüdern auf dem rechten Ufer getrennt wurden und sich im Laufe der Zeit der römisch=gallischen Volksthümlichkeit mehr oder minder anschlossen. Unentschieden muß es aber bleiben, ob dieselben ursprünglich dem ingävonischen oder istävonischen Stamme angehörten, wenn gleich es wahrscheinlich ist, daß sie von beiden ausgegangen sind. Ihre Sitze und Schicksale haben wir bereits kennen gelernt. Nur ein deutsches Volk ist hier zu erwähnen, welches erst später über den Rhein verpflanzt wurde, als derselbe schon die Grenze der römischen Herrschaft bezeichnete. Dies sind die Ubier vom istävonischen Stamme. Denn daß die Gugernen oder Gubernen, welche als nördliche Nachbarn der Ubier in ihren neuern Sitzen oder in dem Halbinsellande zwischen der Maas und Rhein erscheinen, nicht wie man meistentheils gemeint hat [2]), die von Tiberius über den Rhein verpflanzten Sigambern sein können, sondern vermuthlich eine Abtheilung der belgischen Menapier, ist schon oben erwähnt worden.

Schon mit Cäsar traten die von den Sueven bedrängten Ubier in ein freundschaftliches Verhältniß, und ihre fortdauernde Verbindung mit den Römern bewirkte, daß sie nicht lange darauf mit ihrem Willen von dem Agrippa nach der gallischen Seite des Stromes versetzt wurden. Dort bekamen sie ihre Sitze in den östlichen Theilen der

---

1) Ledebur, das Land und Volk der Brukterer. S. 164. Anmerk. 576.

2) Zeuß, die Deutschen und die Nachbarstämme. S. 85.

Landschaften der Trevirer und der Eburonen von der untern Mosel am Rhein abwärts bis zu den Gugernen hin in einem Gebiete, wo der Rhein aus dem mitteldeutschen Berglande heraustretend die norddeutsche Niederung zu durch=strömen beginnt. Sie blieben fortan immer so treue Bundes=genossen der Römer, daß sie sich selbst mit Verschmähung ihres deutschen Namens nach der bei ihnen neu errichteten römischen Kolonie Colonia Agrippina lieber Agrippinenser nennen ließen. Ihre Anhänglichkeit an die Sache der Römer im batavischen Freiheitskriege ward den verbündeten deut=schen Völkern nachtheilig genug [1]).

Zwar hat man gemeint, daß ihr deutscher Name die=selbe Bedeutung habe wie der später in eben dieser Gegend des Nieder=Rheins auftretende Name der Ripuarier, indem man ihn als Flußanwohner erklärte, indessen ist es wahr=scheinlicher, daß die Ubier nach dem Flüßchen Wupper benannt sind, welches ihr früheres Heimathsland im jetzigen Herzogthum Berg bewässernd sich zum Rhein ergießt [2]). Denn gleich wie die größern Flüsse Deutschlands die deut=schen Stämme von einander schieben, so lagen ihre Ge=biete um die kleinern Flüsse herum, und wie die Ge=schichte lehrt, sind die meisten Gaue Deutschlands und die kleinern Völker oder ihre ursprünglichen Bewohner nach ihnen benannt worden [3]).

Eben diese rheinischen oder istävonischen Völker Ger=maniens bilden später die Grundlage und den Kern von dem großen Völkerverein, der unter dem Namen der Fran=ken bekannt wird, und wenn dieser Name auch eine Zeitlang die hermionischen und selbst die ingävonischen Völker um=faßte, so hat er sich bei diesen doch wieder verloren und sich nur bei den rheinischen Germanen erhalten.

---

1) Wilhelm, Germanien. S. 114.
2) Lebebur, das Land u. Volk der Brukterer. S. 169. Anm. 592.
3) Gaupp, das alte Gesetz der Thüringer. S. 264.

1) Die **Uſipier** oder **Uſipeter** (Usipetes, Usipetae, Usipii). Es waren die Uſipier der ſüdlichſte Stamm unter den iſtävoniſchen Völkern Germaniens, und ſie erſcheinen faſt immer in Verbindung mit ihren Nachbarn den **Tenkterern**, mit welchen ſie von den Sueven aus ihrer urſprünglichen Heimath vertrieben nach dreijährigem Umherirren am Nieder=Rhein ankamen, um nach deſſen Ueberſchreitung neue Wohnſitze in Gallien zu ſuchen. Indeſſen von Cäſar beſiegt, rettete ſich der Ueberreſt des wandernden Stammes über den Rhein zurück zu den **Sigambern**, mit denen ſie fortan gemeinſchaftlich Streifzüge über den Strom machten, um ihre frühere Schmach daſelbſt zu rächen. Auch hatten die Uſipier unter dem Beiſtande der mächtigen Sigambern wieder feſte Wohnſitze und zwar auf Koſten der **Chamaven** und **Brukterer** am untern Rhein gewonnen. Denn dies neue Gebiet der Uſipier erſtreckte ſich am rechten Strom-Ufer entlang von der untern Lippe bis zur Inſel der Bataver. In dieſen Sitzen lernen wir das Volk kennen durch die Feldzüge des Druſus und Germanicus. Gegen Oſten und Norden waren ſie von den Völkern begrenzt, auf deren Gebiet ſie ſich hier niedergelaſſen hatten. Aber außer dieſen Uſipiern findet man zur Zeit des bataviſchen Freiheitskrieges auch am **Mittel=Rhein** in den angeblich von den Sueven eingenommenen Sitzen Uſipier erwähnt, woraus folgt, daß kineswegs das ganze Volk von den eindringenden Sueven vertrieben worden ſei, ſondern daß ſich die Hauptmaſſe deſſelben noch immer daſelbſt erhalten hatte. Denn dieſe mittelrheiniſchen Uſipier waren es, welche zu jener Zeit in Verbindung mit den Mattiaken und Chatten die Stadt Mainz belagerten. Auch weiſet Tacitus auf eben dieſe Uſipier hin, wenn er ſie Nachbarn der Chatten und Anwohner des Rheins nennt, da wo derſelbe bereits ein ſicheres Bett habe und als Grenze genüge.

Ihren Namen führten die Uſipier von dem Bache **Wisper** in dem Nieder=Rheingau (in dem Stromwinkel,

der Bingen gegenüber liegt oſtwärts bis zum Taunus), und
eben dort nennt uns Ptolemäus das Volk der Visper,
deren Namen mit dem der Uſipier zuſammenfällt. Sie
grenzten oſtwärts an die Mattiaken am Taunus, und
nordwärts ſtießen ſie an den kleinen Stamm der Jntuer=
gen in dem Einrichgau oder Hairich an der untern Lahn.
Gegen Süden und Weſten bildete der Rhein die Grenze
ihres Gebietes. Das aus chamaviſchen und brukteriſchen
Gebieten beſtehende Land der niederrheiniſchen Uſipier
bildete nachmals einen Theil des fränkiſchen Ripuariens,
war aber nach ſeinen urſprünglichen Beſtandtheilen an die
beiden Diöceſen von Köln und Utrecht in kirchlicher Bezie=
hung vertheilt [1]).

　　2) Die Tenkterer (Tencteri). Von den drei durch
die Sueven bedrängten iſtävoniſchen Völkern der Uſipier,
Tenkterer und Ubier, deren Sitze ſich in gleicher Folge am
Rhein abwärts erſtreckten, hatten die Schaaren der auswan=
dernden Krieger von den beiden erſten Völkern im Kampfe
mit Cäſar vergeblich verſucht, ſich eine neue Heimath in
Gallien zu erringen. Sie wurden nicht ohne Verluſt über
den Rhein zurückgeworfen, und während es den Uſipiern ge=
lang ſich am rechten Ufer des Nieder=Rheins anzuſiedeln,
fanden ihre Leidensgefährten auf der Wanderung mehr ober=
halb am Rhein, aber von ihnen getrennt, ihr Unterkom=
men. Denn eben das Gebiet der Ubier, ihrer frühern
nördlichen Nachbarn, welche unwillig über die fortgeſetzten
Befehdungen durch die Sueven und Sigambern unter dem
Schutze des Agrippa nach der Weſtſeite des Stromes hin=
übergewandert waren, nahm jetzt die heimathloſen Tenkterer
auf. Dadurch wurden ſie aber wiederum Nachbarn ihrer
in der ältern Heimath zurückgelaſſenen gleichnamigen
Stammgenoſſen, und dennach unterſcheidet auch Ptolemäus
beide jetzt hiſtoriſch geſonderten Theile des Volkes, indem

---

1) Ledebur, das Land und Volk der Brukterer. S. 47 bis 60.

er die in der ältern Heimath zurückgebliebenen Schaaren
Ingrionen und die ausgewanderten jetzt nordwärts
daran ſtoßenden Schaaren Tingrer nennt. Beide unterſcheiden ſich demnach wie die doppelten Uſipier am mittlern
und untern Rhein; doch ſcheint Tacitus beide Theile zu verſtehen, wenn er die Uſipier im Rheingau nebſt den Tenkterern Nachbarn der Chatten nennt. Oſtwärts erſtreckten
ſich ihre Sitze bis zum Aunoba= oder Ebbe=Gebirge, das ſie
von den Sigambern ſchied, nordwärts reichten ſie bis
zum Flüßchen Wupper, wo die Sitze der Chattuarier
begannen.

Aber das Gebiet der Ingrionen oder das Stammland
der Tenkterer, am rechten Ufer des Rhein und im Norden
der untern Lahn gelegen, erſcheint im Mittelalter als der
zum rheiniſchen Franken gehörige Engersgau, in deſſen
Namen ſich das Andenken an ſeine Urbewohner erhalten
hat. Denn die Namen Ingrionen, Engerer, Tengerer oder
Tenkterer fallen weſentlich zuſammen; dagegen hat ſich in
dem neu erworbenen Lande dieſes Volkes, wo wir im Mittelalter die fränkiſch=ripuariſchen Gauen Avelgau, Deutzgau
und Kelbachgau vorfinden, keine Beziehung weder zu den
älteſten Bewohnern, den Ubiern, noch zu den ſpätern, eingewanderten Tenkterern erhalten. Auch waren damals beide
Gebiete in kirchlicher wie politiſcher Beziehung geſchieden,
indem das erſtere zur Diöceſe von Trier, das letztere aber
zur Diöceſe von Köln gehörte. Als einen Zweig der Ingrionen muß man aber wahrſcheinlich die vom Ptolemäus genannten Intuergen in dem zur trierſchen Diöceſe gehörigen
Einrichgau an der untern Lahn nebſt den ihnen vielleicht
benachbarten Bargionen betrachten, welche ſonſt von den
Geſchichtſchreibern nicht erwähnt werden [1]).

Schon zu Cäſars Zeit zeichneten ſich die Tenkterer durch
ihre treffliche Reiterei aus, und auch Tacitus rühmt

---

1) **Duncker**, origines Germ. I. p. 121. 124.

sie in dieser Beziehung, indem er bemerkt, daß ihre Reiterei mit dem Fußvolke der Chatten in gleichem Rufe stehe. Als Bundesgenossen der kriegerischen Sigambern und der Usipier machten sie sich den Römern nicht selten furchtbar, und werden fast bei allen Kriegszügen der letztern genannt. Auch an dem batavischen Freiheitskriege nahmen sie thätigen An= theil. Um die Mitte des zweiten Jahrhunderts werden sie zum letztenmale genannt. Sie gingen später in den Bund der Franken auf [1]).

3) Die Brukterer (Bructeri). Unstreitig bilden diese Brukterer das mächtigste unter den istävonischen Völkern, und die genaue Bestimmung ihrer geographischen Lage in dem heutigen Westfalen oder in dem Lande zwischen dem Rhein und der Weser dient zugleich zur sichern Angabe der Wohnsitze aller übrigen istävonischen so wie selbst vieler in= gävonischen und hermionischen Völker. Grade ihr Land diente den Römern zum Stützpunkte aller ihrer Unterneh= mungen im Innern Germaniens.

Unter gleicher geographischen Breite mit dem Deltalande des Rhein zeigt sich weiter ostwärts eine weit ausgedehnte nur von mäßigen Höhen durchschnittene Ebene, welche im Nordosten und Südosten von höhern Bergketten, dort von dem Osning, hier von den westfälisch=hessischen Gebirgen, wozu das Egge=Gebirge, die sylva Bacenis gehört, umsäumt wird. Aus dem innersten Winkel dieser Ebene in der Nähe der Weser, von wo jene Bergketten gemeinsam auslaufen, ergießen sich westwärts die beiden Ströme Ems und Lippe, und die letztere, welche in grader Richtung von Osten nach Westen zum Rhein eilt, während die Ems nordwärts zum Ocean hin aus dieser Ebene heraustritt, durchschneidet das sich weit zu ihren beiden Seiten ausdehnende Land der Bruk= terer. Gegen Süden reichte dasselbe bis zur Ruhr, dem südlichen Begleiter der Lippe und berührte daselbst das Ge=

---

1) Ledebur a. a. O. S. 161 bis 169.

biet der Sigambern. Westwärts erstreckte sich das brukterische Gebiet ursprünglich bis zum Rhein, bis es durch
die sich daselbst niederlassenden Usipeter von demselben geschieden wurde. Gegen Nordwest erstreckten sich die Brukterer bis in die Nähe der Yssel, wo sie mit den Chamaven und Tubanten zusammengrenzten, während sie
nordwärts das heutige Fürstenthum Münster bevölkernd ihre
Sitze an der ganzen obern Ems verbreiteten, und erst an
der mittlern Ems an die ingävonischen Amsivarier grenzten. Ihre nordöstlichen Nachbarn waren auf der rechten
Seite der Ems und am Fuße des Osning die Marsen.
Die Ostgrenze des Landes der Brukterer war zugleich die
Scheidelinie zwischen den istävonischen und hermionischen Germanen, und sonderte die Brukterer von dem
Völkerverein der Cherusken. Diese Linie, welche im
Norden an der obern Hunte (einem Zustrom zur Weser) begann und im Süden bis zum Quellgebiet der Ruhr und
Eder reichte, durchschnitt das Quellgebiet der Lippe gleich im
Osten von dem Kastell Aliso. Es waren dies im Alterthum
die mittlern Grenzen Germaniens (medii Germaniae
fines), und so wie sich durch eben diese Linie in kirchlicher
Beziehung die Diöcesen von Köln und Münster im Westen
von denen von Minden und Paderborn im Osten schieden,
so war hier in politischer Beziehung wieder die Grenzmark
zwischen den sächsischen Landschaften Westfalen und Engern. Diese Grenzlinie zieht sich durch alle Zeiten der
deutschen Geschichte hindurch [1]).

In dem angegebenen weit ausgedehnten Gebiete wohnte
das brukterische Volk nach den Angaben der Alten in die
größern und kleinern Brukterer eingetheilt. Diese
Abtheilung eines Volkes in sich, welche wir eben so bei den
ingävonischen Friesen und Chauken wieder finden, bedeutet
wohl nichts weiter als das Volk im engern und weitern

[1) Ledebur, das Land und Volk der Brukterer. S. 1 bis 46.
9*

Sinne genommen, so daß unter dem kleinern Theile das
eigentliche Volk, unter dem größern Theile aber ein
Bundesverhältniß ausgedrückt wurde [1]). Der Lauf der
Lippe schied die größern von den kleinern Brukterern. Die
letztern, das eigentliche Stammvolk bewohnten den kleinern,
südlichen Theil des Landes von der Lippe bis zur Ruhr,
dieselbe Gegend, welche auch im Mittelalter unter dem
Namen des Boroktra=Gaues vorkommt. Die größern
Brukterer dagegen, welche aus einem Verein kleiner Stämme
bestehend durch ihre Verbindung mit den eigentlichen Bruk=
terern diesen Namen erhalten hatten, bewohnten den größern,
nördlichen Theil des Landes bis zur Ems, und darum
erscheint diese Gegend im Mittelalter auch unter einem an=
dern Namen oder als der Südergau. Auf gleiche Weise
schieden sich später durch die Lippe die beiden Diöcesen Köln
im Süden und Münster im Norden [2]).

Hatten sich auch die Brukterer frühzeitig in ein freund=
schaftliches Verhältniß mit den Römern eingelassen, als diese
zuerst unter Cäsar den Gebieten des eigentlichen Germaniens
sich näherten, so wurden sie doch ihren Stammgenossen da=
durch nicht entfremdet. Die Brukterer waren eins von den
Hauptvölkern bei der großen Verbindung der deutschen
Stämme unter der Leitung der Cherusken gegen Roms
Herrschermacht, und so wie sie in jenem Freiheitskampfe bei
der Vernichtung der römischen Legionen thätig waren, so
kämpften sie auch später gegen Germanicus, und nahmen
Antheil an dem batavischen Freiheitskriege. Bis dahin
spielten sie eine Hauptrolle unter den Völkern Germaniens.

---

1) Doch scheint diese Auffassung nicht überall zu passen, und ist
daher auch bestritten worden von Söfeland, über die Verhältnisse
und Wohnsitze der deutschen Völker zwischen dem Rhein und der
Weser zur Zeit der Römerkriege in Deutschland. Münster 1835. 8.
S. 56.

2) Ledebur, a. a. O. S. 171 bis 174.

Aber der Fall der cheruskischen Macht bezeichnet auch das
Sinken ihres Ansehns, obschon die Nachricht des Tacitus
von ihrer gänzlichen Vernichtung durch die Chamaven und
Angrivarier keineswegs durch die spätere Geschichte bestätigt wird. Doch müssen sie im Kampfe mit jenen beiden
Völkern eine große Einbuße erlitten haben. Denn so wie
damit die siegreiche Verbreitung der ingävonischen Angrivarier über die frühern cheruskischen Gebiete auf der Westseite der Weser zusammenhängt, so verloren die Brukterer
an ihre nordwestlichen Nachbarn, die Chamaven, einen Theil
ihres Gebietes und zwar denjenigen, welcher im Mittelalter
unter dem Namen des sächsischen Hamalandes (pagus
Hamaland Saxonicus) vorkommt [1]).

Denn auch nach später kommen die Brukterer in ihren
frühern Sitzen vor, obschon nicht mehr als Nachbarn der
Cherusken. Sie erscheinen bald als ein Hauptbestandtheil
des Bundes der Franken, und werden als solche unter den
einzelnen Stämmen dieser Verbindung häufig genannt. So
wie jedoch die Ausbreitung des Christenthumes bei den am
Rhein wohnenden Franken die allmählige Absonderung der
mehr östlichen fränkischen Völker von dem großen Bunde
bewirkte und dieselben zu dem Verein der Sachsen führte,
so trennten sich auch die Brukterer nachmals von den Franken, und erscheinen seitdem als Sachsen, unter denen sie
unter dem Namen der Boruktuarier noch bis auf die
karolingische Zeit hin als ein eigener Stamm in dem Bo-
roktra-Gau genannt werden [2]).

4) Die Chattuarier (Chattuarii, Hattuarii und
Attuarii). Die verschiedenen Schreibarten des Namens eines
und desselben Volkes und die Gleichnamigkeit verschiedener
Völker haben frühzeitig zur Verwechselung derselben Veranlassung gegeben. So verwechselte man diese istävonischen

---

1) Ledebur a. a. O. S. 240 bis 245.
2) Ledebur a. a. O. S. 248 bis 289.

Chattuarier mit den ingävonischen Chasuaren [1]), und indem man sie ihres Namens wegen für eine Kolonie der
Chatten nahm, so hielt man sie irrthümlich für dieselben
mit den Batavern und Kaninefaten im Deltalande des
Rhein [2]). Es wohnten aber die Chattuarier an dem Ostufer
des Rhein an der untern Ruhr südwärts bis zur Wupper,
wo sie an die nördlichen Tenkterer grenzten, während sie
nordwärts die niederrheinischen Usipier berührten. Somit umfaßte ihr Gebiet den nördlichen Theil des Herzog-
thumes Berg um Düsseldorf, und ward gegen Nordost von
den kleinen Brukterern, und gegen Osten von den
Sigambern umsäumt. Zwar ein eigenes deutsches Volk
bildend, scheinen die Chattuarier doch mit den Brukterern
in einer nähern Verbindung gestanden zu haben, weshalb
auch ihr Land in späterer Zeit zum brukterischen Gebiet gerechnet wurde. Auch theilten sie immer ein gleiches Schicksal mit den Brukterern.

In älterer Zeit wird ihr Name weniger genannt, tritt
aber um so bedeutender hervor, seitdem sie im Bunde der
Franken mit ihren Stammgenossen, wie besonders zur Zeit
des Kaisers Julianus, sich durch ihre Raubeinbrüche in
Gallien bekannt machten. Noch im Mittelalter erscheint
ihr Gebiet als der Hatterun-Gau, welcher seit dem Anschließen der Brukterer an den Verein der Sachsen das
Schicksal hatte als Grenzland zwischen den ripuarischen
Franken und den Sachsen häufigen Verwüstungen ausgesetzt
zu sein. Denn die Chattuarier blieben dem fränkischen
Bunde getreu, und nur ein Theil ihres Landes, namentlich
die Gegend von Herbede, gehörte zum sächsischen Lande,
während der übrige größere Theil zum Lande Ripuarien
gerechnet ward. Darum wird dieser letztere Theil zum Un-
terschiebe von dem ganzen Lande der Chattuarier insbesondere

---

1) Wilhelm, Germanien. S. 189.
2) Zeuß, die Deutschen und die Nachbarstämme. S. 99. 100.

der Ruhrgau genannt. Mit diesem ostrheinischen Gau der
Chattuarier ist aber nicht der gleichnamige Hattuarier-
Gau (pagus Hattuaria) in dem westrheinischen Ripuarien
an dem Flüßchen Niers zwischen dem Rhein und der
Maas zu verwechseln, obwohl der letztere vermuthlich eine
Ansiedlung der ostrheinischen Chattuarier ist, und zwar so
daß diese Niederlassung derselben in dem alten Gebiet der
Gugernen mit den Kriegszügen des Julianus gegen dieses
Volk in Verbindung steht [1]).

5) Die Sigambern (Sigambri, Sicambri, Sygambri
und Sugambri). Mit Unrecht hat man meistens den Namen
dieses Volkes von dem Flusse Sieg abgeleitet [2]), da die
Sigambern durchaus nicht als Anwohner dieses Flusses erscheinen, sondern vielmehr ihre Sitze in demjenigen Gebirgs-
theile von Westfalen hatten, welcher im Süden der Ruhr
im Mittelalter unter dem Namen des Süderlandes, so
wie noch heute als Suerland oder Sauerland bekannt ist.

In den Sigambern, welche zu den mächtigsten unter
den istävonischen Völkern gehörten, fanden die Römer seit
ihrem ersten Erscheinen am Rhein die hartnäckigsten Feinde.
Die Unterstützung der Usipier und Tenkterer gab die erste
Veranlassung dazu, und so wie sie zu Cäsars Zeit Gallien
mit ihren Einbrüchen heimsuchten, und später selbst zum
Uebergange der Ubier über den Rhein durch ihre Feindseligkeiten gegen dieses Volk mitwirkten, so war auch nicht lange
darauf ihr Gebiet das Ziel der Verheerungszüge des
Drusus. Doch erst dem hinterlistigen Tiberius gelang es,
die Macht dieses streitbaren Volkes zu brechen, indem durch
ihn ein großer Theil desselben nach Gallien an die Mündung der Maas und des Rheins verpflanzt wurde. Somit
gab es nun, wie bei den Usipiern und Tenkterern auch doppelte Sigambern, da die Hauptmasse des Volkes noch

---

1) Ledebur, das Land und Volk der Brukterer. S. 152 bis 161.

2) Mannert, Germanien. S. 164.

immer in der alten Heimath zurückgeblieben war. Dies er=
hellt aus ihrer Theilnahme an der großen Verbindung der
germanischen Völker unter der Leitung der Cherusken während
der Statthalterschaft des Varus.

Darum unterscheidet auch Strabo die beiden gesonder=
ten Theile des Volkes dadurch, daß er die in dem Stamm=
lande zurückgebliebenen Sigambern unter dem Namen der
Gamabrinen, die verpflanzten dagegen Sugambern
nennt. Diese Gamabrinen scheinen aber dasjenige Volk zu
sein, welches Tacitus unter dem sonst unbekannten Namen
der Gambrivier aufführt, und welches er zu den ältesten
Stammvölkern Germaniens zählt. Daß aber die verpflanz=
ten Sigambern nicht die in eben jener Gegend genannten
Gugernen sind, erhellt daraus, daß ihr Name dort auch
noch später genannt wird, indem sie grade von der Vor=
sehung dazu ausersehen waren, der römischen Herrschaft in
Gallien ein Ende zu machen. Denn aus sigambrischem
Blute entsprossen war jenes merowingische Geschlecht,
welches mit seinen salischen Franken auf den Trümmern des
römischen Reiches in Gallien das fränkische Reich gründete.

Noch Ptolemäus fand die Sigambern in dem alten
Stammlande, indem er dieselben im Norden von den kleinen
Brukterern, im Westen von den Tingerern und
Ingrionen, im Süden von den westlichen Langobarden
(den suevischen Landen und Batten), und im Osten von den
Nertereanen umgrenzt wohnen läßt, das heißt in dem
von dem Boroktragau, Ingersgau, Lahngau und Nittergau
umschlossenen gebirgigen Süderlande, welches nachmals
den südlichsten Theil der sächsischen Provinz Westfalen
bildete. Die Thallinie der Ruhr schied die Sigambern im
Norden von den Brukterern, und südwärts davon erstreckte
sich ihr Gebiet über das von den Zuströmen der Ruhr durch=
schnittene Bergland (die Südhälfte der Grafschaft Mark
und das Herzogthum Westfalen). Die westlichen Nachbarn
der Sigambern waren die Tenkterer und Chattuarier, sich

berührend am Ebbe-Gebirge, wo sich auch im Mittelalter das fränkische Ripuarien und das sächsische Westfalen einander begrenzten. Ostwärts stießen sie zwischen
den Quellen der Ruhr und Diemel an die Völker des
Cherusken-Bundes, zu dem die Nertereanen gehörten, und
wo die spätere kirchliche Grenze zwischen den Diöcesen von
Köln und Paderborn die Sitze beider von einander absondert.
Gegen Süden und Südost waren jene Landen und Batten
an der obern Lahn nebst den Chatten ihre Nachbarn.
Das Egge-Gebirge, die südöstliche Grenzmark des Gebietes der Sigambern, dessen Mittelpunkt der Eberkopf
zwischen den Quellen der nach den entgegengesetztesten Himmelsrichtungen ablaufenden Flüsse Ruhr, Sieg, Lahn und
Eder, eine große Naturgrenze in dem Lande zwischen
Rhein und Weser bildet, ist auch für immer die Grenzmark
zwischen Westfalen und Hessen geblieben.

Der Name des Volkes der Sigambern ging später in
den der Franken auf, trat aber seit dem achten Jahrhundert
in der besondern Bezeichnung als **Süderer** (Suduosi) in
dem Süderlande wieder hervor [1]).

6) Die **Marsen** (Marsi). Die Sitze dieses in der
Geschichte bald verschwindenden Volkes sind immer sehr verschieden bestimmt worden [2]). Es erhellt aber schon aus den
Feldzügen der Römer zur Zeit des Germanicus, daß die
Marsen fern vom Rhein, den Cherusken benachbart, solche
Wohnsitze hatten, daß die Völker der Brukterer, Usipier und
Tubanten zwischen ihnen und dem Rhein wohnten, und
daß sie in der Nähe des Schlachtfeldes zu suchen sind,
welches durch die Niederlage des Varus berühmt geworden
ist. Danach ist man genöthigt den Marsen ihre Wohnsitze
in der heutigen Landschaft von Osnabrück anzuweisen,

---

1) Ledebur, das Land und Volk der Brukterer. S. 134 bis 152.

2) Wersebe, über die Völker und Völkerbündnisse des alten
Deutschlands. S. 63.

und zwar mit Berücksichtigung der spätern kirchlichen und
politischen Eintheilungen in demjenigen Theile des Spren=
gels von Osnabrück, der an das sogenannte sächsische
Nordland d. h. an den Emsgau und Hasegau oder an
das Land der Amsivaren und Chasuaren grenzend, ganz zu
Westfalen gehörte.

Die Heimath der Marsen umfaßte also das Land am
westlichen Osning, südwestlich bis gegen die Ems hin,
und erstreckte sich nordostwärts über das Quellgebiet der
Hase, die zur Ems geht, bis zu den Quellen der Hunte.
Gegen Süden und Westen grenzten die Marsen an die
Brukterer, deren Gebiet sich an beiden Ufern der obern
Ems entlang zog, gegen Norden stießen sie an die drei
ingävonischen Völker der Amsivaren, Chasuaren und An=
grivaren, und gegen Osten berührten sie in der Nähe der
westfälischen Pforte die Stämme der Cherusken. Es war
somit das marsische Land die Nordostecke des istävonischen
Germaniens, wie das sigambrische Land die Südostecke
desselben; auch fiel die Ostgrenze der Länder der Marsen,
Brukterer und Sigambern mit der sogenannten mittlern
Grenzmark Germaniens zusammen. In diesem Gebiete
der Marsen und vermuthlich in seinen westlichen Theilen lag
das berühmte Heiligthum Tanfana, welches uns durch die
Feldzüge des Germanicus bekannt wird, so wie dies Volk
überhaupt zu jener Zeit am meisten erwähnt wird. Doch
ist es sicher, daß die Marsen, wie aus der ihnen zu Theil
gewordenen Beute erhellt, auch an dem Befreiungskriege
Germaniens unter dem Arminius thätigen Antheil genom=
men haben.

Bei Tacitus werden diese Marsen nur in seiner Ge=
schichte, nicht in seiner Beschreibung Germaniens erwähnt.
Wahrscheinlich sind daher diejenigen Marsen, welche er
neben den Gambriviern als eins der ältesten germanischen
Stammvölker nennt, nicht zu verwechseln mit diesem kleinern
Stamm, der nur kurze Zeit von Bedeutung war, und nicht

ohne Grund hat man gemeint, daß dieſer Name in der
Urzeit Germaniens einen größern Umfang gehabt habe und
die allgemeine Bezeichnung für die an der Meeresküſte
wohnenden deutſchen Stämme geweſen ſei [1]). Auch berichtet
Strabo, die Marſen ſeien ehemals Anwohner des Rheins
geweſen, von den Römern jedoch vertrieben und weiter land=
einwärts gezogen. In dem Deltalande des Rhein kennen
wir aber noch das Volk der Marſaten nach Plinius oder
der Marſaken nach Tacitus, deren Andenken ſich noch
ſpäter daſelbſt in dem Namen des Gaues Marſum an der
Mündung der Maas erhalten hat, und die auf das Volk
der Marſen am Ösning hinweiſen. Denn in den Namen
der Gaue, welche die ſpätere Geographie für dieſen Theil
des Sprengels von Osnabrück nennt, iſt ſeltſamer Weiſe
kein Anklang an den Namen der Marſen erhalten; ein Um=
ſtand, der die Nachricht zu beſtätigen ſcheint, daß hier nicht
urſprüngliches Marſenland zu ſuchen iſt, ſondern nur
eine Anſiedlung der Marſen in Folge einer Auswanderung
von den Meeresküſten am Rheindelta [2]).

7) Die Chamaven (Chamavi). Durch Namensähn=
lichkeit verleitet hat man dieſes Volk immer in ſehr verſchie=
denen Sitzen geſucht oder auch von der Mündung des
Rheins bis zum Harz wandern laſſen [3]). Denn in der
Geſchichte werden ſie nur wenig genannt, was mit Recht
vermuthen läßt, daß ſie mit den Römern immer in einem
freundſchaftlichen Verhältniſſe ſtanden. Wenigſtens kom=
men ſie in der Reihe der von ihnen beſiegten Völker nicht
vor, und die Unternehmung des Druſus in der Verbindung
des Rheins mit der Yſſel ſcheint ſelbſt mit ihrer Hülfe zu
Stande gekommen zu ſein. Denn der Druſus=Kanal führte

---

1) Schulz, zur Urgeſchichte der Deutſchen. S. 314.

2) Ledebur, das Land und Volk der Brukterer. S. 106 bis 117.

3) Wilhelm, Germanien. S. 136. Mannert, Germanien.
S. 151.

durch ihr Land, in einem Gebiete, welches auch im Mittel=
alter unter dem Namen des Hamalandes an der obern
und mittlern Yssel, südwärts bis zum Nieder=Rhein reichend,
erscheint.

So wie aber diese Chamaven bei dem Strabo unter
dem Namen der Chauben vorkommen, so werden sie vom
Ptolemäus Chämen genannt, und die von ihm neben den
Cherusken erwähnten Kamaven, deren Sitze er an dem
Melibokus=Gebirge angiebt, sind von den Chamaven an der
Yssel wesentlich zu unterscheiden. Denn jene Kamaven sind
die an den Harzgau der Cherusker angrenzenden Bewohner
des Ammergaues oder Ambergaues, während auch jenes
Hamaland an der Yssel im Mittelalter nicht selten Hamar=
land genannt wurde. Ueberhaupt lernt man in den Völkern
des Ptolemäus eine Menge von Namen kennen, die man
in den von ihm angewiesenen Gegenden in den Gau=Be=
nennungen des Mittelalters wieder findet. Eben so wenig
jedoch wie man von der Gleichnamigkeit vieler Gaue Deutsch=
lands einen Schluß machen darf auf die Stammgenossen=
schaft ihrer Bewohner, eben so wenig darf man auch die
gleichnamigen Völker, welche die Geschichte nennt, für ein
und dasselbe Volk halten.

Das Gebiet der Chamaven grenzte ostwärts an das
Land der großen Brukterer, westwärts an das Inselland
der Bataver, und ward gegen Norden von den Gebieten
der beiden istävonischen Völker der Salier und Tubanten
umsäumt. Zwar verloren die Chamaven an der Südseite
ihres Landes das Uferland des Rheins, welches sich vor der
Spaltung dieses Stromes ausdehnt, und welches sie den
flüchtigen Usipiern überlassen mußten, dagegen gelang es
ihnen in etwas späterer Zeit nach einem glücklichen Kampfe
mit den Brukterern sich eines Theiles von ihrem Gebiete
zu bemächtigen. Daraus erklärt es sich, daß das spätere
Hamaland sich nicht allein über das eigentliche Land der
Chamaven oder über den von salischen und ripuarischen

Franken bewohnten pagus Hamaland Franconicus, sondern auch über den zum eigentlichen Lande der Brukterer oder über den von sächsischen Westfalen bewohnten pagus Hamaland Saxonicus erstreckt hat. Nur der Name des erobernden Volkes ging auf das Land über, die alten Rechts= gewohnheiten blieben. Darum war die ursprüngliche Grenze· der Länder der Chamaven und Brukterer auch nachmals die kirchliche Grenzmark der beiden Hochstifte Utrecht und Münster.

Aus den spätern Kämpfen der Römer mit den rheinischen Völkern zur Zeit Julians lernen wir die Chamaven als einen Theil des Bundes der Franken kennen, und zwar müssen dieselben nach dem im Mittelalter vorkommenden Unterschiede zwischen einem salischen und ripuarischen Hamaland'e beiden Haupttheilen der Franken angehört haben. Sicher hängt diese Spaltung der fränkischen Chamaven mit der ehemaligen Besitznahme des südlichen Theiles ihres Landes durch die Usipier zusammen [1]).

8) Die Tubanten (Tubantes). So verschieden auch immer die Wohnsitze dieses Volkes bestimmt worden sind, da man dasselbe vom Rhein bis zum Thüringer=Walde hat wandern lassen [2]), so sicher ergeben sie sich doch aus den Nachrichten über die Feldzüge des Germanicus, und lassen sie eben dort auffinden, wo im Mittelalter und in der neuern Zeit der Landschaftsname Twente erscheint, in welchem sich ihr Name stets erhalten hat. Mit Unrecht hat man sie da= her auch früher zu dem Bunde der Cherusken oder gar zu den chattischen Völkern zählen wollen [3]). Vielmehr er= scheinen sie auch noch später zur Zeit Constantins als

---

1) Ledebur, das Land und Volk der Brukterer. S. 60 bis 77.

2) Wilhelm, Germanien. S. 130.

3) Wersebe, über die Völker und Völkerbündnisse des alten Deutschlands. S. 61. 68. Zeuß, die Deutschen und die Nachbar= stämme. S. 90.

Franken in ihren alten Sitzen am Nieder=Rhein.
Es erhellt daraus zugleich, daß sie den salischen Franken
angehörten, und die Grenzmarken der zur Diöcese von
Utrecht gehörigen Landschaft Over=Yssel, welche auch die
Twente umfaßt, gegen die zu Westfalen gehörige Diöcese
von Münster bezeichnen noch jetzt den Umfang des alten
Landes der Tubanten gegen Süden und Osten. Denn es
lag dies Gebiet an der mittlern Vechte, die sich in die
Zuyder=See ergießt. Gegen Süden grenzten die Tubanten
an die Chamaven und Brukterer, welche letztern auch
ihre östlichen Nachbarn waren. Gegen Westen berührten sie
die Salier, gegen Norden die Friesen, und nordostwärts
grenzten sie noch mit den Amsivaren zusammen [1]).

9) Die Salier (Salii). So berühmt auch der Name
der Salier in der ältern deutschen Geschichte geworden ist,
indem sich an ihn die Begründung des fränkischen Reiches
anknüpft, so spät erscheint er doch bei den römischen Autoren.
Denn wir hören dies Volk zum erstenmale im vierten
Jahrhundert nennen als einen Theil desjenigen Bundes
deutscher Völker, der unter dem Namen der Franken der
römischen Herrschaft in Gallien furchtbar zu werden anfing,
und dessen Name fortan sogar einen Haupttheil der
Franken bezeichnet hat. Dennoch ist nicht zu bezweifeln,
daß die Salier, nach ihren Sitzen an der Yssel (Issel,
Saale oder Sale) benannt, schon seit Alters einen eigenen
kleinen deutschen Stamm gebildet haben, der aber wegen
seines geringen Umfanges, und weil er mit den Römern
nicht in feindselige Berührung getreten ist, von den ältern
Autoren nicht erwähnt worden ist.

Bekanntlich gehört die Frage, ob die Stammsitze
der Salier oder der salischen Franken in dem Sallande
an der niederländischen Yssel oder in dem Saalgau der
sogenannten fränkischen Saale gesucht werden müssen, zu

---

1) Ledebur, das Land und Volk der Brukterer S. 84 bis 90.

denjenigen Punkten der deutſchen Geſchichte, worüber die
bedeutendſten Forſcher immer der verſchiedenſten Anſicht geweſen ſind [1]), da das ſogenannte ſaliſche Geſetzbuch in
Verbindung mit der Angabe einiger Lokalitäten mehr auf
jenes fränkiſche Gebiet am Main als auf die Gegend am
untern Rhein hinzuweiſen ſchien [2]). Indeſſen ſteht es
heut zu Tage wohl feſt, daß die Urheimath der ſaliſchen
Franken eben dort am Nieder-Rhein zu ſuchen iſt, wo die
Salier zur Zeit des Julianus zuerſt in der Geſchichte hervortreten. Denn es ſollen damals die Salier von dem
Volke der Sachſen aus ihren Wohnſitzen nach der bataviſchen Inſel vertrieben worden ſein, worauf Julianus ihre
Widerſacher beſiegte und die Salier und Bataver in ſeine
Legionen aufnahm. Aber außer jener Niederlaſſung auf der
bataviſchen Inſel ſuchten ſich die Salier auch in dem
zwiſchen der Maas und der Schelde gelegenen Toxandrien
feſtzuſetzen, welches Gebiet ihnen Julianus zur Anſiedlung
zugeſtehen mußte, und dort ſcheinen ſie ſich mit den an der
Waal wohnenden Ueberreſten der Sigambern vereinigt zu
haben, da ihre ſpätern Könige als von dieſem Volke ſtam-
mend genannt werden.

Mit den Tubanten bildeten die Salier die beiden nordweſtlichſten Stämme des iſtävoniſchen Germaniens. Das
Gebiet der Salier, das ſogenannte Salland oder im Mittelalter der pagus Salon oder Yſſelgau, umfaßte das Land
an der untern Yſſel bis zur ihrer Ausmündung in die Zuyder-
See, war ſüdwärts begrenzt von dem Gebiet der Chamaven, ſtieß oſtwärts an das Land der Tubanten, und berührte im Norden die Frieſen von ingävoniſchem Stamme [3]).

---

1) Vergl. Ledebur a. a. O. S. 77.

2) Wenck, heſſiſche Landesgeſchichte. Darmſtadt 1783. 4. Th. II.
S. 122. Werſebe, über die Völker und Völkerbündniſſe des alten
Deutſchlands. S. 165 bis 178.

3) Ledebur a. a. O. S. 77 bis 84.

2. Die Ingävonen.

Wie man auch immer den Namen der Ingävonen er=
klären mag, ſo iſt es ſicher, daß darunter die Reihe von
deutſchen Völkerſchaften zu verſtehen iſt, welche ſich an den
Geſtaden der Nordſee von dem Mündungslande des
Rheins nordoſtwärts bis in die cimbriſche oder jütiſche Halb=
inſel hineinerſtreckten. Schon der Umſtand, daß dieſe ingä=
voniſchen Völker Germaniens in den Zeiten der erobernden
Ausbreitung der Römer auf dieſem Gebiete ihren Brüdern
von iſtävoniſchem Stamme ſtets feindſelig gegenüberſtan=
den und ſich ſo leicht der römiſchen Politik ergaben, weiſet
auf eine frühzeitige Trennung beider Volksſtämme Ger=
maniens von einander hin. Es berührten aber dieſe In=
gävonen nicht blos die Iſtävonen in dem Lande von der
Rhein=Mündung bis zur weſtfäliſchen Pforte an der Weſer,
ſondern weiter oſtwärts von der Weſer bis zur untern Elbe
grenzten ſie auch an die Völker hermioniſchen Stammes,
unter welchen die zum Bunde der Cheruſken gehörigen Völ=
ker dort als ihre ſüdlichen Nachbaren erſcheinen.

Nicht mit Unrecht hat man dieſe Ingävonen, welche in
ſprachlicher Beziehung als die eigentlichen Nieder=Deut=
ſchen zu betrachten ſind, mit dem allgemeinen Namen des
frieſiſchen Volksſtammes bezeichnet [1]). Denn es erſchei=
nen die Frieſen bei den ältern Autoren zwar nur als ein
einzelnes Volk an der Nordſee neben den Chauken, aber in
den erſten Zeiten des Mittelalters tritt der Name der Frieſen
als der vorherrſchende in allen dieſen ingävoniſchen Gebieten
hervor. Die Chauken erſcheinen ſeit jener Zeit nur unter
dem Namen der Frieſen, und frieſiſche Bevölkerung zeigt
ſich damals verbreitet von der Schelde in Flandern bis zu

---

[1] Michelſen, Nord=Friesland im Mittelalter. Schleswig 1828.
8. S. 40.

ben Westküsten von Süd-Jütland (Schleswig) in dem soge=
nannten Nord-Friesland, während die nördlichen Theile
der Diöcesen von Münster und Osnabrück und die ganze
Diöcese von Bremen eine aus Sachsen und Friesen ge=
mischte Bevölkerung enthielten [1]).   Nur erst später ist der
Name der Friesen wieder mehr eingeschränkt worden.

In einem eigenthümlichen Verhältnisse finden wir diese
ingävonischen Völker zu den in späterer Zeit hier auftretenden
Völkerverbindungen.   Denn ursprünglich gehörten sie, wenig=
stens bis zur untern Elbe hin, mit zu der großen Verbin=
dung der Franken, die sich anfangs über fast alle Völker
des germanischen Stammlandes erstreckte.   Dann aber trat
der Name der Sachsen hervor, und der Bund der Sachsen
zeigt sich als die eigentliche Verbindung der ingävonischen
Völker, die sich entweder durch Gewalt oder mit freiem
Willen ihm anschlossen.   Dabei behauptete sich aber der
Name der Friesen in einer gewissen Selbstständigkeit, und
trat bald in erweiterter Bedeutung dem Namen der Sachsen
gegenüber.   Doch kann auch bei diesen Veränderungen von
Wanderungen ganzer Völkerschaften nicht die Rede sein,
dies betrifft nur einzelne kriegerische Schaaren.   Die uralten
Völkergrenzen zeigen sich auch hier in den kirchlichen und
politischen Grenzen im Mittelalter fortdauernd.

1) Die Bataver (Batavi).   Troz der angeblichen
Abstammung dieses Volkes von den im Innern Germaniens
wohnenden Chatten scheinen die Bataver wegen ihres
spätern Verhältnisses zu den Friesen dem ingävonisch=
friesischen Stamme zugezählt werden zu müssen, und auf
der Grenzmark von Gallien und Germanien wohnend be=
ginnen sie die Reihe der Völker dieses Stammes.   Denn die
Bataver bewohnten das Inselland zwischen dem Rhein
und der Waal, wo sich in dem Gaunamen Batua und
in den jetzigen Landschaftsnamen Ober= und Nieder=Betuwe

---

1) Eichhorn, deutsche Staats- und Rechtsgeschichte. I. S. 49.

der alte Name erhalten hat[1]). Cäſar hatte bei ſeinen
Kriegen am Rhein mit den Batavern noch nichts zu thun,
auch rechnet er ihr Land als jenſeit der weſtlichſten Rhein=
Mündung liegend noch mit zu Germanien. Aber ſeit des
Auguſtus Zeit ſcheinen ſie mit den Römern in nähere Be=
rührung getreten zu ſein, wenigſtens waren ſie ſchon Bundes=
genoſſen des Druſus und unterſtützten ihn auf ſeinen Feld=
zügen. Darum wurde ihr Land, in welchem ſich bald unter
dem römiſchen Schutze eine Reihe von Ortſchaften erhob,
fortan mit zu Gallien gerechnet, und bildete einen Theil
der belgiſchen Landſchaft Unter=Germanien[2]).

Die von Tacitus berichtete Abſtammung dieſes Volkes
von den Chatten, welche wohl allgemein als beglaubigt an=
genommen zu werden pflegte[3]), iſt doch nicht ſelten bezwei=
felt worden[4]), und beruht höchſt wahrſcheinlich auf einer
Verwechſelung dieſer Bataver mit den ſuevischen Batten
in der Nachbarſchaft der Chatten. In der Geſchichte tritt
wenigſtens eine Verwandtſchaft beider Völker nicht hervor[5]).
Vielmehr finden wir in jenem batavischen Gebiete noch einige
andere kleinere, ihnen vermuthlich verwandte Völker, welche
auf eine Stammgenoſſenſchaft mit den Ingdvonen hinweiſen.
So werden häufig die Kaninefaten (Caninesates, Canni-
nesates) genannt, deren Sitze in den nordweſtlichen Theilen
jenes Gebietes der Bataver im weitern Sinne, In der

---

1) Werſebe, über die Völker und Völkerbündniſſe des alten
Deutſchlands. S. 44. Zeuß, die Deutſchen und die Nachbarſtämme. S. 101.

2) Mannert, Geographie der Griechen und Römer. II. 1.
S. 209.

3) Wilhelm, Germanien. S. 105. Rommel, Geſchichte
von Heſſen. Marburg 1820. 8. Th. I. S. 3.

4) Luden, Geſchichte des deutſchen Volkes. I. S. 62. Werſebe, über die Völkerbündniſſe Deutſchlands. S. 46.

5) Ledebur, die Brukterer. S. 123. Anmerk. 452.

heutigen Landschaft Holland, gewesen zu sein scheinen [1]).
Außerdem erwähnt Plinius noch fünf kleine Völkerschaften
die Frisier, Chauken, Frisiabonen, Sturier und
Marsaken, welche die Inseln zwischen Helium (der Mündung der Maas) und dem See Flevus (Zuyder-See) bewohnten. Nicht ohne Grund sucht man die Sitze der beiden
letzten auf den Inseln vor der Mündung der Maas und
Schelde in dem heutigen Seeland [2]).

Wegen ihrer frühen Verbindung mit den Römern und
wegen ihrer bekannten Tapferkeit wurden die Bataver immer
mit mehr Achtung als die andern Völker behandelt. Vor-
züglich berühmt war ihre Reiterei. Sie blieben immer
nur Bundesgenossen der Römer, bezahlten nie eine Ab-
gabe, und gestatteten den Römern blos Werbungen für den
Kriegsdienst in ihrem Lande anzustellen. Aber auch sie erhoben einmal das Panier für die Freiheit Germaniens gegen
die römische Gewaltherrschaft, und wenn sie auch unterlagen,
so behaupteten sie sich doch ihre Freiheit und blieben bei den
Römern geehrt. Im Laufe der Zeit nahm ihr Land zwar
immer mehr eine römische Gestalt an durch Errichtung
von Ortschaften und Erbauung von Heerstraßen, wurde aber
schon am Schlusse des dritten Jahrhunderts durch das Eindringen der salischen Franken wieder germanisirt [3]). Zu
Julians Zeit war die batavische Insel schon ein Besitzthum
der Franken. Nicht lange nachher erscheinen wieder die
Friesen als Bewohner dieses Gebietes bis nach Flandern
und Brabant hinein [4]).

2) Die Friesen (Frisii, Frisones). Diese bei den
Alten als ein besonderes Volk genannten Friesen bewohnten

---

1) Wersebe, über die Völker des alten Deutschlands. S. 49.

2) Wilhelm, Germanien. S. 107.

3) Mannert, Geographie der Griechen und Römer. II. 1.
S. 210.

4) van Kampen, Geschichte der Niederlande. I. S. 68.

die nordweſtlichſten Theile des germaniſchen Landes von der
öſtlichen Mündung des Rheins oſtwärts bis zur Ems
und die Inſeln, welche der Ocean in der Küſtennähe um=
ſtrömt, oder die heutigen holländiſchen Landſchaften Weſt=
Friesland und Gröningen ¹). Sie grenzten demnach ſüd=
wärts an die iſtävoniſchen Salier und Tubanten, oſt=
wärts an die Amſivarier, und berührten auch auf dieſer
Seite an der Mündung der Ems die Chauken. Die von
Tacitus angegebene Eintheilung dieſes Volkes in größere
und kleinere Frieſen, die ſonſt weiter nicht erwähnt wird,
bezieht ſich vermuthlich auf den Haupttheil des Volkes im
Oſten der öſtlichen Rhein=Mündung und auf die kleinen von
Plinius genannten frieſiſchen Stämme, die Frieſen, Friſiabo=
nen und Chauken, welche die Inſeln zwiſchen der mittlern
und öſtlichen Mündung als Nachbarn der Bataver bewohn=
ten ²). Denn die Zuyder=See iſt bekanntlich erſt ſpäter
durch den Einbruch des Meeres in die öſtlichſte Rhein=Mün=
dung und in den Flevus See, ſo wie durch die Zerſtörung
der dortigen Inſeln entſtanden ³).

Frühzeitig wurden die Römer mit den Frieſen bekannt,
und wußten durch die Anknüpfung einer freundſchaftlichen
Verbindung mit ihnen ihren Unternehmungen gegen die
Völker Germaniens eine ſichere Grundlage zu geben. Die
mit dem Meere und mit der Schifffahrt auf jenen Ge=
wäſſern wohl vertrauten Frieſen waren dem Druſus und
Germanicus die wichtigſten Bundesgenoſſen. Selbſt römiſche
Kaſtelle erhoben ſich in ihrem Lande wie Flevum und
Amiſia an den Mündungen des öſtlichen Rheins und der
Ems. Aber wenn ſpäter die Römer daran dachten dies
Volk zu Unterthanen zu machen, ſo wußten die Frieſen doch

---

1) Werſebe, über die Völker und Völkerbündniſſe des alten
Deutſchlands. S. 100.

2) Zeuß, die Deutſchen. S. 136.

3) Mannert, Germanien. S. 270.

ihre Freiheit zu behaupten, und als Domitius Corbulo sie mit Gewalt zu unterjochen strebte, ward durch des Claudius Befehl, die römischen Legionen über den Rhein zurückzuziehen, ihre Unabhängigkeit gerettet. Auch an dem batavischen Freiheitskriege nahmen sie Antheil. In der folgenden Zeit werden sie weiter nicht genannt, und erst im vierten und fünften Jahrhundert tritt ihr Name wieder hervor und zeigt zugleich eine weit größere Ausdehnung nach Osten und Westen hin [1]).

Sicher hängt der Name dieses Volkes wie der ihrer östlichen Nachbarn am Gestade der Nordsee, der Chauken, für welche letztern auch bald die Bezeichnung als Friesen hervortritt, mit der Natur ihres Heimathslandes zusammen, obschon die bestimmtere Erklärung desselben wie bei vielen andern germanischen Völkern dunkel bleibt. Die in neuerer Zeit vorgeschlagene Ableitung des Namens von dem Worte Fries oder Frese, was einen umgebenden Rand oder Saum bedeutet und auf das Küstengebiet der Nordsee bezogen werden kann [2]), hat in sofern etwas für sich, als in dem Namen der Jngdvonen, mit welchem er geographisch ganz zusammen fällt, eine ähnliche Bedeutung enthalten zu sein scheint.

Ehe wir aber zu den Chauken selbst übergehen, haben wir die drei ingdvonischen Völker zu berühren, welche im Süden der Friesen und Chauken das Binnenland bis zu den Grenzmarken der istdvonischen und hermionischen Völker bewohnten.

3) Die Amfivarier (Ansibarii, Ampsivarii). Die Sitze dieses bei Strabo auch unter den entstellten Namen der Ampsanen und Kampsianen vorkommenden Volkes geben sich als an der Ems liegend zu erkennen, von welcher

---

1) Wilhelm, Germanien. S. 148 bis 152.
2) Michelsen, Nord-Friesland im Mittelalter. S. 33.

daſſelbe ſeinen Namen führte ¹). Sie bewohnten jedoch als
nördliche Nachbarn der Brukterer nur das ſich zu beiden
Seiten an der untern Hälfte der Ems ausbreitende Gebiet bis zur Mündung dieſes Stromes. Außer den Bruk-
terern berührten ſie ſüdwärts auch noch das Land der
Marſen. Gegen Weſten grenzten die Amſivarier an die
Tubanten und vornehmlich an die Frieſen. Ihre öſtlichen
Nachbarn waren die Chaſuaren und weiter nordwärts die
Chauken. Sie bewohnten alſo dieſelben Gegenden, welche
noch jetzt das Emsland und im Mittelalter der Emsgau
genannt wurden, welcher letztere in landſchaftlicher Bedeutung
genommen wieder in das Ober= und Nieder=Emsland zerfiel.
Die Südgrenze des Emsgaues ſchied im Alterthum die
Amſivarier und Brukterer, wie im Mittelalter die Diöceſen
von Osnabrück und Münſter.

Hatten auch die Amſivarier gleich den übrigen ingävoniſchen Völkern anfangs als Bundesgenoſſen der Römer dieſelben in ihrem Kampfe mit den Cherusken unterſtützt, ſo
fehlten ſie doch nicht bei der allgemeinen durch den Arminius bewirkten Erhebung der Völker Germaniens gegen
Roms Herrſchaft. Mit dieſer Theilnahme der Emsgauer
an der Befreiung Deutſchlands hängt aber eine Begebenheit
zuſammen, welche von wichtigen Folgen für den ſpätern
Zuſtand des Landes geweſen iſt. Es war dies die Vertreibung eines Theiles des amſivariſchen Volkes unter dem
dem römiſchen Intereſſe ergebenen Fürſten Bojocalus im
Jahre 59 durch die Chauken. Die auswandernden Amſivarier wandten ſich nach dem Nieder=Rhein, und baten bei
den Römern um Aufnahme in diejenigen Landſtriche, welche
an der Grenze gegen die Frieſen, Tubanten, Chamaven und
Uſipier längs den Ufern des Rheins und der Yſſel wüſt
gelegt waren und nur zu Weiden für die Pferde der

---

1) Werſebe, über die Völker und Völkerbündniſſe des alten
Deutſchlands. S. 97.

römischen Reiterei benutzt wurden. Indessen da die Römer unmittelbar an den Ufern des Stromes keine deutsche An= siedlungen haben wollten und darum auch schon einige Jahre vorher einer Schaar von Friesen, die daselbst eine Nieder= lassung beabsichtigten, den Aufenthalt verweigert hatten, so wurden auch die Amsivaren zurückgewiesen. Nachdem sie bei allen ihren Stammgenossen vergeblich um Hülfe gebeten hatten, wurden sie allmählig, lange in der Fremde umher= irrend, aufgerieben [1]).

Daß aber nur der nördliche Theil des amsivarischen Landes von den Chauken eingenommen war, zugleich aber seine frühern Bewohner theilweise noch behielt, erhellt einmal aus dem Namen des Emsgaues im Mittelalter für jenes ganze Gebiet, und dann aus der politischen und kirchlichen Sonderung desselben in eine nördliche und südliche Hälfte mit einer verschiedenartigen Bevölkerung. Denn die selbstständig gebliebenen Amsivarier in dem Ober=Ems= lande werden auch noch später von den alten Autoren als ein eigenes Volk genannt, und erscheinen als solches, und zwar immer in den alten Sitzen, auch in dem Bunde der Franken [2]).

4) Die Chasuaren (Chasuari). Die Verwechselung dieses Volkes der Chasuaren mit dem der Chattuarier und mit den Chatten, worin die neuern Autoren dem Vorgange der Alten nachfolgten [3]), und die ganz unbegründete Ablei= tung derselben von den Chatten [4]), wie bei den Batavern, hat auf die Bestimmung ihrer Sitze immer einen nachtheiligen Einfluß ausgeübt. Auch werden die Chasuaren bei den Alten unter sehr entstellten Namen angegeben. Denn Strabo nennt sie nicht blos Kaulken und Kathylken, sondern

---

1) Kufahl, Geschichte der Deutschen. I. S. 283 bis 285.
2) Ledebur, das Land und Volk der Brukterer. S. 90 bis 101.
3) Wilhelm, Germanien. S. 189.
4) Wenck, hessische Landesgeschichte. II. S. 26. 44.

sie werden von andern sogar Kattigauken genannt. Nicht
selten erscheinen sie aber auch unter dem Namen der Chat=
ten, obschon die Sitze beider Völker weit von einander ge=
trennt waren. Denn die Heimath der Chasuaren war das
Land an der Hase, die westwärts in dem Gebiete der
Amsivaren sich in die Ems ergoß, stieß südwärts an das
Land der Marsen in dem Quellgebiet der Hase, ward west=
wärts von den Amsivaren begrenzt, und reichte ostwärts
bis zur obern Hunte, dem Grenzstrom gegen die Angriva=
ren. Die nördlichen Nachbarn der Chasuaren waren die
Chauken. Dieses chasuarische Gebiet umfaßte im Mittel=
alter als der Hasegau in landschaftlicher Bedeutung ver=
schiedene kleinere Gaue, und bildete mit dem westwärts
anstoßenden Ober=Emslande das sogenannte sächsische
Nordland in der Diöcese des Bißthums Osnabrück [1]).

5) Die Angrivarier (Angrivarii). Wenn auch an=
fangs wenig bekannt, hat dieses ingävonische Volk doch
nachmals durch das Waffenglück seinen Namen so weit aus=
gedehnt, daß er durch das ganze Mittelalter hindurch zur
Bezeichnung eines Haupttheiles des nördlichen oder säch=
sischen Deutschlands gedient hat. Durch die Feldzüge
des Germanicus lernen wir dies Volk zuerst kennen, als es,
gleich den andern ingävonischen Völkern anfangs im Bunde
mit den Römern, bei dem Eindringen des Germanicus in
das Land der Cherusken von demselben abfiel und jenen
Feldherrn zur Unterwerfung derselben nöthigte. Als ein
mächtiges und zahlreiches Volk bewohnten die Angrivarier
damals die Gebiete zu beiden Seiten der mittlern Weser
(unterhalb ihres Austrittes aus der westfälischen Pforte) und
der untern Aller. Eine Linie, welche sich von dem Düm=
mer=See an der Hase im Westen bis zum Steinhuder Meere
auf dem Ostufer der Weser und weiter ostwärts über die

---

1) Ledebur, das Land und Volk der Brukterer. S. 102
bis 106.

Aller fortzieht, bezeichnet die Südgrenze dieses Volkes gegen
die cheruskischen Völker und somit auch die Grenzmark
zwischen dem ingävonischen und hermionischen Germanien. Alte Landwehren waren daselbst aufgeworfen zur
Sonderung beider großen Volksstämme Germaniens [1]). Auch
auf der Ostseite grenzten sie (im heutigen Fürstenthum Lüneburg) noch an die cheruskischen Völker und an die suevischen
Langobarden, während sie im Westen durch die Hunte
von den Chasuaren geschieden wurden. Die Nordgrenze
ihres Gebietes gegen die Völker der Chauken zu beiden
Seiten der Weser bezeichnet die Grenzlinie zwischen dem
spätern Angarien (Engern) und dem sächsischen Nord-
lande an der Vereinigung der Aller und Weser. Angriva-
tien umfaßte demnach die beträchtlichen nachmals engerschen Gaue Enteriga, Sturmi, Lainga und Grindiriga [2]).

Aber in den Sitzen dieses Volkes traten bald bedeutende Veränderungen ein und zwar in Folge des Kampfes
der Angrivarier mit den Brukterern, durch welchen, wie
Tacitus irrig annahm, das letztere Volk ganz aufgerieben
sein sollte. Es war dies noch am Schlusse des ersten Jahrhunderts. Zwar verloren die Brukterer auf dieser Seite
nichts von ihrem Gebiete, wie auf der Nordwestseite gegen
die Chamaven, aber die Angrivarier verbreiteten sich siegreich
über die Gebiete der Völker des cheruskischen Bundes
zu beiden Seiten der mittlern Weser, und wurden dadurch nicht nur östliche Nachbarn der Brukterer, sondern er-
weiterten auch südwärts ihre Grenzen bis zu den gleichfalls
durch das Sinken der Macht der Cherusken verstärkten
Chatten. Die Ausdehnung des Namens Angaria im
Mittelalter über die westlichen Theile der alten Cheruskia
an der mittlern Weser beurkundet diese Umgestaltung der
politischen Verhältnisse. Ja die echt westfälische in dem

---

1) Wilhelm, Germanien. S. 164 bis 166.
2) Kufahl, Geschichte der Deutschen. I. S. 238.

alten Lande der Brukterer liegende Stadt Soest ward ehe=
mals nicht selten eine Stadt der Angarier genannt, obschon
die Grenzmarken zwischen den beiden sächsischen Landschaften
Engern und Westfalen genau mit der uralten Grenzlinie
zwischen dem hermionischen und istävonischen Ger=
manien zusammenfallen [1]).

Später tritt dies Volk der Angrivarier nicht weiter in
der Geschichte hervor, als bis es unter dem Namen der
sächsischen Engern erscheint.

6) Die Chauken (Chauci, oder Cauchi). Unter allen
ingävonischen Völkern waren die Chauken der bei weitem
ausgedehnteste Stamm, dessen Name überdies nicht selten
zur Bezeichnung ihrer anwohnenden Stammgenossen ge=
braucht wurde. Aber so glanzvoll auch der Name der Chau=
ken in der ältern Zeit hervortritt, so verlor er sich später
doch gänzlich und ging in den Volksnamen auf, der mit der
spätern allgemeinen Bezeichnung der ingävonischen Völker
zusammenfällt, und der auch diesem Volke von Anfang an
nicht fremd gewesen sein kann. Denn grade auf dem Ge=
biete der Chauken hat sich der Name der Friesen in rühm=
licher Selbstständigkeit bis auf unsere Tage erhalten.

Die Chauken bewohnten die norddeutschen Marschländer
an den Gestaden der Nordsee von der Mündung der Ems,
wo sie mit den bei den Alten sogenannten Friesen zusam=
menstießen, über die Weser ostwärts fort bis zur Mündung
der Elbe, oder die heutigen Landschaften von Ost=Fries=
land, Oldenburg und Bremen. Sie grenzten gegen Süd=
westen an die Amsivarier, gegen Süden an die Chasua=
ren und Angrivarier, und gegen Südosten an die
suevischen Langobarden. Auf diesem weit ausgedehnten
Gebiete wurden sie durch den untern Lauf der Weser in
die beiden Völker der größern und kleinern Chauken
getheilt, deren Sitze uns von den Alten jedoch verschieden

---

1) Ledebur, das Land und Volk der Brukterer. S. 241. 243.

angegeben werden. Denn Tacitus verſetzt die größern Chauken auf die Weſtſeite der Weſer neben die Frieſen, während
Ptolemäus wohl mit größerm Rechte die Wohnſitze der
kleinen Chauken im Weſten der Weſer und die der großen
Chauken von der Weſer bis zur Elbe angiebt [1]).

Es ſprechen die Alten aber meiſtens von den Völkern
der Chauken (gentes, nationes Chaucorum), wobei es
ſcheint, daß ſie nicht blos an dieſen Unterſchied der beiden
Stämme auf der Oſt= und Weſtſeite der Weſer, ſondern an
ein Bundesgenoſſen= oder Abhängigkeits=Verhältniß
ihrer anwohnenden ingävoniſchen Völker gedacht haben
müſſen. Somit zeigt ſich hier ein chaukiſcher Völker=
bund, der nach Art deſſen der Cherusken und der Chatten
ſich gebildet haben mag. So wie die Angrivarier immer
in enger Verbindung mit ihnen erſcheinen, ſo umfaßte dieſer
Bund auch die Chaſuaren und die Amſivarier. Darum
ſcheinen die Chaſuaren auch unter dem Namen der chau-
kiſchen Chatten oder Cattigauken bei den Alten vor=
zukommen [2]).

In welcher hohen Achtung dieſe Chauken bei den
Römern ſtanden, und wie genau ſie mit der Natur ihres
Landes vertraut waren, lehren die Berichte derſelben aus
dem erſten Jahrhundert. Plinius, welcher ſie ſelbſt kennen
lernte, ſchildert ſie als ein armes Fiſchervolk, welches
nur auf Anhöhen und Dämmen Sicherheit gegen die dort
anbringenden Meeresfluthen finde, keine Viehzucht und keine
Jagd treiben könne, Regenwaſſer in Gruben ſammele und
den Torf, womit es ſeine Speiſen koche, mehr im Winde
als an der Sonne trockene, aber doch dies ärmliche Daſein
der Knechtſchaft weit vorziehe. Tacitus rühmt ſie als ein
edles Volk, fern von Habſucht und Herrſchbegierde, welches

---

1) Wiarda, oſtfrieſiſche Geſchichte. Aurich 1791. 8. Th. I.
S. 3.

2) Ledebur, das Land und Volk der Brukterer. S. 94. 104.

feine Größe durch Gerechtigkeit zu behaupten suche, den
Krieg zwar nicht liebe, aber ihn auch nicht scheue [1]).

Schon früh lernten die Römer dieses Volk kennen, und
zwar zu gleicher Zeit mit den Friesen bei den Kriegszügen
des Drusus. Fortan erscheinen die Chauken als Bundes=
genossen der Römer, und so wie Tiberius nur mit ihrer
Hülfe seinen merkwürdigen Zug bis zur untern Elbe un=
ternehmen und seine Flotte nach Durchschiffung der Nordsee
in diesen Strom einlaufen konnte, so gelangen auch später
dem Germanicus nur durch die Unterstützung dieses kühnen
seefahrenden Volkes seine Feldzüge in das Innere Germa=
niens. Selbst feste römische Plätze befanden sich in
ihrem Gebiete [2]). Aber die Gewaltthaten der Römer be=
wogen dies Volk endlich sich dem Abhängigkeitsverhältnisse
zu entziehen, und die Plane mehrerer römischen Feldherrn,
wie eines Gabinius und Domitius Corbulo gegen ihre Frei=
heit, waren ohne Erfolg. Sie blieben seitdem heftige
Feinde der Römer, und damit hängt wieder die gewaltsame
Einnahme des nördlichen Theiles des amfivarischen
Landes (Nieder=Emsland) um die Mitte des ersten Jahr=
hunderts zusammen [3]). Auch sind sie bekannt durch ihren
Antheil an dem batavischen Freiheitskriege, indem sie dem
Civilis Hülfstruppen zusandten.

Zwar noch genannt um die Mitte des zweiten Jahr=
hunderts, verschwindet doch seitdem der Name der Chauken
und ging in den der Franken auf, welcher anfangs alle
ingävonischen Völker bis zur untern Elbe hin umfaßte, aber
hier in diesem äußersten Nordosten von Germanien bald
wieder dem Namen der Sachsen Platz machte. Noch wer=
den uns die „Chauken" als ein fränkisches Volk genannt,
aber bald ist hier nur von Sachsen die Rede, welche sich

---

1) Wilhelm, Germanien. S. 155.
2) Wilhelm, Germanien. S. 159.
3) Ledebur, die Brukterer. S. 91.

durch ihre Raubzüge zur See nach den belgischen und
gallischen Küsten den Römern furchtbar machten, und um die
Mitte des vierten Jahrhunderts erscheinen sie sogar als das
sächsische Volk der Quaden, welches zur Vertreibung der
Salier aus seiner ältern Heimath beitrug. Zum letzenmale
werden die Chauken am Schlusse des vierten Jahrhunderts
erwähnt unter dem Namen der Kayken. Denn auf geraume Zeit kennt man in jener Gegend nur die Sachsen,
bis der westliche Theil des chaukischen Volkes unter dem
Namen der Friesen hervortritt, während sich für den östlichen Theil der Name der Sachsen erhielt [1]).

7) Die Saxonen (Saxones) und die Völker der cimbrischen Halbinsel. Erst durch die römischen Flotten
eines Tiberius und Germanicus scheint jene Halbinsel, welche
sich an den Nordgestaden Deutschlands weit in das Meer
hineinzieht und in geographischer Beziehung das Vermitte-
lungsland zum skandinavischen Norden bildet, bekannt geworden zu sein. Denn Strabo erwähnt diese Halbinsel zuerst,
und Plinius, der sich einige Zeit in dem nördlichen Germanien aufgehalten hatte, ist schon besser unterrichtet. Er kennt
ein Vorgebirge der Cimbern, welches weit hervortretend
in das Meer in der Landessprache Kartris genannt wurde.
Eben so wußte Tacitus von einem halbinselartigen
Vorsprunge der Küste, den er mit Cimbern bevölkert, und
der hier wohl bekannte Ptolemäus giebt eine genaue
Darstellung dieser sogenannten cimbrischen Halbinsel
(chersonesus Cimbrica) nebst ihren Völkerschaften [2]).

Unter den Völkern jenes Gebietes, welche von den
Alten den ingävonischen Stämmen zugezählt werden,
lernen wir durch Ptolemäus zuerst den kleinen Stamm der
Saxonen kennen, deren Name nachmals, gleich dem der
Salier bei den istävonischen Völkern im Westen, so hier im

---

1) Wiarda, ostfriesische Geschichte. I. S. 24 bis 32.
2) Wilhelm, Germanien. S. 172.

Nordosten bei den ingävonischen Völkern eine solche Berühmtheit erlangt hat. Es wohnten aber diese ursprünglichen Sachsen auf dem Halse der Halbinsel im Osten
der untern Elbe im heutigen Holstein, und gleich ihren
Stammgenossen an der Weser und Ems mit der Beschiffung
des Meeres vertraut, begannen sie von hier aus gegen das
Ende des dritten Jahrhunderts als Freibeuter und See-
räuber die gallischen Küsten zu überfallen und zu plündern,
während die zur selbigen Zeit von ihnen ausgehenden kriegerischen Gefolgschaften in dem Lande jenseit der Elbe
eine Umgestaltung der Dinge hervorbrachten [1]). Gewiß
haben aber die Saxonen in jenem Gebiete von je an gewohnt, wenn auch ihr Name weder vom Plinius noch
Tacitus erwähnt wird; wenigstens ist es eine bis jetzt wenig
sicher begründete Annahme, daß dieselben erst in Folge
mächtiger Umwälzungen und Wanderungen der Völker in
dem skandinavischen Norden am Schlusse des ersten oder am
Anfange des zweiten Jahrhunderts hier an der Elbe ihre
Sitze genommen haben [2]).

Außer den Saxonen nennt aber Ptolemäus noch sechs
andere Völker in diesem Halbinsellande, welche uns sonst
ganz unbekannt sind, aber vermuthlich nur eben so viele
Gaue des hier einheimischen größern Zweiges des Stammes
der Ingävonen bilden. Denn gleich im Norden der Saxonen
nennt er die Sigulonen, Saballingier und Koban-
den und weiter nordwärts die Chalen, Phunbusier und
Charuden. Die nördlichste Spitze der Halbinsel aber be-
wohnen die Cimbern, durch deren Namen dies ganze Gebiet seine Berühmtheit bei den Alten erhielt [3]). Es scheint

---

1) Wilhelm, Germanien. S. 168 bis 171.
2) Schaumann, Geschichte des niedersächsischen Volkes von
seinem ersten Hervortreten auf dem deutschen Boden bis zum
Jahre 1180. Göttingen 1839. 8. S. 8. 9.
3) Wilhelm, Germanien. S. 177.

jedoch dieser Name bei den Alten zu vielen Mißverständnissen und Irrthümern Veranlassung gegeben zu haben, da
man fast als sicher behaupten darf, daß es nie ein einzelnes Volk dieses Namens gegeben habe [1]).

Der einstmals von den an den Nordgestaden wohnenden
deutschen Völkern über die Römer gebrachte Schrecken veranlaßte sie bei ihren spätern Eroberungszügen im Norden
nach der Heimath dieser furchtbaren Feinde zu forschen,
aber man fand überall an den Gestaden der Nordsee deutsche
Stämme unter andern Namen, da der Name der Cimbern
als eine allgemeine Bezeichnung dieser nördlichen germanischen Völkerwelt, sich nicht ohne besondere Ursachen
bei einem einzelnen Stamme fixiren konnte. Jenes anfangs
wenig bekannte Halbinselland mußte daher als die Heimath
des besondern cimbrischen Volkes übrig bleiben, und als
auch nachmals, zu Ptolemäus Zeit, die Namen der einzelnen Zweige dieses ingävonischen Volkes der norddeutschen
Halbinsel bekannt wurden, konnte doch der Name der Cimbern selbst noch nicht ganz verdrängt werden. Erst nach
jener Zeit verschwand derselbe, und auch die Folgezeit lehrt,
daß er hier nicht auf besondere Weise einheimisch gewesen
ist [2]). Das Dunkel, in welches dieses Halbinselland sich
seitdem verliert, erhellt sich erst wieder im karolingischen
Zeitalter. Da finden wir aber als Bewohner desselben die
Jüten vom dänischen oder skandinavisch = germanischen
Stamm, und die den Jüten verwandten Sachsen bilden
in historischer und ethnographischer Beziehung das Mittel-
glied zwischen den deutschen Germanen und den skandinavischen Germanen oder Normannen und Dänen [3]).

---

1) Luden, Gesch. des deutschen Volkes. I. S. 30. Vergl. dagegen Dahlmann, Gesch. v. Dänem. Hamb. 1840. 8. Th. I. S. 7.

2) Mannert, Germanien. S. 282 bis 288.

3) H. Leo, über die Odins-Verehrung in Deutschland. Erlangen 1822. 8. S. 71 bis 80.

Da die Römer bei den cimbriſchen Wanderungen in Geſellſchaft der Cimbern auch die Teutonen kennen gelernt hatten, ſo ſuchte man ihre Urheimath auch hier im Norden in deren Nachbarſchaft, obſchon man in der genauern Be= ſtimmung ihrer Sitze anfangs eben ſo wenig wie bei jenen einig werden konnte. Auch weiſet ſchon ihr Name darauf hin, daß hierbei an kein einzelnes Volk zu denken iſt [1]). Weil jedoch das den Cimbern zugewieſene Heimathsland in der Halbinſel zu beſchränkt war, um dort auch die Teutonen unterzubringen, ſo verwies man dieſes teutoniſche Volk nach der Oſtſeite der untern Elbe, wo Ptolemäus dieſelben ſogar in zwei Abtheilungen als Teutonen und Teuto= noaren anführt, von denen man gemeint hat, daß ſie die bei Tacitus vorkommenden Nuithonen und die Reudignen (ſpäter die Juthungen) ſeien [2]). Nach des Ptolemäus Zeit werden ſie nicht weiter genannt, und auffallend bleibt es, daß dieſe Teutonen nur dort in dem ſueviſchen Germa= nien angewieſen werden konnten, wo die Alten nicht blos weniger bekannt waren als wie im weſtlichen Germanien, ſondern wo auch die germaniſchen Völkerverhältniſſe weniger die Stätigkeit hatten als bei den Völkern des eigentlichen Germaniens. Sicher ſtehen die beiden von Ptolemäus ge= nannten teutoniſchen Stämme in keinem andern Zuſammen= hange mit den Teutonen des Pytheas und den Teutonen der cimbriſchen Wanderungen, als in ſo weit ihr gleicher Name eine gemeinſame deutſche Abſtammung beurkundet.

8. Die Hermionen.

Indem wir von den Ufern der Elbe wieder in das Innere des germaniſchen Stammlandes zurückkehren, haben

---

1) Werſebe, über die Völker des alten Deutſchl. S. 118. 119.
2) Zeuß, die Deutſchen und die Nachbarſtämme. S. 146 bis 150.

wir noch zwei Völker kennen zu lernen, welche wegen ihrer
ausgedehnten und volkreichen Gebiete und wegen ihrer rühm=
lichen Waffenthaten zu den wichtigsten Stämmen der ger=
manischen Völkerwelt gehören. Denn die Hermionen oder
Herminonen bestehen nur aus den beiden Völkern der
Cherusken und der Chatten, welche in dem Herzen des
heutigen Deutschland wohnend damals im Süden und Osten
von den suevischen Stämmen Ober=Deutschlands umsäumt
wurden, wie im Norden und Westen von den ingävonischen
und istävonischen Völkern Nieder=Deutschlands. Wenn es
aber auffallend erscheinen sollte, daß diese beiden hermionischen
Völker im Verhältnisse zu ihren Nachbarn im Norden und
Westen in solcher Macht und Ausdehnung auftreten,
wie sie uns die Geschichte zeigt, so ist dabei zu berücksich=
tigen, daß beide aus einer Verbindung vieler kleiner Stämme
bestehen, während die an der Spitze dieser Bundesvereine
stehenden eigentlichen Cherusken und Chatten nicht bedeu=
tender erscheinen als wie die andern Zweige ihrer Stamm=
genossen. Nur wenig treten die speciellen Völkernamen in
den Berichten der römischen Autoren hervor; erst durch
Ptolemäus werden wir mit den besondern Abtheilungen in
den Bundesvereinen und mit den Namen derselben näher
bekannt, welche sich meistens in den Gaunamen der
Geographie des Mittelalters wieder erkennen lassen.

1) Die Cherusken (Cherusci). Unter allen Völkern
des ältern Germaniens leuchtet kein Name berühmter hervor
als der der Cherusken, an welchen sich die siegreiche Be=
kämpfung der römischen Weltherrschaft in den Wäldern Ger=
maniens und die Freiheit unseres Vaterlandes anschließt.
Und doch scheint der ihren Namen umstrahlende Ruhm der
Sicherheit ihrer Geschichte und der genauen Bestimmung
ihrer Wohnsitze eben so nachtheilig als vortheilhaft gewesen
zu sein. Denn kaum würden ihnen ihre bestimmten Grenzen
sich anweisen lassen, wenn nicht die Ruhmsucht der Römer,
den Triumph durch das Aufzählen jedes überwundenen

Volkes zu verherrlichen und die Befreier Germaniens mit
Macht und Ansehn zu schmücken, uns dabei zu Hülfe käme.
Sicher ist es jedoch, daß die Cherusken, als sie den Römern
näher bekannt wurden, ein bedeutendes Gebiet zu beiden
Seiten der mittlern Weser besaßen, und daß mehrere
kleine Völker ihre Oberhoheit oder Vorherrschaft anerkannten; und zwar mußten sie sich schon geraume Zeit vorher aus ihren eigentlichen Wohnsitzen am Harz verbreitet
haben, da Cäsar bereits hörte, daß sie an die Batten
grenzten [1]).

Denn man muß die Cherusken als Volk von den
Cherusken als Völkerbündniß unterscheiden, und die
erstern, die eigentlichen Cherusken, lernen wir durch Ptolemäus an dem Melibokus-Gebirge oder als Bewohner des
Harzgaues kennen. Aber als einen Verein von mehrern
Völkerschaften finden wir die Cherusken in den ersten Zeiten
vor und nach unserer Zeitrechnung genannt zu beiden Seiten
der Weser westwärts bis zu den Völkern des istävonischen
Germaniens und nordwärts bis zu denen des ingdvonischen Germaniens reichend, so daß diese Cheruskia
in dem nachmaligen Lande Sachsen die gesammten bischöf-
lichen Diöcesen von Paderborn, Hildesheim und Halberstadt,
so wie den südlichen Theil des Bisthumes Minden und
einen Theil des sächsisch-mainzischen Sprengels umfaßte [2]).

Es grenzte demnach das cheruskische Gebiet in diesem
weitern Sinne gegen Norden an das Land der Ungriva-
zier zu beiden Seiten der Weser unterhalb ihres Austrittes
aus dem Gebirgslande, und gegen Nordosten an die suevischen
Langobarden, die auf dem linken Ufer der Elbe wohnten.
Die Westgrenze der Cherusken, mit der Scheidungslinie
des mittlern Germaniens oder der spätern Landschaften von
Engern und Westfalen zusammenfallend, lief von Norden

---

1) Kufahl, Geschichte der Deutschen. I. S 170.
2) Ledebur, das Land und Volk der Brukterer. S. 117.

nach Süden von den Quellen der Hunte an den Gebieten
der Marsen, der doppelten Brukterer und der Sigam=
bern entlang, und endete dort am Eberkopf im Egge=Ge=
birge (sylva Bacenis) auf der Grenze der Sigambern und
Hatten. Weniger genau läßt sich nach den Angaben der
Alten zwar die Südgrenze des cheruskischen Landes be=
stimmen, doch wissen wir, daß die Cherusken dort die beiden
suevischen Stämme der Landen und Hatten und ostwärts
davon die Chatten berührten. Im Mittelalter aber zerfiel
die Landschaft Hessen in den südlichen oder fränkischen
Hessengau und in den nördlichen oder sächsischen Hessengau,
so daß in dem erstern fränkisches Recht und in dem letztern
sächsisches Recht galt. Wenn nun, wie man mit Recht vor=
aussetzen darf, die Nordgrenze der Chatten ursprünglich mit
der des fränkischen Hessengaues zusammenfiel, so reichte
die Südgrenze der Cherusken bis in die Gegend von Kassel
und bis zum Zusammenfluß der Fulda und Werra, indem
das nordwärts angrenzende Gebiet an der Diemel, der
sächsische Hessengau, erst nachmals den Cherusken von den
Chatten abgenommen wurde. Noch weniger aber sind wir
über die Ostgrenze unterrichtet und dürfen nur vermuthen,
daß das cheruskische Land sich bis dahin erstreckte, wo die
Saale und Elbe sich vereinigen. Die suevischen Semnonen
würden dort die Nachbarn der Cherusken sein, während sie
nach Südosten hin durch den Lauf der Unstrut von den
Hermunduren geschieden wurden [1]).

Innerhalb dieses bedeutenden Gebietes herrschten die
Cherusken zur Zeit ihrer Blüthe über mehrere kleine Völker,
welche uns theils namentlich bekannt geworden sind, theils
nur im Allgemeinen als Unterthanen und Schützlinge
derselben angegeben werden. Doch darf man keins von den
Völkern zu ihnen rechnen, welche in der Zeit des cheruskischen
Bundes neben den Cherusken oder ausdrücklich als deren

---

[1] Kufahl, Geschichte der Deutschen. I. S. 171.

Nachbarn genannt werden.   Zu jenen cheruskischen Völkern gehörten an der Nordgrenze des Landes gegen die Angrivarier und Langobarden die Dulgibinen und die Fosen. Von ihnen sind die erstern, die **Dulgibinen** des Tacitus oder die **Dulgumnier** des Ptolemäus, für die Bewohner des Gaues Tilithi zu halten, welcher der Diöcese von Minden angehörig sich zu beiden Seiten der Weser oberhalb der westfälischen Pforte in der Gegend von Hameln ausdehnte, obschon die Dulgibinen sich nach Norden zu über die Grenzen desselben hinaus erstreckt zu haben scheinen. Den **Fosen** aber weiset man mit Recht als ihren nordöstlichen Nachbarn ihre Sitze in dem zur Diöcese von Hildesheim gehörigen Gaue Flotwida an dem kleinen Flusse Fuhse an, der sich bei Zelle in die Aller ergießt [1]). Ferner gehörten zu jenen Völkern die **Kamaven**, deren Heimath am Melibokus die Bewohner des im Nordwesten des Harzes liegenden und gleichfalls zur Diöcese von Hildesheim gehörigen Ammergaues an der Innerste erkennen lassen. Als das vierte cheruskische Volk lernen wir sodann die **Nertereanen** kennen und zwar an der Südwestecke des cheruskischen Landes am Bacenis=Walde in dem zur Diöcese von Paderborn gehörigen Itter= oder Nittergau zwischen den Quellen der Eder und Diemel [2]). Auf der Ostseite und Südseite des cheruskischen Landes werden weiter keine einzelnen Stämme genannt, und wahrscheinlich bildete das **Stammvolk** der **Cherusken** selbst in diesen dem Harz näher liegenden Gebieten die Bevölkerung, so wie dasselbe auch von jenem Gebirge den Namen empfangen zu haben scheint [3]).

War es zwar auch der römischen Politik nach den drohenden Feldzügen des Drusus im Innern Germaniens

---

1) Werfebe, über die Völker des alten Deutschlands. S. 113.
2) Ledebur, die Brukterer S. 118 bis 129.
3) Wilhelm, Germanien. S. 196. Gegen die Ableitung des Namens der Cherusken von dem Harz erklärt sich jedoch Phillips, deutsche Staats= und Rechtsgeschichte. I. S. 32. Anmerk. 36.

gelungen, die Cherusken in ein Bündniß mit Rom zu
ziehen, und verschmäheten selbst die Häuptlinge des cherus=
kischen Volkes nicht in Rom das Bürgerrecht zu suchen,
so war doch das Unternehmen der Römer, auch dieses Volk
nach Schwächung der Macht der istävonischen Völker in
größere Abhängigkeit zu bringen, übereilt. An der Tüchtig=
keit dieses Kernvolkes des klassischen Bodens von Germanien
an der Weser und am Harz brach sich die Macht der Welt=
herrscher. Die Zeit der Vernichtung der varianischen Legionen
bildet die Glanzperiode der Cherusken, als dieselben un=
ter der Leitung eines Mannes wie Arminius die Vorherr=
schaft im ganzen Germanien in Anspruch nahmen. Darum
waren besonders gegen die Cherusken die großartigen kriege=
rischen Unternehmungen des Germanicus gerichtet, welcher
dennoch, obschon von der ganzen Macht Roms und selbst
auch von den ingävonischen Germanen unterstützt, nur die
Schwellen ihres Gebietes berühren, und noch viel weniger
in das Innere desselben eindringen konnte.

So wie aber unstreitig die Kämpfe der germanischen
Völker mit den Römern auf die Gestaltung jenes Bundes
von Einfluß waren, so zerfiel derselbe nach der Zeit jener
Kämpfe, und der Zwiespalt unter den Edlen des Volkes
trug zur gänzlichen Auflösung desselben bei. Ihre süd=
lichen Nachbarn, die Chatten, die in alter Feindschaft mit
ihnen standen, benutzten diese Gelegenheit, an ihnen Rache
zu üben, und aus des Tacitus Andeutungen läßt sich die
verlorne Macht und das gesunkene Ansehn der Cherus=
ken, so wie der Glanz des Namens der Chatten zu seiner
Zeit erkennen. Denn ein Theil der cheruskischen Völker ge=
rieth damals unter die Oberherrschaft der Chatten, oder
schloß sich freiwillig an sie an, und dies ist der später so=
genannte sächsische Hessengau (pagus Hessi-Saxonicus),
der ein Bestandtheil des sächsischen Landes Engern war,
weil die alten Gesetze und Einrichtungen des Landes ver=

blieben, wenn auch der Name der Chatten (Heſſen) auf das
Land überging [1]).

Eine noch bedeutendere Veränderung zeigt ſich aber auf
der Weſtſeite der alten Cheruskia am Schluſſe des erſten
Jahrhunderts durch die ſiegreiche Ausbreitung der Angri=
varier über die Weſer=Gegenden in den früher den Schütz=
lingen der Cherusken gehörigen Gebieten, welche jenes ingä=
voniſche Volk bei ſeinem Kampfe mit den Brukterern nicht
umgehen konnte und ſeine damaligen Siege zur Begründung
ſeiner Vorherrſchaft daſelbſt benutzte. Doch ſind die Grenzen
dieſes ſächſiſchen Angrivariens (Angaria, Engern)
gegen die rheinländiſchen Germanen in Weſtfalen, wie die
Grenzen der Diöceſen von Minden und Paderborn gegen
die von Osnabrück, Münſter und Köln lehren, dieſelben ge=
blieben, welche einſt die alte Cheruskia gegen die Völker des
iſtävoniſchen Germaniens hatte [2]).

So verſchwand die Macht der Cherusken. Zu des
Ptolemäus Zeit finden wir ſie nur als ein kleines Volk
erwähnt, welches auf ſeine urſprünglichen Sitze am Harz
beſchränkt war, und welches nicht eher wieder genannt wird,
als bis es in der großen Verbindung der Franken auf=
tritt. Doch dauerte dieſe Theilnahme der Cherusken an dem
fränkiſchen Verein nicht lange, da wir ſie nebſt ihren Nach=
barn, den Angrivariern, bald als Theile des Bundes der
Sachſen angegeben ſehen [3]).

2) Die Chatten (Chatti). Dieſes· zweite große her=
mioniſche Volk, welches von den Römern ſo oft bekriegt,
aber nie gänzlich beſiegt wurde, beſtand gleich den Cherusken
aus einer Verbindung mehrerer kleiner Stämme,
welche nicht minder wie dort durch die Angriffe der Römer

---

1) Lebebur, die Brukterer. S. 129 bis 131.

2) Lebebur a. a. O. S. 243 bis 245.

3) Lebebur a. a. O. S. 251. 273.

zusammengeführt sein mögen [1]). Doch zeigt sich hier die eigenthümliche Erscheinung, daß bei der Auflösung dieses Bundes die beiden Hauptbestandtheile desselben oder die eigentlichen Chatten und die chattischen Bundesvölker sich ganz verschiedenen Völkervereinen anschlossen, und daß jene erstern sich durch alle Zeiten der Geschichte hindurch ihren alten Namen bewahrt haben. Denn der jüngere Name der Hessen ist offenbar nichts anderes als der ältere Name der Chatten [2]).

Erst durch die Feldzüge des Drusus lernen wir den Namen, die Sitze und die Ausdehnung der Chatten im weitern Sinne kennen. Nur irrthümlich hat man bisher gewöhnlich die von Cäsar genannten Sueven für dies Volk gehalten, da man vielmehr die Landen und Batten darunter zu verstehen hat, die jedoch wahrscheinlich auch chattischen Ursprungs waren. Es bildeten aber jene beiden suevischen Stämme gleichsam nur die Vorposten von dem großen suevischen Volke der Hermunduren, welches bei seinem Vordringen bis zum Mittel=Rhein in Verbindung mit jenen die drei rheinischen Stämme der Usipier, Tenkterer und Ubier so lange bedrängte, bis sie sich zur Auswanderung genöthigt sahen. Sobald indessen die Hermunduren sich durch die kriegerischen Anstalten der Römer bei Mainz in ihrer Stellung gefährdet sahen, zogen sie sich aus dem Landstriche zwischen dem Main, dem Taunus und dem Vogelsberge zurück, und die Römer wiesen nun dieses verlassene Gebiet einem nordöstlich angrenzenden chattischen Stamm an, der seit den Zeiten des Kaisers Claudius unter dem Namen der Mattiaken erwähnt wird [3]). Da nun durch den Rückzug

---

1) Wersebe, über die Völker und Völkerbündnisse des alten Deutschlands. S. 61. Doch werden hier irrig auch die Stämme der Marsen und Tubanten zu ihnen gerechnet.

2) Wenck, hessische Landesgeschichte. Darmstadt 1783. 4. Th. II. S. 21 bis 23.

3) Wilhelm, Germanien. S. 145.

der hermundurischen Hauptmacht jene suevischen Vorposten
an der obern Lahn die unmittelbare Hülfe ihrer Stamm=
genossen verloren und ihre eigene Macht und Anzahl nicht
hinreichte, sich in dem Ansehn zu behaupten, dessen sie bis=
her genossen hatten, so schlossen sie sich fortan mehr an die
Chatten an, deren Sitze sie nach Osten hin berührten.
Das Gebiet dieser Langobarden=Sueven des Ptolemäus
bildet aber im Mittelalter den großen hessischen Ober=
Lahngau, der auch den kleinen Battengau oder Batten=
feld an der obern Eder umfaßte, in welchem sich das An=
denken an die alten Batten noch bis jetzt in vielen Orts=
namen erhalten hat [1]).

Das Gebiet der Chatten erstreckte sich demnach von
den Grenzen der Cherusken am Zusammenfluß der Fulda
und Werra im Norden bis zur Vereinigung des Rhein und
Main im Süden. Indem es westwärts das Gebiet des
Ober=Lahngaues begriff, reichte es auf dieser Seite bis an
die Grenzen der Ingrionen und Tenkterer im Engersgau
und einem Theile des Nieder=Lahngaues, und gegen Nord=
westen bis zur Naturgrenze des Egge=Gebirges oder
Bacenis=Waldes, wo sich im Alterthum eben so die Grenzen
der Batten, Cherusken und Sigambern berührten, wie sich
dort im Mittelalter die Landschaften Hessen, Engern
und Westfalen von einander sonderten [2]). Gegen Osten
und Südosten wurden die Chatten durch den Lauf der
Werra, des spätern Grenzstromes zwischen den Hessen und
Thüringern, und durch die fränkische Saale von den
suevischen Hermunduren geschieden. Der hercynische
Wald, welcher nach des Tacitus Angabe das chattische
Gebiet begleiten sollte, und worunter hier das Rhön= und
Vogelsgebirge oder die wasserscheidenden Gebirgsgruppen
zwischen dem Rhein und der Weser zu verstehen sind, sandte

---

1) Kufahl, Geschichte der Deutschen. I. S. 166.
2) Ledebur, die Brukterer. S. 123.

von seiner Hauptmasse in verschiedenen Richtungen Hügel-
reihen durch das Land, dessen Bewohner in einer selbst unter
den Deutschen ausgezeichneten körperlichen und geistigen
Kraft und Gewandtheit die heilsamen Einflüsse eines trocke-
nern Bodens und einer reinern und schärfern Luft erkennen ließen [1]).

Das eigentliche Volk der Chatten, welche sich in
Verbindung mit den Batten und Landen auch nachmals
immer den Namen der Hessen bewahrt haben, bewohnte
aber nur die Nordwesthälfte jenes Gebietes zu beiden
Seiten des Vogelsgebirges an der untern Fulda und an
der obern Lahn oder in dem heutigen Nieder= und Ober=
Hessen, wo wir im Mittelalter den fränkischen Hessen=
gau (pagus Hessi-Franconicus) und den Ober=Lahngau
wiederfinden [2]). Die südöstlichen Gebiete dagegen bildeten
das Land der chattischen Bundesvölker, deren Namen uns
nur zum Theil bekannt sind, und auf welche die Bezeichnung
als Hessen nicht übergegangen ist. Zu diesen Völkern gehörten zunächst die Mattiaken, die Bewohner des Gaues
Kunigesundra am Taunus und die östlichen Nachbarn
der istävonischen Vispier oder Usipier im Nieder=Rheingau.
Ihren Namen empfingen die Mattiaken wahrscheinlich von
den warmen Quellen in ihrem Gebiete, welche als die Bäder
von Wiesbaden noch jetzt einen so alten Ruhm behaupten.
Auch scheint ihr Name erst seit der Zeit in Gebrauch gekommen zu sein, als die Römer den von ihnen eroberten
überrheinischen Theil Germaniens mit Wällen umgeben
hatten, die mit den Befestigungswerken auf dem Taunus
in Zusammenhang standen, und als dieser Theil der Chatten
innerhalb jenes von festen Landwehren umschlossenen Gebietes
sich willig der römischen Oberherrschaft ergab. Denn

---

1) Kufahl, Geschichte der Deutschen. I. S. 172.

2) Rommel, Geschichte von Hessen. Marburg 1820. 8. Th. 1.
S. 45. 122.

daß die Römer ſich hier ganz heimiſch hielten, zeigt ihr
Verſuch Silberbergwerke am Taunus anzulegen. Doch
waren die Mattiaken nicht ganz ſichere Unterthanen, da ſie
im bataviſchen Freiheitskriege als Feinde der Römer auf=
traten und gegen Mainz, die römiſche Hauptfeſtung in ihrer
Nähe, feindlich auszogen [1]).

Ein anderer wenig bekannter chattiſcher Stamm ſcheinen
die Danduten geweſen zu ſein, deren Sitze man neben
den Landen in dem obern Lahngau aufzufinden geglaubt
hat [2]). Bedeutender, wenn auch erſt in ſpäterer Zeit, er=
ſcheinen die Bucinobanten, die wir als einen Zweig der
Alemannen kennen lernen, und deren Sitze in dem ſüdlichen
Theile des chattiſchen Landes in dem Nieder=Lahngau und
in der Wetterau geſucht werden müſſen, wo ſich in dem
Orte Butzbach noch ein Anklang ihres Namens erhalten
haben mag [3]).

Mit beſonderer Ausführlichkeit handelt Tacitus bei der
Beſchreibung der germaniſchen Völker grade von den Chatten,
was zum Theil darin ſeinen Grund haben mag, daß die
Römer von ihren Beſitzungen am Taunus dies Volk genauer
als manche andere Stämme kennen zu lernen Gelegenheit
hatten. Die Chatten waren, wie die Römer oft genug auf
ihren Kriegszügen erfuhren, ein echtes Kriegervolk. Neben
der Reiterei der Tenkterer behauptete das Fußvolk der
Chatten die erſte Stelle unter den deutſchen Kriegsſchaaren [4]).
Welchen Antheil die Chatten an der Befreiung Germaniens
durch die Vernichtung der varianiſchen Legionen hatten, iſt

---

1) Wilhelm, Germanien. S. 145.

2) Ledebur, die Brukterer S. 7.

3) Mannert, Germanien. S. 258. Werſebe, über die Völ=
ker und Völkerbündniſſe des alten Deutſchlands. S. 142. 143.

4) J. E. Ch. Schmidt, Geſchichte des Groß=Herzogthums
Heſſen. Gießen 1818. 8. Th. I. S. 23. Rommel, Geſchichte von
Heſſen I. S. 7. 8.

bekannt, und wie sehr die Römer ihre Macht und Stellung
zu würdigen wußten, zeigen die Feldzüge des Germanicus,
welcher die beiden Hauptvölker in dem Herzen Germaniens,
die Cherusken und die Chatten, abwechselnd in ihrer Heimath
anzugreifen suchte, obwohl es ihm bei den Chatten so wenig
gelang festen Fuß zu fassen, wie er bei den Cherusken nicht
einmal in das Innere ihres Landes eindringen konnte.

Aber gleich nach der Zeit der Gefahr durch einen Germanicus beginnen dafür auch die Einbrüche der Chatten
über den Rhein in Gallien, welche zwar, wie unter der
Regierung des Claudius nicht immer glücklich abliefen, aber
den chattischen Namen bei den Römern in Achtung erhielten.
Lucius Pomponius, der Statthalter von Ober-Germanien,
drang ums Jahr 50 von dem Taunus aus wieder siegreich
in ihr Gebiet ein. Dennoch behaupteten die Chatten zu
jener Zeit, vornehmlich nach dem Falle der Macht der
Cherusken, den Vorrang unter allen Völkern des eigentlichen Germaniens, und wenn sie auch wenige Jahre nachher
in einem Kampfe mit den suevischen Hermunduren wegen
der Salzquellen an der Saale unterlagen, so bewahrten
sie sich doch ihr Ansehn in den rheinischen Gebieten Germaniens, und suchten in dem batavischen Freiheitskriege nebst
den Mattiaken durch einen Angriff auf Mainz die Erhebung
der westrheinischen Völker durch einen Seitenangriff auf die
Römer zu unterstützen [1]).

Noch höher mußte der Ruhm der Chatten steigen, als
dieselben, ihrer alten Feindschaft gegen die Cherusken
folgend, bei der gänzlichen Auflösung des cheruskischen
Bundes nur an drei Decennien nach jenem Kampfe an der
Saale mit den Waffen ihre damalige Ueberlegenheit an
ihren hermionischen Stammgenossen geltend machten. Zwar
läßt es sich nicht nachweisen, daß die Chatten, wie die
neuern hessischen Geschichtschreiber aus vorgeblichen Spuren

---

1) Rommel, Geschichte von Hessen. I. S. 16 bis 21.

der Verbreitung des hessischen Namens über den größten
Theil der Gebiete des cheruskischen Landes bis zur Aller
haben folgern wollen [1]), alle diese Gegenden siegreich durch=
zogen und ihre nördlichen Grenzen bis zum Harz hin ver=
legt hätten, bis sie durch die neu eindringenden Sachsen
wieder zurückgedrängt wären, doch muß damals das Gebiet
des sächsischen Hessengaues an der Diemel von ihnen
gewonnen worden sein.

Auch Feinde der Römer blieben die streitbaren Chatten,
und trotz dem daß die große römische Vertheidigungs=
linie im Innern Germaniens, welche die Kaiser am An=
fange des zweiten Jahrhunderts errichtet hatten, die südliche
Grenzmark ihres Landes durchschnitt, durchbrachen sie dieselbe
nicht selten sowohl nach dem Rhein als nach der Donau
hin, und dehnten zur Zeit des markomannischen Krieges ihre
Einbrüche südwärts bis nach Rhätien hin aus [2]). Aber die
Bewegungen, welche damals unter den germanischen Völkern
eintraten, müssen auch auf den chattischen Völkerbund
eingewirkt haben. Gleich dem cheruskischen Bunde scheint
er sich zu der Zeit, als sich die größern Völkerverbindungen
in Deutschland bildeten, in seine ursprünglichen Bestandtheile
aufgelöst zu haben. Denn die Chatten finden wir fortan
zwar in dem Bunde der Franken genannt, aber es waren
dies nur die eigentlichen Chatten im Hessengau und Ober=
Lahngau, und für diese hat sich im Unterschiede von ihren
cheruskischen Stammgenossen die fränkische Nationalität
immer erhalten. Dagegen erscheinen die südlich chattischen
Stämme in der Wetterau, Kunigesundra und im Nieder=
Lahngau in der Verbindung der Alemannen, deren Name
uns in den Main=Gegenden zuerst entgegentritt [3]).

---

1) Wenck, hessische Landesgeschichte. II. S. 46. Rommel,
Geschichte von Hessen. I. S. 22. Vergl. dagegen Wersebe, über
die Völker des alten Deutschlands. S. 115.

2) Schmidt, Geschichte des Großherzogthums Hessen. I. S. 21.

3) Rommel, Geschichte von Hessen. I. S. 24 bis 29.

Noch geraume Zeit nachher oder bis zur Mitte des folgenden Jahrhunderts wird uns der Name der Chatten unter den fränkiſchen Völkern genannt. Dann verſchwindet er und tritt im ſechſten Jahrhundert in der etwas veränder= ten Form von Haſſen und Heſſen wieder hervor [1]).

Mit den Chatten ſchließt die Reihe der Völker des germaniſchen Stammlandes, und wir haben nun die, unter dem Namen der Sueven bekannten Völker kennen zu lernen, welche in dem öſtlichen Ober=Deutſchland aus jenen Stamm= völkern auf einem ihnen urſprünglich fremden Boden erſt allmählig erwachſen ſein müſſen.

II. Die ſueviſchen Germanen.

Die Sueven beſtanden aus einer Reihe theils größerer, theils kleinerer Völkerſchaften, deren jede neben dem allge= meinen Namen, der nicht ſowohl auf die Abſtammung der= ſelben gehen oder von ihrer Heimath entlehnt ſein kann, als vielmehr ihre Lebensart bezeichnen muß, noch einen be= ſondern Namen führte, durch den ſich die einzelnen Stämme von einander unterſchieden. Als ein Hauptunter= ſchied zwiſchen dieſen Sueven und den eigentlichen Germanen giebt ſich ſogleich zu erkennen, daß die erſtern als weit mächtigere oder doch als weit ausgedehntere Völker= ſchaften in Verhältniß zu den letztern erſcheinen, wenn ſie ihnen an Volksmenge auch keineswegs überlegen ſein mochten, und daß mehrere derſelben ſich immer zu einer größern Verbindung vereinigt haben. Ueberhaupt füllt dieſes Suevien auf der ſüdlichen und beſonders öſtlichen Seite des klaſſiſchen Bodens von Germanien einen bedeutend größern Raum als das letztere ſelbſt und zwar auf einem Gebiete, wo alle ſueviſchen Völker ſpäter nicht nur ganz ſpurlos

---

1) Wenck, heſſiſche Landesgeſchichte. II. S. 141. 142.

verschwunden sind, sondern wo sich auch eine bestimmte
Einwanderung der nachmals dort hausenden slavischen
Bevölkerung nicht nachweisen läßt.

So weit aber um die Mitte des ersten Jahrhunderts
unserer Zeitrechnung suevische Völker in größern Schaaren
verbreitet erscheinen, so weit rechneten die Römer auch das
Land Groß-Germanien im Unterschiede von ihren beiden
germanischen Landschaften am linken Rhein-Ufer. Zwar war
in älterer Zeit das Gebiet der Tafelflächen an der obern
Donau und an den Alpen vielfach von germanischen
Schaaren durchzogen worden, aber seit der Begründung des
Reiches des Marbod und der Einrichtung der römischen
Donau-Provinzen erstreckte sich Germanien an der Seite
der suevischen Völker südwärts nur bis zum Main und
bis zur Donau, gegen Südosten aber bis zu den Bergketten von Ober-Ungarn im Norden der Donau [1]). Nach
Osten hin kannte man anfangs das innere Land nicht, und
als man später erfuhr, daß längs den Karpathen germanische
und sarmatische Völker mit einander vermischt lebten, be-
merkte Tacitus, daß Germanien von den Sarmaten und
Daken durch gegenseitige Furcht oder durch Gebirge geschieden werde. Erst Ptolemäus bestimmt die Weichsel,
diesen Scheidefluß zwischen dem östlichen und westlichen
Europa, als Grenzstrom Germaniens. Bis zu ihm reichten
vor den Eroberungszügen der Gothen auch nur die Sitze
der Sueven [2]).

Cäsars eigenthümliche Schilderung von den Sueven
beweiset, daß sie sich in einem ganz andern geselligen und
politischen Zustande befanden als die eigentlichen Germanen.
Der Stamm der Sueven ist nach ihm bei weitem der
größte und am meisten kriegerische unter den Germanen.

---

1) Reichard, Germanien unter den Römern. Nürnberg 1824.
8. S. 9 bis 11.

2) Mannert, Germanien. S. 149 bis 150.

Sie sollen hundert Gaue inne haben, und aus jedem Gau zögen jährlich tausend Mann zum Kriege aus. Den zu Hause bleibenden liege unterdessen die Sorge für ihren eigenen Unterhalt und für den ihrer entfernten Brüder ob, doch würden sie im nächsten Jahre von den heimkehrenden Kriegern, an deren Stelle sie nun selbst treten müßten, abgelöst. Durch diesen Wechsel werde weder der Krieg noch der Landbau vernachlässigt. Doch kennten sie noch kein Landeigenthum, blieben auch nicht lange an einem Orte des Landbaues halber, und lebten überhaupt mehr von der Viehzucht und der Jagd als von dem Ertrage ihrer Felder. Ihre rauhe und freie Lebensart stähle von Jugend auf ihre Kräfte und gebe ihren Körpern eine fast übernatürliche Größe. Cäsar rühmt sie als besonders geschickt im Tummeln der Rosse, und daß sie in Reitergefechten oft vom Pferde herabsprangen und zu Fuße kämpften. Auch sollten sie einen Ruhm darin setzen, weit und breit um ihre Grenzen die Felder wüste zu lassen um zu beweisen, daß ein großer Theil der Nachbarvölker ihrer Macht nicht habe widerstehen können. Dieser kriegerische Sinn der Sueven erhellt auch aus den Berichten des Tacitus, womit bei ihnen die besondere Sitte zusammenhängt einen Haarschweif zu tragen, obschon man davon ganz mit Unrecht ihren Namen hergeleitet hat [1]).

Offenbar hat, wie auch die spätere Geschichte beurkundet, die starke Bevölkerung der germanischen Urheimath und der kriegerische Sinn ihrer Bewohner schon frühzeitig germanische Schaaren als Kolonisten aus dem heimischen Lande herausgeführt, und wie solches am Nieder=Rhein in den belgischen Gebieten geschehen ist, so auch an den südlichen und östlichen Grenzen Germaniens am hercynischen Walde und an der Elbe. Grade diese beiden Seiten zeigten den meisten Raum zur Ausbreitung, und als man bei der Berührung mit den dort angrenzenden gallischen und

---

1) Wilhelm, Germanien. S. 95 bis 99.

ſlaviſchen Stämmen nur mit Gewalt durchzubringen vermochte, ſcheinen ſich im Innern Germaniens kriegeriſche
Gefolgſchaften zur erobernden Koloniſation in jenen Gebieten gebildet zu haben [1]). Denn einheimiſch waren die
Völker Sueviens in ihrem Lande auf keinen Fall. So wie
die Markomannen als erobernde Kriegerſchaaren an der
Südgrenze Germaniens in dem Gebiet galliſcher Völker auftreten und vermuthlich aus den hermioniſchen Völkern hervorgegangen ſind, ſo ſcheinen die vandaliſch-gothiſchen
Völker Sueviens dem ſkandinaviſchen oder ingävoniſchen
Stamme entſproſſen zu ſein und erſt von jenem Norden
aus die Unterwerfung der wendiſchen und lygiſchen
Völker im Oſten Europas im Laufe der Zeit vollbracht
zu haben [2]).

Der hohe Ruhm, deſſen ſich die ſueviſchen Völker
unter allen Germanen beſonders erfreuten, würde ſich ſehr
ſchwer erklären laſſen, wenn er nicht durch Waffenthaten
und durch Eroberungen erworben wäre, und dies kann
nicht auf Koſten ihrer Stammgenoſſen ſondern nur im Gebiete anderer Völker geſchehen ſein. Vornehmlich nach
Oſten hin finden wir die Sueven ausgebreitet und dort
herrſchten ſie über die Völker ſlaviſchen Stammes von
der Elbe bis zur Weichſel hin. Daß in dieſen baltiſchen
Gebieten einſtmals germaniſche Völker wohnten, iſt nach den
Angaben der Alten nicht zu bezweifeln, aber eben ſo ſicher
iſt es auch, daß die Germanen hier, in dem Heimathslande
der Slaven, nicht die einzige Bevölkerung bildeten, ſondern
daß die Maſſe der Bewohner aus Slaven beſtand. Ja
ſelbſt mehr ſüdwärts, in Böhmen und Mähren und in dem
öſtlichen Franken, möchten die Slaven wohl neben den dort

---

1) **Phillips,** deutſche Staats- u. Rechtsgeſch. I. S. 393. 394.

2) **Schulz,** zur Urgeſchichte des deutſchen Volksſtammes. S. 75.
111 bis 120.

vorkommenden gallifchen Völkern die eigentlichen Urbe=
wohner bilden.

Denn merkwürdig bleibt es immer, daß die Sueven im
öftlichen und füdöftlichen Deutschland, nordwärts der Donau,
grade fo weit verbreitet erfcheinen, als nachmals, nach
der Ausfcheidung des deutschen Elementes dafelbft, die fla=
vifche Bevölkerung fich ausgebreitet zeigt. Daß darum die
Sueven doch durchaus nicht für die Slaven felbft zu halten
find, wie man in neuerer Zeit gemeint hat [1]), fondern nur
für den dort die Herrschaft führenden Kriegerftand, ergiebt
fich leicht von felbft. Das Schaufpiel, welches wir im
Mittelalter in den Ländern an der Elbe und Oder in der
Begründung deutfcher Marken auf flavifchem Grund und
Boden wieder finden, das zeigt fich fchon in der germanifchen
Urzeit in der erobernden Ausbreitung kriegerifcher Gefolg=
fchaften, die von allen germanifchen Hauptftämmen ausge=
gangen fein mögen, auf demfelben Gebiete.

Nicht mit Unrecht hat man die vandalifch=gothifchen
Völker ftationär gewordene Kriegerfchaaren in Oft=
Europa bei den Slaven genannt [2]). Zu Völkern erwuchfen
fie erft allmählig in der neuen Heimath, und diefe ließen
wieder ähnliche Kriegerfchaaren aus fich hervorgehen, welche
durch neue Eroberungen den Grund zur Bildung neuer Völ=
ker legten. Auch hängt ohne Zweifel mit diefem etwas
unftäten Leben der Name diefes einen Haupttheiles der
germanifchen Völker zufammen. Denn fo verfchiedenartig
bis jetzt der Name der Sueven erklärt ift, fo fcheint er
doch auf keine andere Weife genügend als aus diefer wan=
dernden Lebensweife der germanifchen Kriegerftämme in
dem flavifchen Often Europas erklärt werden zu können [3]).

------

1) Werfebe, über die Völker und Völkerbündniffe des alten
Deutfchlands. S. 209. 210.

2) Schulz, Urgefchichte. S. 80. 120 bis 134.

3) Zeuß, die Deutfchen. S. 55. 56.

Demnach treten die suevischen Völker eigentlich in der Ge=
stalt von Kriegsheeren auf, und die Zeiten der Völker=
wanderung bestätigen auch diese Erscheinung [1]). In dieser
Verfassung betraten sie die römischen Provinzen, wobei
keineswegs ausgeschlossen ist, daß sich Weiber und Kinder
in ihrem Gefolge befanden.

Indem diese Völker des suevischen Gebietes, welches
nur im uneigentlichen Sinne den Namen Germanien führen
kann, aus der Ansiedlung kriegerischer Gefolgschaf=
ten, die in der neuen Heimath nicht blos ein Unterkommen,
sondern auch einen Schauplatz der Thätigkeit für ihre Kampf=
lust suchten, hervorgegangen sind, mußten sie sich wesentlich
in einem andern geselligen und politischen Zustande als ihre
westlichen Stammgenossen zeigen. Grade durch sie und bei
ihnen ergiebt sich das Moment, welches auf die Weiter=
entwickelung des gesammten germanischen Lebens in welt=
licher Beziehung von dem entscheidendsten Einflusse gewesen
ist. Bei beiden Klassen der germanischen Völker zeigt sich
auch eine ganz verschiedenartige Ausbildung der Standes=
verhältnisse, indem z. B. die eigentlichen Germanen im
Unterschiede von den suevischen eine doppelte Unfreiheit
kennen, die suevischen Germanen dagegen wieder eine man=
nigfaltigere Gliederung des Standes der Freien anerkennen.
Auch scheint der Gegensatz des westgermanischen und ostger=
manischen oder suevischen Lebens einen durchgreifenden Un=
terschied in dem Charakter der alten Volksrechte der
deutschen Völker, der sogenannten leges barbarorum, zu
begründen [2]).

Wenn bei den westlichen Germanen, deren weltliches
Leben zunächst wesentlich auf dem Ackerbau beruhete, nur
eine Landwehre sich findet zur Vertheidigung des Landes
gegen die Angriffe von außen, so zeigen sich bei den östlichen,

---

1) Phillips, deutsche Staats= u. Rechtsgesch. I. S. 412. 413.
2) Gaupp, das alte Gesetz der Thüringer. S. 91 bis 96.

suevischen Germanen durchaus stehende Völkerheere
welche für den Krieg organisirt sind. Die Ackerkultur tritt
bei den Sueven mehr zurück, sie erscheinen in weit geringerer
Ansäßigkeit und weniger an den Boden geknüpft, der sie er-
nähren sollte. Vielmehr bemerken wir überall nur politisch-
kriegerische Vereine, bei denen sich zugleich die eigenthümliche Erscheinung eines theokratischen Prinzips kund giebt.
Denn mehr als sonstwo bei den Germanen scheint hier das
religiöse Element des Lebens die politischen Verhältnisse durchdrungen zu haben. Ueberall zeigt sich das Ansetzen
zur Gestaltung größerer politischen Verbindungen
und zwar in einem Umfange, wie es in dem germanischen
Stammlande nur einmal in der Zeit der Angriffe der Römer
bemerkbar wird, und als Mittelpunkte dieser Verbindungen
finden wir religiöse Heiligthümer mit besondern Kulten.
Hier in dem suevischen Germanien muß die Feudalver-
fassung, welche sich nachmals mit den Germanen über
das ganze Abendland verbreitete, sich zuerst im Keime ent-
wickelt haben. Mit Recht läßt sich daher wohl behaupten,
daß sich in dem unstäten Leben dieser Sueven im Verhältniß zu den übrigen Germanen ein Fortschritt zeige, indem
die germanische Völkerwelt durch diese Bewegung in der
Erzeugung der suevischen Völker von dem isolirenden Acker-
bauleben zu einem höhern politischen Leben erweckt wurde [1]).

Von den suevischen Völkern ging das gährende
Element aus, welches später auch die westlichen Germanen durchdrang und die Bildung der größern Völkervereine
daselbst, wenn auch nicht erzeugte, doch beförderte. Die
suevischen Völker sind die eigentlichen Eroberer des römischen
Reiches, und auch, was die Franken, Alemannen und Sachsen
im Abendlande vollbrachten, ist nicht ohne Beziehung auf
das politische Leben der erstern, so wie ja die Alemannen

---

[1]) Schulz, Urgeschichte. S. 80 bis 88. 108 bis 111. 318
bis 328.

ganz aus ihnen hervorgegangen sind. Darin liegt die große
Bedeutung und die historische Wichtigkeit dieser ostger=
manischen Völker.

Wo sich diese suevische Form des germanischen Lebens
zuerst gebildet habe, könnte zweifelhaft sein, wenn Tacitus
nach den von den Deutschen darüber erhaltenen Traditionen
nicht auf den Stamm der Semnonen verwiese, bei denen
er eines berühmten heiligen Haines erwähnt. Dort war der
Ursprung des Volkes (initia gentis) zu suchen. Offen=
bar bezieht sich dies aber nur auf die politisch=religiöse Ge=
burt des suevischen Volkes und nicht auf die physische
Geburt der Germanen überhaupt [1]).

Sind nun auch nicht alle suevischen Stämme von jenem
Punkte ausgegangen, so mag dies doch besonders von dem
Theile derselben gelten, welche zu Cäsars Zeit die große
Grenzmark Germaniens gegen Süden am hercynischen Walde
bildeten, und welche unter dem allgemeinen Namen der
Markomannen zusammenzufassen sind. Dieser südlichen
oder gallisch=germanischen Mark entsprechend scheinen
sich, nach den Völkerverbindungen zu urtheilen, noch zwei
andere slavisch=germanische Marken im Osten gebildet
zu haben, oder die der Vandalen oder Vindiler im
Nordost und die der Lygier im Südost, deren Gebiete
von der Oder bis zur Weichsel reichten. An der Südseite
Germaniens trat vor dem mächtigen Andringen suevischer
Stämme in der Verbindung der Markomannen das gallische
Element in volksthümlicher Beziehung sehr bald zurück und
verschwand daselbst. Aber an der Ostseite Germaniens, wo
wir in dem Lande an der Weichsel die Urheimath des sla=
vischen Volksstammes zu suchen haben [2]), konnte in dem
Gebiete jener beiden Marken das germanische Element

---

1) Schulz, Urgeschichte. S. 274.

2) Schaffaril, über die Abstammung der Slawen. S. 28
bis 30.

keineswegs so durchdringen, und mußte von dem dort vor=
herrschenden volksthümlichen Elemente auf gewisse Weise
seine Farbe und seinen Charakter bekommen.

Die Oder, welche die suevischen Gebiete mitten durch=
strömt, scheint nun auch einen wichtigen Grenzstrom inner=
halb derselben für einen Osten und Westen abzugeben.
Auch ist es deshalb nicht unwahrscheinlich, daß dieser Fluß,
den wir beim Ptolemäus unter den Namen Jadua und
Viadus kennen lernen, eben derselbe ist, den er unter dem
Namen Suebus aufführt [1]), da die Meinung, daß der
kleine Fluß Warne unter diesem berühmten Namen zu ver=
stehen sei [2]), nicht haltbar sein dürfte. Im Westen der
Oder zeigen sich nun überall noch rein germanische Völ=
kernamen und echt germanisches Leben, weil hier die
germanische Ansiedlung mit der slavischen Urbevölkerung in
einem angemessenen Verhältnisse stehen mochte; aber gleichsam
eine ganz andere Welt zeigt sich schon an der obern Oder
im Osten des vandalischen Gebirges (Riesengebirge) und
jenseit der untern Oder. Hier in den mächtigen Räumen
zwischen den Karpathen und dem baltischen Meere, wo durch
das ganze Mittelalter hindurch und selbst bis auf diesen
Augenblick deutsche und slavische Volksthümlichkeit im Kampfe
mit einander stehen, finden wir ganz fremdartige Namen,
unter denen die deutschen Völker erscheinen; hier finden wir
zugleich eine Menge von Ortschaften, woran es in dem
eigentlichen Germanien doch mangelte und deren Existenz
nicht blos durch die Angaben der Alten sondern auch durch
die in neuern Zeiten daselbst aufgefundenen Alterthümer
bestätigt wird. Der alte Handelsverkehr zwischen der
römischen Welt und den baltischen Küstenlandschaften scheint
jene Orte hervorgerufen und erhalten zu haben [3]).

1) Zeuß, die Deutschen. S. 16.
2) Mannert, Germanien. S. 420.
3) Kruse, Arch. für alte Geograph., Geschichte u. Alterthümer
der germanischen Völkerstämme. Leipz. 1822. 8. Th. I. Heft 2 u. 3.

Wenn uns Strabo von dem Stamme der Sueven als dem umfassendsten unter den Germanen sechs Hauptvölker namentlich angiebt als die Kolduer (Quaden), die Markomannen, die Luier (Lygier), die Semnonen, Eumondoren (Hermunduren) und die Lankosargen (Langobarden), so erkennt man darin mit Ausnahme der Luier oder Lygier noch echt deutsche Namen. Wenn er aber bei der Darstellung der Begründung der Macht Marbods in Bojohemum berichtet, daß er sich sechs Völker für seine Herrschaft gewonnen habe, nämlich das große Volk der Luier, die Zumen, Butonen, Mugilonen und Sibinen und das mächtige Volk der Semnonen, so erhellt leicht, daß diese Völkernamen, wofern sie nicht verstümmelt uns überliefert sind, ein ganz fremdes und zwar slavisches Gepräge tragen. Dann aber ist auch schon von Andern erinnert worden, daß die Namen der einzelnen lygischen Völker wenig germanisch klingen und vielmehr auf einen sarmatischen oder slavischen Ursprung hinweisen [1]).

Das weit verbreitete Volk der Lygier hat seine Sitze an der obern Oder an dem vandalischen Gebirge und führt zu der Annahme, daß, so weit der vandalische oder lygische Name sich in den ostgermanischen Gebieten ausdehnt, die slavische Bevölkerung trotz der Beherrschung durch germanische Kriegerschaaren so dominirend gewesen sei, daß selbst ihr Name und zum Theil sogar ihre Sitten auf ihre Herren übergegangen sind. Wir haben demnach bei der Uebersicht über die suevischen Völker zu unterscheiden zwischen den im engern Sinne sogenannten Sueven und den östlichen Sueven der beiden großen slavischen Marken, welche unter den Namen der vandalisch=gothischen und der lygischen Völker erscheinen.

---

1) Luden, Geschichte der Deutschen. I. S. 475.

2. Die eigentlichen Sueven.

Unter diesen eigentlichen Sueven begreifen wir die Reihe von Völkern, welche auf einem theils ganz germanischen theils halb germanischen Boden das Stammland der Germanen im Süden und Osten unmittelbar umgaben. Es kommen also hier diejenigen suevischen Stämme in Betracht, welche in der alten Mark der Markomannen von dem untern Main ostwärts sich im Norden der obern Donau bis zur Grenze der Geten und Daken an den Gebirgsketten von Ober-Ungarn hinzogen, und dann diejenigen, welche von den böhmisch-mährischen Gebieten an nordwärts das Land zwischen der Elbe und Oder bis zum baltischen Meere hin erfüllten. Aus diesen Sueven sind größtentheils die beiden deutschen Stämme der Thüringer und der Alemannen mit den Schwaben und vielleicht auch zum Theil die Baiern hervorgegangen.

Bei der nähern Angabe der Sitze der einzelnen suevischen Völker ist es übrigens wohl zu berücksichtigen, daß sich dieselben keineswegs so genau wie bei den westlichen Germanen bestimmen lassen, und daß die ungenauen und sich vielfach widersprechenden Berichte der Alten in dieser Beziehung sich eben so sehr aus der Natur des politischen Zustandes dieser Völkerschaften als aus ihrer geringern Kenntniß der Gebiete Ober-Deutschlands erklären lassen. Denn da diese suevischen Völker nicht auf natürliche Weise gegeben, sondern erst im Verlauf der Zeit aus verschiedenen sich vereinigenden Gefolgschaften gebildet waren, so behielten sie diesen unstäten oder schwankenden Charakter nicht minder in ihrem Innern rücksichtlich ihrer einzelnen Unterabtheilungen als auch rücksichtlich der äußern Begrenzung, wie dies theils durch politische Verbindungen unter ihnen, theils durch willkührliche oder erzwungene Veränderung der Wohnsitze bedingt wurde. Darum können die spätern kirchlichen und politischen

Eintheilungen aus der Zeit des Mittelalters auf diesem
Gebiete der suevischen Völker nicht mehr von Bedeutung sein.

Dies zeigt sich sogleich bei der genauern Bestimmung
der Grenzen der Hermunduren und Markomannen, welche
als die beiden Hauptvölker in dem südlichen Suevien längs
des Main und der Donau erscheinen, und deren Namen offenbar nur ganz allgemeine Bezeichnungen für Kriegerschaaren an den Grenzen des deutschen Stammlandes bilden.

1) Die Hermunduren (Hermunduri). In großer
Ausbreitung erscheint dieser suevische Stamm um die Mitte
des ersten Jahrhunderts unserer Zeitrechnung in Ober-Deutschland, und sein Name scheint damals, wie früher und dann
wieder später der markomannische, die vorherrschende Bezeichnung der südlichen Sueven gewesen zu sein. Wenigstens
werden die Hermunduren später in der Geschichte genannt
als die Markomannen, und troß ihrer gewaltigen Ausbreitung verschwand ihr Name bald im zweiten Jahrhundert
als der ihrer Stammgenossen und östlichen Nachbarn noch
in hohem Ansehn stand.

Von gleicher Wurzel mit dem Namen der Hermionen
stammend und auf die Gottheit Hermin oder Irmin ver-
weisend, womit man aber auch das Wort Ariman oder
Herman d. h. ein freier und selbstständiger Krieger in Verbindung gebracht hat [1]), erinnert der Name der Hermunduren oder Irminduren an die Duringen oder Thüringer [2]). Hermunduren und Markomannen wurden diejenigen
suevischen Stämme genannt, welche schon zu Cäsars Zeit
am meisten gegen Südwesten in Ober-Deutschland vorgedrungen waren und dort den Rhein theils schon überschritten
hatten, theils noch überschreiten wollten. Sie waren es auch,
welche die rheinischen Germanen bedrängten und zum Theil

---

1) Grotefend bei Ersch und Gruber, allgem. Encyklopädie.
Abth. II. Th. VI. S. 350 bis 353.

2) Grimm, deutsche Mythologie. S. 216.

zur Auswanderung nöthigten, bis sie selbst durch das Vor=
bringen der Römer am Rhein und an der obern Donau sich
mehr in das Innere des Landes zurückzuziehen genöthigt
waren. Aber erst durch den Domitius Ahenobarbus, welcher
durch die Bewegung unter den suevischen Stämmen veran=
laßt von der Donau aus einen Zug durch Ober=Deutsch=
land bis zur Elbe hin unternahm, lernen wir die Hermun=
duren bestimmter kennen. Durch ihn erhielten damals die
aus ihrer Heimath verdrängten Hermunduren einen Theil
des frühern markomannischen Gebietes auf der Nordseite der
obern Donau, wo wir sie auch in späterer Zeit wieder=
finden. Nicht ohne Grund hat man dies Ereigniß mit der
Besetzung Bojohemums durch die Markomannen in Verbin=
dung gebracht [1]). Wenigstens würde die Vertreibung her=
mundurischer Schaaren aus jenem Gebiete durch die letztern
nicht nur die Feindschaft gegen den Marbod, sondern auch
den spätern Haß derselben gegen die Markomannen erklären.

Um die Mitte des ersten Jahrhunderts oder zur Zeit
der Glanzperiode des hermundurischen Waffenvereins, als
derselbe auch gegen die Chatten an der fränkischen Saale
glücklich kämpfte, erscheinen die Hermunduren im Besitz der
südwestlichsten Grenzmark Germaniens ausgebreitet in
den Gebieten zu beiden Seiten des Thüringer=Waldgebirges,
und gegen Westen und Nordwest an die Chatten und Che=
rusken grenzend. Südwärts reichten sie bis an die obere
Donau in der Gegend von Regensburg, und erstreckten sich
ostwärts über die sächsische Saale hinaus bis zur mittlern
Elbe und über einen Theil des nördlichen Böhmens. Mit
den Römern standen sie damals an der Donau, an der
rhätischen Grenze, in einem freundschaftlichen Vernehmen
und in Handelsverkehr; ihnen allein war es gestattet bis
zu der neu gegründeten rhätischen Hauptstadt Augusta Win=
delicorum am Lech zu kommen, um Handel zu treiben.

---

1) Wilhelm, Germanien. S. 201. 203.

Dennoch bildeten ſie hier an der Donau die Verfechter
der germaniſchen Freiheit, indem ſie im Norden des
Stromes keinen römiſchen Einfluß duldeten, und ſelbſt die
Ueberreſte der marbodiſchen Herrſchaft trotz des römiſchen
Schutzes gänzlich vernichteten [1].

Das freundſchaftliche Verhältniß zwiſchen den Hermun=
duren und Römern ſcheint übrigens nicht länger als bis zur
Mitte des zweiten Jahrhunderts beſtanden zu haben, denn
da traten ſie mit den Markomannen und faſt allen übrigen
germaniſchen Stämmen auf dem Nordufer der Donau als
die heftigſten Gegner der Römer auf, und bei dieſer Ge=
legenheit wird ihr Name zum letztenmale genannt. Denn
Ptolemäus, welcher grade um jene Zeit die Materialien zu
ſeiner Geographie ſammelte, kennt die Hermunduren nicht
mehr. Verſchwinden konnte jedoch ein ſo mächtiges von der
mittern Elbe bis zum untern Main und bis zur obern
Donau ausgebreitetes Volk nicht, vielmehr muß ſich dieſe
ſuevische Waffengenoſſenſchaft in verſchiedene Theile auf=
gelöſt haben, ſo wie uns auch Ptolemäus eine Reihe ein=
zelner deutſcher Stämme in ihrem ehemaligen Gebiete nennt,
deren Namen auf einzelne Lokalitäten und ſpätere Gau=
Benennungen hinführen [2]. Im äußerſten Weſten am Main
lernen wir die beiden kleinen Völker der Vargionen und
Karitnen kennen, welche an die dortigen oſtfränkiſchen
Gaue Weringau und Arogau zu erinnern ſcheinen [3]. Im
Oſten am Fichtelgebirge nennt er uns die Teuriochämen,
deren Namen mit dem der Hermunduren noch zuſammen=
hängen mag. In der Mitte des Landes am obern Main
finden wir die Turonen und Marvingen, und vom
Main bis gegen die Donau hin werden uns die Stämme der
Kurionen, Chätuoren und Parmäkampen genannt [4].

---

1) Wilhelm, Germanien. S. 204. 205.
2) Wilhelm, Germanien. S. 206.
3) Ledebur, die Brukterer. S. 52 bis 57.
4) Mannert, Germanien. S. 199. 203.

Aber auf demselben Gebiete, wo sich im Alterthum die hermundurischen Völker zeigen, da treten uns gleich mit dem Beginn des Mittelalters die Thüringer entgegen, deren Herkunft und Entstehung als eines mächtigen in sich fest zusammenhängenden Volkes ganz im Dunkeln liegt. Indessen so wie der Name der Hermunduren vermittelst der Teuriochämen und Turonen auf die spätern Thüringer hinweiset, so ist auch der historische und ethnographische Zusammenhang zwischen beiden nicht zu verkennen [1]. Nur ist dabei zu berücksichtigen, daß diese Stämme zum Theil auch zur Bildung des Waffenvereins der Alemannen beigetragen haben müssen, und der Name der Sueven, welcher neben dem der Alemannen anfangs immer besonders genannt wird, ehe beide in einander aufgingen, scheint auf diesen Antheil suevischer Hermunduren an jenem Verein noch bestimmter hinzuweisen. Sicher ist es aber, daß die Hermunduren auf einige Zeit bei den Alten in der zweiten Hälfte des zweiten Jahrhunderts unter dem Namen der Sueven vorkommen [2].

Dieselbe allgemeine Bezeichnung als Sueven wird jedoch auch zu jener Zeit ihren östlichen Nachbarn den Markomannen ertheilt, deren besonderer Name bei seiner allgemeinen Bedeutung und bei dem schwankenden Gebrauche, den er in den Berichten der Alten hat, nicht geringe Schwierigkeiten in der ältern deutschen Ethnographie und Geschichte verursacht. Unläugbar haben die beiden Namen der Hermunduren und Markomannen zu gewissen Zeiten bestimmte einzelne suevische Waffengenossenschaften bezeichnet; da sie aber beide nur einen appellativen Charakter haben, so mußten sie auch bei den schwankenden und sich häufig verändernden politischen Verhältnissen unter diesen südlichen

---

1) Grotefend bei Ersch und Gruber, allgem. Encyklopädie. Abth II. Th. VI. S. 365. Mannert, Germanien. S. 199.

2) Wilhelm, Germanien. S. 207.

Sueven an der Donau nicht selten in einander übergreifen, und konnten sogar zuweilen von dem noch allgemeinern Namen der Sueven verdrängt werden.

Wenn nun der Name der **Markomannen** als die in der ältern Zeit vorherrschende besondere Bezeichnung für die süddeutschen Sueven sich unter einem Ariovist bis zum obern Rhein hin ausbreitete, dann aber etwas später auf dieser westlichen Seite von dem der Hermunduren verdrängt wurde, wobei man nicht sowohl an mächtige Wanderungen der markomannischen Sueven als vielmehr nur an die weitere Ausbreitung des hermundurischen Namens auf jener Seite denken darf, so erlangte der markomannische Name bald eine weitere Ausdehnung auf der andern östlichen Seite, indem die an der Donau genannten Stämme der Narisken und Quaden bald mit unter diesem allgemeinen Namen, bald als besondere Völker neben dem einzelnen Volke der Markomannen aufgeführt werden. Außerdem finden wir aber an der Nordseite der Donau ostwärts bis zu den dacischen Grenzen Germaniens hin noch eine große Menge anderer Völkernamen erwähnt, welche zwar zum Theil markomannische Stämme bezeichnen, aber auch nicht selten auf das in älterer Zeit hier heimische **gallische** Element der Bevölkerung hinweisen möchten.

2) Die **Narisken** (Narisci, auch Varisti und Naristae). Dieses erst vom Tacitus genannte suevische Volk, dessen Tapferkeit er rühmt, hatte seine Sitze dem nördlichsten Donauknie von Regensburg gegenüber, scheint sich aber später etwas mehr nordwärts zum **Fichtelgebirge** hinaufgezogen zu haben, da sie Ptolemäus nicht mehr als Anwohner der Donau nennt [1]. Man hat diese Narisken für den Theil der **markomannischen** Stämme gehalten, welcher nicht in das Bergland von Bojohemum mit einwanderte [2].

----

1) **Wilhelm**, Germanien S. 216.
2) **Zeuß**, die Deutschen. S. 117.

Doch könnte man sie bei ihrer Stellung zwischen den Her=
munduren und Markomannen auch einen hermunburi=
schen Stamm nennen und zwar um so mehr, als sie nicht
mit zu dem Reiche des Marbod gehörig genannt werden,
und nur durch das Anschließen an das größere westliche Volk
sich selbstständig erhalten haben können. In dem markoman=
nischen Kriege werden sie zum letztenmale genannt unter den
Feinden der Römer an der Donau. Ob sich ihr Name noch
später im Mittelalter an dem Fichtelgebirge in dem Vogt=
lande erhalten haben mag, wo uns die provincia Varisco-
rum angegeben wird, muß wohl unentschieden bleiben [1]),
und noch weniger wird sich ermitteln lassen, ob die Varas=
ten im Lande Warasch oder Waraschken, das wir im Mit=
telalter am Jura und am Doubs kennen lernen, dem Na=
men nach mit dem Volke der Narisken an der Donau zu=
sammenhängen [2]).

3) Die Markomannen (Marcomanni). Als ein be=
sonderes Volk oder als eine besondere Waffengenossen=
schaft kann man die Markomannen nur erst seit der Zeit
betrachten, als ein großer Theil der süddeutschen Sueven in
den Hochebenen an der obern Donau, der dort vordringen=
den Macht der Römer weichend, sich unter Anführung des
Marbod in das bojohemische Bergland zurückzog und
dort den Grund zu einer mächtigen suevischen Herrschaft in
Ober=Deutschland legte [3]). Doch wurden sie auch in dieser
Stellung noch mit dem allgemeinen Namen der Sueven be=
zeichnet [4]). Schon haben wir kennen gelernt, daß dieses weit
ausgedehnte Reich, welches selbst die fernen suevischen Stämme
der Semnonen und Langobarden an der mittlern und untern

---

1) Juncker, Anleitung zur Geographie der mittlern Zeiten.
Jena 1712. 4 S. 106.
2) Zeuß, die Deutschen. S. 117.
3) Wilhelm, Germanien. S. 215. 216.
4) Zeuß, die Deutschen. S. 117.

Elbe umfaßte, nicht lange von Bestand war, und daß außer den Cherusken vornehmlich die Hermunduren zum Sturze desselben thätig waren. Die Markomannen blieben jedoch ein ansehnliches Volk unter der Herrschaft eigener Könige aus dem Geschlechte Marbods, und standen in der folgenden Zeit meistens in einem friedlichen Verhältnisse mit den Römern bis auf die Regierung des Domitianus, welcher selbst die Feindschaft anregte, durch welche der markomannische Name sich an der obern Donau bald so furchtbar gemacht hat. Uebrigens ist es bei dem Umstande, daß nun gleich darauf in eben diesem Gebiete uns so viele besondere Völkernamen genannt werden, nicht ohne Grund bezweifelt werden, ob die Markomannen in Bojohemum nach Marbods Zeit auch noch diesen Namen geführt haben, da derselbe zwar auch noch ferner bei den Römern blieb, aber allmählig wieder in einem allgemeinern Sinne gebraucht wurde, während eine andere besondere Bezeichnung zum Vorschein kommt, welche an die eigentlichen suevischen Bojohemen erinnert [1]).

4) Die Quaden (Quadi). Auf der Ostseite der Markomannen wohnend bilden die Quaden das südöstlichste unter den suevischen Völkern Germaniens, und sie wurden dort an der Donau den Römern bei der Eroberung Pannoniens und Norikums frühzeitig bekannt. Anfangs nach Osten hin bis zu den Gebieten der Geten und Daken ausgedehnt, zogen sie sich später seit dem Vordringen der sarmatischen Jazygen, welche den Vortrab der von den Karpathen her sich bis zur Donau verbreitenden slavischen Stämme bilden [2]), und seit der Begründung des Reiches des Marbod in Bojohemum mehr nach Westen in das heutige Ober=Ungarn und Mähren zurück. Mit den Markomannen

---

1) Mannert, Germanien. S. 384. 391.

2) Muchar, Geschichte der slavischen Völker Inner=Oestreichs, in der steiermärkischen Zeitschrift. Heft 6. Grätz 1825. S. 1 bis 57.

stehen sie immer in enger Verbindung, gehörten auch zum marbodischen Reiche, und erscheinen durchaus als eine mar= komannische, wenn auch selbstständige Völkerschaft. Daher wird auch das kleine Reich, welches die Römer aus den flüchtigen Gefolgschaften des Marbod und Catvalda an dem Norduser der Donau an den Flüssen Waag und Gran unter einem besondern Könige aus dem Volke der Quaden errich= teten, ein quadisches Reich genannt, und hier wie weiter westlich an der March kennt man später immer nur Quaden [1]).

Während der Mitte und der zweiten Hälfte des ersten Jahrhunderts standen die Quaden mit ihren Stammgenossen in einem gleichen friedlichen Verhältnisse zu den Römern, bis die letztern selbst zur Störung desselben Veranlassung ga= ben. Dafür wurden sie auch in dem folgenden Jahrhundert um so fürchterlichere Feinde, als sie in dem großen mar= komannischen Kriege zur Zeit des Marcus Aurelius die Grenzen des römischen Reiches in den illyrischen Provinzen an der obern Donau bestürmten. Sie erscheinen damals mit unter dem gemeinsamen Namen der Markomannen, wel= cher alle suevischen Völker und Gefolgschaften an dem Ufer der Donau umfassend in dem zweiten Jahrhundert sich noch einmal zur welthistorischen Bedeutung emporschwang, wenn gleich sie auch noch immer unter ihrem besondern Namen neben Markomannen und andern Völkern jener Gebiete ge= nannt werden.

Noch während des ganzen dritten und vierten Jahrhun= derts ist der Name der Markomannen für die über die obere Donau in die illyrischen Provinzen einbrechenden Sue= ven in Gebrauch, erst im fünften Jahrhundert verliert er sich. Auch der Name der Quaden erhielt sich bei den Alten bis zum Ende des vierten Jahrhunderts, obschon aus diesem wie aus dem markomannischen Volke im Laufe der Zeit etwas

---

1) Mannert, Germanien. S. 379 bis 381.

ganz anderes geworden war, und wird zum letztenmale im
fünften Jahrhundert zu Attilas Zeit genannt [1]).

Indeffen schon seit der Mitte des zweiten Jahrhunderts
finden wir auf dem Gebiete der bojohemischen Markoman=
nen und der Quaden eine Reihe anderer Völkernamen,
und zwar neben jenen, vom Ptolemäus angegeben, welche
sonst weiter nicht vorkommen und welche, wenn auch nicht
Gaunamen doch Gefolgschaftsnamen der einzelnen Theile
jener größern Verbindungen anzeigen. Die mehr im Innern
des Landes angegebenen allgemeinen Namen der Markoman=
nen und Quaden möchten vielleicht beim Ptolemäus auch
dort verschwunden sein, wenn er dort eben so genaue Kunde
als wie an dem Gestade der Donau gehabt hätte. Hier
aber nennt er uns zunächst das große Volk der Bämen
(Baemi), welches in dem Marchfelde seinen Sitz hatte, und
dem sich gegenüber auf der rechten Seite des Stromes die
starke Festung Carnuntum erhob, das Bollwerk Roms gegen
Markomannen und Quaden. Wahrscheinlich sind unter jenen
Bämen nichts als Bojohemen zu verstehen oder diejenigen
Gefolgschaften der bojohemischen Markomannen, welche sich
in Folge der Angriffe des Domitianus am Ufer der Donau
festsetzten [2]). Denn die Vermuthung, daß sie die Abkömm=
linge der von den Römern an die Donau verpflanzten Ge=
folgschaften unter der Herrschaft des Vannius seien, möchte
durch ihre Bezeichnung als eines großen Volkes kaum
gerechtfertigt werden [3]).

---

1) Mannert, Germanien. S. 382 bis 385.
2) Mannert, Germanien. S. 391.
3) Zeuß, die Deutschen. S. 118. Nach Andern sollten sie die
angeblich von den Markomannen aus Bojenheim vertriebenen Bojen,
die nachmals sogenannten Bajoaren und die Stammväter der heuti=
gen Baiern sein. Buchner, über die Einwohner Deutschlands im
zweiten Jahrhundert unserer Zeitrechnung nach Ptolemäus. Mün=
chen 1839. 4. S. XII.

Als die Nachbarn der Bämen werden uns genannt ost=
wärts die Rhakaten und westwärts die Terakatrier,
sämmtlich im Ufergebiet der Donau, indem in ihrem Rücken
die Quaden wohnten nordwärts bis zu den Gebirgsketten
auf der Grenze von Mähren und Schlesien. Weiter auf=
wärts an der Donau nennt uns Ptolemäus die beiden Stämme
der Abrabäkampen und der Parmäkampen, welche
letztern sich bis zum Stromknie von Regensburg hinzogen,
und in ihrem Rücken nordwärts an den Quellen der Mol=
dau die Subinen, welche man mit den bei Strabo ge=
nannten Sibinen verglichen hat. Noch jetzt weisen die
beiden Zuflüsse zur Donau die östreichische und baiersche
Kamp auf die Sitze jener doppelten Kampen hin [1]). An
der Nordseite aber des markomannischen Gebietes an dem
Durchbruche der Elbe durch das Gebirgsland, von wo an
der Strom das Gebiet der Hermunduren bespülte, saßen die
Bänochämen oder Bonochämen, deren Namen man
wegen des von ihnen bewohnten Gebietes in Bojochämen
verwandeln zu müssen glaubte [2]).

Wenn es sich auch weiter nicht begründen läßt, daß
die an der Donau genannten Terakatrier ein gallisches
Völkchen seien [3]), so trifft man doch hier an den südöstli=
chen Grenzen Germaniens, wo die suevisch=markomannischen
Kriegsschaaren erst im Kampfe mit der gallischen und
auch slavischen Urbevölkerung sich ihre Heimath und
eine Herrschaft erworben haben können, nach den bestimmten
Angaben der Alten noch mancherlei Ueberreste jener Volks=
stämme, welche sich in den mehr gesicherten Gebirgsgegen=
den, in dem Quellgebiet der Oder und Weichsel, noch in

---

1) Mannert, Germanien. S. 389 bis 391.
2) Wilhelm, Germanien. S. 221.
3) Zeuß, die Deutschen S. 119 bis 122.

einer gewiſſen Selbſtſtändigkeit behaupteten [1]). Da uns
dies aber ſchon in das Gebiet der öſtlichen Markenvölker
Germaniens hineinführt, haben wir zunächſt noch die Reihe
der ſuevischen Völker an der Elbe abwärts bis zur Oder
und dem baltiſchen Meere vorzuführen.

5) Die Semnonen (Semnones). Mit großem Glanze
tritt der Name der ſuevischen Semnonen in der Geſchichte
hervor. Sie erſcheinen zuerſt als ein durch Marbod für den
Bund der Markomannen gewonnenes Volk, das aber ſpäter
durch ſein Anſchließen an den Bund der Cherusken zur Auf=
löſung des marbodiſchen Reiches beitrug. Durch die Kriegs=
züge unter Tiberius lernten die Römer die Heimath dieſes
Volkes als an der Elbe gelegen kennen, und ſo wie ſie
ſchon Strabo ein großes Volk nennt, ſo bemerkt Tacitus,
daß die Semnonen die älteſten und angeſehenſten un=
ter den ſuevischen Völkern ſeien. Grade in ihrem Gebiete
ſollte der Urſprung aller Sueven zu ſuchen ſein, worun=
ter wohl nur die Entſtehung der ſuevischen Waffengenoſſen=
ſchaften und die Ausbildung ihrer Kriegsverfaſſung verſtan=
den werden kann. Auch weiß er mancherlei Wunderbares
von dem bei ihnen befindlichen heiligen Haine, von den
Bundesopfern und von den hundert Gauen zu berichten,
welche ſie bewohnten. Noch jetzt hat man die Lage jenes
heiligen Haines in der Lauſitz bei Sonnenwalde auffinden
wollen, wo die in der Umgegend zerſtreuten vielen deutſchen
Grabmale aus der älteſten Zeit einen ehemals bedeutenden
Punkt in dieſem Gebiete ſuevischer Völker beurkunden [2]).

Die Elbe ſollte nach den Angaben der Römer die
Grenzgebiete der Hermunduren und Semnonen in ihrem

---

1) So hält man auch jene beiden Völker der Kampen bald für
galliſche Stämme, wie Duncker, orig. Germ. I. p. 50 — 53,
bald für markomanniſche Stämme, wie Mannert, älteſte Geſchichte
Bajoariens. S. 26.

2) Kufahl, Geſchichte der Deutſchen. I. S. 258.

mittlern Laufe bespülen, und noch genauer bestimmt Ptolemäus ihre Sitze, wenn er sagt, daß die Semnonen von der
Elbe ostwärts bis zum suevischen Strom, bis zur Oder,
reichten. In diesem Gebiete, in der heutigen Mark Brandenburg und in einem Theile von Sachsen grenzten sie gegen Südosten schon an die lygischen Völker, gen Südwesten an die Hermunduren, und berührten westwärts an
den Ufern der Elbe die hermionischen Cherusken und die
suevischen Langobarden [1]). Die uns hier vom Ptolemäus an der Elbe noch genannten Kalukonen waren
entweder ein Theil der Semnonen oder sind irrthümlich hier
angegeben, da sie sonst als deutscher Stamm ganz unbekannt, vielmehr von den Alten mehrmals unter den vindelicischen Völkern am obern Lech genannt werden [2]).

Zwar kommen die Semnonen in der Geschichte nur wenig vor, und nachdem ihr Name noch zuletzt in der Zeit des
markomannischen Krieges erwähnt ist, verschwindet derselbe
gänzlich. Die Römer standen mit ihnen in gar keinem Verkehr, und nur gelegentlich wird ihr Name in der zweiten
Hälfte des ersten Jahrhunderts von ihnen angeführt. Dennoch läßt sich nach den Angaben der Alten an dem Dasein
dieses suevischen Waffenvereins unter dem Namen der Semnonen nicht zweifeln, und wohl mit Unrecht hat man ihren
Namen für die allgemeine Bezeichnung der nördlichen
suevischen Völker an der Elbe gehalten, welche bei den südlichen Sueven in einer gewissen Verehrung standen, weil sie
einst von ihnen ausgegangen wären und die innern Gegenden als ihr eigentliches Mutterland betrachteten [3]). Daß
ihr Name nachmals in der Zeit der Völkerwanderung nicht
wieder erscheint, das ist ihm mit dem vieler andern suevischen Völker gemeinsam.

1) Wilhelm, Germanien. S 238 bis 242.
2) Mannert, Germanien. S. 519.
3) Mannert, Germanien. S. 331 bis 334.

13 *

6) Die Langobarden (Langobardi, Longohardi).
Durch den Kriegszug des Tiberius nach der untern Elbe
lernen wir zuerst das suevische Volk der Langobarden als
Anwohner dieses Stromes kennen [1]), und bald machten
sie sich in der Geschichte unter den Völkern Germaniens be=
merkbar, als sie mit ihren Stammgenossen und Nachbarn,
den Semnonen, dem markomannischen Reiche des Marbod
beitraten. Beide gaben dann auch wiederum bei der feindse=
ligen Stellung der germanischen Völker gegeneinander in dem
Bunde der Cherusken auf der einen Seite und der Marko=
mannen auf der andern Seite den Ausschlag, indem sie durch
den Uebertritt zum cheruskischen Völkerverein Germaniens
Freiheit aufrecht erhielten.

So vielfach auch der nachmals so berühmte Name
der Langobarden erklärt worden ist [2]), und man ihn meistens
von ihren Stammsitzen an den Ufern der Elbe glaubte her=
leiten zu müssen, wo die Börde eine fruchtbare Ebene am
Stromufer bezeichnet [3]), so ist es doch am wahrscheinlich=
sten, daß sie eben so nach den beiden von ihnen bewohnten
Gauen benannt worden sind, wie ihre suevischen Stamm=
genossen, die mit ihnen häufig verwechselten Langobarden am
Rhein als die Bewohner der beiden Gaue Lahngau und Bat=
tengau bezeichnet worden sind [4]). Denn die Sitze dieser

---

1) Daß die Langobarden zu den Sueven gehören, ist nach den
Angaben der Alten außer Zweifel, und die nahe Verwandtschaft der
spätern Langobarden mit den Sachsen berechtigt noch nicht, wie es
in neuerer Zeit (Phillips, deutsche Staats= und Rechtsgeschichte I.
S. 33) geschehen ist, sie von den Sueven zu scheiden und den Jn=
gävonen zuzugesellen, da jene Verwandtschaft offenbar nur die Ab=
stammung dieser Sueven von jenen Jngävonen, oder wenigstens eine
vielfache Beziehung beider Völker auf einander beurkundet.

2) Türk, Forschungen auf dem Gebiete der Geschichte. Ro=
stock 1835. 8. Heft 4. Die Langobarden und ihr Volksrecht. S. 18.

3) Wilhelm, Germanien. S. 286.

4) Ledebur, die Brukterer. S. 62. Anmerk. 270.

Langobarden an der Elbe finden sich im Laingau und Bardengau an der Westseite des Stromes im Fürstenthum Lüneburg, so daß sie gegen Nordwesten an die Chauken und Angrivarier, gegen Westen und Süden an die Cherusken grenzten, gegen Südost aber die Semnonen be-rührten [1]).

Die Auflösung des cheruskischen Bundes in der zweiten Hälfte des ersten Jahrhunderts trug dazu bei das Ansehn der streitbaren Langobarden unter den Völkern Germaniens noch mehr zu heben. Schon hatten sie sich in die innern Angelegenheiten der Cherusken eingemischt und einen von den letztern vertriebenen König, den Neffen Armins, mit Gewalt wieder bei ihnen eingesetzt, und die Cherusken müssen seitdem in eine gewisse Abhängigkeit von ihren ehemali-gen Bundesgenossen gekommen sein [2]). Tacitus rühmt die Langobarden zu seiner Zeit als ein Volk, welches trotz seiner geringen Anzahl mitten unter andern sehr mächtigen Völkern sich nicht nur seine Freiheit bewahrt habe, sondern auch allgemein geehrt sei. Dennoch ist es eine ganz irrige durch ein Mißverstandniß der Angaben des Ptolemäus veranlaßte Ansicht, wenn man, wie es von verschiedenen Seiten her geschehen ist [3]), von einem großen langobar-bischen Reiche zu jener Zeit spricht, welches sich über einen großen Theil Germaniens von der Elbe bis zum Rhein erstreckt haben soll.

Die Geschichte weiß von einer solchen langobardischen Herrschaft nichts. Gleich den Semnonen verschwinden die

---

1) Kufahl, Geschichte der Deutschen. I. S. 171. Wersebe, über die Völker und Völkerbündnisse des alten Deutschlands. S. 216. Anmerk. 268.

2) Wilhelm, Germanien. S. 283.

3) Mannert, Germanien. S. 171. Wilhelm, Germanien. S. 284. So auch noch Mannert in seiner Geschichte der alten Deutschen besonders der Franken. Stuttgart 1829. 8. Theil I. S. 79. 80.

Langobarden nach des Ptolemäus Zeit aus den Augen der
Alten, und erst im fünften Jahrhundert erscheint wiederum
der Name dieses Volkes, aber schwerlich eben dies Volk
selbst, an dem Nordufer der Donau, um fortan seine historische Bedeutung nicht mehr zu verlieren.

So wie die untere Elbe im Allgemeinen den Grenzstrom des eigentlichen Germaniens gegen die Welt der suevischen Völker bezeichnet, so bildete sie auch dort die Grenzmark der genauern Kunde der nordischen Welt für die Alten.
An der Elbe, bis wohin die Römer nur erobernd vorbran-
gen, begann schon das Dunkel in der Geographie und
Ethnographie, und zwar mußte dies um so mehr statt finden,
als die beiden vorhin genannten Hauptvölker daselbst in nur
geringer oder eigentlich gar keiner Berührung und Verbindung mit der römischen Welt gestanden haben. Wenn aber
schon hier, zu jener Zeit wenigstens, das historische Leben ein Ende nimmt, so kann davon noch weit weniger die
Rede sein in den Gebieten, welche sich im Rücken der Semnonen und Langobarden bis zur untern Oder und zum baltischen Meere ausbreiten.

In diesen baltischen Gebieten zwischen der Elbe
und Oder, bis wohin gewiß auch nur selten ein römischer
Handelsmann gekommen sein wird, und wo im Mittelalter
die deutsche Herrschaft und die christliche Religion erst am
spätesten unter den Ländern Deutschlands Wurzel schlug,
erscheinen im germanischen Alterthum die verschiedenen suevischen Stämme, wenn auch fast alle noch unter deutschen
Namen, doch in so unbestimmter und schattenhafter Gestalt, daß es bei den sich zum Theil widersprechenden Angaben der Alten über ihre Namen und Sitze außerordentlich
schwierig ist, etwas sicheres darüber zu ermitteln. Offenbar
waren hier in dem ersten Jahrhunderte unserer Zeitrechnung
die ethnographischen und politischen Verhältnisse noch in
einem gewissen flüssigen und unentwickelten Zustande,
und scheinen aus solchem in die Krisis der bald rings umher

eintretenden Veränderungen unter den deutschen Völkern hin=
eingezogen zu sein, ehe sie sich noch zu bestimmtern po=
litischen Gestalten durchbilden konnten.

Nach des Tacitus Angabe finden wir im Rücken der
Semnonen und Langobarden einen auf einer religiösen
Verbindung beruhenden Verein von sieben suevischen
Völkern, von welchen uns die meisten ganz unbekannt
sind und nur einige durch das spätere Vorkommen ihres
Namens in der Geschichte eine größere Wichtigkeit in An=
spruch nehmen.

7) Die Angeln (Angli, Angili), die Warnen (Va-
rini), die Reubingen (Reudigni), die Avionen (Avio-
nes), die Eudosen (Eudoses), die Suarbonen (Suar-
dones) und die Nuithonen (Nuithones). Die Sitze al=
ler dieser Stämme hat man zwar zuweilen in den heutigen
thüringischen Gebieten in dem Stromgebiete der Saale zu
finden geglaubt [1]), doch scheint es kaum zweifelhaft, daß
sie vielmehr auf der Ostseite der untern Elbe gesucht werden
müssen, obschon Tacitus darüber nur das ganz Unbestimmte
anzugeben weiß, daß sie durch Flüsse und Waldungen
geschützt seien. Auch sei bei den einzelnen Völkern nichts
weiter Merkwürdiges anzugeben, als daß sie gemeinsam die
Hertha, wofür man jetzt Herthus oder Nerthus lesen zu
müssen glaubt [2]), d. h. die Mutter Erde als eine mächtige
Gottheit verehrten, die auf das Schicksal der Menschen Ein=
fluß habe.

Bekanntlich ist das Lokale des Haines und des Hei=
ligthumes jener Gottheit, weil es auf einer Insel im
Ocean liegen sollte und den Sitzen jener sieben Völker be=
nachbart sein mußte, schon seit ältern Zeiten auf der Insel

---

1) Werfebe, über die Völker und Völkerbündnisse des alten
Deutschlands. S. 218. 219.

2) Grimm, deutsche Mythologie. S. 140.

Rügen gesucht worden [1]). Aber wohl mit Recht hat man
dieser Insel, obschon sie auch im Mittelalter sich durch einen
berühmten Kultus bei den wendischen Völkern auszeichnete,
jetzt den Ruhm streitig gemacht, jenes altgermanische Heilig=
ligthum beherbergt zu haben [2]). Sicher ist es gewiß, daß
nicht eine einzelne oceanische Insel darauf Anspruch ma=
chen kann, durch solches Heiligthum ausgezeichnet gewesen
zu sein, da sich dergleichen auf allen nordischen Inseln
jener Gebiete vorfinden mochten [3]). Neben der Insel Rü=
gen kann auch jede andere dänische Insel wie Bornholm,
Femern, Fünen und Seeland den Sitz und Mittelpunkt eines
solchen Kultus für die benachbarten Völker des Festlandes
dargeboten haben, und sucht man einmal ein einzelnes be=
stimmtes Lokale für die Angabe des Tacitus, so scheint
sich selbst die Insel Helgoland vor der Mündung der Elbe
in dieser Beziehung noch am meisten zu empfehlen [4]). Eben
dort finden wir in späterer Zeit den berühmten Kultus der
Gottheit Forsete oder Fosete bei den friesischen Völkern
wieder [5]).

Noch haben die stets verunglückten, vielfachen Erklärun=
gen der Namen jener sieben suevischen Völker nebst dem
Versuche einer genauern Bestimmung ihrer Sitze zu keinem
sichern Resultate geführt, und nur die beiden Stämme der
Angeln und Warnen kommen hier in Betracht, welche
bei der weiten Verbreitung ihrer Namen in der ältern ger=
manischen Zeit zu vielen Irrthümern Veranlassung gegeben

---

1) Wilhelm, Germanien. S. 49.

2) Barthold, Geschichte von Pommern und Rügen. Hamburg 1839. 8. Th. 1. S. 112 bis 121.

3) Mone, Geschichte des Heidenthumes im nördlichen Europa.
Leipzig 1822. 8. Th. II. S. 24.

4) F. v. d. Decken, historisch=geographische Untersuchungen
über die Insel Helgoland. Hannover 1826. 8. S. 37 bis 52.

5) Grimm, deutsche Mythologie. S. 144. 145.

haben. Denn das spätere Vorkommen derselben im Mittel-
alter nöthigte immer zu einer Anknüpfung an die schon im
Alterthum genannten und auch grade in den norddeutschen
Gebieten erscheinenden Stämme. Das Verhältniß derselben
zu den spätern Thüringern mußte die Wichtigkeit dieser
Namen erhöhen.

Was zunächst die Angeln betrifft, so ist es auffallend,
daß dieselben bei Gelegenheit der bis an die Elbe gehenden
Feldzüge der Römer nicht als Anwohner dieses Stromes genannt werden, wie dies auch den Angaben des Tacitus zu
entsprechen scheint. Dagegen setzt Ptolemäus seine suevischen
Angilen mit Bestimmtheit auf das Westufer der Elbe
und zwar gegen die Mitte ihres Laufes in der heutigen Altmark Brandenburg, so daß sie die südöstlichen Nachbarn der
Langobarden waren und ostwärts durch die Elbe von den
Semnonen geschieden wurden [1]). Eben dort in dem sogenannten Balsamer-Lande oder in dem Balsamgau hat
sich das Andenken an die alten Angeln noch bis jetzt erhalten in dem Namen des Flusses Tanger und der Stadt
Tangermünde oder Angermünde, da die Namen Angern oder
Angeln im Mittelalter abwechselnd gebraucht wurden [2]).

Aus den spätern Verhältnissen des Mittelalters erhellt
nun aber, daß die Angeln sich in diesem Gebiete auch ferner
behauptet haben, indem man nicht ohne Grund die alte
Grenzmark zwischen ihnen und den Langobarden mit der
nachmaligen Grenzscheide zwischen den beiden Kirchsprengeln
von Halberstadt und Verden in Verbindung bringt, und
eine nur wenig begründete Annahme ist es, wenn man behauptet, daß die Angeln durch die nachmaligen Völkerbewegungen an der Elbe zersprengt worden seien und sich theils
südwärts bis zur Unstrut, theils nordwärts bis zur cimbri-

---

1) Wilhelm, Germanien. S. 279.
2) Ledebur, allgem. Archiv für die Geschichtskunde des preußischen Staates. 1834. Th. XIII. S. 75 bis 81.

schen oder jütischen Halbinsel gezogen hätten [1]). Denn dort knüpfte man ihr Andenken an den Gaunamen Engilin, hier aber glaubte man sie in dem kleinen Lande Angeln wiederzufinden, welches an der baltischen Meeresküste zwischen den Städten Schleswig und Flensburg gelegen schon von den alten angelsächsischen Geschichtschreibern nicht ohne Hinweisung auf die Urheimath ihres Volkes neben dem Lande der Sachsen genannt wird [2]).

Diese Wanderung der Angeln nach Norden schien aber um so nothwendiger angenommen werden zu müssen, als sie von der cimbrischen Halbinsel aus mit den Sachsen gemeinsam die Eroberung Britanniens zu Stande gebracht haben sollten. Dennoch ist diese allgemein verbreitete Annahme keineswegs für unzweifelhaft zu halten, und jene sächsischen Angeln verweisen am Ende mit weit mehr Wahrscheinlichkeit auf die Angern oder Engern an der Weser als auf die Bewohner der Landschaft Angeln in Jütland [3]). Wenn auch die weite Zerstreuung eines Namens wie der der Angeln über verschiedene Gebiete im germanischen Alterthum auf einen gewissen historischen Zusammenhang hindeutet, so scheint doch besonders dabei beachtet werden zu müssen, daß man es bei den schwankenden ethnographischen und politischen Verhältnissen unter den suevischen Völkern bei aller Uebereinstimmung des Namens doch immer mit ganz verschiedenen Völkern zu thun habe.

Dies scheint sich noch mehr zu ergeben bei der genauern Betrachtung des Namens der Warnen oder Varinen, deren Sitze man gewöhnlich an der baltischen Küste im heutigen Meklenburg am Flusse Warnow zu suchen pflegt, von wo ein Theil nach Südwesten hin ausgewandert sein

---

1) Wilhelm, Germanien. S. 280.

2) Forster, Geschichte der Entdeckungen im Norden. Frankfurt 1784. 8. S. 96.

3) Ledebur, a. a. O. XIII. S. 78.

und durch seine Ansiedlung an der Werra zur Begründung
des Reiches der Thüringer beigetragen haben soll [1]). An
jenem baltischen Küstenflusse zeigt auch das Mittelalter die
Landschaft Warnow und das Volk der Waaren, welche,
wenn auch der slavischen Welt angehörig, doch beurkunden,
daß der Name der Warnen hier einheimisch sei, und noch
im fünften Jahrhundert finden wir dies Volk als in dersel=
ben Gegend wohnend genannt [2]).

Auf eine merkwürdige Weise zeigt sich der Name der
Warnen zu gleicher Zeit nach fast allen Enden der Welt hin
verbreitet. Denn während die byzantinischen Geschichtschrei=
ber zur Zeit des fünften Jahrhunderts einen Zweig dieses
Volkes als Anwohner der untern Donau angeben, zeigen
sich die Warnen auch zugleich als Anwohner des untern
Rhein, wo sie mit den Franken in häufiger Fehde lebten
und zuletzt von denselben vernichtet wurden. Dann sind
aber auch etwas später in der karolingischen Zeit die War=
nen oder die Werinen neben den Angeln als ein Haupt=
theil des thüringischen Volkes genannt [3]). Wenn nun
aber jene rheinischen und die an der Donau vorkommenden
Warnen wenig mehr als den Namen mit den baltischen
Warnen gemein hatten, von welchen letztern vielleicht nur
ihre Gefolgsherren stammten, so hat man jene an der We=
ser in dem Gaue Werinafeld vorkommenden thüringischen
Warnen von den baltischen gänzlich abscheiden zu müssen
geglaubt, indem man in ihnen die vom Ptolemäus genann=
ten Baristen, als verschieden von den beim Tacitus er=
wähnten Narisken anzunehmen geneigt war [4]).

Kaum läßt es sich bezweifeln, daß wir diese Warnen
in den vom Ptolemäus genannten Virunen, deren Sitze

---

1) Wilhelm, Germanien. S. 275.
2) Ledebur, a. a. O. XIII. S. 82.
3) Wilhelm, Germanien. S. 276.
4) Ledebur, a a. O. XIII. S. 85.

er zwischen den Saxonen und Semnonen angiebt, wieder zu erkennen haben. Auch hat man das von ihm in eben jener Gegend genannte Volk der Avarpen, als entstellt aus Avarnen, nur als eine verschiedene Auffassung desselben Namens der Warnen betrachtet [1]). Sonst sind uns diese Avarpen ganz unbekannt. Doch nennt uns Ptolemäus überhaupt hier eine ganz andere Reihe von Völkern, als wie wir sie nach dem nur wenig ältern Tacitus kennen gelernt haben. Nur auf gewaltsame Weise hat man zwischen beiden eine Uebereinstimmung in den ethnographischen Angaben hervorzubringen gesucht. Die bei dem griechischen Geographen in diesem Gebiete genannten Völker sind folgende.

Die Pharodenen (Pharodeni) erscheinen als östliche Nachbarn der Saxonen an der baltischen Meeresküste ostwärts bis zur Oder, und sind darum von Einigen für dieselben mit den Warnen gehalten worden [2]), deren Namen in dem ihrigen nur umgebildet erschien, während sie von Andern als dieselben mit den bei Tacitus vorkommenden Suardonen gehalten werden [3]). Dann aber nennt uns Ptolemäus auf dem Ostufer der Elbe und zwar in dem Gebiete des heutigen Lauenburg und der Priegnitz die Teutonen (Teutones) als Nachbarn der Avarpen und die Teutonoaren (Teutonoari) als Nachbarn der Virunen, welche bei den neuern Ethnographen die verschiedensten Metamorphosen haben erleiden müssen, um aus der Urzeit des germanischen Alterthums als besondere, einzelne Stämme in das Mittelalter überzugehen. Denn indem man diese Teutonen mit den Nuithonen des Tacitus zusammenwarf, deren Namen man auch in Vuithonen verwandelt hat [4]), machte man daraus die später hin und

_____

1) Zeuß, die Deutschen. S. 133.
2) Mannert, Germanien. S. 335.
3) Zeuß, die Deutschen. S. 154.
4) Grimm, deutsche Mythologie. S. 152.

wieder vorkommenden Völkernamen der Euthionen, Juthen, Jüten und Viten, während die gleichnamigen Teutonoaren als mit den Reubingen des Tacitus zusammenfallend in Euthingen, Vitingen, Jutingen und Juthungen umge= wandelt wurden, welche letztern im dritten Jahrhundert an der Donau in Verbindung mit den Markomannen den Römern so furchtbar wurden [1]).

Von allen den bei Tacitus hier genannten Völkern scheint, die Angeln und Warnen abgerechnet, nur von den Avionen noch eine Spur vorzukommen, wenn nämlich die in Verbindung mit einem Haufen von Herulern in Gallien einbrechenden Kavionen oder auch Chaibonen auf sie hinweisen [2]), und wir nicht bei diesem vermuthlich verstüm= melten Namen an die Chauken zu denken haben. Als das letzte Volk in diesem Gebiete reihen sich noch an die Side= nen (Sidoni), deren Heimath nach Ptolemäus auf der Westseite der Oder=Mündungen oder an der Peene zu suchen ist, wo man in einem entsprechenden Landschafts= namen des slavischen Mittelalters noch einen Anklang an diese ältern Bewohner zu finden geglaubt hat [3]). Auch waren andere Erklärer der alt=germanischen Ethnographie schon geneigt in diesen Sidenen einen slavischen Stamm zu finden [4]). Sie bilden für uns zugleich den Uebergang zu der zweiten Gruppe der suevischen Völker in den eigent= lich slavischen Gebieten.

2. Die lygischen und vandalischen Sueven.

Im Osten der untern Oder, des suevischen Flusses, und der böhmisch=schlesischen Gebirgsketten finden wir bis zu den

---

1) Zeuß, die Deutschen. S. 146 bis 150.
2) Wilhelm, Germanien. S. 288.
3) Ledebur, allgemeines Archiv für die Geschichtskunde des preußischen Staates 1830. Th. 1. S. 72 bis 75.
4) Mannert, Germanien. S. 337.

Karpathen und bis zur Weichsel hin noch eine ganze
Reihe germanischer Völker suevischen Stammes, welche nicht
blos durch ihre Namen, sondern auch durch alle sonst be=
kannten Verhältnisse ihres Lebens darauf hindeuten, daß
hier ein ganz anderes dem eigentlichen Germanien ziemlich
fremdes Gebiet beginnt, wo eine germanische Bevölkerung
nur auf eine solche Weise eine Zeitlang heimisch geworden
ist, wie es von den gothischen Völkern etwas später in den
ost=europäischen Landschaften am Dnepr und am Pontus
nicht geläugnet werden kann.

Denn dort in der Urheimath der Sarmaten oder der
Völker slavischen Stammes treten die von den Alten uns
genannten germanischen Völker in so eigenthümlicher Gestalt
und zugleich in so gewaltiger Ausbreitung bei einer nichts
destoweniger verhältnißmäßig nur geringen Anzahl ihrer
Volksmassen auf, daß man sich leicht überzeugt, daß sie hier
gar nicht heimisch gewesen sind, und daß sie, nur als
erobernde Kolonisten hier eingezogen, blos das herr=
schende Volk oder die unter den Slaven die Oberherrschaft
führenden Kriegerstämme gebildet haben. Wie sehr aber doch
das hier einheimische Element der Bevölkerung einen Einfluß
auf die zu stehenden Kriegsheeren erwachsenen suevischen
Gefolgschaften ausübte, und wie sehr das slavische Element
viele Theile des germanischen Lebens auf gewisse Weise ab=
sorbirte, zeigt sich sowohl darin, daß slavische Namen
sich zu Bezeichnungen der germanischen Völker haben aus=
bilden können, als auch darin daß ganz fremdartige
Sitten auf die letztern übergegangen sind.

Befremden darf es übrigens keineswegs, wenn wir in
diesen der alten Welt so sehr entlegenen Gebieten eine offen=
bar größere und mehr sichere Bekanntschaft der Alten mit
den Natur= und Völkerverhältnissen als in dem westwärts
der untern Oder liegenden Lande wahrnehmen, indem grade
diese baltischen Gebiete an der Weichsel in einem ziemlich
lebhaften Verkehr mit der Südwelt standen. Der Bern=

steinhandel verknüpfte auf einer doppelten Straße
theils gegen Südost nach dem Pontus hin, theils gegen
Südwest zur obern oder mittlern Donau hin diese nordische
Welt mit jenem Süden [1]). Bekannt ist es, daß römische
Handelsleute selbst bis dorthin vorgedrungen sind, und das
schon oben berührte Vorkommen so vieler bestimmter Ort=
schaften mit zahlreichen daselbst erhaltenen Alterthümern
zeugt für einen gewissen, wenn auch des eigentlich historischen
Lebens ermangelnden Kulturzustand dieser Gebiete in dem
ersten Jahrhundert unserer Zeitrechnung [2]).

Zwei Hauptnamen treten uns in dieser großen ostger=
manischen Mark entgegen die der Lygier und der Vanba=
len, von welchen der letztere von der slavischen Bevölkerung
entlehnt, der erstere aber selbst slavischen Ursprunges sein
muß, obgleich man darum diese lygisch=vandalischen Völker
nicht gradezu selbst für Slaven halten darf, wie es von
neuern Slavisten geschehen ist [3]). Der letzte erscheint mehr
im Nordosten verbreitet, während der lygische Namen sich
im Südosten vorherrschend zeigt. Auch lassen sich diese
ostsuevischen Völker geographisch am besten in zwei Haupt=
gruppen zertheilen, in welchen man die ursprüngliche Bil=
dung und Gestaltung ihres Lebens erkennen mag. Diese
beiden Gruppen bezeichnen neben der südlichen oder marko=
mannischen Mark Germaniens die beiden östlichen Marken
Germaniens, nämlich die südöstliche oder die lygische
Mark an der obern Oder und obern Weichsel und die
nordöstliche oder die vandalische oder vandalisch=
gothische Mark an der untern Weichsel.

Der auch in der Zeit des Mittelalters so berühmte
Name der Vandalen geht schon in die Urzeit der germa=

---

1) Muchar, das römische Noricum. I. S. 388 bis 392.

2) Joh. Voigt, Geschichte von Preußen bis zum Untergange
des deutschen Ordens. Königsberg 1827. 8. Th. 1. S. 80 bis 93.

3) Schaffarik, über die Abkunft der Slawen. S. 72.

nischen Völker zurück, und ist deshalb auf so verschiedenar=
tige Weise erklärt worden.   So wie Tacitus einen der
Stammheroen der Germanen unter diesem Namen anführt,
so erscheinen die Vindiler oder Vandilier bei Plinius als
die östlichste Gruppe der deutschen Völker oder als ein Theil
der bei Tacitus genannten Sueven, und er rechnet zu ihnen
die Burgundionen, die Varinen (welchen wohl nur irrthüm=
lich die Karinen zugesellt worden sind), und die Guttonen.
Später führt nun zwar ein einzelnes, bestimmtes und zwar
gothisches Volk den Namen der Vandalen, dennoch scheint
derselbe ursprünglich eine allgemeine Bedeutung gehabt
zu haben.   Wenn Einige den Namen der Vandalen für gleich=
bedeutend mit dem der Sueven nahmen [1]), in so fern da=
durch die unstäte Lebensart der östlichen Germanen be=
zeichnet werden sollte, und dies allerdings auch grade für
die östlichen Sueven besonders geeignet wäre, so haben An=
dere in diesem Worte (Wand oder Wend im Altdeutschen
die Küste, das Meer) die germanischen Bewohner der
baltischen Meeresgestade finden wollen [2]).
    Dennoch ist dies letztere um so weniger wahrscheinlich,
als der vandalische Name bis tief über die innern Gegenden
dieses ostgermanischen Gebietes verbreitet erscheint.   Auch
die Bergketten auf der Westseite der obern Oder werden von
den Alten unter dem Namen der vandalischen Gebirge
erwähnt, woraus man schließen muß, daß die lygischen
Völker ursprünglich gleichfalls unter jenem Namen umfaßt
worden seien.   Daher ist es am wahrscheinlichsten, daß diese
ostsuevischen Völker oder Gefolgschaften auf dem Urgebiete
der slavischen Völker, welche von den Deutschen stets nur
Wenden genannt wurden, wie die östlichsten Slaven am
Dnepr bei den dortigen Gothen den Namen der Anten

---

1) Zeuß, die Deutschen. S. 57.
    2) Wilhelm, Germanien. S. 87. Adelung, älteste Ge=
schichte der Deutschen. S. 220.

führten [1]), als wendische Germanen oder als Vanda=
len bezeichnet worden seien, und merkwürdiger Weise reicht
dieser vandalische oder wendische Name schon im Alterthum
von der Weichsel an westwärts grade so weit, als sich die
suevischen Völker auf dem nachmals bekannten Gebiete sla=
vischer Stämme verbreitet zeigen.   Denn auch die Lango=
barden auf dem linken Ufer der Elbe sollen einstmals den
Namen Winiler geführt haben [2]), und in dem Gebiete
dieses suevischen Volkes zeigt sich nach seinem Verschwinden
aus dieser Gegend eine durchaus slavische Bevölkerung,
ohne daß man eine Einwanderung dieses Elementes mit
Ueberschreitung der sonst bekannten Grenzmark zwischen den
Ländern der Germanen und Slaven historisch nachweisen
könnte.   Aus den Berichten des ältesten gothischen Geschicht=
schreibers erhellt aber, daß die slavischen Urbewohner der
südlichen Ostseeküsten, an dem sogenannten wendischen
Ocean, schon in früher Zeit durch einen großen von Nord=
west kommenden Völkerzug von deutschen Stämmen unter=
worfen und in einen Zustand der Hörigkeit versetzt wor=
den sind [3]).

Aus der südostwärts gewandten Verbreitung jener Ge=
folgschaften erklärt es sich auch, daß grade im Innern des
Landes nicht nur die besondern slavischen Namen auf die
germanischen Sieger übergegangen sind, sondern daß sich
verschiedene Stämme slavischen Ursprungs noch in einer ge=
wissen Selbstständigkeit unter ihnen behauptet haben.
Dies zeigt sich ganz deutlich in der großen südöstlichen Mark
bei den lygischen Völkern.

---

1) Schaffarik, über die Abkunft der Slawen S. 125.

2) Wilhelm, Germanien. S. 88.

3) Schulz, zur Urgeschichte des deutschen Volksstammes.
S. 80 bis 88. 102.

1. Die lygischen Völker.

So zahlreich wie in ihren einzelnen Stämmeu, so weit
verbreitet erscheint auch die Gruppe der lygischen Völker,
denen wir zugleich die Stämme der Bastarnen an den Kar=
pathen zugesellen müssen.

Die Lygier (Lygii, Ligii) erscheinen bei den Alten
unter sehr verschiedenen Namen, indem sie bald Luier, bald
Luten, Lugen, Longen, vielleicht auch Logionen und selbst Lu=
tugen genannt werden, obschon in allen diesen Bezeichnun=
gen sich ein und dasselbe Wurzelwort leicht erkennen läßt [1]).
Unstreitig haben die Alten unter diesen Lygiern wie unter
allen übrigen ostsuevischen Stämmen sich ein germanisches
Volk gedacht, und sicher ist es ein Irrthum sie grade zu für
ein wendisches oder slavisches Volk auszugeben, indem man
selbst den Namen der Hörigen (Lazzen, Liuten, Lebjonen)
bei den Deutschen im Mittelalter daraus erklären wollte [2]).
Dennoch muß man behaupten, daß die eigentlichen oder
ursprünglichen Lygier ein slavisches Volk waren, dessen
echt slavischer Name auf die sie beherrschenden Sueven über=
gegangen ist, und unter welchem sich die wenigen, die Herr=
schaft führenden suevischen Gefolgschaften so verloren, daß
slavische Sitte und Volksthümlichkeit bei ihnen charakteristisch
hervortraten. Das dem lygischen Namen zum Grunde lie=
gende Wort Lug, welches auch im Altdeutschen in der Be=
deutung von Wald oder Sumpf vorkommen sollte [3]), ist
aber im Slavischen noch jetzt allgemein verbreitet, und heißt
Wiese oder Sumpf, und bildet eine genügende Bezeich=
nung für die slavische Bevölkerung an der obern Oder und
Weichsel von dem schlesischen Gebirge an bis zu den Kar=
pathen.

---

1) Wilhelm, Germanien. S. 242.
2) Schulz, Urgeschichte. S. 89. 105 bis 108.
3) Adelung, älteste Geschichte der Deutschen. S. 229.

Schon durch Strabo lernen wir das große Volk der Lujier als einen der Hauptstämme unter den Sueven kennen, vermuthlich in Folge der Berührung der Römer mit den Markomannen und Quaden an der Donau. Sie gehörten mit zu dem großen Reiche des Marbod, und die Verbindung derselben mit den Markomannen und Hermunduren scheint auch selbst noch lange Zeit nach der Vertreibung Marbods fortgedauert zu haben; denn bei der Erhebung der Quaden gegen den ihnen von den Römern gegebenen König Vannius erscheinen sie mit den Hermunduten als Bekämpfer des römischen Einflusses in Germanien. Auch noch etwas später zur Zeit Domitians werden die Lygier als im Kampfe mit ihren Nachbarn, den Quaden erwähnt [1]). Seitdem verschwindet eigentlich dieses Volk, indem die im dritten Jahrhundert genannten Logionen, mit welchen Kaiser Probus am Rhein zu kämpfen hatte, eher an die dortigen Lahngauer als an diese östlichen Sueven denken lassen. Bei der Umgestaltung der Völkerverhältnisse in diesen Gebieten der ostgermanischen Marken müssen sich die Ueberreste der eigentlich suevischen Lygier an die gothischen Stämme angeschlossen haben.

Gleich den nördlichen Sueven im Osten der untern Elbe scheinen die zahlreichen Stämme der Lygier durch den gemeinsamen Kultus eines Heiligthumes, welches in das Gebiet der lygischen Naharvalen verlegt wird, enger mit einander verknüpft gewesen zu sein. Ueber die einzelnen Stämme, aus denen der lygische Verein gebildet war, hat uns zuerst Tacitus Nachrichten mitgetheilt, mit welchen die spätern Angaben des Ptolemäus nur zum Theil übereinstimmen, obschon sich diese Abweichung von einander bei dem schwankenden politischen Zustande jener Stämme leicht aus der Verschiedenheit des Zeitalters erklärt. Auch bemerkt Tacitus ausdrücklich, daß er nur die mächtigsten unter

---

1) Wilhelm, Germanien. S. 243.

ben lygischen Völkern nennen wolle. Nur zwei Namen wer=
ben von beiden Autoren zugleich genannt, und von dem brit=
ten wird angenommen, daß er, obgleich bei beiden verschie=
ben lautend, doch ein und dasselbe Volk bezeichne.

Die fünf von Tacitus genannten lygischen Stämme
sind die Arier (Arii), die Helvekonen (Helvecones), die
Manimer (Manimi), die Elysier (Elysii, Helisii) und
die Naharvalen (Naharvali). Diesen sind aber noch die
Buren zuzugesellen, welche vom Ptolemäus ausdrücklich ein
lygisches Volk genannt werden. Denn der letztere nennt als
die Hauptzweige dieses Volkes die lygischen Omanen (Lu=
gii Omani), die lygischen Dunen (Lugii Duni) und die
lygischen Buren (Lugii Buri), von welchen die letztern
beim Tacitus zwar auch genannt, aber in Verbindung mit
drei andern kleinen Völkerschaften angegeben werden [1]).

Denn nach des Tacitus Angabe wohnten im Rücken
d. h. im Nordosten der Markomannen und Quaden an
den wasserscheidenden Berghöhen zwischen Mähren, Schlesien
und Ungarn die vier Völker der Marsignen (Marsigni),
der Gothinen (Gothini), der Osen (Osi) und der Bu=
ren (Buri, Burii), von welchen er jedoch nur das erste und
letzte den germanisch=suevischen Völkern zuzählt, die beiden
mittlern aber als von anderm Stamme entsprungen ausgiebt.
Außerdem nennt uns Ptolemäus in eben diesem Gebiete auf
der Grenzmark der markomannischen und lygischen Völker
noch verschiedene andere kleine Stämme, welche uns sonst
ganz unbekannt sind, und über deren Sitze im einzelnen sich
kaum etwas sicheres ermitteln läßt. Sie erscheinen nur als
Trümmer und Ueberreste größerer Völker theils germani=
schen, theils slavischen und vielleicht auch illyrischen
Stammes.

---

1) **Wilhelm**, Germanien. S. 245. Zeuß, die Deutschen.
S. 124. 125.

Daß die Gothinen gallischen Ursprunges waren, die Osen aber pannonischen oder illyrischen Ursprunges, das bewies nach Tacitus ihre Sprache, so wie auch der Umstand, daß die einen den Sarmaten, die andern den Quaden tributpflichtig waren. Auch bemerkt er von den Gothinen als etwas schimpfliches, daß sie sich in den Eisengruben gebrauchen ließen, was bei den Alten nur eine Sklavenarbeit war. Mit Recht verlegte man daher die Sitze dieser Gothinen, welche mit den Kognen des Ptolemäus zusammenzufallen scheinen, in die eisenreiche Gegend von Ober-Schlesien, und die illyrischen Osen, wahrscheinlich eigentlich slavischen Stammes, werden von den neuern Erklärern als deren Nachbarn an die Quellen der Weichsel versetzt, wo sie vermuthlich mit den vom Ptolemäus genannten Visburgiern (Visburgii) an dem orkynischen Gebirgsrücken ein und dasselbe Volk bilden [1]).

Dagegen beurkundeten die Marsignen und Buren nach Sprache und Sitten ihre suevische Abstammung. Doch werden die Marsignen nicht weiter erwähnt, und daher bald von Einigen nach dem Lande Glatz innerhalb des asciburgischen Gebirges, bald von Andern nach der Lausitz verlegt, wo sie mit den beim Ptolemäus vorkommenden Silingen zusammengeworfen wurden [2]). Nur der Name der Buren, des südlichsten großen lygischen Volkes tritt bei den Alten mit mehr Bestimmtheit hervor, erinnert aber auch sogleich an ein hier herrschendes slavisches Element, indem der Name, von dem slavischen Worte Bor abgeleitet, die Waldbewohner jener Gebiete bezeichnet zu haben scheint.

Die Buren lernen wir bei den Alten als ein mächtiges Volk kennen, dessen Sitze sich über die Gegenden der

---

1) Kruse, Archiv für alte Geographie, Geschichte und Alterthümer der germanischen Völkerstämme. Heft I. S. 45. 64. Wilhelm, Germanien. S. 231 bis 235.

2) Kruse, Archiv I. S. 72. Wilhelm, Germanien. S. 235.

obern Oder und obern Weichſel verbreiteten, und von den
Batinen und Korkonten am asciburgiſchen Gebirge im We=
ſten bis zu den Stämmen der Baſtarnen im Oſten reichten.
Wegen ihrer Nachbarſchaft mit den Quaden, den Feinden
der Römer, ſtanden ſie mit den letztern, wie zur Zeit des
Trajanus, öfters in einem freundſchaftlichen Verhält=
niſſe, müſſen aber in dem großen markomanniſchen Kriege
auch dem allgemeinen Drange der germaniſchen Völker nach
den illyriſchen Provinzen an der Donau gefolgt ſein [1]). Die
vom Ptolemäus als ihre weſtlichen Nachbarn genannten
beiden kleinen Stämme der Batinen und Korkonten
wohnten am asciburgiſchen Gebirge (Rieſengebirge) an den
Quellen der Elbe, wo der Name Korkonoſch bei den ſlavi=
ſchen Anwohnern ſich für die dortigen Berghöhen noch jetzt
als einheimiſch zeigt [2]).

Die lygiſchen Dunen oder auch Dibunen bewohnten
die mittlern Gebiete der Länder der Lygier. Ihr Hauptſitz
muß Nieder=Schleſien geweſen ſein, wo die Stadt Lugi=
bunum, das heutige Liegnitz, den politiſchen und merkanti=
liſchen Mittelpunkt ihres Gebietes bezeichnet. Aber von
dem Rieſengebirge im Weſten erſtreckten ſie ſich weit nach
Oſten hin über die obere Warte hinaus bis zur mittlern
Weichſel, dem Grenzſtrom Germaniens. Mit Recht hat
man bemerkt, daß ihr Name wie der ihrer Hauptſtadt ein
galliſches Gepräge habe. Wie wichtig aber jener Ort
Lugibunum in jener Zeit des Alterthums geweſen ſein muß,
das erhellt aus den daſelbſt noch jetzt vorhandenen zahlrei=
chen Alterthümern [3]). Nordwärts von ihnen wohnte
das dritte lygiſche Hauptvolk, die Omanen oder die Ma=
nimer an der mittlern und untern Warte. In gleich mäch=
tiger Ausdehnung wie die Dunen erſtreckten ſie ſich von der

---

1) Wilhelm, Germanien. S. 246.
2) Kruſe, Archiv 1. S. 49 bis 58.
3) Kruſe, Archiv 1. S. 95 bis 100.

Oder im Westen bis zur Weichsel im Osten, und grenzten
nordwärts schon an die vandalischen Burgundionen [1]).

Nur Theile dieser drei lygischen Hauptstämme
der Buren, Dunen und Omanen scheinen, wenigstens zu des
Ptolemäus Zeit, die andern von Tacitus genannten lygischen
Völker gewesen zu sein. Denn ihre Gebiete können damals
keine große Ausdehnung gehabt haben. Zwischen den Du=
nen und Omanen sucht man das Gebiet der Elysier und
zwar auf dem rechten Ufer der Oder, wo die Landschaft von
Oels durch ihre zahlreichen alten Denkmale und durch die
vielen dort gefundenen römischen Münzen einen uralten Kul=
tursitz beurkundet und noch durch ihren Namen an die älte=
sten Bewohner erinnert [2]). Westwärts dagegen scheinen die
Sitze der beiden Stämme der Arier und Naharvalen gesucht
werden zu müssen. Tacitus schildert uns die Arier als ein
zu seiner Zeit sehr mächtiges und dabei überaus wildes
Volk, welches schwarze Schilde führe, gefärbte Leiber habe
und finstere Nächte zu seinen Schlachten wähle, um durch
diesen fremdartigen Anblick dem Feinde einen desto größern
Schrecken einzuflößen. Ihre Sitze verlegt man an das Rie=
sengebirge, an die Quellen des Bober, und hält die Na=
harvalen für ihre nordwestlichen Nachbarn an der Neisse
und am Bober [3]). In dem Gebiete der letztern befand sich
ein Hain, der schon in grauer Vorzeit den Ruhm besonderer
Heiligkeit hatte, wo ein Priester in weiblichem Schmucke dem
Kultus vorstand und ein göttliches Brüderpaar verehrt wurde.
Nicht aber die Gottheit selbst, sondern die Stätte dersel=
ben hieß Alx, welches dem gothischen Alhs entspricht [4]).

Als westliche Nachbarn der lygischen Völker und als
Grenzvolk zwischen ihnen und den Semnonen sind hier so=

---

1) Kruse, Archiv I. S. 86 bis 95.

2) Wilhelm, Germanien. S. 249.

3) Kruse, Archiv I. S. 100 bis 105.

4) Grimm, deutsche Mythologie. S. 39.

gleich die uns vom Ptolemäus genannten Silingen (Si-
lingae) anzureihen, deren Sitze in der Lauſitz an der Spree
geweſen ſein müſſen. Dem Alterthum ſonſt ganz unbekannt,
wird ihr Name im Mittelalter, wo er ſtets in Begleitung
der Vandalen erſcheint, um ſo berühmter [1]). Das letzte
der lygiſchen Völker, die Helvekonen des Tacitus, finden
wir beim Ptolemäus unter dem Namen der Aelvdonen
wieder, welche er zwar nicht als ein zu dieſem Stamme ge-
höriges Volk bezeichnet, aber wohl nur deshalb, weil ſie
durch die vandaliſchen Burgundionen von den Sitzen ihrer
Stammgenoſſen etwas getrennt waren. Darum hält man
ſie auch für die Logionen, welche vereint den Burgundionen am Rhein als im Kampfe mit dem Kaiſer Probus erwähnt werden. Das Gebiet der Helvekonen lag ſchon jenſeit der Netze, im Weſten der untern Weichſel [2]).

An dieſe mächtige Gruppe der lygiſchen Völker ſchließt
ſich noch geographiſch an die Reihe der Stämme der Baſtarnen (Bastarnae), welche aus ihrem Heimathslande an
der obern Weichſel den Alten frühzeitig an der untern Donau bekannt wurden und dort bei ihnen als Galater auftraten. Bei den Alten erſcheinen ſie dort auch unter dem Namen der Peucinen, nach der in der Donau befindlichen
Fichteninſel Peuce ſo genannt; indeſſen Ptolemäus, welcher
allein mit dem Gebiet der baſtarniſchen Völker auf der Grenzmark von Germanien und Sarmatien genauer bekannt iſt,
nennt auch dort die Peucinen als Bewohner des Peuce-
Gebirges, eines Theiles der Karpathen. Denn es wohnten die Völker der Baſtarnen an dem ganzen Nordabhange
des karpathiſchen Waldgebirgszuges entlang von der obern
Weichſel bis nach Siebenbürgen hin, von wo aus ſie leicht
nach der Mündung der Donau gelangten. Als die drei
Hauptzweige derſelben lernen wir kennen die Sidonen, die

---

1) Zeuß, die Deutſchen. S. 127.
2) Wilhelm, Germanien. S. 250.

Nachbarn der Lygier, dann weiter ostwärts die Atmonen, und sodann die Peucinen am obern Dniester [1]).   Wie und wann die suevischen Stämme der Bastarnen sich soweit in diese sarmatischen Gebiete verloren haben, ist eben so unbekannt wie ihr späteres Verschwinden aus dieser Gegend. Offenbar aber gingen nachmals die Ueberreste der Bastarnen in den Völkerverein auf, welcher unter einem Namen auftrat, der uns zur zweiten Gruppe der östlichen Sueven führt.

2. Die vandalisch-gothischen Völker.

Die Völker der nordöstlichen Mark des östlichen Germaniens erscheinen zwar im engern Sinne unter dem Namen der wendischen Germanen oder der Vandalen, aber so wie diese Bezeichnung bald zu einem Specialnamen für einen besondern Zweig dieser Völkergruppe ward, so ist ein anderer Name, der bei den Alten nur für einen Zweig derselben gebraucht wurde, seit der Zeit des zweiten und dritten Jahrhunderts wiederum zu einem ganz allgemeinen geworden. Dies ist der Name der Gothen.   Denn die ältern byzantinischen Geschichtschreiber begreifen unter dem Namen der gothischen Völker außer vielen andern als die Hauptstämme derselben die doppelten Gothen nebst den Gepiden, Burgundern und Vandalen [2]), und es erhellt aus dem Verlauf der Geschichte, daß der größte Theil der lygischen und bastarnischen Stämme in den Völkerverein und den Namen der Gothen aufgegangen ist.   Wir bezeichnen daher diese Gruppe bestimmter als die der vandalisch-gothischen Völker.

Das Gebiet dieser Völker findet sich an der baltischen Meeresküste ausgebreitet von der untern Oder bis zur untern Weichsel, aber auch hier ist wie bei der südöstlichen,

---

1) Zeuß, die Deutschen. S. 127 bis 130.   Kruse, Archiv I. S. 58 bis 64.

2) Wilhelm, Germanien. S. 88.

lygiſchen Mark noch eine Nebengruppe zu berühren in dem
ſkandinaviſchen Halbinſellande, deſſen ſueviſche Bevölke=
rung ſeit des Tacitus und Ptolemäus Zeit der alten Welt
ſchon bekannter wurde.

Die Burgundionen (Burgundiones, Burgundii) er=
öffnen bei Plinius die Reihe der vandaliſchen Völker. Wenn
es auch nicht unwahrſcheinlich iſt, daß ſie ſchon mit zu dem
markomanniſchen Reiche des Marbod gehörten, ſo laſſen
ſie ſich doch in den von Strabo darüber mitgetheilten Völ=
kernamen mit Sicherheit nicht wieder erkennen. Ja auch
Tacitus erwähnt dieſes Volk nicht, und nur erſt durch Pto=
lemäus lernen wir ſeine Heimath beſtimmt kennen. Die
Burgundionen waren die nördlichen Nachbarn der lygiſchen
Völker und zwar der Omanen; ſie wohnten nordwärts der
untern Warte von der Oder im Weſten bis zur Weichſel
nach Oſten, und von hier ſollen ſie bei den Völkerbewegun=
gen an jenem ſarmatiſchen Strome, wie es ſcheint am An=
fange des dritten Jahrhunderts, aufgebrochen und ſich ſüd=
wärts und dann weſtwärts zum Rhein gewandt haben.
Schon in der zweiten Hälfte jenes Jahrhunderts finden wir
die Burgunden in der Nachbarſchaft der Alemannen am
obern Main genannt; dennoch iſt nicht zu bezweifeln, daß
dieſe Burgunden ein ganz anderes Volk als jene Burgundio=
nen waren, von denen nur der Name an ſie überliefert ſein
konnte [1]).

Die Rugen oder Rugier (Rugi, Rugii) werden von
Tacitus als das Hauptvolk an der Küſte des baltiſchen
Meeres in der Nachbarſchaft der Gothonen genannt, ſo daß
ihre Heimath an der Nordſeite der Burgundionen zu ſu=
chen iſt. Beim Ptolemäus wird dieſes Volk, deſſen Name
nachmals ſo berühmt geworden iſt, nicht erwähnt. Aber
auch die Lemovier (Lemovii), welche uns Tacitus in
Verbindung mit den Rugen nennt, kommen nachmals gar

---

1) Wilhelm, Germanien. S. 253 bis 257.

nicht weiter vor, und sind wohl nur als ein Zweig des ru=
gischen Volkes zu betrachten. Mag auch in dem Ortsna=
men Rügenwalde im heutigen Pommern sich ein Anklang
an den Namen dieses suevischen Volkes erhalten haben (denn
die slavischen Namen Rega und Regenwalde kommen hier
gar nicht in Betracht), so ist es doch sicher, daß der Name
der Insel Rügen mit den vandalischen Rugen nichts zu
thun hat [1]).

Aber statt der Rugen nennt uns Ptolemäus in eben
diesem Gebiete das sonst ganz unbekannte Volk der Rhu=
tiklien (Rhuticlii), deren Sitze sich von der Oder bis zur
Weichsel hin erstreckten. Man hat nun zwar in diesem
Namen durch Umstellung der Sylben das Volk der Turci=
lingen wieder zu erkennen geglaubt [2]), welches später in der
Zeit der Völkerwanderung an der Donau in Verbindung mit
den Rugen in ziemlicher Bedeutung hervortritt, doch ist es
wahrscheinlicher, daß die Rhutiklien eben dasselbe Volk mit
den beim Tacitus genannten Rugen bilden [3]). Immerhin
aber mögen die wandernden Kriegsheere der Rugier und
Turcilingen, welche wir als solche erst im fünften Jahr=
hundert zur Zeit der hunnischen Herrschaft Attilas kennen
lernen, von diesen vandalischen Stämmen an der pommer=
schen Küste ihren ersten Ausgangspunkt genommen haben,
obschon sie gewiß nicht als durchaus dieselben Völker mit
jenen zu betrachten sind. Noch lernen wir hier in dem bal=
tischen Küstengebiete an der Weichsel einen andern Volks=
namen kennen, welcher uns schon vom Plinius daselbst und
zwar auch nur von ihm allein angegeben wird, aber trotz
dem daß er beim Tacitus und Ptolemäus nicht vorkommt,
doch nicht durch Irrthum entstanden sein kann, weil er nach=
mals mit großer Berühmtheit auftritt, und wie schon oben

---

1) Barthold, Geschichte von Pommern u. Rügen I. S. 224.
2) Zeuß, die Deutschen. S. 155.
3) Wilhelm, Germanien. S. 264 bis 266.

bemerkt ist (S. 46), selbst ben Griechen am Pontus nicht unbekannt war.   Denn nach des Plinius Angabe wohnten in ber Nähe ber untern Weichsel in Gesellschaft ber Sarma= ten unb Veneber bie S c i r e n ober S ch i r e n (Sciri, Scirri), neben welchen er zwar noch bie H i r r e n nennt, beren sonst ganz unbekannter Name jeboch nur aus bem ber Schiren entstanben zu sein scheint [1].   Man sucht ihre Sitze in bem heutigen Preußen auf ber Ostseite ber Weichsel.   Bekannter werben bie Schiren in Verbinbung mit ben vorhin genannten Völkern ber Rugier unb Turcilingen erst in ber Zeit ber hunnischen Herrschaft [2].

Als ben letzten Zweig ber großen germanischen Völker= welt haben wir nun noch bas Volk ber G o t h e n kennen zu lernen, beren Name uns zugleich in bas s k a n b i n a v i s ch e Lanb hinüberführt.   Dort allein hat sich auch ber gothische Name, welcher schon bei bem ersten Dämmerlicht ber ger= manischen Völkerwelt uns entgegentritt, unb welcher gleich bem ber Franken nachmals bie ganze abenblänbische Welt mit seinem Ruhme erfüllte,   noch bis jetzt zur Bezeichnung ber schönsten unb ausgebreitetsten Lanbschaften erhalten.

Die G o t h o n e n ober G o t h e n (Gothones, Guttones, Gothi) werben uns schon von bem ältesten griechischen See= fahrer an ben norbischen Küstengebieten genannt, sei es nun baß wir unter biesen vom Pytheas erwähnten Guttonen bie J ü t e n in ber cimbrischen Halbinsel ober auch bie K o s s i = n e n ober K o t t i n e n, welche bei bem spätern Artemiborus am Norbocean vorkommen, zu verstehen haben [3].   Doch wer= ben sie seitbem nicht eher wieber von ben Alten angeführt als zu bes Marbob Zeit, zu bessen Reiche auch eine suevische Schaar unter bem Namen ber Gothen gehört haben muß. Doch nur erst Tacitus giebt uns nähere Kunbe über bieses

1) Zeuß, bie Deutschen. S. 156.
2) Wilhelm, Germanien. S. 267.
3) Abelung, älteste Geschichte ber Deutschen. S. 200. 251.

Volk und seine Sitze, indem er sagt, daß die Gothonen jen=
seit der Lygier wohnten und zwar, wie aus seiner Darstel=
lung hervorzugehen scheint, im Osten der untern Weichsel [1]).
Sie wären Nachbarn der oceanischen Rugen, und würden
von Königen beherrscht zwar schon etwas strenger als die
übrigen germanischen Völker, doch nicht mit dem Verluste
der Freiheit. Noch bestimmter äußert sich sodann Ptolemäus,
welcher, wie die von ihm hier genannten Völkernamen zei=
gen, mit diesen Gebieten schon vertrauter ist. Doch scheinen
seit des Tacitus Zeit hier auch manche Veränderungen in
den Sitzen der einzelnen Stämme eingetreten zu sein. Denn
die Gythonen des Ptolemäus wohnten nicht mehr in
Groß = Germanien, berührten aber unmittelbar seine Grenze,
indem er ihre Sitze auf das Ostufer der Weichsel in das
Land der Sarmaten verlegt, wo der ausgedehnte Volksstamm
der Veneder (Wenden) an dem nach ihm benannten wen=
dischen Golfe seine Heimath hatte [2]).

Wenn es auch nicht zu läugnen sein wird, daß die all=
gemeine Bewegung der Völker im östlichen Europa zur Zeit
der markomannischen Kriege gleich nach der Mitte des zwei=
ten Jahrhunderts auch auf die Gothonen an der Weichsel
von Einfluß gewesen ist, so läßt sich doch nicht mit Sicher=
heit entscheiden, daß sie, wie man gemeint hat, durch jene
Bewegungen und durch die weitere Ausbreitung der Veneder
bewogen worden sind, sich als dieses einzelne Volk von der
Meeresküste zurück an der Weichsel mehr aufwärts zu zie=
hen, und daß sie durch die Veneder vom Meere abgeschnit=
ten worden sind [3]). Denn selbst auch der Antheil, welchen
gothische Schaaren an jenen markomannischen Kriegen
genommen haben mögen, würde schon eher auf die Ausbil=
dung eines größern gothischen Waffenvereines unter

---

1) Voigt, Geschichte von Preußen I. S. 53 bis 56.
2) Wilhelm, Germanien. S. 257 bis 259.
3) Voigt, Geschichte von Preußen. I. S. 63 bis 66.

den vandalischen und bastarnischen Völkern als auf jenes ein=
zelne gothonische Volk hinweisen. Eben so wenig wird sich
über die Verwandtschaft und Abstammung derjenigen Stämme
etwas sicheres ermitteln lassen, welche uns Ptolemäus in
der Nachbarschaft seiner Gythonen auf ihrer Ostseite in dem
heutigen Preußen angiebt, und die man noch zum Theil
mit der germanischen Bevölkerung jenes Nordens der alten
Welt in Verbindung gebracht hat. Denn die merkwürdigen
Völkernamen der Galinden (Galindae), Subinen (Su-
dini) und Stavanen (Stavani), denen sich ostwärts die
schon ganz fremdartigen Völker der Alaunen, Igyllionen und
Kostoboken anschließen, klingen in eben jenen Gebieten durch
alle spätern Zeiten des Mittelalters hindurch, und wenn man
auch in den Stavanen nicht die nachmaligen Schalauen von
preußisch=lettischem Stamme erkennen mag, so verweisen
doch die Galinden und Subinen unstreitig auf die später aus
ihnen nach mancher Umwandlung in volksthümlicher Beziehung hervorgegangenen altpreußischen·Galinden und Su-
dauen [1]). Uebrigens mag die Beziehung der Subinen und
Stavanen zu den Sarmaten oder Slaven sich weniger unwahrscheinlich erweisen als die der Galinden zu den Germanen, indem man sie nebst den von Tacitus in den baltischen
Gebieten genannten Aestyern nur für die **östlichsten gothischen** Zweige gehalten hat [2]).

Jene Gothonen der spätern Zeit des Alterthums erscheinen aber nur als ein unansehnlicher suevischer oder van-
dalischer Volkszweig, und die nachmals so gewaltige Ausbreitung dieses Namens führt nothwendig zu der Annahme,
daß derselbe eigentlich eine **allgemeine** Bedeutung habe.
Auch ist dieser Name als einen **Mann** bezeichnend wohl

---

1) Zeuß, die Deutschen und die Nachbarstämme. S. 271. Doch
werden hier jene drei Völker schon zu jener Zeit als lettische Stämme
oder vom Stamme der Aisten ausgegeben.

2) Voigt, Geschichte von Preußen. I. S. 68 bis 76.

mit Recht aus ben norbisch=germanischen Dialekten erklärt
worden [1]), unb es würben sich baburch bie Namen ber Teu=
tonen unb Guttonen als bie richtigsten allgemeinen Bezeich=
nungen für bas germanische Volk im Allgemeinen unb Ein=
zelnen erweisen. Wenn wir bemnach in ben standinavischen
Gebieten bie Namen ber Gothen unb Jüten, mit benen
ber ber Withen ober Viten überall als gleichbedeutend er=
scheint [2]), vielfach verbreitet finden, so erhellt baraus von
selbst, baß biese Gleichheit bes Namens bie öfters behauptete
Abstammung ber schwebischen Gothen [3]) von ben Go=
thonen an ber Weichsel eben so unerwiesen läßt als wie bie
ber letztern von ben erstern. Mehr spricht allerbings für bie
letztere Annahme ber Verbreitungsgang ber suevischen Völ=
ker ber germanischen Welt unb bie angeblichen Trabitionen
ber gothischen Völker von ihrer Abstammung aus bem Nor=
ben [4]). Doch giebt sich barin nur bie unläugbare histo=
rische Verbindung ber Völker biesseit unb jenseit bes bal=
tischen Meeres zu erkennen, welche bei aller Uebereinstim=
mung bes Namens boch als burchaus verschieben in ber
Geschichte hervortreten [5]).

Das Emporkommen bieser Gothonen ober vielmehr bie
Ausbreitung bes gothischen Namens über bie sarmatischen
Gebiete an ber mittlern unb obern Weichsel muß, in
Folge ber allgemeinen Gährung unb ber Völkerbewegungen
im östlichen Germanien um bie Mitte bes zweiten Jahrhun=

---

1) **Thunmann**, Untersuchungen über bie alte Geschichte eini=
ger norbischen Völker. Berlin 1772. 8. S. 39.

2) **Voigt**, Geschichte von Preußen. I. S. 115. 116.

3) **Aschbach**, Geschichte ber Westgothen. Frankf. a. M. 1827.
8. S. 2. **Voigt**, Geschichte von Preußen. I. S. 95.

4) **Geijer**, Geschichte von Schweden. Hamburg 1832. 8. Th. I.
Seite 29.

5) **Zeuß**, bie Deutschen. S. 158. **Luben**, beutsche Geschichte.
II. S. 473.

berts, noch am Schluſſe deſſelben Jahrhunderts erfolgt ſein.
Seitdem iſt aber auch wie im Weſten an den Ufern der Elbe
und des deutſchen Meeres zwiſchen den ältern Saxonen und
den jüngern Sachſen, ſo hier an der Weichſel und am baltiſchen Meere zu unterſcheiden zwiſchen den ältern Gothonen und den jüngern Gothen, welche wiederum bei allem
urſprünglichen Zuſammenhange doch als weſentlich verſchie-
bene Völker betrachtet werden müſſen.

Nur als ein von dem germaniſchen Hauptlande wenig
geſonderter Theil des germaniſchen Landes im Allgemeinen
erſcheint bei den Alten und ſelbſt auch in den erſten Zeiten
des Mittelalters das ſkandinaviſche Gebiet, welches nach
ihnen aus einer Inſelgruppe im nördlichen Ocean beſtand [1]). Unter dem Namen der Inſel Baſilia oder Bal-
tia ſoll nach der Meinung Einiger ſchon durch Pytheas das
ſkandinaviſche Halbinſelland zuerſt bekannt geworden ſein [2]),
während nach Andern darunter nur das preußiſche Küſten-
land von Samland, der Heimath des Bernſteines, verſtanden
werden dürfte [3]). Aber auf jeden Fall dauerte es ſehr lange,
ehe ſich aus den vielen dunkeln und fabelhaften Nachrichten
über jene fernen Gebiete der nordiſchen Welt ein beſtimmtes
Bild geſtaltete, und ehe die Alten über die dortige germaniſche Bevölkerung genauere Kunde einzogen. Nicht ohne
Einfluß darauf war die erobernde Ausbreitung der Römer
bis zur Elbe in den erſten Decennien unſerer Zeitrechnung,
und erſt von da ſtammen die beſtimmtern Nachrichten der
Alten über dieſe Gebiete.

---

1) **Dahlmann**, Forſchungen auf dem Gebiete der Geſchichte.
Altona 1822. 8. Th. I. S. 405. 418.

2) **Mannert**, Germanien. S. 296 bis 304. **Zeuß**, die Deutſchen. S. 269. 270.

3) **Voigt**, Geſchichte von Preußen. I. S. 23. 29. 45 bis 50.
100. Anm. 4.

So nennt uns Mela als den ſüdweſtlichen Theil des
baltiſchen Meeres den großen Buſen Codanus, welcher mit
vielen größern und kleinern Inſeln angefüllt ſei und unter
dieſen beſonders die fruchtbare von den Teutonen bewohnte
Inſel Scandinovia, wenn gleich man für dieſen Namen
die ältere Leſeart Codanonia als den richtigern vorziehen
zu müſſen glaubte [1]). Auch ſcheint es wohl zweifelhaft, ob
man bei dieſem Namen Codanus an die Gothen oder an
die Dänen zu denken habe [2]). Dagegen nennt uns aber
Plinius mit Beſtimmtheit die Inſel Skandinavia, deren
Name offenbar von der einheimiſchen Bezeichnung der ſüd-
lichſten Halbinſel Schwedens, Schonen, Skaune oder
Skaney, entlehnt iſt [3]). Auch bemerkt er nicht nur, daß
auf ihr das zahlreiche Volk der Hillevionen in fünfhun-
dert Gauen wohnen ſollte, ſondern wir lernen durch ihn zugleich noch mehrere andere angebliche Inſeln daſelbſt kennen,
welche wie Skandia und Nerigos die ſüdlichen und weſtlichen Theile des ſkandinaviſchen Halbinſellandes beſtimmt
genug bezeichnen [4]).

Durch den etwas jüngern Tacitus lernen wir in dem
nun ſchon mehr bekannt gewordenen ſkandinaviſchen Gebiete
zwei Völkernamen kennen, welche auf die noch jetzt beſtehende
doppelartige Bevölkerung jenes Landes hinzuführen ſcheinen.
Er nennt uns die beiden Stämme der Suionen (Suiones)
und der Sitonen (Sitones), von welchen die erſtern im
Süden das germaniſche, die letztern im Norden das fin-
niſche Element der Bevölkerung andeuten würden. Der
Natur jenes Landes angemeſſen erſcheinen die Suionen ſchon
bei ihrer erſten Erwähnung als ein Seefahrt treibendes
Volk. Denn Tacitus bemerkt von den im Ocean liegenden

1) Reichard, Germanien unter den Römern S. 160.
2) Schlözer, allgem. nordiſche Geſchichte. S. 56. 66.
3) Geijer, Geſchichte von Schweden. I. S. 49.
4) Mannert, Germanien. S. 308 bis 316.

Gauen der Suionen, daß sie ähnlich, wie bei den Gothonen an der Weichsel unter der Herrschaft eines Einzigen ständen, welcher unumschränkt regiere [1]). Das Volk besitze keine Waffen, sondern diese seien alle unter der Aufsicht eines Skla= ven, welches bei ihnen angehe, da sie durch den Ocean gegen den plötzlichen Ueberfall eines Feindes gesichert wären. Sie hätten auch eine Seemacht, und die Bauart ihrer Schiffe sei von den Fahrzeugen anderer Völker darin verschieden, daß sie auf beiden Seiten Vordertheile hätten und also immer gradezu fahren könnten, ohne erst wenden zu müssen. Auch seien die Ruder nicht am Borde befestigt, sondern wie bei einigen Flußfahrzeugen frei, so daß man sie nach Beschaffen= heit der Umstände bald auf dieser, bald auf jener Seite an= wenden könne. Von ihren Nachbarn den Sitonen bemerkt er weiter, daß sie sich blos dadurch von den Suionen unter= schieden, daß sie von einem Weibe beherrscht würden [2]).

Nicht unwahrscheinlich ist es, daß in dem Namen der Suionen der der Sueven der Wurzel nach enthalten ist [3]). Sollte man aber Anstand nehmen müssen diese Bewohner Skandinaviens schon mit zu den suevischen Stämmen zu rechnen, und sollten sie noch den eigentlichen Germanen vom Stamme der Ingävonen zuzuzählen sein, so würde die schon öfter vorgeschlagene Ableitung dieses Namens der Suio= nen von dem Worte Sewe oder Saiws d. h. die See rücksichtlich ihres Wohnsitzes um so geeigneter erscheinen [4]), wie dies durch des Tacitus Berichte über sie noch mehr be= stätigt wird. Aus den Angaben aber über die Sitonen schimmern trotz dem, daß hier von keiner Stammverschie= denheit die Rede ist, wegen der angeblichen Weiberherrschaft

1) Geijer, Geschichte von Schweden. I. S. 9. 10.

2) Mannert, Germanien. S. 321.

3) Zeuß, die Deutschen. S. 157.

4) Adelung, älteste Geschichte der Deutschen. S. 195. 270.

schon die spätern finnischen Kwänen in Kwänland (dem Weiberlande) hindurch [1]).

So wie sich der Name der Suionen noch jetzt in dem Svealand der Schweden als die einheimische Bezeichnung des Landes und Volkes in Ost-Skandinavien erhalten hat, so führt uns der zweite noch jetzt dort einheimische Name Göthaland auf die Berichte des letzten Geographen aus dem Alterthum. Zwar kennt auch Ptolemäus keinen Stammunterschied der Bewohner Skandinaviens, ja er nennt uns statt jener beiden von Tacitus angegebenen Völkernamen sechs andere Namen, doch ergiebt sich leicht, daß er statt jener Gesammtnamen nur die einzelnen Stämme derselben vorführt, und auch bei diesen macht sich ein Unterschied von germanischer und finnischer Abstammung kenntlich. Denn er nennt auf der Westseite der großen Insel Skandia das Volk der Chädinen (Chaedini), auf der Ostseite die Phavonen (Phavonae) und Phiräsen (Phiraesi), auf der Südseite die Guten (Gutae) und Dautionen (Dauciones), und in dem Mittellande die Levönen (Levoni), von denen die meisten Namen uns jedoch dunkel bleiben [2]).

Indessen erkennt man nicht ohne Grund in den Phavonen einen Anklang an die finnische Bevölkerung jenes Landes, worauf dieser Name vermittelst der bei dem ältesten gothischen Geschichtschreiber genannten Finnäthen noch bestimmter hinweiset. Auch entsprechen jenem Namen die Angaben über die Finweden in den sogenannten Finnheiden oder Finnwäldern des südlichen Schwedens bei den ältern nordischen Geschichtschreibern [3]). Die Guten aber, welche bei den frühern Byzantinern auch Gauten genannt werden, bezeichnen denjenigen germanischen Stamm im süd-

1) Dahlmann, Forschungen auf dem Gebiete der Geschichte. I. S. 456.

2) Mannert, Germanien. S. 329.

3) Geijer, Geschichte von Schweden. I. S. 52.

lichen Skandinavien, dessen Name nachmals von weiterer
Ausdehnung sich in dem dreifachen Göthalande erhalten
hat, welches in Verbindung mit dem ihm nordwärts benach=
barten Svealand das gesammte germanische Schweden
(Swerige oder Sverike, entstanden aus Swea = Rike) im
östlichen Skandinavien umfaßt [1]).

Hat nun auch der Name der Schweden den der Gothen
in der neuern Zeit auf gewisse Weise in dem skandinavischen
Halbinsellande verdrängt, so sind doch die Gothen, die dem
süblichen früher bewohnten Theile der Halbinsel den Namen
verliehen, nach der Ansicht der neuern schwedischen Geschicht=
schreiber das ältere Volk in Skandinavien. Daß das go=
thische Reich ein höheres Alter daselbst gehabt habe, wurde
auch vor Zeiten in Schweden geglaubt, und in der Edda
heißt es, der Name Gothland sei älter im Norden denn
die Herrschaft der Dänen und der Schweden. Auch kennen
die ältesten mythischen Gesänge jener nordischen Germanen
nur eine einzige nationelle Benennung der Bewohner jener
Gebiete, welcher Name zugleich das Volk der Götter und
der Gothen bedeutet, es sind die Godthiod oder Gau=
thiod (die Gautigoth des gothischen Geschichtschreibers Jor=
nandes), oder Gotar und Gotnar; dagegen findet sich in
den spätern heroischen Gesängen die Aufbewahrung der Na=
men vielerlei Völker wie der Schweden, Gothen, Norman=
nen, Dänen, Franken, Sachsen und anderer [2]).

Auch sind es nicht die Gothen, sondern vielmehr die
Schweden, deren Auftreten in Skandinavien die Yngling=
gasaga beschreibt. Beide zwar nahe verwandt und jetzt mit
einander verschmolzen, jedoch von Alters her keineswegs
dasselbe Volk, wiewohl schon früh vereinigt durch dieselbe
Götterverehrung. Denn die Ynglingasaga rechnet das Go=
thenland nicht zum Reiche der Ynglinger, obschon sie ein

---

1) Zeuß, die Deutschen. S. 158. 159.
2) Geijer, Geschichte von Schweden. I. S. 18.

unabhängiges gothisches Königsgeschlecht anerkennt, welches
von Gaut (ein Name Odins) abstammen sollte, von wel=
chem das Gothenland zuerst benannt worden sei. Nach je=
ner Sage sind die Schweden unter der Leitung Odins und
seiner Asen aus dem Osten erst in Skandinavien eingewan=
dert, und haben, wie es scheint, durch die Gründung eines
Reiches in dem mittlern Lande am Mälar=See, in dem
nach ihnen sogenannten Suithiod, die Veranlassung zu
einer gothischen Auswanderung gegeben. Denn auch nach
der Vereinigung mit den südlichern Gothen blieb der Hauptsitz
des Götterdienstes bei den Schweden, welches sie Odin und
den von ihm in Upsala gestifteten großen Opfern zu verdan=
ken hatten. Dieser Vorzug ist in den Zeiten des Tacitus
bereits anerkannt, indem bei ihm die Suionen für das
Ganze gelten. Doch hat sich die Verschiedenheit beider
Völker in dem Svealande und Göthalande auch nach der
Einführung des Christenthums erhalten, wie dies die Strei=
tigkeiten beider Stämme um die Bestimmung der königlichen
Obergewalt über beide in der Zeit des Mittelalters beurkun=
den, und der alte Unterschied ist noch jetzt in den verschiede=
nen Mundarten der Bewohner jener Gebiete erkennbar [1]).

Mit jener mythischen Einwanderung der ältesten Schwe=
den in Skandinavien aus dem Osten hat man übrigens eine
ganz andere Ableitung dieses Namens in Verbindung ge=
bracht, wenn gleich auch diese darauf hinführt sie für ein
suevisches Volk zu halten. Denn schon bei dem gothi=
schen Geschichtschreiber finden wir die eigentlichen Schweden
unter dem Namen der Suethans erwähnt, von welchen
er rühmt, daß durch sie kostbares Pelzwerk nach Rom käme.
Jenes Suethans ist aber der schwedische Name in altgothi=
scher Form, woraus sich das Wurzelwort Sueth ergiebt,
obschon die Isländer Sviar sagen und die Angelsachsen
Sveon, wovon wieder der römische Name Suionen ent=

---

1) Geijer, a. a. O. I. S. 28 bis 30.

lehnt iſt. Da jedoch die Angelſachſen den Namen Schwe=
dens ſowohl Sveo = land als Sveod = land ſchreiben, ſo ſcheint
das angelſächſiſche Sveon aus Sveodan zuſammengezogen
zu ſein. Der Name ſelbſt möchte dann aus dem isländiſchen
Worte Sveit oder aus dem angelſächſiſchen Sveot (Suit)
herzuleiten ſein, welches Kriegsſchaar bedeutet, und Suit=
thiod oder Suithiod wäre demnach wörtlich das Heeres=
volk oder die den Odin begleitende Kriegsgefolgſchaft [1]).
Vermuthlich hängen aber beide Ausdrücke Suit und Sueve,
wie ſie ſich in Sveon vereinigt zeigen, ſelbſt wieder mit
einander zuſammen.

Der Thallauf der Weichſel galt den Alten zwar im
Allgemeinen als die Grenze des germaniſchen Landes, doch
nennt uns Tacitus noch jenſeit dieſes Stromes außer den
Gothonen einige Völker, von denen er ungewiß iſt, ob er ſie
zu den Germanen oder Sarmaten zählen ſoll. Wir finden
aber in den drei dort noch angeführten Völkernamen die er=
ſten beſtimmtern Hinweiſungen auf die drei merkwürdigen
Volksſtämme des öſtlichen Europa, welche ſich im Rücken
der germaniſchen Völkerwelt an den Südoſtgeſtaden des bal=
tiſchen Meeres berührten. Die Veneder erſcheinen hier
zwar als ein einzelnes Volk neben den Gothonen, welches
Tacitus wegen ſeiner nomadiſchen, wilden Lebensart den
Sarmaten zuzugeſellen geneigt iſt und doch wieder von den=
ſelben unterſcheidet; dennoch iſt es unläugbar, daß ſich un=
ter dieſem Namen der große ſlaviſche Volksſtamm birgt [2]),
der hier als die eigentlichen Wenden ſich ſeine Selbſt=
ſtändigkeit noch bewahrt hatte, während alle übrigen im
Weſten der Weichſel wohnenden Zweige dieſes Stammes
den Germanen hatten unterliegen müſſen, aber ihnen in den
Vandalen auch ihren Namen mitgetheilt hatten.

---

1) Geijer, a. a O. 1. S. 38. Anmerk. 2.

2) Schaffarik, über die Abkunft der Slawen. S. 28 bis 30.
Voigt, Geſchichte von Preußen. I. S. 55. 73. 112.

Nach eben dieſem ſlaviſchen oder wendiſchen Volksſtamm benannte Ptolemäus den ſüdöſtlichen Theil des baltiſchen Meeres den wendiſchen Golf, welcher bei Tacitus noch den Namen des ſueviſchen Meeres führt. An dem Geſtabe dieſes Meeres nennt der letztere als das zweite Volk die Aeſthyer, welche nach ihren Sitten und ihrer Lebensart ſich von den Sueven in nichts verſchieden zeigten, obſchon ihre Sprache mit der brittiſchen oder kymriſchen übereinſtimmen ſollte. Gleich den Sueven verehrten ſie die Mutter Erde göttlich; ihre Waffen beſtanden weniger aus Eiſen als aus hölzernen Keulen, doch zeigte ſich dies Volk im Feldbau emſiger als die Germanen. Dieſe Aeſthyer wären es, welche den Bernſtein, das ſogenannte Glas, an dem Meeresſtrande ſammelten und an die deutſchen Völker verkauften. Der Name des Volkes iſt deutſch und bezeichnet nichts als Oſtländer [1]); daher erſcheint er auch beim Pytheas in ſeinen Oſtyäern oder Oſtionen [2]), und iſt derſelbe mit dem der Eſthen am finniſchen Golfe. Aber wenn beide Namen auch deutſchen Urſprunges ſind, ſo bezeichnen ſie doch ganz verſchiedenartige Völkerſchaften. Denn die Eſthen, welche ſich ſelbſt bekanntlich einen ganz andern Namen geben, ſind Stammgenoſſen der finniſchen Völker, jene Aeſthyer aber in dem heutigen Preußen verweiſen auf den lettiſchen oder litthauiſchen Volksſtamm, zu dem auch die alten Preußen gehörten, und welcher jetzt unter dem Namen der Aiſten in die Ethnographie eingeführt iſt [3]). Neben ihnen nennt Tacitus als das dritte Volk dieſes Gebietes die Fennen, welche er als in der größten Dürftigkeit und Rohheit lebend ſchildert. Dieſe Fennen der ältern Deutſchen bezeichnen den noch jetzt ſogenannten finniſchen

---

1) Voigt, Geſchichte von Preußen. I. S. 25. 52. 53.

2) Adelung, älteſte Geſchichte der Deutſchen. S. 91.

3) Zeuß, die Deutſchen. S. 267.

Volksstamm [1]), der, wie er selbst diesen Namen nicht kennt
und sich ganz anders benennt, so bei den slavischen Völkern
unter den Namen der Tschuden oder Ugern vorkommt,
und dessen weit zerstreute Glieder den gesammten Nordosten
Europas von dem baltischen Meere bis zum Ural hin be=
völkerten.

Aus diesem äußersten Osten, wo sich die letzten Spuren
germanischen Lebens verlieren, kehren wir nun zurück zu dem
Westen zu dem klassischen Boden Germaniens am Rhein und
an der Donau, wo sich bald nach des Tacitus Zeit die größ=
ten Umwandlungen der Völkerverhältnisse zeigen.

Zweiter Abschnitt.

Die germanischen Völkervereine und die deutschen Stämme.

Vom Jahre 100 bis 500.

Dieser Zeitraum, in welchen der Untergang des römi=
schen Reiches fällt, ist auch der entscheidende für die spätere
ethnographische Gestaltung der germanisch=deutschen Völker=
welt, indem sich in ihm diejenigen Völkerverhältnisse ausbil=
deten, welche die Grundlage für das gesammte Mittelalter
geworden sind. Denn es gestalteten sich in dieser vierhun=
dertjährigen Zeit nicht nur diejenigen Völkervereine, welche
erobernd in das römische Reich eindrangen und auf seinen
Trümmern eigene neue Staaten begründeten, sondern auch
die Stämme des deutschen Mutterlandes, deren Schicksale

---

1) Geijer, Geschichte von Schweden. I. S. 89. 90.

und politische Verhältnisse zu einander auf dem eigentlichen klassischen Boden von Germanien wir hier allein zu verfolgen haben. Das Ende des zweiten und der Anfang des dritten Jahrhunderts bezeichnen den Beginn dieser neuen Ordnung des Lebens unter den deutschen Völkern.

1) Das römische Germanien und das große Vertheidigungssystem der Römer in Germanien.

Der Name Germania, welcher anfangs bei den Römern nur die eroberten germanischen Gebiete an dem linken Rheinufer bezeichnete, war im Verlauf der ununterbrochenen Kämpfe mit den deutschen Völkern während des ersten Jahrhunderts unserer Zeitrechnung auch auf das gesammte innere Land übertragen worden, so weit germanische Völker wohnten bis zu den Gestaden des baltischen Meeres. Auch die suevischen Völker wurden fortan meistens blos Germanen genannt, und nur die römischen Alpen=Provinzen sind niemals zum germanischen Lande gerechnet worden, obgleich die Alten zuweilen, wie Pomponius Mela, nicht die Donau sondern die Ketten des Alpengebirges als die Grenzen Germaniens auf seiner Südseite angeben. Eine von Nordwest nach Südost gehende Linie, welche das heutige Deutschland quer durchschneidet, an den Ufern des Rheins und der Donau entlang, war die große Grenzmark, welche das damalige Europa in ein südwestliches römisches und in ein nordöstliches barbarisches oder germanisches schied [1]).

Schon im Laufe des ersten Jahrhunderts wurden die von germanischen Stämmen bewohnten Landschaften des belgischen Galliens auf dem linken Rheinufer Ober=Germanien (Germania superior oder nachmals prima) von

---

[1]) Pfister, Geschichte der Deutschen. I. S. 135.

dem Stromknie bei Basel bis nach Mainz und Nieder=
Germanien (Germania inferior oder nachmals secunda)
von Mainz am untern Rhein entlang bis zum batavischen
Lande hin benannt. Die Grenzscheide zwischen beiden bildete zu des Ptolemäus Zeit im zweiten Jahrhundert der
vielgesuchte Fluß Obringa, in welchem man wegen der
Stellung der römischen Truppen am Rhein bald die Mo=
sel[1]) und noch öfter die Ahr (Arch), etwas unterhalb der
Mosel, zu erkennen geglaubt hat[2]), obschon es am wahrscheinlichsten ist, daß das bei dem Binger=Loch sich zum Rhein
öffnende Thal der Nahe (die Nava des Tacitus) darunter
verstanden werden müsse[3]). Denn wie an der Donau in
den Provinzen von Noricum und Pannonien es der Fall
war[4]), griff gewiß auch hier am Rhein die Stellung und
Vertheilung der Truppen über die provinziellen Abtheilungen
über. Die Städte Mainz und Köln, wo die Hauptstand-
quartiere der die Rhein=Grenze bewachenden acht sogenannten germanischen Legionen waren, galten schon damals
als die vornehmsten römischen Orte an dieser Grenzlinie,
und sie haben, durch ihre günstige Lage geschützt, trotz der
vielfachen Verheerungen, welche sie in diesem Zeitraum zu
erleiden hatten, sich ihre Bedeutung für immer bewahrt.
Sie wurden dann später auch die Metropolen der beiden
Provinzen Germania prima und secunda, als in Folge der
constantinischen Verfassung bei der Auflösung aller frühern
größern Provinzen in kleinere das belgische Gallien in fünf
Provinzen getheilt wurde, und da der südlichste Theil des
ehemaligen Belgiens zu beiden Seiten des Jura die Pro=

---

1) Zeuß, die Deutschen. S. 14.

2) Juncker, Anleitung zur Geographie des Mittelalters. S. 125.
So auch bei den ältern deutschen Geographen Cluverius und Cel-
larius.

3) Mannert, alte Geographie II. 1. S. 224.

4) Muchar, das römische Noricum I. S. 78. 87. 92.

vinz Maxima Sequanorum (das Land der alten Sequaner und Helvetier) auch unter dem Namen von Germania tertia erscheint, so scheint dieselbe gleich den beiden
andern germanischen Provinzen theilweise germanische
Bevölkerung gehabt zu haben [1]).

Das alte Moguntiacum (Mainz) nimmt aber we-
gen seiner eigenthümlichen Lage am mittlern Rhein die erste
Stelle unter allen den römischen Kriegsansiedlungen an jenem Strome ein; es bildete für die Römer den Hauptschlüssel
zu dem Lande Germanien, und hat sich noch jetzt so manche
merkwürdige Denkmale seines Alterthums bewahrt [2]). Am
Rhein aufwärts bis nach Helvetien hin gab es während der
Zeit des ersten Jahrhunderts mit Ausnahme der Kolonie
Augusta Rauracorum, dessen prachtvolle Ueberreste noch
jetzt bei dem Dorfe Augst etwas oberhalb Basel zu sehen
sind [3]), keine bedeutende römische Ansiedlung und wenigstens
keine Festung. Die germanischen Stämme auf der linken
Seite des Stromes haben die Oberhoheit der Römer ruhig
anerkannt. Auf der rechten Seite des Stromes aber von
dem Main bis zum Bodensee wohnte kein deutsches Volk,
obschon man vermuthen darf, daß die von dorther in Gallien eingewanderten Vangionen und Nemeten die fruchtbaren
Gegenden am Fuße des Schwarzwaldes nicht durchaus verlassen und unbebaut gelassen haben werden [4]), und die übrige
besonders im Osten des Schwarzwaldes sich vorfindende Bevölkerung konnte nur aus schwachen Ueberresten der früher
dort herrschenden suevischen Kriegsschaaren bestehen. Erst

---

1) Eichhorn, deutsche Staats- und Rechtsgeschichte I. S. 97.

2) Minola, Uebersicht dessen, was sich unter den Römern
merkwürdiges am Rhein-Strom ereignete. Köln 1833. 8. S. 132
bis 140.

3) Müller, Geschichte der schweizerischen Eidgenossenschaft I.
S. 50.

4) Eichhorn, deutsche Staats- u. Rechtsgeschichte I. S. 101.

allmählig erwuchs hier eine neue Bevölkerung, die jedoch
immer rein germaniſch blieb. Somit waren in dieſen
Theilen des Rheins anfangs keine Bollwerke der römiſchen
Macht nöthig; auch ſtanden die obergermaniſchen Legionen nur erſt von Mainz an abwärts und an der Moſel.
In dem bataviſchen Freiheitskriege lernen wir aber die Stadt
Vindoniſſa an der untern Aar in Helvetien als den erſten
feſten Punkt in den Rheinlanden oberhalb Mainz kennen [1]).
Dagegen begann nun von Mainz abwärts am mittlern
und untern Rhein entlang die lange Kette von Kaſtel-
len und Feſtungen, welche bis zum Meere hin reichend
und auch das Land der Bataver in ſich einſchließend, den
großen limes Rhenanus bildete, auf welchem in der That
die Sicherheit der römiſchen Weltherrſchaft im Abendlande
beruhete.

Als die Hauptpunkte in dieſer Linie erſcheinen Bin-
gium (Bingen), Bacharacum (Bacharach), Vaſalia (Ober-
weſel), Bobobriga (Boppart), Confluentes (Coblenz) an der
Mündung der Moſel, Antunnacum (Undernach), Sen-
tiacum (Sinzig) an der Mündung der Ahr, Rigomagus
(Remagen), Bonna (Bonn), Colonia Agrippina (Köln)
die Metropole des zweiten Germaniens, Durnomagus (Dor-
magen), Buruncum (nicht, wie man oft gemeint hat Wo-
ringen, welches in dem römiſchen Zeitalter auf dem rechten
Stromufer lag, ſondern Bürgel, welches damals auf dem
linken Ufer lag, und wo ſich auch zahlreiche römiſche Alterthümer vorfinden [2]); damit ſtimmt auch die tab. Antonin.,
nach der es unterhalb Durnomagus geſetzt wird), Nove-
ſium (Neuß), Gelduba (das jetzige Dorf Geldub), Asciburi-
gium (Asberg), Caſtra Vetera (bei Santen) der Mün-

---

1) Mannert, Germanien. S. 104. 105. Müller, Geſchichte
der ſchweizeriſchen Eidgenoſſenſchaft I. S. 55.

2) Minola, Beiträge zur Ueberſicht der römiſch-deutſchen
Geſchichte. Köln 1833. 8. 2. Aufl. S. 294 bis 300.

bung der Lippe gegenüber gelegen und jetzt nur noch in seinen Ueberresten erkennbar, Colonia Trajana (Kellen), und daran reiht sich noch das sonst unbekannte Quadriburgum, welches in der Gegend der Stromspaltung des Rhein bei Schenkenschanz gelegen haben muß [1]). Denn die in dem batavischen Deltalande an den Ufern des Rhein gelegenen Orte von Noviomagus (Nymwegen) an bis nach Lugdunum Batavorum (Leyden) traten durch ihre Lage zum Theil schon aus der Reihe der rheinischen Grenzfestungen heraus.

Nicht minder geschützt als die Grenzlinie des römischen Reiches am Rhein entlang war die an der obern Donau gegen die Germanen. Denn im Laufe des ersten Jahrhunderts faßten die Römer immermehr festen Fuß am Nordsaume der Alpen in dem Blachfelde gegen die obere Donau hin, wo die Prachtstadt Augusta Vindelicorum (Augsburg), die Hauptstadt von Rhätien, zugleich der Mittelpunkt der römischen Macht in jenen Gebieten ward [2]). Aber als Vorwerk für diese Metropole und als Schlüssel zu Germanien von dieser Seite her erhob sich bald an der so günstigen Stelle des großen Donau-Knies die Festung Regina Castra oder Ratisbona (Regensburg), an welche sich sodann in dem limes Danubianus die lange Kette von Festungen anschloß, deren erste Anlage wohl schon dem ersten Jahrhundert angehört [3]), wenn schon die völlige Ausbildung dieser festen Grenzlinie an dem südlichen oder rechten Ufer der Donau erst in das zweite Jahrhundert fällt.

Die Hauptpunkte dieser Linie von Regensburg abwärts bis durch die Donau-Pforte nach den ungarischen Ebenen

---

1) **Minola,** Uebersicht der Merkwürdigkeiten am Rhein-Strom unter den Römern. S. 154 bis 342.

2) **Mannert,** Germanien. S. 607.

3) **Muchar,** das römische Noricum I. S. 12 bis 42. **Mannert,** die älteste Geschichte Bajoariens. S. 25. 30.

hin waren folgende. Zunächst Servioburum, auf dessen
Trümmern sich das heutige Straubing erhoben haben soll.
Dann Batava Castra und Bojoburum zu beiden Sei=
ten der Mündung des Inn in die Donau, auf der Grenz=
mark von Rhätien und Noricum, wo sich nachmals die Stadt
Passau erhob. Aber von der Mündung des Inn bis zur
Mündung der Ens führte keine große Straße am Ufer des
Stromes entlang, und daher folgt als erste Hauptstation
Lauriacum, das spätere Lorch, dessen Ueberreste noch jetzt
an der Mündung der Ens zu erkennen sind, einstmals die
Hauptstadt von dem Ufer=Noricum (Noricum ripense), für
dessen innere Gebiete der Ort Juvavum oder Juvavia
(Salzburg) als Hauptstadt galt. Denn das alte Lentia
(Linz) scheint erst weit spätern Ursprunges zu sein [1]). So=
dann die norischen Festungen Arlape, Cetium und Coma=
geni, deren Lage in den Gegenden von Pechlarn, Mautern
und Tuln gesucht wird, an deren Ostseite der Kahlenberg
(mons Cetius) die Provinzen Noricum und Pannonien von
einander schied. Denn am Ostfuße desselben folgte als er=
ster pannonischer Ort das berühmte Vindobona (Wien)
und einige Meilen abwärts das mächtige Carnuntum, zur
Zeit der markomannischen Kriege das Hauptbollwerk Roms
an der Donau, jetzt kaum noch in seinen Ueberresten erkenn=
bar, die man bei dem Orte Heimburg sieht [2]). Carnuntum
liegt zugleich der südöstlichen Grenzmark Groß=Germaniens
gegenüber.

Aber die Römer haben auch jenseit jener beiden Fluß=
linien noch mancherlei Vorplätze und Vorwerke zu ih=
rem Gebiete gezogen, um die Befestigungswerke an dem limes
Rhenanus und Danubianus zu verstärken, und um den
Uebergang ihrer Legionen auf den feindlichen Boden zu er=
leichtern. Unstreitig haben die vom Drusus am Taunus

_____

1) Buchner, Geschichte von Baiern I. S. 50 bis 53.
2) Mannert, Germanien. S. 655. 657.

gegen die Chatten angelegten Befestigungen, welche sodann
von seinem Sohne Germanicus erneuert wurden, den ersten
Grund dazu gelegt. Auch von Tiberius heißt es ausdrück=
lich, daß er in dem Lande der von ihm unterworfenen deut=
schen Stämme zwischen dem Rhein und der Weser feste
Linien oder Grenzwehren (limites) zur Umsäumung des
unterworfenen Gebietes zu ziehen angefangen habe [1]). Aber
grade am Taunus und in dem Gebiete an der Vereinigung
des Main und Rhein läßt sich aus den zahlreichen noch
vorhandenen Ueberresten des Alterthums am klarsten erken=
nen, wie die Römer bei dem erobernden Vorrücken ihrer Le=
gionen zur Behauptung des eingenommenen Gebietes zu
Werke gingen. Dort hat man auch die verschiedenen, der
Natur des Bodens angemessenen Arten von Wehren zu un=
terscheiden angefangen [2]).

Nach der Uebersiedlung der Ubier und nach der Schwä=
chung und Zersprengung einiger vordern germanischen Stämme
wurde so ein schmaler Landstrich am rechten Ufer des
Rheins in Zusammenhang gebracht, der als römisches Besitz=
thum zwar zuweilen von den Germanen durchbrochen, aber
von den Römern immer wieder hergestellt wurde. Dasselbe
zeigt sich auch auf dem linken Ufer der Donau. In diesen
Grenzbezirken, deren Wiederbesetzung den benachbarten
Germanen standhaft verweigert wurde, ließen sich allerlei
Auswanderer aus den nahen Provinzen nieder, und so lange
die Besatzungen vorgeschoben werden konnten, wurden sie als
ein Vorplatz des Reiches, als ein Theil der Provinz be=
trachtet. Tacitus am Ende des ersten Jahrhunderts spricht
von diesem in das Innere von Groß=Germanien vorgerück=
ten limes als von einer schon längst bestehenden Sache.
Diese so gewonnenen Landstriche, welche übrigens nicht blos

---

1) Lebebur, die Brukterer. S. 191.

2) Steiner, Geschichte und Topographie des Maingebietes
und Spessart unter den Römern. Darmstadt 1834. 8. S. 80 bis 120.

auf der Oſtſeite des Nieder=Rheins, ſondern auch am obern
Rhein ſüdwärts des Main ſo wie an dem linken Ufer der
Donau lagen, führten den Namen der Dekumaten=Län=
der oder Zehntländer (agri decumates), ſo weit ſolche
vom Staate an ſich genommen und in Erbpacht ausgegeben
wurden ¹).

Seit des Trajanus Zeit wurden dieſe Befeſtigungs=
werke an der Rhein= und Donau=Grenze vielfach verbeſſert
und verſtärkt. Es heißt von ihm, daß er die in dem bata=
viſchen Kriege zerſtörten Städte und Kaſtelle jenſeit des
Rhein wiederhergeſtellt habe ²), und am untern Main hat
er in einem nach ihm benannten Kaſtelle, dem munimentum
Trajani, bei dem Dorfe Hedernheim an der Mündung der
Nibba, ein Andenken ſeines Namens ſich erhalten ³). Von
Habrianus aber heißt es, daß er durch alle Provinzen
ſeines Reiches gereiſt ſei und an verſchiedenen Orten, wo die
Barbaren nicht durch Flüſſe, ſondern durch Grenzwehren von
dem römiſchen Gebiete geſchieden waren, Pfahlhecken er=
richtet habe. Bekanntlich war es bei den Römern eine ver=
muthlich aus dem Oriente entlehnte Sitte auch größere
Ländertheile durch mächtige Gräben und Wälle gegen das
plötzliche Anbringen der Feinde zu ſchirmen, und das groß=
artigſte Werk dieſer Art iſt unſtreitig der dem Kaiſer Habria=
nus zugeſchriebene Grenzwall, der nach den vorhandenen
Spuren vom untern Main oder eigentlich vom untern Rhein
bis an die Donau in der Nähe von Regensburg fortgeführt
wurde ⁴). Doch iſt es wohl ſicher, daß dieſes ſchon lange

---

1) Eichhorn, deutſche Staats= u. Rechtsgeſchichte. I. S. 104.

2) Mannert, Germanien. S. 109.

3) Habel, die römiſchen Ruinen bei Hedernheim, in den An=
nalen des Vereins für naſſauiſche Alterthumskunde und Geſchichts=
forſchung. Wiesbaden 1827. 8. Th. I. 1. S. 45 bis 86.

4) Minola, Beiträge zur Ueberſicht der römiſch=deutſchen
Geſchichte. Köln 1833. 8. S. 187 bis 226.

vor seiner Zeit begonnene Befestigungssystem im Innern Germaniens nur seine Vollendung durch ihn erlangt haben kann [1]).

Es mußte den Römern bald ein Bedürfniß werden den Rhein und die Donau mit den an ihnen liegenden Festungslinien zwischen ihren beiden Ausgangspunkten Mainz und Regensburg in nähere Verbindung zu bringen, wie dies sowohl die militärischen Operationen als auch die Sicherheit der angrenzenden Provinzen erforderten. Denn da der Ober=Rhein einen großen Winkel um das Quellgebiet der Donau bildet, so bot sich leicht der Gedanke dar dort, wo die beiden Ströme in ihrem divergirenden Laufe nach Norden und Osten die stärkste Einbiegung gegen das innere Germanien machen, eine Verbindungslinie anzulegen, wodurch nicht nur die Grenzvertheidigung, sondern auch die Kommunikation der Rhein= und Donau=Provinzen ungemein erleichtert wurden. Durch diese Anlegung eines limex transrhenanus und transdanubianus mußte ein großer Theil des südwestlichen Germaniens oder ganz Schwaben und ein Theil des heutigen Franken zum römischen Gebiete geschlagen werden, und ward theils zur gallischen Provinz Germanien, theils zur Provinz Rhätien gerechnet. Nachrichten der Geschichtschreiber sind über diesen großartigen Bau nur wenig oder gar nicht vorhanden. Der Mangel daran ist aber durch die zahlreichen Lokaluntersuchungen in neuern Zeiten ersetzt worden, so daß uns dies Werk nach seinem Umfange vollkommen bekannt ist, so wie sich auch noch zahlreiche und beträchtliche Ueberreste davon bis jetzt erhalten haben [2]). Uebrigens erhellt aus der Verschiedenartigkeit

---

1) Eichhorn, deutsche Staats= u. Rechtsgesch. I. S. 102. 103.

2) Pfister, Geschichte der Deutschen I. S. 137. Eine ausführliche Uebersicht dieses großen Werkes findet sich bei Wilhelm, Germanien unter dem Abschnitt das römische Südwest=Germanien. S. 290 bis 317.

in der Ausführung derſelben, daß dies Werk nicht zu einer
und derſelben Zeit unternommen wurde, ſondern je nachdem
die in dem neu gewonnenen Theile von Groß=Germanien
ſtatt findenden römiſchen Anſieblungen durch Vorſchiebung
von feſten Grenzlinien und Anlegung von Stationen für
Truppenſchaaren ſolche Maaßregeln der Sicherheit nothwen=
big machten, die dann durch ihre Verbindung den germa=
niſchen und illyriſchen Legionen am Rhein und an der
Donau zur gegenſeitigen Hülfsleiſtung und Vereinigung ih=
rer Operationen dienten. Auch ſcheint ſich aus den neuern
Unterſuchungen zu ergeben, daß dieſer ſogenannte Römer=
Wall (vallum Romanum) im ſüdweſtlichen Deutſchland
keineswegs blos eine hohe Grenzmauer war, ſondern viel=
mehr größtentheils eine erhabene Heerſtraße (Hoch=
ſtraße), doch ſo daß dieſelbe an vielen Stellen nicht nur mit
einem Graben ſondern auch mit zahlreichen Vertheidigungs=
werken, in Wällen, Thürmen und feſten Schlöſſern beſte=
hend, verſehen war [1]).

    An drei verſchiedenen Stellen iſt dies große Verthei=
digungsſyſtem der Römer in Deutſchland in neuern Zei=
ten zuerſt wieder entdeckt worden, obſchon das Andenken
daran ſich im Munde des Volkes und in mancherlei Tradi=
tionen immer erhalten hat, und nicht mit Unrecht hat man
auf einen Zuſammenhang dieſer noch jetzt erkennbaren
Reſte geſchloſſen, ſo ſehr ſie auch in ihrer Bauart zum Theil
von einander abweichen [2]). Die Hauptlinie dieſes Verthei=
digungsſyſtems von Regensburg bis zum Taunus bei Mainz
macht bei ihrer Richtung von Oſten nach Weſten und dann
von Süden nach Norden einen großen Winkel, der in

---

1) Paulus, über den nördlich der Donau ziehenden römiſchen
Grenzwall bei Memminger, würtembergiſche Jahrbücher. Stuttgart.
Jahrg. 1835. S. 153 bis 167. Vergl. Buchner, Geſchichte von
Baiern I. S. 66.

2) Mannert, Germanien, S. 259 bis 261.

die Gegend des obern Neckar fällt. Doch darf man selbst
diese ausgedehnte Linie, welche man jetzt Schritt vor Schritt
verfolgt hat, nicht für die äußerste in das Innere von
Deutschland vorgeschobene Grenzmark des römischen Reiches
halten, da man selbst noch außerhalb derselben Ueberreste
von Vertheidigungslinien und Heerstraßen findet, über deren
Verhältniß zu der jetzt im Zusammenhange bekannten Linie
bei dem Mangel an den eigentlich historischen Nachrichten
in dieser Sache wir zur Zeit noch im Dunkeln sind. Man
sieht jedoch, daß wie die Römer von Anfang an bemüht
waren, den großen nordischen Winkel ihres Reiches
zwischen dem obern Rhein und der Donau durch römisches
Gebiet auszufüllen, sie hier ununterbrochen gegen Nordosten
zu eindrangen und durch Ziehung von Grenzlinien den
Winkel daselbst immer kleiner machten, um dem System ihrer Heerstraßen gemäß eine vollkommen grade Kommunika-
tionslinie von Nordwest nach Südost zwischen Mainz und
Regensburg zu gewinnen. Die Anlegung jener äußersten
Linien in Germanien wie bei Schwäbisch = Hall am
Kocher mag man wohl der Zeit der markomannischen Kriege
unter Marcus Aurellus zuschreiben, als das System der
Grenzvertheidigung am meisten nach dem Innern Germaniens
vorgeschoben werden mußte, aber von jener Zeit an bei der
allmählig sinkenden Macht der Römer wieder Schritt vor
Schritt rückwärts ging, so daß man nur noch mit Mühe
auf geraume Zeit die jetzt bekannte große Linie, wie sie unter dem Habrianus bestimmt worden sein mag, zu vertheidigen und zu behaupten im Stande war [1]).

Von ihr kannte man schon seit längerer Zeit die Ver=
schanzungen, welche sich am Taunus in der Richtung
von Südwest nach Nordost entlang ziehen und sodann in

---

[1] Reichard, über den römischen limes transrhenanus und
transdanubianus, in den Neuen allgemein. geograph. Ephemeriden.
Weimar 1822. 8. Th. X. S. 347 bis 394.

südöstlicher Richtung durch die Wetterau sich bis zum
Main erstrecken. Es war dies die Vertheidigungslinie, welche
zuerst vom Drusus gegen die Chatten angelegt war und das
Gebiet der Mattiaken einschloß. Dieses Werk, welches noch
jetzt im Munde der Anwohner unter den Namen Pfahl=
graben, Pfahlrain und Polgraben bekannt ist, besteht
aus einem Grunde von Steinen, auf welchem gehäufte Erde
und Rasen mit starken verbundenen Pfählen einen Wall bil=
den. Nach den Berichten der ältern Augenzeugen haben
wir diese Linie durch Wenck im Zusammenhange kennen ge=
lernt [1]). Dann aber fand man in Franken an dem untern
Laufe der Flüsse Kocher und Jaxt und in dem Gebiet von
Hohenlohe ansehnliche Ueberreste gemauerter Wälle, die zum
Theil auch mit einer Rasendecke bekleidet waren und sich
von Norden nach Süden hinzogen. Die zahlreichen andern
Denkmale der verschiedensten Art aus dem Alterthum bewie=
sen, wie es Hanselmann zuerst in dieser Gegend erforschte,
daß die Römer bis hierher ihre Herrschaft ausgebreitet hat=
ten [2]). Der dritte Theil dieser großen Vertheidigungslinie
wurde jedoch schon vor einem Jahrhundert im Norden der
obern Donau in der Landschaft Eichstädt durch die For=
schungen Döderlein's ans Licht gezogen, und seitdem spielt
diese Mauerlinie, welche unter dem Namen der Teufels=
mauer bei den Anwohnern bekannt ist, eine wichtige Rolle
in der römisch=deutschen Geschichte [*]). Im Allgemeinen in
der Richtung von Osten nach Westen streichend hat sich
dieses Mauerwerk noch in mächtigen Ueberresten erhalten,

---

1) Wenck, hessische Landesgeschichte II. S. 30 bis 36.

2) Hanselmann, Beweis, wie weit der Römer Macht in
Deutschland eingedrungen. Hall in Schw. 1768 und 1773. II. Fol.

3) Döderlein, schediasma historicum de Adriani et Probi
vallo et muro. Norimb. 1723. 4. Vergl. Döderlein, antiquita-
tes in Nordgavia Romanae oder Vorstellung des alten römischen
vallum oder Landwehre, der Pfahl, die Pfahlhecke oder Teufelsmauer
genannt. Nürnberg 1731. 4.

und zieht sich als ein ziemlich erhabener Steinwall bis nach Schwaben hinein. Durch die jüngsten Untersuchungen Buchner's über dieses gewaltige römische Werk wurde ein Hauptanstoß zu den weitern Forschungen gegeben, um den Zusammenhang der verschiedenen Theile desselben bis zum Rhein hin kennen zu lernen [1]). Aus dem jetzigen Zustande eben dieser Teufelsmauer geht übrigens mit Sicherheit hervor, daß sie zum Theil nur eine gemauerte Hochstraße (via militaris) bildete, während sie theilweise nach ihrer Lage und Construktion von der Art ist, daß sie in Verbindung mit den dazu gehörigen Thürmen und Kastellen als wirkliche Grenzmauer gedient haben muß.

Die Teufelsmauer beginnt an drei Meilen im Südwesten von Regensburg und eine Meile oberhalb Kellheim (an der Mündung der Altmühl) unmittelbar am Ufer der Donau, wo mancherlei Ueberreste alter römischer Kastelle einen Hauptübergangspunkt über die obere Donau beurkunden. Sie zieht sich von hier, fast immer sichtbar und mehrere Fuß hoch, in grader Linie nach Nordwesten an zwölf Meilen weit fort durch den baierschen Kelsgau und das Sualafeld in dem heutigen Eichstädt, indem sie die Altmühl zweimal überschreitet und bei dem Dorfe Klein=Löllenfeld, eine Meile hinter Gunzenhausen (an der obern Altmühl gelegen) den nordwestlichen Punkt erreicht. Dort wendet sie sich unter einem Winkel gegen Südwesten um, und zieht im Parallelismus mit der obern Donau durch das schwäbische Ries oder Riesgau, dessen Hauptstrom die Wernitz sie gleich unterhalb Dinkelsbühl überschreitet und dort aus dem heutigen Baiern in das Land Würtemberg eintritt. Auf eine Strecke von acht Meilen verfolgt nun die Teufelsmauer ihre südwestliche Richtung von der obern Altmühl bei Klein=Löllenfeld bis zum Quellgebiet

---

1) Buchner, Reisen auf der Teufelsmauer. Regensburg 1818 und 1821. 8. Heft 1 und 2 mit 2 Charten.

der Rems bei Möglingen. Sie führt hier im Nordweſten
der Stadt Nördlingen über die Höhen der rauhen Alp,
und überſchreitet das Quellgebiet des Jart und Kocher in
dem ſogenannten Hertsfeld und Aalbuch, indem ſie zwiſchen den Städten Ellwangen und Aalen hindurchgeht.

Sobald aber die Mauerlinie das Quellgebiet der zum
Neckar fließenden Rems erreicht hat, geht ſie in grader
Richtung nach Weſten auf dem rechten Ufer des Fluſſes
entlang neben der Stadt Gemünd vorüber an britthalb
Meilen weit, bis ſie das Kloſter Lorch erreicht, welches
ſelbſt auf den Grundmauern eines römiſchen Kaſtelles, das
vermuthlich Lauriacum hieß, erbaut iſt. Es war dies Kloſter eine Stiftung der Hohenſtaufen, deren gleichnamige
Stammburg ſich auf dem Bergkegel an der Südſeite der
Rems erhob; dort war auch die Familiengruft dieſes Kai-
ſergeſchlechtes. Grade hier macht die große Grenzmauer ihren Hauptwinkel, indem ſie fortan das Rems-Thal ver-
läßt und in einer nach Nord-Nordweſt gewandten Richtung ſich zum untern Kocher und Jart hinzieht. Von
der Rems bis zum untern Main bei Miltenberg hat der
Wall in grader Linie noch eine Strecke von funfzehn Meilen zu durchlaufen.

Von Lorch an geht der Wall, faſt ſieben bis acht Fuß
hoch in Geſtalt eines Dammes, nach dem Städtchen Welz-
heim an der Leine, einem Zuſtrom zum Kocher, und hat
an jenem Flüßchen einen natürlichen Vorgraben. Ueber
Thal und Berg ſteigt er weiter nordwärts zur Murr hinab,
die weſtwärts zum Neckar fließt, nach der Stadt Murr-
harb im ſchwäbiſchen Murrgau. Ueberall finden ſich hier
römiſche Denkmale und Inſchriften; beide Orte haben ſich
ſelbſt auf römiſchen Stanblagern erhoben. Uebrigens iſt die
Grenzlinie bei dem Volke hier unter dem Namen des Schwei-
negrabens bekannt. Weiter nordwärts laſſen ſich die
Ueberreſte des Walles verfolgen bei den Städten Mainhard
und Oehringen; er überſchritt ſodann den Kocher und den

Jaxt bei Jaxthausen, wo noch bis jetzt ein bedeutendes Stück Mauerwerk erhalten ist [1]).

Weiter gegen Nordwest fehlt es bis jetzt an genauen Nachforschungen, doch sieht man so viel, daß sich die Befestigungslinien über Osterburken theils nordwärts nach Walbürn zum Main bei Miltenberg, theils nordwestwärts über Mudau durch das Gebiet von Erbach zum Odenwalde zogen, wo sie sich an die Vertheidigungswerke anschlossen, welche sich auf den rings um den untern Main herumgelagerten Gebirgshöhen vorfinden. Dagegen bemerkt man noch ansehnliche Befestigungslinien und Ueberreste von Heerstraßen, welche vor dem großen Winkel von Lorch vorgezogen waren. Denn von dem Punkte der Teufelsmauer, wo dieselbe die obere Wernitz überschreitet, erstreckt sich noch eine solche Linie grade westwärts zum Jaxt nach Jaxtzell unterhalb Ellwangen, und zieht sich sodann wiederum nordwärts bei Schwäbisch=Hall am Kocher entlang, wo sich bei dem Orte Döttingen die Spuren davon verlieren [2]).

Aber am untern Main beginnen wieder die sorgfältigsten Untersuchungen über jene große Grenzlinie, und was an der Donau die Forschungen Buchners sind, das sind hier die von Knapp, Steiner, v. Gerning und Habel, welche in der jüngsten Zeit an Ort und Stelle den Gang und die Construktion der römischen Bauwerke untersuchten. Hier scheinen es zugleich immer doppelte Vertheidigungslinien gewesen zu sein, indem sich nicht blos die Werke auf dem Odenwalde, dem Spessart und dem Taunus gegenseitig deckten und an der großen Festung Mainz ihren Rückhalt hatten, sondern weiter abwärts am Rhein mehrere Mauerlinien neben einander auf dem rechten Stromufer gefunden werden. Auf den Höhen des Odenwaldes ändert der Grenzwall seine Beschaffenheit gänzlich. Hier

---

1) Wilhelm, Germanien. S. 291 bis 297.
2) Wilhelm, Germanien. S. 293. 294.

findet man nur an einzelnen Stellen Spuren von Wällen und Gräben, welche des Terrains wegen auch nicht einmal in Verbindung mit einander gestanden haben können. Dagegen zeigt sich hier eine lange Linie von Kastellen in der Richtung von Südost nach Nordwest, welche blos durch Pfahlhecken mit einander verbunden gewesen zu sein scheinen, und zwischen denen sich eine ununterbrochene Reihe von römischen Grabmälern vorfindet [1]).

Auf gleiche Weise zieht sich auf dem Rücken des Spessart in der Richtung von Süden nach Norden eine Kette von römischen Kastellen entlang, welche nach den noch vorhandenen alten Denkmalen am Ufer des Main zu schließen sowohl mit der Kette im Odenwalde durch die Befestigungswerke bei Obernburg oberhalb Aschaffenburg als auch mit der großen von Süden her kommenden Mauerlinie durch die Werke bei Miltenberg und Walbürn im Zusammenhange gestanden haben muß. Bei dem Flecken Orb überschritt die Linie des Spessart die Kinzig, um in die Wetterau einzutreten [2]). Von der Kinzig an verfolgt man die sehr unbedeutenden Spuren der Grenzlinie in nordwestlicher Richtung durch die Gebiete von Hanau und Isenburg, wo der Pohl- oder Pfahlgraben ihr Andenken bis jetzt erhalten hat. Aber erst in der Grafschaft Nidda an der Nidda und Wetter zeigen sich wieder bestimmtere Spuren derselben, die sich über Hungen und Arnsburg verfolgen lassen, bis die Linie bei dem Orte Grüningen in der Grafschaft Solms in der Nähe von Gießen an der obern Lahn ihren nördlichsten Punkt erreicht hat, und sich von da wieder nach Südwest zum Taunus unter einem spitzen Winkel zurückwendet.

---

1) Knapp, römische Denkmale des Odenwaldes. Heidelberg 1813. 8. S. 6 bis 150.

2) Steiner, Geschichte und Topographie des Maingebietes u. Spessart unter den Römern. S. 264 bis 290.

Neben dem Orte Butzbach geht die Grenzlinie in fast
südlicher Richtung vorbei, und führt zu den östlichen Vorhöhen des Taunus nach Homburg, wo die Trümmer der
Saalburg (Arx Tauni, Arctaunum) noch die letzten
Ueberreste des von dem Drusus auf dem Taunus erbauten
Kastelles zu enthalten scheinen [1]). Dann zieht sich der Grenzwall mehr westwärts an dem großen Feldberge hin über
die sogenannte Polheide am Berge Zugmantel nach Geor-
genthal und Langen=Schwalbach zu den Quellen des Flüß-
chens Aar, das sich von den Höhen des Taunus nordwärts
zur Lahn hinabergießt, die dasselbe bei Dietz erreicht. Dort
biegt der Grenzwall wieder nach Norden oder Nordwesten um, und zieht sich auf dem Bergrücken zwischen der
Aar und Rhein über Kemel und Holzhausen nach der Stadt
Nassau zur Lahn. Dann sich etwas westwärts wendend
zu der Berghöhe von Ober=Lahnstein geht der Pfahlgraben, wie die Grenzlinie hier wieder genannt wird, zum
Thal der Lahn hinab, überschreitet diesen Fluß bei dem
Bade Ems, und zieht sich gleich einer Himmelsleiter auf
die jenseit gelegenen Berghöhen hinauf [2]). Nordwärts zeigt
sich der Zug dieser Linie, welche hier bei dem Volke der
Heidengraben genannt wird, in den waldreichen Höhen
von Montabaur, und weiter nordwärts lassen sich die Spuren derselben am Ostufer des Rheins an der untern Wied
verfolgen, bis sie in den Berghöhen des Siebengebirges,
Bonn gegenüber, verschwinden. Aber hier an den Ufern des
Rheins in der Gegend von Neuwied hat man durch die
Aufgrabungen in neuern Zeiten kennen gelernt, daß sich zum
Schutze des Stromes eine dreifache Linie entlang zog,
welche mit ihren Standlagern und Kastellen in der Entfer-

---

1) Neuhof, Nachricht von den Alterthümern in der Gegend
und auf dem Gebirge bei Homburg vor der Höhe. Homburg 1780.

2) v. Gerning, die Lahn= und Main=Gegenden von Ems bis
Frankfurt. Wiesbaden 1821. 8. S. 1 bis 20.

nung von einigen Stunden hintereinander ein faſt undurch=
bringliches Bollwerk bilden mußte [1]).

Wenn es auch nicht unwahrſcheinlich iſt, daß ſich noch
weiter abwärts am rechten Ufer des Rheins verſchiedene
Grenzwehren entlang zogen, ſo darf man doch vermuthen,
daß jenes große Vertheidigungswerk in der Gegend von
Köln oder bei dem Austritt des Stromes aus dem Gebirgs=
lande ſeinen Endpunkt erreicht habe, und daß unterhalb die
Ufer=Feſtungen ſelbſt das ſchützende Bollwerk des Reiches
bildeten [2]). Blickt man aber zurück auf dieſes mächtige
Werk, welches auf eine Strecke von mehr als 70 deutſchen
Meilen ſich mitten durch Deutſchland hindurchzieht, welches
über hohe Bergrücken führt, durch Waldungen und über
Flüſſe und Sümpfe, ſo erhellt von ſelbſt, daß daſſelbe nur
im Laufe mehrerer Decennien zu Stande kommen konnte,
und daß, wenn es auch in der Zeit des Hadrianus im All=
gemeinen ſchon vollendet war, an verſchiedenen Stellen doch
einige Jahrhunderte lang daran gebaut wurde. Denn gewiß
beziehen ſich die großen Bauwerke der ſpätern Impera=
toren in Germanien am Ende des dritten Jahrhunderts zum
Theil auch noch auf dieſe Mauerlinie. Auf jeden Fall beur=
kundet dieſes Werk die Machtfülle der römiſchen Kaiſer, den

---

1) Hoffmann, über die Zerſtörung der Römer=Städte am
Rhein zwiſchen der Lahn und Wied durch die Deutſchen im dritten
Jahrhundert. Neuwied 1819. 8.

2) Eichhorn, deutſche Staats= und Rechtsgeſchichte I. S. 99.
Denn ſchwerlich kann man die mehr im Innern von Weſtfalen lie=
genden und aus der Zeit des Tiberius herrührenden römiſchen Ver=
theidigungslinien und Grenzwehren als noch mit jenem großen
Werke zuſammenhängend betrachten, wie es geſchehen iſt von Lever=
kus, über den limes Tiberii und das vallum Westfalorum bei Wi=
gand, Archiv für Geſchichte und Alterthumskunde Weſtfalens. Lemgo.
Th. VI. Heft 4. 1834. S. 324 bis 338. Vergl. dagegen Ledebur,
Blicke auf die Litteratur zur Kenntniß Germaniens zwiſchen dem
Rhein und der Weſer. Berlin 1837. 8. S. 96 bis 102.

großartigen Geist des römischen Volkes und die Bedeutsam=
keit der germanischen Kriege für die Römer.

An der ganzen Mauerlinie entlang befand sich in un=
unterbrochener Reihe eine Anzahl von Kastellen, Thür=
men und Standlagern der Legionen, welche durch zahl=
reiche Heerstraßen mit Gallien und durch Rhätien mit
Italien in Verbindung standen, uns aber, den Namen nach
ganz unbekannt, nur in ihren Trümmern erkennbar sind.
Die meisten Burgen und Schlösser des Mittelalters in jenen
Gebieten so wie selbst viele Kirchen, Klöster und Abteien
sind nicht blos auf den Grundmauern römischer Bau=
werke, sondern auch aus den dazu gehörigen Quadern und
Felsmassen aufgeführt worden. Die an vielen Stellen in
gewaltigen Massen umherliegenden Trümmer jenes Riesen=
baues verweisen nach der Aussage der Anwohner auf die
Macht böser Geister, und mancherlei Volkssagen über
die Entstehung dieses Werkes haben sich daran angeknüpft [1]).
Innerhalb dieser Linie so wie zwischen dem obern Rhein und
der obern Donau bemerkt man noch jetzt auf dem deutschen
Boden in Franken und Schwaben eine überaus große Menge
von Denkmalen der verschiedensten Art, welche die Thä=
tigkeit der Römer in diesen Gebieten beurkunden. Ueberall
zeigen sich die Ueberreste von römischen Ansiedlungen, von
Heerstraßen und von Feldlagern der Legionen. Aber
dies römische Germanien ist größtentheils erst in den letzten
Decennien aus dem Schooß der Erde ans Licht hervorgetre=
ten; und erst durch die Aufgrabung der Ueberreste von Bä=
dern, Altären, Götterbildern und Votivsteinen [2]),
so wie durch die Auffindung von römischen Münzen aus
den verschiedensten Kaiserzeiten und von allerlei Schmucksa=

---

1) Döderlein, de Adriani et Probi muro et vallo, p. 29. 30.

2) Stälin, die im Königreich Würtemberg gefundenen römi=
schen Steininschriften und Bildwerke bei Memminger, würtemberg.
Jahrbücher. Jahrg. 1835. S. 1 bis 153.

chen von Gold und Silber in den zahlreichen Grabhü=
geln lernen wir die Hauptzüge der Geſchichte des römiſchen
Germaniens kennen, worüber alle alten Geſchichtſchreiber
ſchweigen. Unläugbar iſt, daß die geſammte Kultur jener
Gebiete nur erſt von den Römern ausgegangen iſt, welche
neben ihrer Gewaltherrſchaft überallhin auch ihre Civili=
ſation und ihre Geſetze verbreiteten, und was die obern
Rhein=Gegenden ihnen in der Agrikultur und im Wein=
bau verdanken, iſt noch jetzt überall daſelbſt zu erkennen [1]).

Die von den Römern in dieſem ſüdweſtlichen Theile
von Germanien vorgefundene Bevölkerung konnte nur
gering ſein, und hat ſich ihnen ſicher ohne Kämpfe unter=
worfen. Auf jeden Fall war ſie aber germaniſch und
blieb es auch ferner. Zwar ſpricht Tacitus von neuen Ein=
wanderungen aus Gallien, da aber die Einwanderer wohl
größtentheils aus den germaniſchen Rheinprovinzen kamen,
ſo kann dadurch an der Volksart nicht viel verändert wor=
den ſein. Hatte indeſſen die Bevölkerung zu des Tacitus
Zeit ſo viele fremdartige Beſtandtheile, daß es zweifelhaft
wurde, ob ſie als eigentlich germaniſch angeſprochen werden
konnte, ſo wie man auch die vielen galliſchen Namen in
den obern Rheinlanden von jenen galliſchen Koloniſten hat
ableiten wollen [2]), ſo mußte ſich dies wenigſtens allmählig
ändern, als durch das ſpätere römiſche Militärſyſtem die An=
ſiedlung der angrenzenden germaniſchen Völker hier in gan=
zen Schaaren erfolgte. Kann man nun auch im Allgemei=
nen alle die zwiſchen dem Rhein und der Donau innerhalb
jener Grenzlinie liegenden Gebiete mit dem Namen der
Zehntländer (agri decumates) bezeichnen, wie es von

---

1) Creuzer, zur Geſchichte alt-römiſcher Kultur am Ober-
Rhein und am Neckar. Leipzig 1833. 8. mit 1 Charte.

2) Leichtlen, über die römiſchen Alterthümer in dem Zehntlande zwiſchen dem Rhein, Main und Donau. Freiburg im Breisgau 1818. 8. S. 8.

Steiner und Leichtlen geschehen ist, so kommt dieser Name
doch nur im engern Sinne den Staatsländereien zu.

Es hatten natürlich die Länder, welche sich auf dem
rechten Ufer der Donau sowie auf dem linken Ufer des
Rheins ausbreiten oder die Gebiete von Noricum [1]) und
Rhätien [2]) und die beiden Germanien vollständige römische
Provinzialeinrichtungen und römisch organisirte Städte.
Doch wurde am Rhein dadurch, wenigstens bis in das zweite
Jahrhundert, die germanische Volksverfassung gewiß
nicht aufgehoben, sondern nur ein ähnliches Verhältniß wie
bei den verbündeten Völkern des rechten Stromufers namentlich den Batavern und Mattiaken begründet. Auf dem
rechten Rheinufer weist aber kein sicheres Denkmal in den
zahlreichen römischen Ansiedlungen auf eine römische Ge-
meindeverfassung hin, und nur die wenigen Lokalitäten scheinen davon ausgenommen werden zu müssen, welche wie die
Prachtstadt Aurelia Aquensis, der alte Badeort Baden,
nahe am obern Rhein gelegen waren. Sonst blieben die
Einrichtungen hier immer nur militärisch. Ein Theil des
Bodens war als Staatsland (ager publicus) behandelt
und gegen Naturalabgaßen in Erbpacht gegeben, und nur
so weit, als germanische Stämme das Land noch inne hatten, war der Boden freies Eigenthum. Solches, jedoch
auf ähnliche Weise wie das Staatsland belastet, erhielten
auch die Grenzbesatzungen, welche seit dem dritten Jahrhundert förmlich angesiedelt wurden und ihr Besitzthum
unter der Verpflichtung zum Kriegsdienst auf ihre Nachkommen vererbten. Durch dieses System mußte auf allen Grenzen ein bedeutender Theil der Bevölkerung allmählig germanisch werden, auch wenn man sich die Grenzlegionen
nur mit Germanen gemischt denkt. Da aber seit dem

1) Muchar, das römische Noricum. Grätz 1825. 8. Th. I.
2) v. Raiser, der Ober-Donaukreis Baierns unter den Römern. Heft 3. Augsburg 1832. 4.

dritten Jahrhundert auch Schaaren aus nicht verbündeten
Völkern als geschlossene Ganze in das römische Heer eintra=
ten und diese Gefolgschaften auf ähnliche Weise wie die
Grenzbesatzungen angesiedelt wurden, so mußte dadurch die
Bevölkerung aller Grenzgebiete am Rhein und der Donau
allmählig vollkommen germanisch werden [1]). Diese
innerhalb des limes transrhenanus und transdanubianus
angesiedelten Gefolgschaften zeigen schon auf die Entstehung
des alemannischen Bundes hin.

Uebersehen wir das weite Gebiet des römischen Groß=
Germaniens innerhalb jenes Grenzwalles und des obern
Rhein= und Donau=Laufes, welches in seiner Dreiecksgestalt
schon vom Tacitus ein Busen des Reiches genannt ward,
so finden wir die dasselbe erfüllenden Landschaften des heu=
tigen Baden und Würtemberg nebst dem angrenzenden Baiern
zwischen den Alpen und der Donau von einem mächtigen
Netz von Heerstraßen durchzogen, welche nach Art aller
römischen Bauwerke den Zerstörungen von Jahrtausenden ge=
trotzt haben und noch jetzt in ihren Ueberresten erkennbar
sind. Ueber ihre Anlegung und über die zahlreichen Ort=
schaften, welche durch sie im römischen Germanien ver=
bunden wurden, erfahren wir von den Geschichtschreibern
nichts, und nur aus den Itinerarien der spätern Kaiserzeit
lernen wir ihr Dasein und die an ihnen liegenden Städte,
welche zum Theil barbarische oder latinisirte Namen führen,
kennen. Die überall in diesen Gebieten noch jetzt vorkom=
menden Namen von Hochstraße, Hochgeströß, Steinstraße
und Heidenstraße weisen auf diese alten römischen Bau=
werke hin. Die Wiederentdeckung dieser Ueberreste in Ver=
bindung mit manchen andern dazu gehörigen Denkmalen in
der neuern Zeit bildet eins der wichtigsten Momente für die
Geographie und Geschichte jener Theile unsers Vaterlandes

---

1) **Eichhorn**, deutsche Staats= und Rechtsgeschichte I. S. 101
bis 106.

in dem römischen Zeitalter. Natürlich wurden aber die Straßenzüge, welche sich in den alten römischen Provinzen von Nieder=Rhätien oder Vindelicien und von Ufer=Noricum oder überhaupt in dem baierschen Tafellande besser als die in dem Lande jenseit der Donau erhalten mußten oder doch leichter zu verfolgen waren, schon früher erforscht, und die Kunde der römischen Alterthümer zu Augsburg, der Metropole jener Gebiete, um welche sich v. Kaiser in der jüngsten Zeit am meisten verdient machte [1]), hat der ältern Geschichte Süd=Deutschlands eine andere Gestalt gegeben.

Zwei große Heerstraßen waren es, welche von Italien aus über die rhätischen Alpen zu den Landschaften an der obern Donau führten, eine westliche und eine östliche, noch jetzt die beiden großen Handelsstraßen von Deutschland nach Lombardien. Die westliche führte vom Comer See aufwärts zum Quellgebiet des Rhein über den Splügen, und zog sich über Curia (das rhätische Chur, die Hauptstadt von Graubünden) zum Boden=See hinab nach Brigantium (Bregenz), um sich von dort nordostwärts nach Augsburg zu wenden [2]). Die östliche Straße führte mitten durch Tyrol, es ist die sogenannte Kaiserstraße des Mittelalters. Sie begann bei Verona und führte an der Etsch aufwärts über Tridentum (Trient) und Botzen (Pons Drusi), überstieg die Höhen des Brenner und führte zum Inn hinab nach Veldidena (Wilten bei Inspruck), von wo man über Parthanum (Parthenkirchen) in der Nähe der Engpässe von Scharnitz nach Augsburg gelangte [3]). Die

---

1) v. Kaiser, die römischen Alterthümer zu Augsburg. Augsb. 1820. 4. Der Ober=Donaukreis des Königreichs Baiern unter den Römern. Augsb. 1830. 4. Heft 1 bis 3.

2) J. v. Müller, Geschichte der schweizerischen Eidgenossenschaft. I. S. 64. 65. 77.

3) Vinc. v. Pallhausen, Beschreibung der römischen Heerstraße von Verona nach Augsburg. München 1817. 8.

Stadt Augusta Vindelicorum war aber der Mittelpunkt
der rhätischen und norischen Straßenzüge an der Donau,
welche von da theils nach Regina Castra (Regensburg), theils
nach Juvavum, Juvavia (Salzburg) oder nach Lauriacum
(Lorch) und Vindobona (Wien) hinführten [1]). Jene Stadt
spielte dort dieselbe Rolle, welche in etwas späterer Zeit der
glanzvolle Kaisersitz Augusta Trevirorum, das heutige
Trier, in den westlichen Rheinlandschaften, welche nicht minder von einem großartigen Netze von Heerstraßen durchzogen
waren, die sich noch jetzt in den rheinisch=deutschen Gebieten
von Trier aus nach allen Himmelsrichtungen, nach Rheims,
nach Köln und Mainz wieder erkennen lassen [2]).

Auf gleiche Weise wie das heutige baiersche und west=
rheinische Land war auch das heutige Baden im Innern
Germaniens wegen seiner Nähe an der gallischen Provinz
angebaut. So wie sich im Laufe der Zeit am linken
Rheinufer zwischen Moguntiacum und Augusta Rauracorum (Augst) eine Reihe blühender Ortschaften erhob wie
Augusta Vangionum oder Börbetomagus (Worms), Augusta Nemetum (Speier), Noviomagus (Neustadt), Sale-
tione (Selz), Brocomagus (Brumt), Argentorate (Straß=
burg) und andere [3]), so blüheten auch die römischen Ansied=
lungen auf dem rechten Stromufer auf wie vornehmlich
der schon den Römern bekannte Badeort Aurelia Aquen=
sis (Baden) und Tarobunum, wo jetzt das Dorf Zarten bei
Freiburg im Breisgau [4]), und treffliche Heerstraßen, be=

---

1) Mannert, die älteste Geschichte Bajoariens. S. 30 bis 62.
Buchner, Geschichte von Baiern I. S. 47 bis 50. 70 bis 73.

2) Hetzrodt, notices sur les anciens Trévirois. Trèves.
1809. 8. p. 142 — 215.

3) Creuzer, zur Geschichte der alt=römischen Kultur am
Ober=Rhein. S. 14.

4) Leichtlen, über die römischen Alterthümer im Zehntlande.
S. 35 bis 98.

ren Ueberreſte jetzt erſt entdeckt ſind, führten von ihnen oſt=
wärts über die Höhen des Schwarzwaldes zum Neckar
und zur obern Donau. So zog ſich von Baden eine große
Heerſtraße über Pforzheim (Portae Hercyniae) durch den
Schwarzwald, und führte auf den ſogenannten Fildern
von Stuttgart nach Canſtatt am Neckar, über welchen Ort
die berühmte Ober = Donauſtraße gegangen zu ſein
ſcheint [1]).

Aber das ſchöne Land von Würtemberg iſt darum
ein klaſſiſcher Boden von dieſem römiſchen Germanien, weil
es außer ſeinen ſonſtigen vielfachen Ueberreſten altrömiſcher
Kultur von der großen Heerſtraße durchſchnitten wurde,
welche eine der wichtigſten und großartigſten in dem Stra=
ßennetze im Norden der Alpen genannt werden muß. Auf
ſie ſcheint auch dasjenige bezogen werden zu müſſen, was
uns von der Anlegung und Erneuerung mächtiger Befeſti=
gungswerke durch den Kaiſer Probus bei ſeinen Käm=
pfen mit den Alemannen berichtet wird, ſo daß ſie mit der
großen Vertheidigungslinie des Habrianus als Heerſtraße
und Mauerwall zu vergleichen iſt. Es iſt die ſogenannte
Ober = Donauſtraße, welche von Bindoniſſa (Win=
biſch) an der Aar in Helvetien nach Reginum an der Do=
nau führte und eine Hauptcommunikationslinie zwiſchen den
galliſchen und illyriſchen Provinzen bildete. Darum
hat ſich in den letzten Zeiten die allgemeine Aufmerkſamkeit
auf ſie gewandt, und ihre Erforſchung und beſtimmtere Lo=
kaliſirung nach Anleitung der römiſchen Itinerarien iſt von
vielen Alterthumskundigen unternommen worden. Lange Zeit
ſuchte man den Zug dieſer Straße am rechten Ufer der
obern Donau abwärts, wo ſich allerdings auch mancherlei
römiſche Denkmale vorfinden. So geſchah es noch von

---

1) Paulus bei Memminger, würtemberg. Jahrbücher. Jahrg.
1833. S. 193 bis 200. 351 bis 355. Jahrg. 1834. S. 383 bis 386.

Mannert ¹) und Pfiſter ²). Indeſſen das Ungenügende und
Unſichere in der Vertheilung der auf jener Straße genann=
ten Stationen war doch ſo bedeutend, daß alle ſpätern
Forſcher auf dieſem Gebiete wie Weſtenrieder, v. Stichaner,
v. Reiſach, v. Raiſer, v. Werſebe, Buchner und Reichard ſich
genöthigt glaubten, die Straße über die Donau hinüberzu=
führen, und ſie ſelbſt durch das obere Neckar=Thal bis in
die Nähe der großen Grenzmauer laufen zu laſſen ³).

Als die Hauptſtationen dieſer Straße erſcheinen von
Vindoniſſa an: Tenebo, Juliomagus, Brigobanne, Arae Flaviae, Samulocenae, Grinario, Clarenna, ab Lunam, Aquileja,
Opie, Septemiacum, Loſodica, Medianae, Iciniacum, Biri-
cianae, Vetonianae, Germanicum, Celeuſum, Abuſina und
Reginum ⁴). Unſtreitig hat ſich Leichtlen in der jüngſten
Zeit am meiſten Verdienſte um die Erläuterung und Erfor-
ſchung dieſes römiſchen Straßenzuges erworben, ſo daß man
die dadurch gewonnenen Reſultate mit wenigen Ausnahmen
als geſichert für die Geographie des römiſchen Germaniens
annehmen kann. Demnach führte dieſe Straße von Win=
biſch über die heutigen Orte Zurzach (Tenedo), wo ſie den
Rhein überſchritt, nach Stühlingen (Juliomagus) und über
Hüfingen (Brigobanne) im Quellgebiet der Donau nach
Rottweil (Arae Flaviae), einer der wichtigſten römiſchen
Anſiedlungen jenſeit des Rheins. Von dort zog ſie ſich

---

1) Mannert, Germanien. S. 614 bis 620.

2) Pfiſter, Geſchichte von Schwaben. Heilbronn 1803. 8.
Th. 1. S. 42.

3) Leichtlen, Schwaben unter den Römern mit 2 Charten.
Freiburg im Breisgau 1825. 8. S. 1 bis 80.

4) Werſebe, über die Völker und Völkerbündniſſe des alten
Deutſchlands. S. 273. Anmerk. 382. Werſebe weicht aber darin von
Leichtlen ab, daß er die Straße jenſeit der Donau von Rottweil
nach Ulm auf dem Rücken der rauhen Alp entlang zieht.

nordostwärts zum Thal des Neckar hinab nach dem be=
rühmten Rottenburg (Samulocenae), das durch seine
zahlreichen römischen Denkmale seit älterer Zeit bekannt
ist [1]). Wenn dann aber Leichtlen diese Straße in dem obern
Neckar=Thale weiter abwärts über Nürtingen (Grinario)
und Köngen, in dessen Umgegend Clarenna gesucht wird,
nach Osten zur rauhen Alp bis Lonsee (ad Lunam) verfolgt,
so scheint ein anderer Erklärer mehr für sich zu haben, wel=
cher jene Straße nordwärts über das sogenannte Schön=
buch nach Canstatt verfolgt, und in diesem Orte, wo sich
von verschiedenen Seiten her römische Heerstraßen vereinig=
ten, und welches ganz in der Nähe des großen Mauerwin=
kels von Lorch an der Rems liegt, das römische Clarenna
wiederfindet [2]). Weiter gegen Nordosten über Heidenheim
an der Brenz, wo man das alte Aquileja sucht, zog sich die
Straße nach dem schwäbischen Ries um Nördlingen herum
über Bopfingen (Opie) nach Oettingen an der Wernitz,
in welchem man das alte Losodica erkannte. Von dort
wandte sich die Straße südwärts durch das Ries an der
Wernitz hinab nach Medingen (Medianae), und dann in
grader Linie ostwärts über Itzing (Iciniacum), Nassenfels
(Vetonianae) und Kösching (Germanicum) in der Nähe der
Donau entlang nach Oetling (Celeusum), wo sie die Do=
nau erreichte und den Strom überschritt, um nach Abens=
berg (Abusina) zu gelangen, das am rechten Ufer des
Stromes nur wenige Meilen oberhalb Regensburg gele=
gen ist [3]).

---

1) Jaumann bei Memminger, würtemberg. Jahrbücher. Jahrg.
1823. S. 25 bis 46. 1830. S. 119 bis 130. 1831. S. 94 bis 102.
1833. S. 341 bis 351. 1836. S. 202 bis 210.

2) Paulus bei Memminger, würtemberg. Jahrbücher. Jahrg.
1835. S. 376 bis 397.

3) Leichtlen, Schwaben unter den Römern. S. 63 bis 196.

17 *

8) Der große Markomannen-Krieg.

Die von den Kaisern Trajanus, Hadrianus und ihren Nachfolgern getroffenen Maaßregeln zur Sicherung der Reichsgrenzen am Rhein und an der Donau haben während der ersten Hälfte des zweiten Jahrhunderts ihren Zweck vollkommen erfüllt. An den Grenzbarrieren war es auf geraume Zeit ruhig, und erst in der zweiten Hälfte des zweiten Jahrhunderts finden wir eine allgemeine Gährung und Bewegung unter den Völkern der germanischen Welt, denen sich die Völker sarmatischen Stammes zum Theil anschlossen, so daß nun im Laufe des dritten Jahrhunderts die Vorwerke des römischen Vertheidigungssystems durchbrochen wurden, und im vierten Jahrhundert die Festungslinien an den Grenzströmen selbst kein Hinderniß für die germanischen Völker mehr darboten, um in das Innere des römischen Reiches einzudringen.

Die Kämpfe der Römer zur Zeit des Kaisers Domitianus mit den Daken und Geten von thracischem Stamme an der untern Donau waren nicht ohne Einfluß auf die politischen Verhältnisse der Römer zu den suevischen Völkern an der mittlern Donau, und die bald darauf folgenden Eroberungen Trajans, der noch die Provinz Dacien jenseit der untern Donau seinem weiten Reiche zufügte und dadurch den südöstlichen Sueven in den Rücken zu kommen drohete, müssen grade wie zur Zeit der frühern cimbrischen Kriege bedeutend auf die Völkerbewegungen eingewirkt haben, welche man gleich darauf im östlichen Germanien wahrnimmt [1]). Doch erhellt auch, daß die Ursachen des furchtbaren Markomannen-Krieges nicht allein an der Donau

---

1) Luden, Geschichte des deutschen Volkes. II. S. 12 bis 15. Kufahl, Geschichte der Deutschen. I. S. 329. 340.

zu suchen sind, sondern auch in der fortschreitenden politischen
Entwickelung bei den gothisch = vandalischen Völkern in
den weiten sarmatischen Ebenen bis zu den Gestaden des
pontischen Meeres hin [1]). Denn dort sehen wir nun zum
erstenmale die Vandalen in Verbindung mit den Alanen
als ein für die Römer verhängnißvolles Volk auftreten, von
denen die erstern gänzlich dem gothischen Stamme unter den
Germanen angehören, die letztern aber nur zum Theil, in=
dem ihr Name als Collektiv=Bezeichnung auch ganz andere
Völkerschaften umfaßt, die selbst den Hunnen am Ural und
den heutigen Awaren am Kaukasus verwandt sind.

Gleichzeitig mit der Thronbesteigung des Kaisers Mar=
cus Aurelius ums Jahr 160 erhoben sich die germanischen
Völker, und die Bewegung im Osten scheint auch auf die
westlichen Germanen eingewirkt zu haben. Die damaligen
Einbrüche mehrerer suevischen Schaaren, vermuthlich der
Hermunduren, in das Dekumaten=Land an der obern
Donau bis nach Rhätien hin [2]), sodann der Chatten in
das römische Germanien am Rhein [3]), und nicht minder
der Chauken am Nieder=Rhein in das belgische Gebiet [4])
lassen schon das Ansetzen der drei Völkerverbindungen der
Alemannen, Franken und Sachsen erkennen, welche
seitdem nicht mehr aufgehört haben, das römische Reich zu
befehden, bis es in sich zusammenstürzte.

Aber ehe noch jene jüngern Namen gehört werden, tritt
mit dem Jahre 164 ein furchtbares Waffenbündniß
suevischer Völker an der mittlern Donau auf, um im
Kampfe mit Rom nicht blos ihre politische Selbstständigkeit
zu sichern, sondern auch die einstmals in den Donau=Ebe=

---

1) Mannert, Geschichte der alten Deutschen, besonders der
Franken. Stuttgart 1829. 8. Th. I. S. 25.

2) Pfister, Geschichte von Schwaben I. S. 45.

3) Schmidt, Geschichte von Hessen I. S. 24.

4) Wiarda, ostfriesische Geschichte I. S. 24.

nen verlorenen Gebiete wieder zu gewinnen. Doch zieht
sich diese Bewegung der Völker noch ostwärts über Dacien
hinaus bis zu den pontischen Gestaden fort, und so
scheinen es hier zwei von einander gesonderte Vereine ge=
wesen zu sein, welche, wenn auch in verschiedenem Sinne
doch zu einem und demselben Hauptzwecke wirkten. Durch
eine bunte Anhäufung von Völkernamen suchten die Römer
die Größe der sie bedrohenden Gefahr auszudrücken [1]). Die
Alten nennen uns im Westen an der mittlern Donau
die Markomannen, Narisken, Hermunduren, Quaden,
Sueven, Sarmaten, Latringen, Jazygen und Buren, und
im Osten die Victovalen, Sosiben, Sikoboten, Rho=
rolanen, Bastarnen, Alanen, Peucinen und Kostoboken,
welche Vereine man im Allgemeinen den markomanni=
schen und den vandalisch=sarmatischen Bund nennen
kann. Denn die mehrsten der Völker des östlichen Vereins
waren unstreitig sarmatischen Stammes, obschon es daran
in dem westlichen Vereine keineswegs fehlte. Doch werden
die meisten Namen der östlichen Völker, wie auch der der
Latringen im westlichen Vereine, nachmals fast nie wieder
genannt, und da sie mehr oder minder durch augenblickliche
Interessen zusammengeführt waren und ihre Reiterschaa=
ren mehr nur auf Raub und Plünderung in dem römischen
Dacien als auf dauernden Besitz dachten, so wurde hier im
Osten auch weniger vollbracht als im Westen, wo die Ver=
bindung der angesehensten suevischen Völker im Verein
mit einigen sarmatischen Stämmen den seit früherer Zeit
berühmten Namen der Markomannen an dem alten li=
mes Danubianus wieder in das politische Dasein rief und
ihm aufs neue eine erweiterte Ausdehnung gab. Darum
bezeichnen die Römer diesen merkwürdigen Kampf gewöhn=
lich mit dem Namen des Markomannen=Krieges, obwohl

---

1) Luden, Geschichte des deutschen Volkes II. S. 9. 10.

er auch von ihnen und zwar mit größerm Rechte der allgemeine deutsche Krieg genannt wird ¹).'

An den weit gegen Nordosten zu vorspringenden Grenzmarken Pannoniens, wo sich in Europa der Osten und
Westen scheidet, wo den römischen Landschaften gegenüber
das Land Germanien sich von den Gebieten der Sarmaten
und Daken sonderte, und wo sich damals jene beiden Waffenvereine berührten, da zeigt sich von je an in der Völker-
geschichte Europas ein Drängen und Ziehen der Stämme
in den entgegengesetztesten Richtungen. So wie Pannonien jetzt der Hauptschauplatz des markomannischen Krieges wurde, so bildete dieses Gebiet seit alter Zeit den großen Kreuzweg und das Land der Passage bei den
Wanderungen der Völker von Osten nach Westen und um-
gekehrt und von Norden nach Süden und wiederum umge-
kehrt, und war nicht minder das Land der Handelszüge
vom baltischen zum adriatischen Meere und vom Pontus
zum Rhein. Hier ist aber auch das große Schlachtthea-
ter im Konflikte der sich feindlich einander treffenden Völker, und die Bedeutung der eigenthümlichen Weltstellung
dieses Gebietes für den Gang der europäischen Völkerentwickelung ist aus den Zeiten der Herrschaft der Hunnen so
wie aus der Zeit der Awaren und Ungarn klar genug zu erkennen. Schon im Alterthum berührten und durchkreuzten
sich hier fünf der bedeutendsten Volksstämme Europas, über
welche alle noch die Römer den Sieg davon trugen. Denn
von Westen und von Norden stießen hier die gallischen
und germanischen Völker aufeinander, von Süden her
breiteten sich die illyrischen und thracischen Völker aus
oder die Paeonier (Pannonier) und die Daken und Geten,
und von Osten zeigt sich hier seit uralter Zeit ein Vordringen sarmatischer oder slavischer Stämme, welche in

---

1) Kufahl, Geschichte der Deutschen I. S. 345 bis 348. Luden, Geschichte des deutschen Volkes II. S. 21 bis 23.

den pannonischen Gebirgslandschaften, in Karantanien, nach=
mals eine zweite Heimath gefunden haben. Schon im Zeit=
alter Herodots zeigen sich hier zuerst die Sigynnen als
vermuthlich sarmatischen Stammes [1]), und als die Vorläu=
fer der beiden zahlreichen Reitervölker der Jazygen und
Rhoxolanen, welche anerkannt slavisch=sarmatischen Ur=
sprunges sich hier schon seit den ersten Kaiserzeiten von den
Karpathen her gegen die mittlere und untere Donau vor=
drängten und als Theilnehmer an den Kriegsthaten der Mar=
komannen so wie später der Gothen und Vandalen sich den
Römern furchtbar machten [2]).

Um dieselbe Zeit als im äußersten Osten und Westen
die Grenzen des Reiches von den anwohnenden Barbaren
angegriffen wurden, erhob sich auch an den Nordgrenzen
der furchtbare Völkersturm, welcher den Vorboten für den
seitdem beginnenden Verfall und den Untergang der mächti=
gen römischen Herrschaft bildet. Die Völker des markoman=
nischen Bundes durchbrachen die Festungslinie an der Donau,
drangen verheerend in die illyrischen Provinzen ein, und
überschritten die Pässe der östlichen Alpenketten bis in die
Nähe von Aquileja am adriatischen Meere. Die Gefahr
für Rom war um so größer, als die meisten Legionen da=
mals im Orient gegen die Parther standen, und nur mit
Mühe vermochte Marcus Aurelius durch Zurücktreibung der
Barbaren über die Alpen und die Donau das Reich auf=
recht zu erhalten. Die beiden Festungen Vindobona und
Carnuntum in dem Donau=Limes waren damals die
Hauptbollwerke in der Vertheidigung und Sicherung des
Reiches [3]). Aber es ward mit abwechselndem Glücke ge=

---

1) Barth, Deutschlands Urgeschichte I. S. 113.

2) Muchar, Geschichte der Einwanderung und Ansiedlung der
Slaven in Inner=Oesterreich, in der steiermärk. Zeitschrift. Grätz.
Heft 6. 1825. S. 11 bis 18.

3) Muchar, das römische Noricum. I. S. 61.

stritten, und die in den illyrischen Provinzen wüthende Pest vermehrte das Unheil und die Gefahr für das Reich. Zwar überschritt Marcus Aurelius selbst den Grenzstrom und drang in das feindliche Gebiet ein, aber durch Geld und durch Unterhandlungen mit den einzelnen Stämmen vermochte der Kaiser mehr als mit den Waffen, und nur durch germanische Hülfsschaaren in römischen Diensten wurden die meisten Erfolge errungen [1]). Selbst zahlreiche Reiterschaaren der Jazygen traten in die Dienste des Kaisers [2]).

Jahrelang verweilte der Kaiser an den Ufern des Donaustromes, und er starb daselbst im Jahre 180 zu Windobona, ehe er noch seinen Plan zur Sicherung des Reiches im Kampfe mit den Barbaren vollkommen durchgeführt hatte. Denn es mußten von seinem Nachfolger große Haufen der germanischen Völker theils in das Heer aufgenommen, theils in den illyrischen Provinzen angesiedelt werden, und von den übrigen Barbaren ward der Friede mit bedeutenden Opfern erkauft [3]). Mit dieser Uebersiedlung germanischer Schaaren auf römischen Boden hat man nicht selten die erste Germanisirung der Alpenlandschaften in Verbindung gebracht; sicherer scheint es aber wohl zu sein, daß damals die Ostalpen ihre ersten slavischen Kolonisationen, besonders durch jene Jazygen, erhalten haben.

---

1) Pfister, Geschichte der Deutschen I. S. 174 bis 177.

2) Muchar, Geschichte der Slaven in Inner=Oestreich, a. a. O. Heft 6. S. 43.

3) Kufahl, Geschichte der Deutschen I. S. 349 bis 366. Luden, Geschichte des deutschen Volkes II. S. 23 bis 37.

2) Die Völkerbündniſſe und die Bildung und das Hervortreten der deutſchen Stämme. Die Alemannen, Franken, Sachſen und Gothen.

Nach dem furchtbaren markomanniſchen Kriege, der ſich an der ganzen Donau entlang erſtreckte, trat eine kurze Ruhe ein, während welcher wir von den Alten wenig über die Germanen erfahren. Dennoch iſt grade dieſe Zeit für den Entwickelungszuſtand der germaniſchen Völker von der größten Bedeutung, da wir gleich darauf die Germanen in ganz anderer Geſtalt und unter Namen auftreten ſehen, welche ſich ſeitdem immer erhalten haben. Die Entſtehung der Völkervereine oder der größern Waffengenoſſenſchaften am Ende des zweiten Jahrhunderts, aus welchen mit einigen Umwandlungen die ſpätern deutſchen Stämme des eigentlichen Mittelalters hervorgegangen ſind, hat aber offenbar ihren Hauptgrund in drei Verhältniſſen, und war eine nothwendige Folge von dem bisherigen Entwickelungsgange der germaniſchen Völkerwelt [1]). Jene Verhältniſſe ſind einmal die theilweiſe Löſung der frühern, beſchränkten Stamm= und Gauverfaſſung dort am Rhein durch die Jahrhundertlang fortgeſetzten Kämpfe mit den Römern, hier an der Donau beſonders durch die Zerſprengung und das Durcheinanderwerfen der ältern ſueviſchen Stämme in dieſem letzten markomanniſchen Kriege, weshalb ſich hier auch nicht ſo früh beſtimmte Völkervereine ausbilden konnten als wie dort, wo der Gährungsprozeß in dem Anſetzen neuer Geſtaltungen ſchon mehr überſtanden war. Dann die weitere Ausbildung und das Emporkommen des Gefolgeweſens und des Heerkönigthumes, welches nachmals in dem Merowingen=Reiche ſeine Vollendung er=

---

1) Pfiſter, Geſchichte der Deutſchen I. S. 191.

hielt, und zuletzt die erobernde Ausbreitung der Sachsen und Dänen im Nordosten der germanischen Welt.

Im Westen, in dem rheinischen Germanien, traten zuerst die drei Völkervereine der Alemannen, Franken und
Sachsen hervor, deren Namen schon diejenigen deutschen
Stämme bezeichnen, welche durch alle Zeiten der Geschichte
Deutschlands unter seinen Völkern die vorherrschende Rolle
gespielt haben. Der zu gleicher Zeit im äußersten Osten mit
großer Bedeutung auftretende Name der Gothen in Verbindung mit den Vandalen und Alanen gehört der Geschichte des Bodens von Deutschland nicht mehr an. Es
bildet aber der gothische Völkerverein an der untern Donau
und am Pontus das großartigste Seitenstück zu jenen drei
rheinischen Vereinen, denen sich erst später zwei andere im
Innern Deutschlands zugesellten.

Die bestimmtere Art und Weise, wie sich die neuern
Völkervereine gebildet haben, die seit dem Anfange des dritten Jahrhunderts hervortretend die Grundlage für die spätere politische Entwickelung auf dem klassischen Boden Deutschlands abgeben, liegt zwar im Dunkeln, und es sind darüber
die verschiedensten Auffassungen bis jetzt herrschend gewesen,
doch muß man im Allgemeinen davon ausgehen, daß, was
wenigstens die westgermanischen Völkervereine betrifft, hier
nur an ein engeres Zusammentreten eben derselben
Völker zu denken ist, welche in jenen rheinischen Gebieten
schon seit Jahrhunderten mit den Römern in Kampf gelegen hatten. Grade an den Franken, welche bald den
Mittelpunkt für die politische Entwickelung Deutschlands abgeben, läßt sich dies am bestimmtesten nachweisen, obschon
die auf ein solches näheres Zusammentreten der ältern germanischen Stämme mitwirkenden Umstände, die dann auch
auf die Umgestaltung der Waffenbündnisse einen wesentlichen Einfluß äußerten, wohl zu berücksichtigen sind. Der
Name der Alemannen tritt aber unter den jüngern Bezeichnungen der deutschen Völker zuerst hervor, und der große

Markomannen=Krieg, welcher im Allgemeinen als die Pe=
riode des Scheidungsproceſſes der ältern und neuern
Entwickelung der Germanen zu bezeichnen iſt, muß wie auf
die Geſtaltung aller jener jüngern Völkerbündniſſe, ſo auch
beſonders auf die Entſtehung des Vereines der Alemannen
von Einfluß geweſen ſein. Hatten die Römer bis auf die
Zeit der Kaiſer Tiberius und Claudius angriffsweiſe auf
die germaniſche Völkerwelt verfahren, und war ſeitdem eine
Art von Waffenſtillſtand zwiſchen Rom und Germanien
eingetreten, wobei erſteres durch die Vorſchiebung und Vol=
lendung ſeiner Feſtungswerke im Innern des letztern doch
noch Eroberungen machte, ſo kehrte ſich nun das Verhält=
niß um. Seit dem Beginn des dritten Jahrhunderts ergriff
die germaniſche Völkerwelt die Angriffsparthie, und alle
Kämpfe der römiſchen Imperatoren am Rhein und im In=
nern Germaniens hatten nur die Sicherung der alten
Reichsgrenzen und der Grenzprovinzen zum Zweck.

Die Alemannen. Aus unanſehnlichen Anfängen her=
vorgehend hat ſich der Waffenverein der Alemannen, deſſen
Urſprung in den erſten Jahren des dritten Jahrhunderts zu
erkennen iſt, erſt allmählig im Kampfe mit den Römern ge=
bildet und erweitert, und auf dem Gebiete des römiſchen
Germaniens zuletzt eine ſolche Ausdehnung erlangt, daß der
ſich daraus entwickelnde deutſche Stamm der Alemannen von
dem Main an dem obern Rhein aufwärts ſich bis in die
Hochthäler der Alpen erſtreckte. Die Ufer des Mains ſind
als das Heimathsland der Alemannen zu bezeichnen, und
iſtävoniſche, hermioniſche und ſueviſche Stämme müſſen auf
gleiche Weiſe zur erſten Bildung des alemanniſchen Waffen=
vereines beigetragen haben. Iſt der Name deſſelben im
Laufe der Zeit grade dort auch wieder verſchwunden, ſo hat
er ſich doch mehr aufwärts am Rhein und an der obern
Donau in dem alten Buſen des römiſchen Reiches durch
alle Zeiten erhalten, und hat jenem Gebiete fortan ſein im=
mer dauerndes Gepräge gegeben.

Der Name der Alemannen wird zuerst erwähnt bei
einem Kampfe des Kaisers Caracalla mit den deutschen
Stämmen am untern Main im Rücken der großen Vertheidigungslinie, und sie erscheinen sogleich als ein zahlreiches, sehr streitbares und durch seine Reiterei ausgezeichnetes Volk [1]). Neben ihnen wird bei eben dieser Gelegenheit des Stammes der Cennen erwähnt, welche sich durch
ihre außerordentliche Wildheit den Römern furchtbar machten, und welche man, da sie später nicht wieder vorkommen,
für eine von den Chatten oder Hermunduren ausgegangene
Gefolgschaft betrachten muß [2]). Da sich die Alemannen
gleich bei ihrem ersten Zusammentreffen mit den Römern als
geübte Reiter kund gaben, so darf man wohl die rheingaui-
schen Usipier und die Tenkterer, und zwar die südlichen
Tenkterer oder Ingrionen im Engersgau, welche schon seit
Cäsars Zeit als Reiter berühmt waren und die auch nachmals zum Bunde der Alemannen gehörten, als eine der ersten Hauptbestandtheile dieses Vereins ansehen, an welchen
sich sodann die südlichen Stämme der Chatten und verschiedene Zweige der Hermunduren anschlossen. Wenigstens finden wir fortan in den Gebieten, welche sich vom
mittlern Rhein ostwärts und südostwärts an dem Main
im Rücken der römischen Grenzlinie entlang erstrecken, und
wo wir früher die Völkernamen der Usipier, Tenkterer, Mattiaken, Karitnen, Vargionen, Intuergen, Marwingen, Turonen und andere genannt sehen, den Namen der Alemannen genannt, während jene ältern verschwinden, und ohne
Zweifel gab grade die Vollendung der Bauten an der großen Reichsgrenze daselbst die Veranlassung, daß sich deutsche

---

1) Wersebe, über die Völker und Völkerbündnisse des alten
Deutschlands. S. 139.

2) Rommel, Geschichte von Hessen I. S. 25. 26. Wersebe,
über die Völkerbündnisse Deutschlands. S. 227.

Schaaren verschiedenartigen Stammes zu einer Wehr= und Angriffsverbindung vereinigten [1]).

Ueberdies waren durch den großen markomannischen Krieg die frühern Stammverhältnisse mehr gelöst, und das die germanischen Waffen in ihm begleitende Glück reizte zu neuen Unternehmungen, so daß es nicht befremden kann, wenn die Waffengenossenschaften der alten suevischen Hermunduren am Main sich als das anregende Element dazu hergaben, um ihre chattischen und rheinländischen Stammgenossen zu einem Bunde gegen Rom und zum Angriff auf die gefährlichen Grenzlinien zu bewegen. Die spätern Grenzmarken des rheinischen Frankens gegen das fränkische Ripuarien und gegen Hessen müssen im Norden des untern Main auch die Grenzen des ältesten Alemanniens im Gebiete der rheinländischen Germanen und der Chatten bezeichnen.

In der Richtung von Norden nach Süden zeigt sich die allmählige erobernde Ausbreitung der Alemannen, die zunächst weniger durch ganze Volksmassen als vielmehr nur durch einzelne Gefolgschaften besonderer Häuptlinge ohne gemeinsamen Plan erfolgte, wenn man auch im Allgemeinen die Durchbrechung der Grenzlinie im Auge hatte. Da man aber um dieselbe Zeit auch in andern Gegenden, wie an der Donau, findet, daß die Angriffe germanischer Gefolgschaften auf die römische Grenze mit ihrer Ansiedlung endigten, weil die zunehmende Schwäche des Reiches nicht mehr gestattete, ohne Hülfe verbündeter germanischer Völker jene zu vertheidigen, so scheint dies auch hier im Laufe des dritten Jahrhunderts erfolgt zu sein, und die Vermehrung einer den Alemannen verwandten und immer noch befreundeten Bevölkerung innerhalb der Grenzlinien des Reiches war die Folge davon. Daß die letztern damit zum Theil ihre Bedeutung verloren, erhellt von selbst, und bei

---

1) Zeuß, die Deutschen. S. 303 bis 305.

dem Anbringen einer neuen feindlichen Gefolgschaft unter
einem bedeutenden Häuptlinge konnte sich leicht die ganze
Grenzbevölkerung dazu fortreißen lassen, sich ihm anzuschließen und sich mit ihm gegen ihre frühern Oberherren zu ver-
binden. So erscheinen nun die Alemannen in der zweiten
Hälfte des dritten Jahrhunderts zur Zeit des Kaiser Probus
als ein Inbegriff einzelner Völker unter mehrern Fürsten, welche zwischen den römischen festen Plätzen angesiedelt
sind, und die Vortheile, welche die Römer über sie erhalten,
bestehen in der Herstellung und Wiederbesetzung jener
Plätze, der Anlegung neuer, und der Verpflichtung jener
Völker zur Vertheidigung der Grenze, zu Lieferungen
für die Grenzbesatzungen und zur Stellung von Mann-
schaften, welche dem römischen Heere einverleibt werden ¹).

Es erfuhr demnach der Bund der Alemannen im Laufe
der Zeit durch die Vereinigung mit den im römischen
Reiche angesiedelten germanischen Elementen eine große Umgestaltung, und aus dem frühern Zustande der germanischen Völkerwelt in jenen Gebieten muß man entnehmen,
daß dieses Anwachsen des alemannischen Volkes auf Kosten
des römischen Reiches der zahlreichen Aussendung hermun-
durischer Gefolgschaften zuzuschreiben sei ²). Denn dieser
so mächtige und ausgebreitete Kriegerstamm der Hermunduren verschwindet seit jener Zeit gänzlich, und der bald neben den Alemannen hervortretende Name der Sueven
scheint noch bestimmter auf dieselben hinzuweisen, wenn
schon es wohl nicht zu läugnen ist, daß noch manche andere
suevische Stämme und Gefolgschaften sich ihnen angeschlossen
haben ³), so wie die Hermunduren wiederum auch zur Bil-

---

1) Eichhorn, deutsche Staats- und Rechtsgeschichte I. S. 107
bis 111.

2) Pfister, Geschichte von Schwaben I. S. 60.

3) Pfister, Geschichte der Deutschen I. S. 180.

bung anderer deutſchen Stämme wie vornehmlich der Thü=
ringer beigetragen haben.

Im vierten Jahrhundert führt den Namen der Alemannen
ſchon die geſammte Bevölkerung vom Main am
Rhein aufwärts bis an das ſüdliche Ende des Schwarz=
waldes. Aber ſo wenig wie von Anfang an eine feſte und
beſtimmte Einheit der alemanniſchen Verbindung zum Grunde
lag, ſo wenig zeigt ſich auch ſpäter wie zur Zeit Julians
die Spur von einem Bande, welches dieſe Völkerſchaften zu
einem politiſchen Ganzen verknüpfte. Vielmehr er=
kennt man da nur eine Reihe mehr oder minder mächtiger
alemanniſcher Fürſten, welche mit ihren aus dem Ver=
hältniß der Unterthänigkeit zu den Römern herausgetretenen
Völkern ihre Selbſtſtändigkeit wieder gewonnen haben,
und durch die Verbindung mit ihren ſueviſchen Stamm=
genoſſen im innern Deutſchland ſich den Römern auch jen=
ſeit des Rheins und der Donau furchtbar zu machen
ſuchen [1]).

Aus dieſer eigenthümlichen Entſtehung des ale=
manniſchen Volkes, aus dem Zuſammenwachſen der den Rö=
mern theils feindlichen, theils befreundeten germaniſchen Ge=
folgſchaften außerhalb und innerhalb der Grenzlinien, erklärt
ſich auch die ſchon von den Alten angegebene Bedeutung
des Namens der Alemannen, in ſo fern dies Volk aus einem
Zuſammenfluß verſchiedenartiger kriegeriſcher Abenteurer
und Stämme entſtanden ſein ſoll [2]). Wenigſtens liegt in
dieſer Erklärung ein Beweis für die urſprüngliche Beſchaf=
fenheit jener politiſchen Geſtaltung, wenn es auch höchſt
wahrſcheinlich iſt, daß dieſer Name, der nie Allemannen
ſondern immer nur Alemannen oder Alamannen ge=

---

1) **Eichhorn,** deutſche Staats= und Rechtsgeſchichte I. Seite
111. 112.

2) **Mannert,** Germanien. S. 241. **Pfiſter,** Geſchichte der
Deutſchen I. S. 180.

nannt wird, auf einen andern Ursprung hinweiset. So dun=
kel auch die eigentliche Erklärung und Entstehung aller je=
ner Namen der jüngern Völkerbündnisse Germaniens ist und
daher immer auf die verschiedenartigste Weise versucht wor=
den, so scheint es doch am sichersten zu sein sie von den
Waffen abzuleiten, durch deren Gebrauch sie sich besonders
bekannt machten, wobei man wohl voraussetzen darf, daß
sie schon lange vorher in Germanien selbst üblich waren, ehe
sie zur Kunde der Römer kamen [1]). Das Wort Al (eine
Waffe, wovon auch Halebarbe), nach welchem die Aleman=
nen benannt zu sein scheinen, ist aber verwandt mit dem
Worte Ar oder Ari, so daß der Name der Alemannen das=
selbe mit dem der Arimannen (Kriegsmänner) bedeuten
würde. Der Name der Arimannen ist aber wieder derselbe
mit dem der Germanen der frühern Zeit bei den Nieder=
Deutschen am untern Rhein, und merkwürdiger Weise wer=
den grade diese Alemannen während der Zeit des dritten
Jahrhunderts von den Römern vorzugsweise mit dem
Namen der Germanen bezeichnet [2]). Demnach sind die
Alemannen als die oberdeutschen Germanen im engern
Sinne zu betrachten, und nach Sprache und Bildung treten
sie auch während des ganzen Mittelalters als die eigentli=
chen Repräsentanten der Ober = Deutschen hervor. Wahr=
scheinlich hängen auch die Namen Algau und Almangau
in dem alten Schwaben am Bodensee und an der obern
Donau mit dem Namen dieses Volkes zusammen; wenig=
stens bezeichnen eben jene Gebiete durch das ganze Mittel=
alter die Hauptsitze der Schwaben oder Suev=Alemannen [3]).

Die Franken. Nur wenig später als der Name der
Alemannen oder um die Mitte des dritten Jahrhunderts tritt
der Name desjenigen Volkes oder Völkerbündnisses in der

---

1) Luden, Geschichte des deutschen Volkes II. S. 41.
2) Zeuß, die Deutschen. S. 306.
3) Pfister, Geschichte der Deutschen I. S. 181.

Geſchichte am untern Rhein hervor, welches ſich den Rö=
mern bald noch furchtbarer als jenes am obern Rhein machte.
Wenn aber der Verein der Alemannen von geringen Anfän=
gen ausgehend im Laufe der Zeit in ſeiner Fortbildung eine
mächtige Erweiterung und Ausdehnung über einen Haupt=
theil des nachmaligen Deutſchland erlangte, ſo zeigt ſich da=
gegen bei dem Namen der Franken, daß derſelbe, urſprüng=
lich eine kriegeriſche Verbindung von faſt allen Völ=
kern und Stämmen des eigentlichen Germaniens
bezeichnend, in Folge der Umgeſtaltungen dieſes großen Völ=
kerbündniſſes zuletzt faſt nur auf die Uferlandſchaften
des untern Rheins beſchränkt worden iſt, obſchon dabei
berückſichtigt werden muß, daß ſich der Name der Franken
nicht nur über die weſtrheiniſchen Landſchaften oder über
einen großen Theil des Landes Gallien, ſondern auch über
eben die Gebiete am mittlern Rhein und am Main
entlang verbreitet hat, welche wir als die urſprüngliche Hei=
math des Bundes und Volkes der Alemannen kennen gelernt
haben. Denn es treten die Franken zuerſt in derſelben Ge=
gend hervor, wo die alten niederdeutſchen Stämme oder die
eigentlichen Germanen ſchon einen dreihundertjährigen
Kampf mit Rom beſtanden hatten.

Indem durch dieſe Franken die Vernichtung der römi=
ſchen Herrſchaft im Abendlande vollendet wurde, zeigt es ſich,
daß hier am Nieder=Rhein, in den jetzigen rheinpreußi=
ſchen Landſchaften, der Hauptſitz des germaniſchen Lebens
in der ältern Zeit geweſen iſt, bis dieſer geiſtige Centralpunkt
Deutſchlands ſpäter in der Zeit der Hohenſtaufen nach dem
Ober=Rhein hin wanderte, und in der neuern Zeit ſeit der
Reformation in den nordöſtlichen Theilen des deutſchen Lan=
des an der Elbe ſeinen Sitz nahm.

Da die Franken durch die von ihnen ausgehende Herr=
ſchaft den Anfangspunkt und Mittelpunkt der neuern
Geſchichte ſeit dem Untergange der römiſchen Welt abgeben,
ſo hat man vornehmlich bei ihnen das im Allgemeinen über

der Entstehung dieser Völkerbündnisse ruhende Dunkel
zu erforschen gesucht, und so entgegengesetzt auch die in dieser Beziehung vorgebrachten Auffassungen sind, so dienen
sie doch dazu die Umgestaltung des allgemeinen politischen
Lebens aller deutschen Völker in der Zeit des zweiten und
dritten Jahrhunderts und besonders den Zustand vieler sogenannten Völker der Völkerwanderung genauer kennen zu lernen. Die Art der Entstehung des fränkischen Völkervereins erläutert bei aller Verschiedenheit der Verhältnisse auch
die der Alemannen und der Sachsen, und das Hervorgehen
eines fränkischen Volkes oder Stammes aus dem ursprünglichen fränkischen Verein zeigt sich auf ähnliche Weise
bei den beiden Nachbarvölkern im Süden und Nordosten.

Ueber den Ursprung des Volkes und Bundes der
Franken sind bis jetzt drei Auffassungen verbreitet gewesen,
von welchen die zweite stets die meisten Anhänger gehabt
hat, während die erste, die zugleich die älteste ist, auf gewisse Weise als antiquirt betrachtet werden muß. Denn der
Ruhm der fränkischen Waffen in der Begründung einer mächtigen Herrschaft, an welche sich zunächst alle weitere Entwickelung des Mittelalters anschließt, schien dazu zu nöthigen den Ursprung dieses gewaltigen Herrschervolkes in weiter Ferne zu suchen, um durch das Anknüpfen an eine
dunkle Vorzeit dasselbe um so mehr zu verherrlichen.
Dazu kam noch der diese Ansicht begünstigende Umstand, daß
die in Gallien so siegreich gegen die Römer auftretenden
Franken sich durch eine solche Rohheit und Wildheit
und, wie die Geschichte ihres dort begründeten Reiches lehrt,
sich durch eine solche geistige Verderbtheit auszeichneten,
daß sie den alten niederdeutschen Germanen, von welchen
man sie sonst abzuleiten pflegte, durchaus unähnlich erschienen. Daher haben denn auch spätere Sagen und die poe-
tische Behandlung der ältern deutschen Geschichte im Mittelalter die Franken aus dem fernen Osten, aus Asien hergeleitet, und wie häufig in jener Zeit wurden die alten frän-

kischen Helden mit den trojanischen Helden in einen hi-
storisch=genealogischen Zusammenhang gebracht [1]).

Diese erste und älteste Auffassung über den Ursprung
des fränkischen Volkes ist in der neuesten Zeit wieder geltend
gemacht von Mone [2]) und Türk [3]), denen sich auch
Phillips [4]) anschließt. Denn nach ihnen sind die Franken eine von Anfang ihres historischen Auftretens an für sich
bestehende Völkerschaft, welche entweder (nach Gregor von
Tours) aus Pannonien oder (nach dem Geographen von
Ravenna) aus dem nordöstlichen Deutschland, aus dem Lande
Maurungania an der Elbe, in die Rhein=Gegenden eingewandert ist und durch Unterwerfung vieler einzelner Völker daselbst ihre Herrschaft begründet hat.

Die zweite Auffassung ist als von dem Geschichtsforscher Grupen um die Mitte des achtzehnten Jahrhunderts herrührend zu bezeichnen [5]), und mit einigen Mo-
difikationen folgten derselben fast alle neuern deutschen Geschichtsforscher wie Möser [6]), Wenck [7]), Wilken [8]), Wer-

---

1) Löbell, Gregor von Tours und seine Zeit. Leipzig 1839.
8. Beil. 3. Ueber die Meinungen vom Ursprunge der Franken.
S. 479 bis 501.

2) Mone, Geschichte des Heidenthums im nördlichen Europa.
Leipzig 1822. 8. Th. II. S. 119 bis 122. So auch im Archiv der
Gesellschaft für ältere deutsche Geschichtskunde herausg. von Büch-
ler und Dümge. Frankf. a. M. Th. III. S. 243.

3) Türk, Forschungen auf dem Gebiete der Geschichte. Heft 3.
Rostock 1830. 8.

4) Phillips, deutsche Staats- und Rechtsgeschichte. I. S. 290
bis 294. Vergl. J. J. Mascou, Geschichte der Deutschen bis zu
Anfang der fränkischen Monarchie. Leipzig 1726. 4. Th. I. S. 164.

5) Grupen, observatio de primis Francorum sedibus origi-
nariis. Hanoverae 1758. 4.

6) Möser, Gesch. von Osnabrück. Berlin 1780. 8. Th. I. S. 167.

7) Wenck, hessische Landesgeschichte. II. S. 119. 120.

8) Wilken, Handbuch der deutschen Historie. Heidelberg 1810.
8. Th. I. S. 51.

sebe [1]), Pfister [2]), Luden [3]), Mannert [4]), Ledebur [5]) und Zeuß [6]). Danach werden die Franken auf Grund der Peutingerschen Tafel und einiger Stellen der alten Autoren, in welchen mehreren beim Tacitus in Nieder=Deutschland genannten Völkerschaften der Gesammtname Franken beigelegt wird, als ein Völkerverein betrachtet, welcher gemeinschaftliche Vertheidigung und gemeinschaftlichen Angriff gegen die Römer zum Zweck hatte.

Die dritte Auffassung stammt sodann von Eichhorn. Danach sind die Franken aus den Gefolgschaften verschiedener deutscher Stämme entstanden, welche sich unabhängig von den Volksgemeinden, denen sie ursprünglich angehörten, in dem eroberten Theile des römischen Reiches niederließen und durch Fortsetzung ihrer Eroberungen die Grundlage des fränkischen Reiches bildeten [7]):

Unstreitig hat die zweite Auffassung, daß unter Franken nichts als der Gesammtname mehrerer verbündeten Völkerschaften des nordwestlichen Deutschland zu verstehen sei, nach innern und äußern Gründen am meisten für sich. Denn in Nieder=Deutschland längs dem Rhein wird der Name der Franken zuerst gehört. Die Peutingersche Tafel verlegt das Land Francia an das rechte Ufer des Nieder=Rheins, und eben dort sind nach den bestimmtesten Angaben der Alten die Stammsitze der Franken=Völker zu-

---

1) Werfebe, über die Völker und Völkerbündnisse des alten Deutschlands. S. 122.

2) Pfister, Geschichte der Deutschen. I. S. 181.

3) Luden, Geschichte des deutschen Volkes. II. S. 44. 45. 66.

4) Mannert, Germanien. S. 210. Geschichte der alten Deutschen, besonders der Franken. I. S. 83.

5) Ledebur, das Land und Volk der Bructerer. S. 250.

6) Zeuß, die Deutschen und die Nachbarstämme. S. 326.

7) Eichhorn, deutsche Staats= und Rechtsgeschichte I. Seite 107. 131.

suchen. Es ergiebt sich aber auch aus den weitern Berich=
ten der Alten, daß der diesen Völkerbund bezeichnende Name
sich keineswegs auf jene Gegend allein beschränkte; vielmehr
erscheint dieser Name gleich nach seinem ersten Hervortreten
über den weiten Raum des eigentlichen Germaniens
bis zur Elbe hin ausgedehnt, so daß er ohne Rücksicht auf
die alte Stammverschiedenheit ursprünglich alle Völker um=
faßte, welche zu der Klasse der Istävonen, Ingävonen und
Hermionen gehörten [1]). Denn als Franken werden uns im
dritten Jahrhundert ausdrücklich genannt die doppelten Si=
gambern, in Westfalen und an der Waal, die Chama=
ven, Tubanten, Brukterer, Chattuarier, Amsiva=
rier, Chasuaren, Friesen, Chauken und die Stämme
der Cherusken und Chatten.

Wenn nun aber auch der Zustand des fränkischen Völ=
kerbundes im dritten Jahrhundert an der hier hervorgehobe=
nen Auffassung von seinem Ursprunge nicht zweifeln läßt, so
muß man doch nothwendig, um die eigentliche Veran=
lassung zu seiner Entstehung, und sodann um seine all=
mählige Umgestaltung in Deutschland und seine Thä=
tigkeit auf dem römischen Gebiete kennen zu lernen und
zu verstehen, auf die beiden andern Auffassungen Rücksicht
nehmen, so daß sich erst aus ihrer gegenseitigen Bedingung
ein richtiges Bild von der mächtigen Revolution ergiebt,
welche das deutsche Völkerleben damals erfuhr, und welche
bald so verhängnißvoll auf das römische Weltreich einwirkte.
Mag man auch immerhin geneigt sein den Grund der
Entstehung des fränkischen Völkervereins in dem gesamm=
ten eigentlichen Germanien nach Art des cheruskischen Ver=
eins zu Armins Zeit aus dem Drängen des allgemeinen po=
litischen Lebens bei den Germanen im Konflikt mit der rö=
mischen Welt zu erklären, da es wenigstens von der römischen
Seite her damals an einer bestimmtern Veranlassung

---

1) Lebebur, die Brukterer. S. 251. 252.

dazu fehlte [1]), um eine neue Gestaltung des Lebens plötz=
lich hervortreten zu lassen, so wird man solche Veranlassun=
gen doch in andern Umständen suchen müssen. Berücksich=
tigt man nun dabei, daß die Einrichtungen, welche man
bei den Franken und allen übrigen neuen Völkern dieser
Zeit findet, weit weniger auf ein bloßes Bündniß mit un=
veränderter früherer Verfassung hinweisen als darauf, daß
die Ausbildung und die weitere Ausdehnung des In=
stituts der Gefolgschaften das bildende Prinzip der Ver=
einigung gewesen sein muß [2]), so wird man auf das eigen=
thümliche Leben der suevischen Völkerschaften hingeführt, de=
ren großartige Gefolgschaften in dem markomannischen Kriege
trotz aller Zerrüttung einen mächtigen Anstoß der Entwicke=
lung erhalten hatten.

Die Ausbildung des Gefolgewesens und des damit
zusammenhängenden Heerkönigthumes bei den Sueven
in Ost=Germanien, wie dasselbe bald bei den Gothen so
glanzvoll und mächtig hervortritt, wirkte bei der in jenen
Zeiten unter allen germanischen Völkern statt findenden poli=
tischen Verbindung auch auf die westlichen Germanen ein.
Das überall in der germanischen Völkerwelt erwachende hö=
here politische Leben offenbarte sich zunächst in der Erzeu=
gung zahlreicher kleiner Kriegshelden und Könige, welche
mit dem sich um sie sammelnden Gefolge als streitbare und
wandernde Recken oder Rechen die Welt von dem Pon=
tus und der untern Donau bis zum Deltalande des Rhein
durchzogen, und je nachdem sich ihnen die Umstände mehr

---

1) Darum meint auch Mannert, daß der Zweck der Verbindung
der Völker des fränkischen Vereins gewesen sei, sich gegen die er=
obernde Ausdehnung der Sachsen zu schützen und nicht sich gegen
die Römer zu wenden, obschon er selbst gesteht, daß anfangs zwischen
den Franken und Sachsen keine Kriege obgewaltet, sondern vielmehr
daß sie beide gemeinsam das römische Reich angegriffen hätten.
Mannert, Geschichte der alten Deutschen. I. S. 82.

2) Eichhorn, deutsche Staats= und Rechtsgeschichte I. S. 107.

oder minder günstig erwiesen entweder als vereinzelte Aben=
teurer oder als Führer mächtiger zu Völkern angewachse=
ner Kriegsheere, aus den Genossen der verschiedensten
germanischen Stämme bestehend, sich Ruhm erwarben und
sich furchtbar machten [1]).   Denn alle wandernden Völker
der Völkerwanderung sind nichts als eben solche Kriegsheere,
welche durchaus militärisch organisirt und auch nur als
Heere (exercitus) bezeichnet [2]), sich nur in so fern an die
ältern Völker= oder Gefolgschaftsnamen suevischen Stammes
anschließen, als entweder der Heerkönig oder die Mehrzahl
seines Gefolges ihnen angehörte.

Somit bilden grade diese suevischen Gefolgschaften Ost=
Germaniens seit dem großen Markomannen=Kriege das
gährende Element auch für die westlichen Germanen,
um dieselben in die Kriegsverfassung zu bringen, die
sie befähigte an dem großen Werke, dem Umsturze des rö=
mischen Weltreiches, welches hauptsächlich von ihnen bewirkt
wurde, nach Kräften Theil zu nehmen, und ihrer Thä=
tigkeit muß man einen Hauptantheil daran zuschreiben,
daß sich die Völker des eigentlichen Germaniens näher mit
einander unter dem Namen der Franken verbanden, sei es
nun daß dieser Anstoß von Osten her von der Donau (von
Pannonien) kam, oder daß er von der untern Elbe von
dem Lande Maurungania ausging, wo wiederum die Hei=
math des dritten Völkervereins der Sachsen zu suchen ist.
Auf jeden Fall muß die Völkerbewegung auf der cim=
brischen Halbinsel, wo die alten Saxonen als im Kon=
flikt mit den seitdem dort hervortretenden Jüten und Dä=
nen erscheinen, die Vereinigung der fränkischen Völker be=
schleunigt haben [3]).

---

1) Phillips, deutsche Staats= und Rechtsgeschichte. I. S. 395.
Leo, Geschichte von Itallen. I. S 65.

2) Phillips, a. a. O. I. S. 412.

3) Mannert, Geschichte der Franken. I. S. 62 bis 84. Ger=
manien. S. 215.

Aus dem Umstande, daß das Gefolgewesen das bildende
Prinzip für die Gestaltung des fränkischen Bundes geworden
ist, und daß die Heerkönige fortan mit einer ganz andern
Gewalt als früher auftreten, so daß mit ihnen allen das
nachmals so berühmte Geschlecht der Merowingen schon
in Zusammenhang gebracht wird, ergiebt es sich auch, daß
die in Gallien erobernd oder plündernd einbringenden Kriegs=
schaaren nicht sowohl ganze Volksgemeinden bilden, als viel=
mehr nur einzelne Häuptlinge mit ihren Genossen sind,
welche freilich an den im Osten des Rhein wohnenden deut=
schen Volksstämmen immer ihren Rückhalt und Unterstützung
fanden [1]). Es gingen demnach solche Unternehmungen zwar
nicht ausdrücklich von diesen Völkern aus, geschahen aber
auch nicht ohne sie und ohne ihren Willen, und darum
mußte nothwendig der Name der Franken, welcher anfangs
nur jene den Römern feindlichen Kriegsschaaren am
untern Rhein bezeichnen konnte, auch bald auf sie selbst
übergehen [2]).

Ob übrigens der vielfach erklärte Name der Franken
von der kriegerischen Lebensweise jener niederdeutschen
Gefolgschaften zu entnehmen sei [3]), ist bis jetzt noch strei=
tig, und wenn diese Erklärung auf der einen Seite auch zu
billigen ist, so steht auf der andern Seite nicht minder fest,
daß der von ihrer eigenthümlichen Waffe, der Franziska
(Streitart), entlehnte Name bald zu ihrer bestimmten Be=
zeichnung bei den Römern und bei ihnen selbst werden
mußte [4]). Aus den Berichten der Alten erhellt aber, daß
unabhängig von dem umfassenden neuen Bundesnamen

---

1) Eichhorn, deutsche Staats = und Rechtsgeschichte. I. S.
131. 132.

2) Wersebe, über die Völkerbündnisse des alten Deutschlands.
S. 122.

3) Türk, Geschichte der Franken. S. 24 bis 26.

4) Pfister, Geschichte der Deutschen. I. S. 183.

alle Bestandtheile des Bundes auch unter ihren alten besondern Namen auftreten. Auch im östlichen, suevischen
Germanien ziehen sich die alten besondern Stammnamen
noch auf geraume Zeit zwischen den jüngern Bundesnamen
hin, und erschweren dadurch oft eine bestimmte und sichere
Auffassung der politischen Verhältnisse. Ueberhaupt erblicken
wir die einzelnen Theile des fränkischen Vereins weder so
eng mit einander verbunden, noch so scharf von den
ähnlichen Verbindungen der Alemannen und Sachsen gesondert, daß man die ältern germanischen Völkerverhält=
nisse dadurch als gänzlich aufgelöst, und nun die Franken
als Ein gemeinsames Volk betrachten könnte [1]).

Aus dieser Natur des Bundes der Franken in der Zeit
des dritten Jahrhunderts erklärt es sich dann von selbst,
daß er in Folge der historischen Entwickelung oder des Kampfes mit der römischen Welt sehr bedeutende Umgestaltun=
gen erfuhr, die ihn schon im vierten Jahrhundert in einer
ganz andern Gestalt erscheinen lassen. Denn da tritt zuerst
der später so wichtige Unterschied zwischen Ober=Franken
(Ripuariern) und Nieder = Franken (Saliern) hervor,
und während die fränkischen Gefolgschaften sich siegreich über
die nordöstlichen Theile von Gallien ausbreiteten und die
rheinische Grenzlinie nicht ohne Glück durchbrachen, ging ein
großer Theil der ursprünglich zu ihrem Bunde gehörigen
Völker an der Nieder=Elbe und Weser für sie durch das
Volk verloren, welches im Nordosten der Franken damals
einen ähnlichen Verein zu Stande brachte. Das ist der An=
fang des mächtigen Volkes der Sachsen.

Die Sachsen. Nur wenig später als die Franken oder
gegen den Schluß des dritten Jahrhunderts tritt der dritte
große Völkerverein in der Geschichte des westlichen Germaniens hervor, welcher, obschon anfangs den Römern nicht
benachbart, sich bald nicht weniger als der der fränkischen

---

1) Lebebur, die Brukterer. S. 253.

Stammgenossen dem sinkenden Weltreiche furchtbar machte. Wenn aber die Franken durch ihre Einbrüche über den Rhein der Schrecken der Römer wurden, so geschah es von Seiten der Sachsen durch ihre Raubzüge zur See nach den belgischen und brittischen Küsten und zwar von dem Mündungslande der Elbe aus, wo die Chauken, die Nachbarn der alten Saxonen und bald ihre Bundesgenossen, frühzeitig an diesen Seezügen unter dem Namen der Sachsen Theil genommen haben müssen, wie vorher die Saxonen unter dem Namen der Chauken [1]). Denn die südlichen Theile der cimbrischen Halbinsel, wo wir beim Ptolemäus die ingävonischen Saxonen kennen gelernt haben, müssen wir als das eigentliche Heimathsland der spätern Sachsen betrachten, obschon auch hier wie bei den Franken die Tradition von einer Herkunft aus Asien berichtet, und wie dies Volk zu Schiffe die Donau aufwärts gekommen und so bis zur Elbe gelangt sei, wo sie den Alten zuerst als ein seefahrendes Volk bekannt wurden [2]).

Aber auch abgesehen von dieser Tradition ist der Ursprung des sächsischen Vereins und Volkes immer auf zwiefache Weise erklärt worden. Denn entweder nahm man an, daß sich die nordöstlichen Völker des fränkischen Bundes im Laufe des britten und vierten Jahrhunderts, aus verschiedenen Ursachen bewogen, in Verbindung mit jenen Saxonen zu einem eigenen neuen Bunde unter dem Namen der Sachsen vereinigt hätten [3]), oder daß die Entstehung dieses Bundes rein auf dem Wege der Gewalt den von eben jenen alten Sachsen auf der cimbrischen Halbinsel ausgehenden Eroberungen in dem Lande jenseit der Elbe zuzuschreiben sei, wobei man auch den Gang dieser erobern-

---

1) Mannert, Germanien. S. 290.
2) Pfister, Geschichte der Deutschen. I. S. 184.
3) Ledebur, die Brukterer. S. 270 bis 273. Wersebe, über die Völkerbündnisse des alten Deutschlands. S. 128 bis 130.

den Ausbreitung jener Sachsen, wie er sich zuerst nach den westfälischen Gebieten erstreckte und mit der Unterwerfung des ostfälischen Landes auf der Ostseite des Harzes endigte, verfolgen zu können glaubt [1]). Sicher müssen aber beide Annahmen als zum Theil wahr wie bei der Entstehung und Gestaltung des fränkischen Bundes und Volkes vereinigt werden.

Die ursprünglichen Saxonen sind wie alle Bewohner des jütischen Halbinsellandes als ein Theil der nordischen Germanen, der später sogenannten Skandinavier oder Normannen, zu bezeichnen, zu welchen der gesammte friesische oder ingävonische Volksstamm von den eigentlichen Germanen aus schon den Uebergang bildet, und zwar stehen sie in der nächsten Beziehung zu den Jüten und Dänen [2]). Denn der Gegensatz zwischen den südlichen und nordischen Germanen ist nur erst im Verlauf der Geschichte und durch die historische Entwickelung selbst bestimmter hervorgetreten; auch der älteste Sachsen=Verein im dritten Jahrhundert war, wie noch die spätere Gemeinschaft zwischen den Sachsen und Jüten beweiset, noch wenig getrennt von jenen nordischen Germanen, und nur erst bei der größern Ausbreitung des Sachsen = Vereins über viele derjenigen Stämme, die ursprünglich zu den Franken gehörten, trat eine schärfere Sonderung zwischen den Sachsen auf der einen und zwischen den Jüten und Dänen auf der andern Seite ein. Und doch standen auch noch zu Karls des Großen Zeiten die Sachsen immer in enger Verbindung mit ihren ehemaligen Stammgenossen in Jütland und Dänemark. Demnach bilden die Sachsen in der ältern Zeit auf jeden

---

1) Schaumann, Geschichte des niedersächsischen Volkes. S. 11 bis 25.

2) Eichhorn, deutsche Staats- u. Rechtsgeschichte. I. S. 145. Gaupp, Recht und Verfassung der alten Sachsen. Breslau 1837. 8. S. 9.

Fall das vermittelnde Glied zwischen den deutschen Germanen und den skandinavisch = normannischen Germanen [1]).

Als ein eroberndes Volk treten die Sachsen ursprünglich an dem Gestade der Nordsee an der untern Elbe auf, oder vielmehr von dort sind diejenigen kriegerischen Gefolgschaften ausgegangen, welche anfangs zur Abschließung des großen fränkischen Bundes beitragend bald auf seine Kosten ein eigenes Völkerbündniß begründeten. Denn daß ihre erobernde Ausbreitung allein die Entstehung des fränkischen Völkervereins zum Schutze gegen sie hervorgerufen habe [2]), wird durch die Geschichte nicht bestätigt. Uns unbekannte Revolutionen im Innern der cimbrischen Halbinsel oder in Skandinavien überhaupt müssen auf diese plötzliche Erhebung und das gegenseitige Drängen der Völker eingewirkt haben, denn seitdem tritt der nachmals so berühmte Name der Dänen in Verbindung mit dem der Jüten daselbst dominirend hervor [3]). Schon frühzeitig finden wir in dem Bunde der Sachsen die Chauken und Friesen am Gestade der Nordsee, und dann auch die Angrivarier, welche in dem neuen Bunde bald eine sehr bedeutende Stelle einnahmen [4]), und wie sie im Norden mit den Jüten in Verbindung stehen, so erscheint in ihrem Rükken im Osten bald das Volk der Angeln in einer eigenthümlichen Beziehung zu ihnen.

Aber die allmählige Verbreitung des sächsischen Namens über das weite Gebiet von Norddeutschland, welches im achten Jahrhundert das Sachsenland genannt ward, war

---

1) Phillips, deutsche Staats = u. Rechtsgeschichte. 1. S. 367.

2) Mannert, Geschichte der alten Deutschen. 1. S. 81. 82.

3) Dahlmann, Forschungen auf dem Gebiete der Geschichte. I. S. 227. 233 bis 237. 254.

4) Ledebur, die Brukterer. S. 272. 273. Zeuß, die Deutschen und die Nachbarstämme. S. 380 bis 384.

unſtreitig ſowohl das Werk eingedrungener Gefolgſchaften, welche die Ueberreſte durch Auswanderungen ge-
ſchwächter Stämme ſich unterwarfen, als auch blos die
Vereinigung der dort früher ſchon anſäßigen germaniſchen
Völker mit ſächſiſchen Abenteurern, die ſich zwiſchen ihnen
angeſiedelt hatten, zu einer freiwilligen oder erzwunge-
nen Rechts- und Bundesgenoſſenſchaft [1]). Auch
hier darf man ſo wenig wie bei der Bildung des fränkiſchen
Bundes an eine völlige Verſchiebung der Völkerverhältniſſe
auf dem Boden Germaniens denken, wie es in neuern Zeiten
wohl geſchehen iſt [2]), wenn auch immer bedeutende Umgeſtaltungen in dem Verhältniſſe der einzelnen Völker zu
einander erfolgten. Uebrigens iſt es am wahrſcheinlichſten,
daß die Sachſen von ihren eigenthümlichen Waffen, den
kurzen Schwerdtern, den Namen empfangen haben [3]),
und wenn dies auch erſt von den jüngern Sachſen berichtet
wird, ſo konnten die ältern Saxonen ſchon eben ſo gut danach benannt ſein.

Daß die Verbindung der Sachſen zum Theil auf ge-
waltſamen Wege zu Stande gebracht ſei, dafür ſcheint
auch das zu ſprechen, daß ſich die Sachſen auf eine beſondere Weiſe von den Franken und Alemannen dadurch unterſcheiden, daß man bei ihnen ein eigenthümliches Verhältniß
zwiſchen ſiegenden, herrſchenden Stämmen und zwiſchen
unterworfenen, beſiegten deutſchen Stämmen findet [4]).
Darauf beruhen die merkwürdigen Standesverhältniſſe
bei den Sachſen, die ſich auf ſo beſtimmte und mit dem politiſchen Leben zuſammenhängende Weiſe bei den andern

---

1) **Eichhorn,** deutſche Staats- u. Rechtsgeſchichte. I. S. 145.

2) **Mannert,** Germanien. S. 215.

3) **Phillips,** deutſche Staats- und Rechtsgeſchichte. I. S. 369.
Gaupp, Recht und Verfaſſung der alten Sachſen. S. 9.

4) **Leo,** Geſchichte von Italien I. S. 56. **Schaumann,**
Geſchichte des niederſächſiſchen Volkes. S. 78. 91.

deutschen Stämmen nicht ausgebildet haben [1]). Dieselben
Verhältnisse wiederholen sich im skandinavischen Norden.
Dann ist bei den Sachsen, Dänen und Normannen die
Odins=Verehrung vorherrschend, und wenn sie sich auch
bei allen übrigen deutschen Völkern wiederfindet [2]), so hat
sie hier doch einen solchen Einfluß auf die Gestaltung des
politischen Lebens gewonnen, daß dies nicht allein aus
der längern Dauer des Heidenthumes zu erklären sein möchte.
Von diesem Odin und seinen Asen oder Ansen, welche
aus Asaheim in Asien am Kaukasus gekommen sein sollen,
stammt ein alter Priesteradel ab, der den herrschenden
Adelsstand bildet [3]).   Dies sind die Ethelinge im Un=
terschiede von den gemeinen Freien, den Frilingen, und
den beherrschten Stämmen der Ledjonen oder Lazzen,
und diese zahlreichen sächsischen Ethelinge treten in der deut=
schen Geschichte des Mittelalters als die vielen herrschenden
Geschlechter und Dynasten in dem Herzogthume Sachsen
unter den Billungen und Welfen bedeutend genug hervor [4]).
   Aber ganz dieselben Sagen über den Ursprung und die=
selben innern politischen Verhältnisse zeigen sich bei den
zahlreichen Stämmen der Gothen, deren Verwandt=
schaft oder doch Beziehung auf die Sachsen, Jüten,
Dänen und Gothen in Skandinavien wohl nicht zu läugnen
ist.   Denn so wie bei den Gothen findet sich auch bei den
Sachsen noch eine dreifache Stammeintheilung oder
die Unterscheidung zwischen einem östlichen und westlichen

1) Mone, Geschichte des Heidenthums im nördlichen Europa.
II. S. 45.

2) Grimm, deutsche Mythologie. S. 94. 108.

3) Mone, Geschichte des Heidenthums im nördlichen Europa.
I. S. 230 bis 255. Leo, Geschichte von Italien. I. S. 57. 59.

4) Gaupp, Recht und Verfassung der alten Sachsen. S. 29.
Leo, über die Odins Verehrung in Deutschland. S. 36 bis 64.

Stamme und einem andern Stamme daneben [1]). So wie
man ſchon zur Zeit des dritten Jahrhunderts die öſtlichen
und weſtlichen Gothen und die gothiſchen Gepiden
unterſcheidet, ſo nachmals die öſtlichen und weſtlichen
Sachſen und die ſächſiſchen Engern. Auch haben ſich dieſe
Sonderungen charakteriſtiſch genug in Britannien bei den immer wieder unter ſich dreifach getheilten Sachſen, Angeln und Jüten erhalten [2]).

Die drei großen Waffengenoſſenſchaften der Alemannen,
Franken und Sachſen in dem weſtlichen Germanien kommen
für die geographiſchen Verhältniſſe Deutſchlands allein in
Betracht. In den mehr öſtlichen Theilen haben ſich noch
keine beſtimmten ethnographiſchen Verhältniſſe, wie wir ſie
ſpäter dort finden, in der Zeit des dritten Jahrhunderts ausgebildet. Aber in dem äußerſten Oſten ward damals
der Name Germaniens ausgebreitet über einen großen Theil
der weiten ſarmatiſchen Ebenen durch das Hervortreten und
die erobernde Ausdehnung der Gefolgſchaften der Gothen.
Denn aus dem Stammlande der alten Gothonen an der
untern Weichſel zeigt ſich die Verbreitung gothiſcher
Kriegsſchaaren, an welche ſich die meiſten der dortigen
ſueviſchen Völker ſowohl vandaliſchen als lygiſchen
Stammes angeſchloſſen haben müſſen, in der Richtung nach
Süden und Südoſten zur untern Donau und zum Pontus [3]),
und zwar ſcheint dieſe Wanderung in Folge des markomanniſchen Krieges noch gegen das Ende des zweiten Jahrhunderts ſtatt gefunden zu haben, da die gothiſchen Schaaren
bei ihren Einbrüchen in die Provinz Dacien gleich beim
Beginn des dritten Jahrhunderts oder gleichzeitig mit dem

---

1) Phillips, deutſche Staats- und Rechtsgeſchichte. I. Seite
56. 57.

2) Leo, Geſchichte von Italien. I. S. 57.

3) Mannert, Geſchichte der alten Deutſchen. I. S. 25. 26.
Voigt, Geſchichte von Preußen. I. S. 104.

ersten Hervortreten der Alemannen als mit dem Kaiser Caracalla im Kampfe erwähnt werden [1]). Wie im Westen so
mußten auch hier im Osten kleinere Gefolgschaften von den
Römern aufgenommen und in ihrem Gebiete angesiedelt
werden, und somit wurde fortan Dacien ein unsicherer Besitz
für die Römer. Die Gothen wurden bald die Herren in diesem Lande der alten Daken und Geten, so daß selbst in
der Anschauung der spätern Zeit die Geten mit den Gothen
zusammenfielen, und von dem ältesten gothischen Geschicht=
schreiber Jornandes die Thaten der letztern auf die erstern
übertragen wurden [2]).

Das Anwachsen und die Zusammensetzung des gothi=
schen Waffenvereins und des spätern großen gothischen
Volksstammes aus zahlreichen und verschiedenartigen Ge=
folgschaften und Kriegsschaaren der ostgermanischen suevischen
Völker läßt sich noch aus den vielfachen Namen erkennen,
unter welchen die einzelnen gothischen Völker auftreten [3]).
Die Greuthungen und Thervingen nehmen unter ih=
nen einen Hauptplatz ein, in so fern sie den Kern der nach=
maligen Ostgothen und Westgothen bilden [4]), denen sich
die Gepiden als das dritte gothische Hauptvolk anschlie=
ßen. So bildete sich an der Grenze des Römer=Reiches in
Dacien in der ersten Hälfte des dritten Jahrhunderts der
gothische Waffenverein im engern Sinne, dem sich aber so=
gleich zwei andere im Westen und Osten zugesellten, indem
dort nach der mittlern Donau hin, an den Grenzen von
Pannonien, die Vandalen auftreten, hier aber an den
Gestaden des Pontus die Alanen. Alle diese drei Völker=

---

1) Aschbach, Geschichte der Westgothen. S. 3. 4.

2) Zeuß, die Deutschen u. die Nachbarstämme. S. 401 bis 406.

3) Luden, Geschichte des deutschen Volkes. II. S. 53 bis 56.

4) Manso, Geschichte des ostgothischen Reiches in Italien.
Breslau 1824. 8. S. 4. Aschbach, Geschichte der Westgothen.
S. 20. 21.

bündniſſe unterſcheiden ſich aber in vieler Beziehung von be=
nen im weſtlichen Germanien am Rhein, da man ſowohl
die Elemente zu berückſichtigen hat, aus denen ſie zuſam=
mengeſetzt ſind, als auch den eigentlich fremden Völkern
angehörigen Boden, auf dem ſie zuerſt bekannt werden. Und
dazu kommt, daß die Vandalen im weitern Sinne zu den
gothiſchen Völkern zu rechnen ſind und nicht minder die
Alanen (ſo weit dieſelben germaniſchen Urſprunges ſind), ſo
daß wir hier eine Dreitheilung der öſtlichen Germanen
als Gothen, Vandalen und Alanen im größten Maaßſtabe
wiederfinden [1]).

Von dieſen gothiſchen Völkern ſind aber nur die Oſt=
gothen für uns von Wichtigkeit, weil ſie durch die Be=
herrſchung Italiens und der mittlern Alpenländer auf die
Bildung und Feſtſtellung der Völkerverhältniſſe an der Nord=
ſeite der Alpen nicht ohne Einfluß geweſen ſind. Alle dieſe
öſtlichen gothiſchen Germanen haben ſich nachmals aus
jenen Gebieten wieder verloren und ſich nach dem äußerſten
Weſten und Südweſten von Europa gewandt. Sie ha=
ben aber bei dieſen großen Wanderungen den Boden Deutſch=
lands mit wenigen Ausnahmen nicht berührt, ſondern ſind
durch den Süden Europas dahin gelangt wie alle eigentli=
chen Gothen.

Daß alle dieſe großen Völkervereine oder Waffenge=
noſſenſchaften, zwiſchen welchen ſich übrigens noch lange
Zeit viele ältere germaniſche Stammnamen unabhängig
von ihnen hinziehen, wie beſonders an der obern und mitt=
lern Donau oder auf der Berührungslinie der weſtlichen
Waffenvereine mit dem öſtlichen oder gothiſchen, von An=
fang an in einem offenſiven Verhältniſſe zum römiſchen
Reiche ſtehen, liegt in der Natur der Sache. Denn dies
war der eigentliche Zweck dieſer Verbindungen, oder vielmehr
dieſe Verbindungen waren durch die gegenſeitige politiſche

---

1) Pfiſter, Geſchichte der Deutſchen. I. S. 190.

Entwickelung römischer Politik und germanischen Lebens noth=
wendig hervorgerufen worden. So war in der That durch
die theilweise Aufhebung der alten Stammverfassung vermit=
telst der weitern Ausbildung des Gefolgewesens ein bedeuten=
der Schritt in der Weiterentwickelung des germanischen Völ=
kerlebens geschehen, aber das Unbefriedigende und Mangel=
hafte an dieser neuen Gestaltung des äußern Lebens, das
wir hier nur allein betrachten, ist nicht zu verkennen. Wenn
auch jetzt größere Massen den Römern gegenüber erscheinen,
so haben diese doch die Erbfehler der alten Stammverfas=
sung, und an ein gemeinsames deutsches Volksle=
ben ist noch lange nicht zu denken [1]). Denn die größern
Vereine waren unter sich eben so wenig einig, als es früher
die einzelnen Stämme gewesen waren. Wenn auch manch=
mal gemeinsame Unternehmungen die Alemannen und
Franken im südlichen Germanien oder die Franken und Sach=
sen im nördlichen Germanien vereinigten, so standen sie sich
eben so oft feindselig einander im Wege. So wie zwi=
schen den erstern eine große Abneigung herrschte, so wal=
tete Feindschaft und der größte Haß zwischen den Fran=
ken und Sachsen, was nur historisch zu erklären ist durch
die Bildung und Ausbreitung ihrer Vereine, obschon die ur=
alten Stammgegensätze zwischen den Ingävonen, Istävonen
und Hermionen mit darauf eingewirkt haben mögen [2]). Der
Haß zwischen den Franken und Sachsen ist ein Erbtheil
der eigentlich deutschen Geschichte geworden, und bildet den
Schlüssel für viele historische Verhältnisse bis zum Ende des
Mittelalters hin.

Das sich immer mehr ausbreitende Gefolgewesen, das
die Grundlage des germanischen Lehnssystems geworden
ist, erklärt sodann auch die Erscheinung, daß die Anzahl der
germanischen Söldner im römischen Reiche stets zu=

1) Pfister, Geschichte der Deutschen. I. S. 192.
2) Phillips, deutsche Staats= und Rechtsgeschichte. I. S. 35.

nahm. Bei dem Mangel an einer gemeinsamen höhern Ein=
heit war es den Germanen ganz gleichgültig, für wen sie
kämpften; sie kämpften blos aus Kriegsbegier oder für
das, was sie nicht hatten, für Geld und Land, nicht für
ihre Freiheit, denn die blieb ihnen unverkümmert. Und
grade jene in römischen Diensten stehenden Germanen sind
es, welche allmählig das Schicksal ganzer römischer Provin=
zen in ihre Gewalt erhielten und die Kaiser beherrschten, und
sie haben eigentlich den Ruhm das Römer=Reich von innen
heraus zersprengt zu haben, was die von außen her ihnen
feindlich gegenüberstehenden Germanen nur äußerlich zur Er=
scheinung brachten oder vollendet haben [1]).

**4) Die weitere Ausbildung der Völkerbündnisse
und der deutschen Stämme im Kampfe mit
der römischen Welt bis zur Gewinnung der
Rhein=Barriere.**

Noch an zwei Jahrhunderte lang seit dem ersten Hervor=
treten der jüngern Völkervereine in dem Bunde der Aleman=
nen haben die Germanen gegen die römische Welt ange=
kämpft, ehe es ihnen gelang nach der Zertrümmerung des
großen Vertheidigungssystemes der Römer in Germanien sich
auch der Barriere des Rhein=Stromes zu bemächtigen und
sich erobernd über die gallischen Gebiete auszubreiten. Denn
wenn auch die westgermanischen Völkervereine mit we=
nigen Ausnahmen nicht als die eigentlichen Eroberer der
abendländisch=römischen Provinzen zu bezeichnen sind, so ge=
bührt ihnen doch der Ruhm durch ihre unverdrossenen An=
strengungen das große Bollwerk der römischen Macht im
Westen zertrümmert zu haben, so daß es dadurch erst ihren
östlichen Stammgenossen suevischer Abkunft gelingen konnte,

---

1) Pfister, Geschichte der Deutschen. I. S. 193.

siegreich in die wohl angebauten römischen Besitzungen einzubringen und daselbst neue Herrschaften zu gründen.

Noch das ganze dritte Jahrhundert verstrich, ehe es den
Alemannen gelang den großen Busen des Reiches zu
überwältigen und das Land zwischen dem obern Rhein und
der obern Donau wieder vollständig zu germanisiren, bis
sie erst zur Zeit des Kaiserhauses der Constantier in dem
obern Rheinthale festen Fuß faßten, wo nun erst die Reihe
von römischen Kastellen und Festungen aus den frühern mehr
friedlichen Ansiedlungen von Windisch und Augst bei Basel
an bis nach Mainz erwuchs. Leichter ward es ihren Stammgenossen, den Franken, am untern Rhein, welche dort nur
den eigentlichen limes Rhenanus zu durchbrechen hatten, um
ihre verheerenden Schaaren über das Innere von Gallien sogleich auszuschütten, während ihre nordöstlichen Nachbarn, die Sachsen, als Feinde der Franken und Römer
ihre Kriegszüge zu Lande bis zu dem batavischen Deltalande
hin ausdehnten, oder aber vornehmlich ihre Raubzüge zur
See über das deutsche Meer nach den gallischen und brittischen Küsten hinwandten, die ihren unvermutheten Ueberfällen fast wehrlos preis gegeben waren.

Die Reihe der unzähligen Kämpfe dieser neuen Völkervereine mit den Römern seit dem Anfange des dritten Jahrhunderts bis zum Schlusse des vierten Jahrhunderts ist hier
aber nur in so weit zu berühren, als sie auf den Zustand
des Landes Germanien und auf die weitere Entwickelung
und Umgestaltung seiner Völkerverhältnisse eingewirkt
haben. Auch ist dabei vornehmlich nur der Kampf an dem
rheinländischen Bollwerke der Römer in Germanien
zu berücksichtigen, da sein Bestehen oder sein Untergang im
wesentlichen den Kampf zwischen beiden Welten entschied
und den fernern Zustand Deutschlands mit seinen Völkern
bestimmte, während das römische Vertheidigungssystem an
der Donau entlang, zumal an der pannonischen und mö-
sischen Grenze, die Gebiete des spätern Deutschland weit

überſchreitet, und in ſeiner Weſthälfte oder auf dem eigentlich
deutſchen Boden weit länger als jenes oder faſt bis zur
gänzlichen Auflöſung des römiſchen Reiches im Abendlande
ſich aufrecht erhalten hat.

Nachdem der Imperator Caracalla zuerſt gegen die Ale=
mannen geſtritten hatte, ſobann Alexander Severus und
nach ihm Maximinus, welcher ſelbſt gothiſchen Stommes
geweſen ſein ſoll, gegen das mächtige Andringen germani=
ſcher Schaaren (Alemannen) zum Theil nicht ohne Glück
gerungen hatten ¹), wird auch zuerſt unter dem Imperator
Gordianus gegen die Mitte des britten Jahrhunderts der
Name der Franken genannt, indem Aurelianus, der nach=
malige tapfere Imperator, von Mainz aus gegen ſie ange=
kämpft haben ſoll. Beide Völker, die Alemannen und Fran=
ken, machten ſich ſeitbem durch ihre jährlich wiederholten
Einbrüche in das römiſche Gebiet ihren Gegnern furchtbar,
und die letztern brangen dabei mit großer Kühnheit bis in
das Innere von Gallien ein. Die Zeit des Kaiſers Gallie=
nus gleich nach der Mitte des britten Jahrhunderts war
eine der gefährlichſten für Rom, und das Reich möchte
ſchon damals das Schickſal erlitten haben, welches erſt zwei
Jahrhunderte ſpäter eintrat, wenn nicht in der Weltherr=
ſchaft die Reihe der ſogenannten illyriſchen Kaiſer ge=
folgt wäre, durch welche das Reich vorläufig wiederherge=
ſtellt wurde. Poſthumius, ein Gallier von Geburt, führte
damals die Vertheidigungsanſtalten am Rhein ſo gut, daß
er zum Statthalter von Gallien und zum Befehlshaber der
überrheiniſchen Grenzlinien ernannt wurde; ließ ſich aber bei
der gänzlichen Auflöſung des Reiches unter des Gallienus
Herrſchaft ſelbſt zum Kaiſer ausrufen, und bis auf des Au=
relianus Zeit blieb Gallien zum Wohle ſeiner Bevölkerung
ein ſelbſtſtändiges Reich. Poſthumius gab zuerſt das
Beiſpiel, was alle Gegenkaiſer nach ihm gegeben haben, in=

---

1) **Luden,** Geſchichte des deutſchen Volkes. II. S. 75 bis 84.

denn er durch das Gewinnen eines Theiles der feindlichen Germanen sich seine Herrschaft sowohl gegen den Kaiser als gegen die übrigen Germanen sicherte. Denn von den am meisten gefährlichen Franken nahm er eine große Anzahl in seine Dienste, und hielt dadurch die übrigen Germanen, besonders die Alemannen, im Zaum und von den Reichs= grenzen ab. An sieben Jahre war er mit der Erneuerung und Vollendung der überrheinischen Vertheidigungslinien be= schäftigt, aber als er im Jahre 268 von seinen Soldaten er= mordet ward, durchbrachen die Alemannen schnell diese Linien und zerstörten die Lagerplätze der Legionen. Vergeb= lich suchte sie sein Nachfolger Lollianus mit gleichem Glücke aufzuhalten; wie westwärts zum Rhein, so drangen sie fortan südwärts vor zur obern Donau, und verbreiteten sich verheerend bis in das rhätische Flachland [1]). Ja selbst über die Alpen bis nach Italien hinein brachen im Jahre 268 Schaaren von Sueven (Alemannen) ein, wo ihnen aber des Gallienus Nachfolger, der Kaiser Claudius, siegreich be= gegnete [2]). Schon schienen damals die Alpenketten der Welthauptstadt keine Sicherheit mehr zu gewähren. Dies zeigte die nächstfolgende Zeit.

Denn besonders furchtbar war der Sturm, welcher sich seit dem Jahre 270 von der obern Donau her über die Al= pen nach Italien zum Schrecken seiner Bewohner entladete. Es war ein neuer Markomannen=Krieg, in welchem in Verbindung mit den Markomannen und Quaden, die dort an der Donau=Grenze noch immer genannt werden, außer den Alemannen an ihrer rechten und den Vanda= len an ihrer linken Seite auch die Juthungen als Feinde des Reiches auftraten, und in Rhätien und Noricum einbre= chend ihren Weg über die Alpen nahmen. Diese Juthun= gen spielen fortan auf geraume Zeit an der obern Donau

---

1) Pfister, Geschichte der Deutschen. I. S. 194. 195.
2) Luden, Geschichte des deutschen Volkes. II. S. 106.

eine wichtige Rolle durch ihre unausgesetzten Raubeinbrüche
in das Reich, obschon es eigentlich unbekannt ist, wo sie
herkommen und wo sie bleiben. Ihre Sitze erscheinen in
den Grenzgebieten der heutigen Länder Schwaben und Fran=
ken zwischen den Alemannen im Westen und den Mar=
komannen im Osten, und mit den letztern werden sie auf
lange Zeit immer zusammengenannt. Selbst ihre Namen
scheinen von den Alten häufig mit einander verwechselt zu
sein [1]). Doch rühmten sie sich einer alten Verbindung mit
den Römern, und erinnern dadurch an die dort ehemals ge=
nannten Hermunduren. Sie sollen eine furchtbare Rei=
terei gehabt haben. Der Name dieses Volkes scheint mit
dem der Gothen gleichen Ursprunges zu sein. Denn die
Juthungen werden auch Withungen genannt, und die im
germanischen Norden vorkommenden Volksnamen der Jüten,
Euten, Euthionen und Withen (Witen) bezeichnen als Appel=
lative dasselbe, was der der Gothen d. h. Männer aus=
drückt [2]). Wahrscheinlich sind diese Juthungen aus ver=
schiedenen Gefolgschaften der suevischen Hermunduren, Na=
risken und Markomannen hervorgegangen, und sie scheinen
eben dasselbe Volk zu bilden, welches nachmals seine Stelle
einnehmend unter dem Namen der Sueven (Schwaben)
die östlichen Bundesgenossen der Alemannen darstellt [3]).

Des Claudius Nachfolger, der gewaltige Kaiser Aure=
lianus, trieb aber jene Schwärme der Barbaren wieder
über die Alpen und die Donau zurück, nachdem man in Rom
schon die Erneuerung der cimbrischen Schrecken gefürchtet
hatte. Das Vertheidigungssystem an der Donau, das von
der rhätischen bis zur pannonischen Grenze hin durchbrochen

---

1) Mannert, Germanien. S. 386 bis 389.

2) Thunmann, Untersuchungen über die Geschichte einiger
nordischen Völker. S. 38. 39. Voigt, Geschichte von Preußen. I.
S. 109. 115.

3) Zeuß, die Deutschen. S. 315.

war, ward wiederhergestellt, die Feinde aber nur durch
vortheilhafte Friedensschlüsse beschwichtigt und Schaaren von
ihnen in römische Dienste genommen [1]). Vermuthlich
hängt mit diesem gefährlichen Kampfe für Rom auch das
Schicksal der Provinz Dacien zusammen, welche bei der
Uebermacht der gothischen Völker und der Vandalen an der
untern Donau nicht mehr sicher gestellt und behauptet wer=
den konnte.

Denn seit Caracallas Zeit hatte der gothische Name
an der dacischen Grenze des Reiches immer mehr an Aus=
dehnung und das gothische Volk immer mehr an Macht
gewonnen, so daß die Römer ihre Einbrüche in jene Pro=
vinz kaum abzuwehren vermochten, und die ihnen schon da=
mals ertheilten Jahrgelder waren für sie ein um so grö=
ßerer Anreiz, das feindliche Gebiet mit neuen Ueberfällen
heimzusuchen [2]). Schon werden uns in jener Zeit mächtige
gothische Könige an der Spitze ausgedehnter Gefolgschaf=
ten genannt, obschon es noch lange dauerte, ehe auch nur
die größern Theile der gothischen Volksmassen unter beson=
dern Herrschaften vereinigt wurden. Wie in ihrer ältesten
Heimath herrschten die Gothen auch hier über die bis hier=
her schon damals verbreiteten slavischen Völker, zu wel=
chen offenbar Stämme wie die Boranen und Karpen ge=
hörten [3]), und welche in ihrem Gefolge sich aus dem Raube
der römischen Provinzen bereicherten [4]). Weder der mäch=
tige Donau=Strom in seinem untern Laufe, noch auch die
Linie von Grenzfestungen in dem dortigen Reichs=Limes
vermochte die Gothen abzuhalten, daß sie nicht verheerend
bis nach Mösien und Thracien vordrangen. Verlor doch

---

1) Luden, Geschichte des deutschen Volkes. II. S. 109 bis 115.
2) Aschbach, Geschichte der Westgothen. S. 5.
3) Zeuß, die Deutschen. S. 694. 697.
4) Muchar, Geschichte der Einwanderung der Slaven in In=
ner=Oestreich a. a. O. Heft 6. S. 49 bis 53.

selbst der Kaiser Decius daselbst in einer blutigen Schlacht im Jahre 251 sein Heer und sein Leben [1]).

Bald aber machten sich die Gothen noch furchtbarer. Denn bei ihrer östlichen Ausdehnung bis zum Pontus legten sie sich auf das Seewesen und übertrafen auf ihren Seezügen an Kühnheit sogar ihre sächsischen Stammgenossen am entgegengesetzten Ende der römischen Welt. Mit ihren zahlreichen Flotten kleiner Fahrzeuge bedeckten sie den Pontus, und erschienen zum Schrecken der Römer zur Zeit des Kaisers Gallienus an den asiatischen Küsten, deren reiche und blühende Handelsstädte eine leichte Beute ihrer Kühnheit wurden [2]). Bei diesen Seeunternehmungen wird in ihrer Gesellschaft zum erstenmale der Name der Heruler genannt, der nun auf einige Jahrhunderte in den verschiedensten Gegenden des römischen Reiches wiederhallt. Vergeblich hat man sich bemüht diese Heruler von einem der ältern suevischen Völker am baltischen Meere abzuleiten [3]), denn sie sind in der That kein Volk zu nennen, und charakterisiren im wesentlichen den ursprünglichen Zustand aller sogenannten suevischen Völker und auch die jüngern großen Waffenvereine. Die Heruler sind vielmehr bloße Kriegerschaaren, welche darum fast überall erscheinen und durch ihre Wildheit verrufen waren. Nur hier und da sind sie zu wirklichen kleinen Völkern erwachsen, und kommen so besonders am Schluße des fünften und am Anfange des sechsten Jahrhunderts vor [4]). Von dem Pontus aus verbreiteten sich die Gothen weiter nach dem griechischen Inselmeere hin, durchzogen verheerend ganz Griechenland, und

---

1) Luden, deutsche Geschichte. II. S. 88 bis 95. Aschbach, Geschichte der Westgothen. S. 6. 7.

2) Aschbach, Geschichte der Westgothen. S. 9 bis 12.

3) Zeuß, die Deutschen. S. 476.

4) Wilhelm bei Ersch und Gruber, allgem. Encyklopädie. Abth. II. Th. VII. S. 68 bis 71.

bahnten sich, mit dem Raube ganzer Provinzen beladen,
zu Lande über die Gebirgsketten des Hämus einen Weg zur
Donau und ihrer Heimath. Zwar wußte Kaiser Claudius,
mit dem die Reihe der illyrischen Kaiser beginnt, blutige
Rache an ihnen zu nehmen, aber dies war nur ein vorüber=
gehender Gewinn für Rom, und sein Nachfolger der Kaiser
Aurelianus erkannte die Unmöglichkeit das jenseit der Do=
nau liegende Land länger zu behaupten. So erfolgte nach
Abschließung eines Friedens mit den Gothen die Räumung
der Provinz Dacien im Jahre 270, und der große Donau=
Limes von Regensburg an bis zur Ausmündung des Stro=
mes in den Pontus ward fortan die Grenzmark des Rei=
ches gegen die germanische Welt [1]).

Aber am Rhein waren durch die Bildung eines eige=
nen Kaiserthumes in Gallien unter den Nachfolgern des
Posthumius wieder fränkische Schaaren in das Reich hin=
eingezogen, und wenn auch Aurelianus diese gallische Herr=
schaft endlich vernichtete und mit dem Reiche wieder ver=
einigte, auch die Barriere am Rhein=Strom nach der Ver=
treibung der deutschen Kriegsschaaren wiederherstellte, so war
dies doch nur von kurzer Dauer. Denn kaum erscholl aus
dem Oriente die Nachricht von seinem Tode im Jahre 275,
so war von den rheinischen Germanen, den Franken und
Alemannen, die Barriere wieder durchbrochen; an sechzig bis
siebzig Städte in Gallien sollen damals von ihnen einge=
nommen und verheert worden sein, und in ihrem Rücken
werden nun damals schon Burgunden und Vandalen
genannt [2]).

Hat man auch geglaubt das nachmals so berühmte
Volk der Burgunden, das auch für die eigentlich deutsche
Geschichte von Wichtigkeit bleibt, an die alten suevischen

---

1) Luden, deutsche Geschichte. II. Seite 99 bis 108 und 115.
Aschbach, Geschichte der Westgothen. S. 13 bis 15.

2) Pfister, Geschichte der Deutschen. I. S. 198.

Burgunbionen am baltifchen Meere anknüpfen unb von ih=
nen herleiten zu können [1]), fo ift es doch ficher, daß biefe
an den Grenzen des römifchen Reiches erfcheinenben Bur=
gunden aus einem Gemifch verfchiebenartiger Gefolg=
fchaften entftanden find, wie felbft bie von Alten barüber
erhaltene Tradition barauf hinweifet. Nur der Name biefes
Volkes kann aus den baltifchen Gegenben entlehnt fein, unb
gewiß würden fie beftimmter, als es aus ben Angaben der Al=
ten zu entnehmen ift, mit zu der Reihe der gothifchen
Völker gerechnet worden fein [2]), wenn fie fich nicht früh=
zeitig aus ihrer Mitte fonbernd mehr nach Weften gezogen
hätten. Denn von einer Verbinbung der baltifchen Bur=
gunbionen mit den Burgunden, welche uns zuerft an ben
Grenzen Daciens unb fobann am Rhein genannt werden,
weiß bie Gefchichte nichts [3]). Unglückliche Kämpfe mit bem
gothifchen Gepiben, welche entweder an ben bacifchen
Grenzen ober noch in der alten Heimath der Burgunbionen
fchon in der erften Hälfte des britten Jahrhunderts vorgefal=
len find, follen bie Burgunden bewogen haben fich weftwärts
nach dem Main hinzuziehen, unb Schaaren von Vanba=
len ober ber weftlichften gothifchen Stämme müffen ihnen
bis bahin nachgebrungen fein [4]).

Nach der Tradition der Alten follten bie Burgunben
römifchen Urfprunges fein ober wenigftens von der ger=
manifchen Bevölkerung zwifchen ben Kaftellen unb Burgen
an den Grenzlinien von Rhätien abftammen, wovon man
felbft ihren Namen herleitete, unb daher hat man in neuern
Zeiten das Flachland von Rhätien (bas alte Vinbelicien)
für ihr Stammland ausgegeben, unb auch ben Namen ber

---

1) Zeuß, bie Deutfchen. S. 465.

2) Gaupp, das alte Gefetz der Thüringer. S. 3.

3) Türk, Forfchungen auf dem Gebiete der Gefchichte. Heft 2.
Die Burgunder. Roftock 1829. 8. S. 1 bis 3.

4) Luben, beutfche Gefchichte. II. S. 91. 124.

Landschaft Burgau mit ihnen in Verbindung gebracht [1]).
Will man nun der römischen Tradition zugeben, daß die
Burgunden kein erst kürzlich dort eingewandertes Volk sind,
sondern die Gegenden, welche sie damals inne hatten, schon
längst unter römischer Herrschaft bewohnt haben, so muß
man annehmen, daß sie wie die Alemannen durch die Ver=
bindung eingewanderter Abenteurer mit der ältern
germanischen Bevölkerung an den römischen Linien ein
neues und selbstständiges Volk geworden sind [2]), und diese
dort einbringenden Kriegsschaaren gehörten dann wohl den
burgundischen Gefolgschaften an, welche sich bei ihrem Zuge
von Osten her durch die Gebiete der suevischen Markomannen
sowohl durch Schaaren von diesen als auch von den Her=
munduren vergrößern mochten, in deren Heimathslande am
obern Main sie zuerst von der Rheinseite aus wieder be=
kannt wurden.

Gegen diese Feinde zog der neue Kaiser Aurelius Pro=
bus, von illyrischem Stamme, der sich schon unter seinen
Vorgängern als einen tüchtigen Feldherrn gezeigt hatte, und
kämpfte nicht unglücklich gegen sie. Gallien wurde wieder
befreit, die Rheingrenze hergestellt und die zurückgetriebenen
Völkerschaaren in ihrer eigenen Heimath gezüchtigt. Dort
stritt der Kaiser auch gegen die Logionen, worunter ent=
weder fränkisch=chattische Bewohner des Lahngaues oder Ge=
folgschaften von den suevischen Lygiern aus Ost=Germanien
zu verstehen sind [3]). Am wichtigsten aber sind seine Kämpfe
mit den Alemannen und ihren zahlreichen kleinen Königen
in dem Gebiete zwischen dem Schwarzwalde und der obern
Donau. Sie wurden zur Anerkennung der römischen Ober=
hoheit gezwungen und die Herrschaft des Reiches in dem

---

1) Werfebe, über die Völkerbündnisse des alten Deutschlands.
S. 276.

2) Eichhorn, deutsche Staats= und Rechtsgeschichte. I. S. 113.

3) Pfister, Geschichte der Deutschen. I. S. 198.

alten Zehntlande wiederhergestellt. Bis über die rauhe Alp und bis zum Neckar ward alles Land wiedergewonnen, und dem großen Vertheidigungssystem daselbst gab der Kaiser neuen Nachdruck in der Erbauung und Erneuerung der Linien und Kastelle. Aus jener Zeit, ums Jahr 280, schreiben sich wohl die Werke an der obern Donau her, deren Gebiet seitdem aus der Geschichte verschwindet. Doch wurde mit den Barbaren am Rhein kein Friede abgeschlossen, ohne daß nicht den Bedingungen desselben gemäß große Schaaren der streitbarsten Jugend von den Alemannen, Franken und Burgunden zum römischen Kriegsdienst ausgehoben wurden, und als Probus von dort nach der Donau zog, wurden dort nicht minder Bastarnen, Gothen, Gepiden und Vandalen in gewaltigen Massen in das Reich aufgenommen zur Bevölkerung der dortigen Provinzen [1]).

Durch solche Uebersiedelungen germanischer Schaaren in das Reich wurde dasselbe im Innern um so mehr geschwächt, als es äußerlich noch den Schein der Macht behielt. Durch die eigene Thätigkeit der Kaiser starb das Reich in seinen äußersten Gliedern ab, während es noch unversehrt da zu stehen schien. Aber das seitdem beginnende System der Theilungen im Reiche offenbarte auch die zunehmende Noth im Kampfe mit der germanischen Welt und den allmähligen Fall des Reiches und seinen bevorstehenden Untergang. Denn Diocletianus, welcher nach der kurzen Regierung des Aurelius Carus die Herrschaft erlangte, sah kein anderes Mittel, um den von allen Seiten andringenden Feinden Widerstand zu leisten, als den Maximianus zum Reichsgehülfen aufzunehmen, welcher in den transalpinischen Provinzen die Herrschaft führen sollte, und da nahm das im Innern durch den Aufstand der Provinzialen (der Bagauden) und von außen durch das Andringen der rheinischen Germanen verheerte Gallien vornehmlich seine

---

1) Luden, deutsche Geschichte. II. S. 124 bis 129.

Thätigkeit in Anspruch. Schon seit des Aurelianus Zeit scheint die batavische Insel bis zur Waal für das Reich verloren und in die Hände der Franken gekommen zu sein [1]), und gleich nach des Kaisers Probus Tode im Jahre 282 drangen die Franken und Alemannen wieder vor, während die Sachsen sich an den belgischen Küsten namhaft machten [2]).

Blutige Kämpfe hatte der neue Cäsar Maximianus am Rhein zu führen, und doch ist durch dieselben nichts gewonnen worden. Auch dort ist jetzt von Herulern die Rede; Schaaren besiegter Franken wurden in die veröbeten Gebiete von Ober= und Nieder=Belgien oder in die Landschaften der Treviren und Nervier verpflanzt. Aber alle die von des Cäsars Lobrednern gepriesenen Siege haben die großen Verluste nicht verbergen können, welche die Römer daselbst im Innern Germaniens erlitten haben müssen. Denn nach des Probus Zeit verschwindet plötzlich das große Vertheidigungssystem daselbst in der Geschichte, ohne daß man die nähern Umstände darüber erfährt, und die Angaben, daß der Rhein das eigentliche Bollwerk des Reiches und dieser Strom von den Römern nie überschritten worden sei, beweisen zur Genüge, daß zu jener Zeit das Land auf dem rechten Ufer des Stromes mit seinen Befestigungswerken schon gänzlich verloren war. Auch kann dies um so weniger befremden, als damals das ganze nördliche Gallien von Franken und Sachsen durchzogen und verheert wurde, und der Menapier Carausius, welcher an der belgischen Küste ihren Raubzügen zur See Einhalt thun sollte, sich mit ihnen selbst verband, als er zum Aufruhr gezwungen sich zum Herrscher in Britannien aufwarf, und durch seine Flotte sich an sieben Jahre zu behaupten wußte [3]).

---

1) Luden, a. a. O. II. S. 121.

2) Pfister, Geschichte der Deutschen. I. S. 200.

3) Luden, deutsche Geschichte. II. S. 134 bis 139.

Erst als die beiden Augusten Diocletianus und Maxi=
mianus sich zwei neue Reichsgehülfen zulegten, trat unter
dem edlen Cäsar Constantius Chlorus seit 292 in den
transalpinischen Provinzen eine Aenderung der Dinge ein.
Nach manchen harten Kämpfen ward Gallien wieder be=
freit. Es heißt, das Land der Alemannen von der Brücke
über den Rhein (bei Mainz) bis zum Uebergange über die
Donau (transitus Guntiensis bei Günz) wurde verwüstet [1]),
die Grenzen Rhätiens wieder bis zur Quelle der Donau
erweitert, und das batavische Inselland zwischen der
Waal und dem Rhein den Franken entrissen. Und doch
brachen die Alemannen selbst wieder über den Rhein in
Gallien ein, besiegten den Cäsar bei der Stadt der Lingonen
(Langres), und wurden nur mit Mühe zurückgetrieben [2]).
Auch bei Windisch in Helvetien stritt er mit den Alemannen,
und die Stadt Constanz scheint sogar in ihrem Namen die
Thätigkeit dieses Fürsten an den Ufern des Boden=Sees zu
beurkunden [3]).

So war zwar im Westen die Barriere am Rhein=Strom
wieder hergestellt, wie weiter im Osten die an der Donau
unter wechselnden Kämpfen mit den Völkern gothischen
Stammes behauptet wurde, indem auch hier nach den an=
geblichen Siegen des Diocletianus und Maximianus große
Schaaren von Bastarnen, Karpen und Sarmaten in
die illyrischen Provinzen aufgenommen werden mußten [4]);
aber daß trotz aller dieser Anstrengungen auf die Dauer

---

1) Raiser, der Ober=Donau=Kreis Baierns unter den Römern.
Augsburg 1831. 4. Heft 2. S. 19 bis 24.

2) Pfister, Geschichte der Deutschen. I. S. 205. Luden,
deutsche Geschichte. II. S. 140. 141.

3) J. v. Müller, Geschichte der schweizerischen Eidgenossen=
schaft. I. S. 74.

4) Muchar, Geschichte der Ansiedlung der Slaven in Inner=
Oestreich, a. a. O. Heft 6. S. 55. 56.

gegen das unablässige Andringen der germanischen Schaaren nichts gewonnen werden konnte, lag klar vor Augen. So oft man auch germanische Gefolgschaften in römische Kriegs= dienste nahm, und diese nicht mehr blos als Hülfstruppen dienten, sondern schon damals den eigentlichen Kern der Legionen bildeten, eben so oft traten neue feindliche Ge= folgschaften auf, welche sich theils durch den Raub der Provinzen bereichern wollten, theils mit gewaffneter Hand eine Ansiedlung in dem wohlangebauten römischen Reiche suchten. Derselben alemannischen Gefolgschaft, die dem Constantius zur Wiedergewinnung von Britannien verhalf, verdankte auch sein Sohn Constantinus im Jahre 306 die Erhebung auf den Thron [1]).

Die erneuten Einbrüche der Alemannen und Fran= ken über den Rhein riefen den jungen Fürsten bald nach Gallien, und zu seiner großen Unternehmung gegen Germa= nien ward zu Köln eine steinerne Brücke über den Strom erbaut [2]). Die Barriere am Rhein wurde zwar behauptet, aber darüber hinaus scheint sich des Kaisers Wirksamkeit nicht erstreckt zu haben, und das jenseitige Land muß man als für die Römer verloren betrachten. Auch ver= mochte der Kaiser nur durch die wildeste Grausamkeit gegen die Feinde des Reiches die Ruhe am Rhein aufrecht zu er= halten. Die gefangenen deutschen Fürsten wurden zu Trier, dem damaligen glanzvollen Herrschersitze in den transal= pinischen Provinzen, im Circus den wilden Thieren vorge= worfen, und die Anordnung der fränkischen Spiele sollte die Siege des Kaisers am Rhein verherrlichen [3]).

Zu gleicher Zeit aber waren germanische Kriegsschaaren aus den Alemannen, Franken und Gothen die tüchtigsten Krieger in den Heeren des Constantinus; sie halfen ihm

---

1) Luden, deutsche Geschichte. II. S. 144.
2) Ledebur, die Brukterer. S. 258. 259.
3) Luden, deutsche Geschichte. II. S. 146. 147.

I.   20

nicht blos ſeine wichtigſten Siege erfechten, ſondern ſie hal=
fen ihm im Kampfe mit den übrigen Kaiſern, wie einſt die
Germanen dem Julius Cäſar, die Weltherrſchaft errin=
gen, die er auch ſeinen Söhnen hinterlaſſen konnte [1]).

Durch denſelben Kaiſer Conſtantinus erhielt das römiſche
Reich eine neue Organiſation in ſeiner Civil= und Mili=
tärverfaſſung, und da an dieſelbe ſich wiederum die kirch=
lichen Verfaſſungsformen in ihrer hierarchiſchen Gliederung
und Diöceſan=Eintheilung anſchloſſen, die letztern aber das
alte Weltreich überlebten und in ihrem frühern Zuſtande
auch in den neugegründeten germaniſch=deutſchen Reichen
fortdauerten, ſo iſt jene conſtantiniſche Organiſation auch für
das Mittelalter von Bedeutung geworden. Doch betrifft
dies mehr die damals unter römiſcher Herrſchaft ſtehenden
rheiniſchen Gebiete des ſpätern Deutſchlands als die an der
Donau liegenden rhätiſchen und noriſchen Landſchaften, weil
in den letztern die chriſtliche Religion und ſomit auch die
kirchliche Verfaſſung in Folge der Stürme der Völkerwan=
derung größtentheils vernichtet wurden und bei der ſpätern
Erneuerung daſelbſt eine andere Einrichtung erhielten. In=
dem Conſtantinus die Provinz Gallien in ſiebzehn kleinere
Provinzen zertheilte, wurden nun aus dem frühern belgi=
ſchen Gallien von der Seine und Marne bis zum Rhein
an ſeinem ganzen Laufe entlang fünf beſondere Provin=
zen gemacht, deren Gebiete mit den Diöceſanſprengeln der
damals vom Staate förmlich anerkannten kirchlichen Hierar=
chie eben ſo zuſammenfielen, wie ihre Hauptſtädte zugleich
die kirchlichen Metropolitanſtädte wurden [2]). Dieſe fünf
Provinzen waren das erſte und zweite Germanien an
den Ufern des Rheinſtromes entlang mit den Metropolen
Mainz und Köln, und das dritte Germanien oder
Maxima Sequanorum (das alte Land der Sequaner und

---

1) Pfiſter, Geſchichte der Deutſchen. I. S. 206.
2) Mannert, alte Geographie. II. 1. S. 40. 41.

Helvetier am Jura und am Doubs) mit der Metropole Besançon (Vesontio); sodann das erste Belgien oder die Landschaften an der Mosel entlang mit der Metropole Trier (Augusta Trevirorum), welche Stadt wegen ihrer günstigen Lage bei den Kriegen der Imperatoren mit den Germanen von der Zeit der Constantier an durch das ganze vierte Jahrhundert bis auf die Zeit der Theodosier ein glanzvoller Herrschersitz wurde, und unter dem Namen des gallischen Rom nicht nur die Hauptstadt von ganz Gallien, sondern auch aller transalpinischen Provinzen ward, und mit dem italischen Rom an Pracht und Herrlichkeit wetteiferte[1]); und zuletzt das zweite Belgien mit der Metropole Rheims (civitas Remorum oder Durocortorum), deren Gebiet sich über die Ardennen nordwärts hinaus bis zur Mündung der Schelde erstreckte, während das untere Maas=Land der Metropole von Köln angehörte. Daraus erklärt sich bei den spätern Grenzmarken Deutschlands im Mittelalter das Verhältniß der Metropoliten von Rheims und Besançon zum deutschen Reiche, da ihre Metropolen selbst theils zum westfränkischen, theils zum burgundischen Reiche gehörten.

Uebersehen wir nun den Zustand der westgermanischen oder rheinischen Völkervereine und Stämme, so hatten die Alemannen nach einem hundertjährigen Bestehen ihres Bundes das große römische Vertheidigungssystem im Innern Germaniens, den limes transrhenanus und transdanubianus, zertrümmert und das Land innerhalb des großen Rheinwinkels am Schwarzwalde eingenommen, so daß jetzt die Stromrinne des Rhein von seiner Nordwendung an bis nach Mainz hinab und noch weiter bis zur Mündung der Lahn

---

1) Hetzrodt, notices sur les anciens Trévirois. p. 92—123. Vergl. Quednow, Beschreibung der Alterthümer in Trier und dessen Umgebungen. Trier 1820. 8. Wyttenbach, Forschungen über die römischen architektonischen Alterthümer im Moselthale von Trier. Trier 1835. 8.

20*

die Grenzmark des römischen Reiches gegen das aleman=
nische Germanien bildete.　Denn nach der Angabe der
Panegyristen der damaligen Zeit erstreckte sich die Ale=
mannia von der Rheinbrücke bei Mainz, wo die römischen
Feldherrn gewöhnlich in das Innere Germaniens einzubrin=
gen pflegten, rückwärts bis zur obern Donau in der Gegend
von Ulm, wo sie die Iller in sich aufnimmt, und erfüllte so=
mit den Busen des römischen Reiches [1].　Der Neckar,
einst ganz innerhalb des römischen Gebietes fließend, wird
nun schon ein barbarischer Fluß (barbarus Nicer) ge=
nannt [2].　Die Gebiete zu beiden Seiten des untern
Main, wo der Bund der Alemannen zuerst entstanden, wa=
ren bis zur Lahn abwärts noch von alemannischen
Stämmen bevölkert, nur in seinem obern Laufe erscheinen
jetzt als seine Bewohner die Burgunden, durch welche
auch der Anstoß gekommen zu sein scheint, daß die Aleman=
nen sich fortan mehr südwärts zum Bodensee hin auszubrei=
ten suchten [3].

　　Noch bestanden damals die Alemannen aus einer ziem=
lich lose verknüpften Masse von größern und kleinern Ge=
folgschaften, die nur erst allmählig zu den Völkerschaf=
ten erwuchsen, wie wir sie in der nächstfolgenden Zeit ken=
nen lernen.　Vornehmlich standen sich aber noch einander
fremd gegenüber die Alemannen im Westen und die Ju=
thungen im Osten an der Nordseite der obern Donau,
welche letztern sich auch noch ferner durch ihre Raubeinbrüche
in das Flachland von Rhätien den Römern furchtbar mach=
ten, obschon gegen sie der limes Danubianus von den Quel=
len der Donau bis gegen Regensburg hin noch eben so auf=
recht erhalten wurde, wie der limes Rhenanus gegen die
Alemannen.　Doch unternahmen beide Völker auch häufig

---

1) Zeuß, die Deutschen. S. 309.
2) Pfister, Geschichte der Deutschen. I. S. 204.
3) Zeuß, die Deutschen. S. 309.

gemeinsame Züge über die Alpen bis nach Italien, und
wurden daher von den Alten nicht selten verwechselt. Auch
nennt der nur wenig spätere Ammianus die Juthungen, die
Anwohner Rhätiens, geradezu einen Theil der Alemannen [1]). Die Burgunden, in dem Rücken dieser beiden
Völker am obern Main hausend, hatten bis dahin weniger Gelegenheit feindlich gegen die Römer aufzutreten, wovon sie zum Theil auch durch ihre Stellung gegen die Nachbarvölker abgehalten wurden. Die Burgunden standen dort
so recht auf der Grenzmark zwischen dem östlichen und
westlichen Germanien [2]), und so wie sie mit den gothischen Völkern im Osten in Feindschaft lagen, was mit ihrer Austreibung aus jener Gegend zusammenhängt, so auch
mit den oberrheinischen Germanen, den Alemannen im
Westen. Und diese Stellung suchte später die römische Politik zum Verderben der germanischen Völker zu benutzen.

Auch der Bund der Franken, welcher sich am untern
Rhein von der Lahn bis zum batavischen Insellande
erstreckte, hatte nach einem halbhundertjährigen Bestehen noch
keine bedeutende Festigkeit gewonnen. Zwar waren die mehrfachen Festungslinien auf der Ostseite des Rhein vom
Taunus bis zum Siebengebirge hinab gebrochen, wie man
aus den erst jetzt wieder entdeckten römischen Denkmalen in
der Gegend von Wied kennen gelernt hat [3]), aber trotzdem
daß alljährlich die kriegerische Jugend der niederrheinischen
Völker Ruhm und Beute suchend in die gallischen Gebiete
eindrang, blieb die Mauerlinie am Rhein entlang noch
immer unversehrt und ließ eine siegreiche Ausbreitung der
fränkischen Gefolgschaften in Gallien sobald nicht hoffen.

---

1) Zeuß, die Deutschen. S. 312. 313.

2) Pfister, Geschichte der Deutschen. I. S. 203.

3) Hoffmann, über die Zerstörung der Römer=Städte am
Rhein zwischen der Lahn und Wied durch die Deutschen im dritten
Jahrhundert. Neuwied 1819. 8.

Der geringe Zuſammenhang der fränkiſchen Völker un=
ter einander in der Zeit des dritten Jahrhunderts erhellt auch
daraus, daß die einzelnen Völker, ſo wie ſie ihre beſondern
Intereſſen verfolgten, ſo auch von den Alten noch immer
unter ihren beſondern Namen angeführt werden [1]).   Erſt
die Drangſale der ſpätern Zeit durch Römer und Hunnen
und die größere Ausbreitung und Befeſtigung des ſächſi=
ſchen Bundes müſſen auf die Erzeugung einer größern in=
nern Einheit bei dem fränkiſchen Vereine eingewirkt ha=
ben.   Darum bemerkt man aber auch noch keine Spur von
einer Sonderung der fränkiſchen Stämme in die ſpätern
Hauptgruppen.

Der Bund der Sachſen war am Schluſſe des dritten
Jahrhunderts noch zu ſehr in ſeiner Kindheit, als daß er
nach innen und nach außen ſchon die Geſtaltung der ſpä=
tern Verhältniſſe hätte können erkennen laſſen.   Denn erſt
zur Zeit des Carauſius erfahren wir von den Sachſen, daß
ſie zugleich mit den Franken, aber von der Seeſeite her,
Angriffe auf die belgiſchen Provinzen unternahmen [2]), und
damals mögen die Frieſen zuerſt angefangen haben ſich
näher an ihre mehr oſtwärts wohnenden Stammgenoſſen an=
zuſchließen, während man über die binnenländiſchen Völker
erſt weit ſpäter erfährt, daß ſie von dem fränkiſchen Verein
zurücktretend in die Verbindung der Sachſen aufgenommen
ſind.   Auch die erſten Anſiedlungsverſuche der Sachſen an
den galliſchen und brittiſchen Küſten gehören nur dem vier=
ten Jahrhundert an.

---

1) Werſebe, über die Völkerbündniſſe des alten Deutſchlands.
S. 126.

2) Zeuß, die Deutſchen. S. 380. 381.

5) Die weitere Ausbildung der Völkerbündnisse und der deutschen Stämme im Kampfe mit der römischen Welt bis zur Vernichtung der Barrieren am Rheinstrom.

Der Rhein=Strom war nach langen Kämpfen bei dem allmähligen Verfall des Weltreiches wieder seine Grenz=mark gegen Germanien wie zu des Drusus Zeit vor drei Jahrhunderten geworden. Aber das siegreich vorschreitende germanische Element blieb nun dabei nicht stehen. Es kam jetzt, nachdem man in dem langen Streite mit Rom zu einem grössern politischen Bewußtsein erwacht und mit römi=scher Kriegskunst vertraut geworden war, darauf an, das ge=sammte Rheinthal dem Boden Germaniens wieder zu ge=winnen und Roms Herrschaft an seinen Ufern zu vernichten, um nicht blos die Freiheit des germanischen Vaterlandes da=durch zu sichern, sondern auch um die Herrschaft über die anliegenden westrheinischen Gebiete Galliens als Kampf=preis davon zu tragen.

So erhob sich ein neuer hundertjähriger, blutiger Kampf zwischen der römischen und germanischen Welt an den Ufern des Rheins, welcher das ganze vierte Jahrhundert erfüllt, und dessen endlicher Ausgang trotz mancher Unfälle, welche die Germanen bei ihrer Zersplitterung und bei der geistigen Ueberlegenheit der Römer traf, nicht zweifelhaft sein konnte. Er entschied zugleich das Schicksal der römischen Welt. Wie Constantinus durch Hülfe tapferer Kriegsschaaren aus den rheinischen Germanen sich seine Herrschaft erhalten hatte, so waren sie auch die Hauptstütze seiner drei gleichnami=gen Söhne. Zur Zeit der Bürgerkriege nach Constantins Tode im Jahre 337 spielen die in römischen Diensten ste=henden Alemannen und Franken eine wichtige Rolle im Reiche; schon damals waren die bedeutendsten Hof= und

Staatsämter mit Deutſchen beſetzt, und die ſich bekämpfenden Imperatoren waren zum Theil mehr bemüht, die Germanen in das Reich hineinzuziehen und ihnen die Grenz-
landſchaften zur Unterſtützung im Kriege als Lehen an-
zuweiſen, als ſie zurückzutreiben. So ging ſchon in der erſten
Hälfte des vierten Jahrhunderts ein großer Theil des weſtlichen Rheinlandes für das Reich verloren, und die Bewegungen an der Rhein-Grenze wirkten wieder auf die Verhältniſſe an der Donau-Grenze zum Nachtheil des Reiches ein.

Denn der Kaiſer Conſtantinus hatte zwar nicht minder
an der Donau wie dort im Weſten die Ruhe des Reiches
gegen die Völker gothiſchen Stammes aufrecht erhalten,
aber auch hier hatte er zahlreiche Schaaren von Gothen
in ſeine Dienſte nehmen müſſen, denen er ſich bei ſeinen
Kämpfen mit den übrigen Kaiſern nur zu bald zum Danke
verpflichtet ſahe, und die Kämpfe, welche noch in den letzten Jahren ſeiner Herrſchaft unter den gothiſchen Völkern
ſelbſt jenſeit der Donau auf dem alten daciſchen Gebiete
ausbrachen, trügen wieder dazu bei, das germaniſche Element in den illyriſchen Provinzen zu vermehren. Gebe-
rich, ein König der Gothen, und Viſumar, ein König der
Vandalen, geriethen in einen blutigen Streit, in den auch
die dort hauſenden und ihnen untergebenen, ſlaviſchen Völker hineingezogen ſein müſſen [1]). Der Kampf entſchied ſich
zum Vortheil der Gothen, und ein großer Theil des beſiegten Volkes der Vandalen ſuchte innerhalb des Reichslimes
eine Zuflucht, die ihnen der Kaiſer auch gewährte, und ſie
in Pannonien anſiedelte [2]). Schon waren ſeit dem großen Markomannen-Kriege in verſchiedenen Zeiten große
Haufen von Barbaren in die illyriſchen Provinzen aufgenommen worden. Damals erfolgte nun auch die Ueberſied-
lung von einigen hunderttauſend Sarmaten oder derjeni-

---

1) Aſchbach, Geſchichte der Weſtgothen. S. 17. 18.
2) Luden, deutſche Geſchichte. II. S. 161. 162.

gen slavischen Stämme, durch welche die Ostalpen den Grundstock ihrer slavischen Bevölkerung erhalten haben [1]).

Kaum erscholl aber die Nachricht von des Kaisers Tode nach dem Abendlande, als sich die Franken wieder zur Ueberschreitung des Rheins rüsteten. Denn ums Jahr 340 müssen die Franken den nördlichen Theil von Gallien oder die batavische Insel und die angrenzenden Gebiete von Belgien besetzt haben, wenn sie auch zum Theil die Ober= hoheit des abendländischen Kaisers Constans daselbst aner= kannten [2]). Sein nur ein Decennium später im Jahre 350 erfolgter Sturz und Tod bezeichnet aber den Anfangspunkt wichtiger Begebenheiten an beiden großen Reichsgrenzen. Denn Magnentius, der Oberst seiner Leibwache, selbst deutschen und vermuthlich fränkischen Stammes, suchte als der jetzige Beherrscher des Abendlandes seine Herrschaft durch Verbindungen und Friedensschlüsse mit den rheinischen Ger= manen zu sichern, und als er gleich darauf gegen den mor= genländischen Kaiser Constantius zum Kampfe ausziehen mußte, folgten ihm zahlreiche Schaaren seiner Verbündeten und Stammgenossen. Aber das Anschließen der illyrischen Legionen, auf welche Magnentius gerechnet hatte, an des Constantin Sohn gab seiner Sache zuerst eine nachtheilige Wendung, und die blutige Schlacht bei Mursa in Nieder= Pannonien im Jahre 351, welche durch den Uebertritt des fränkischen Befehlshabers Sylvanus auf die Seite des Con= stantius entschieden ward, gewährte diesem die Alleinherr= schaft im römischen Reiche [3]). Diese Schlacht ist das Grab der alten furchtbaren Römer = Legionen zu nennen, das Blutbad unter den illyrischen Truppen durch die rheinischen

1) Muchar, das römische Norieum. I. S. 335. 336. Lin= hart, Versuch einer Geschichte von Krain und der übrigen südli= chen Slaven Oesterreichs. Nürnberg 1796. 8. Th. I. S. 413.

2) Luden, deutsche Geschichte. II. S. 165 bis 167.

3) Luden, a. a. O. II. S. 168 bis 171.

Germanen war ein tödtlicher Stoß für die Reichsgrenze am limes Danubianus, wie dies nur drei Decennien später zum Schrecken der Römer erkannt wurde [1]).

Des Magnentius Fall erzeugte neue Bewegungen am Rhein, und zwar um so mehr als die deutschen Völker daselbst vom Kaiser selbst zu Einfällen in Gallien bewogen worden sein sollen. So verbreiteten sich die Franken über die Gebiete an der Mosel und Maas, während sie ihre verheerenden Streifzüge bis tief in das Innere von Gallien ausdehnten, und die Alemannen drangen am Ober=Rhein bis zu den Vogesen vor. Aber nach seinem Siege war Constantius um so weniger Willens den Feinden des Reiches seine wichtigsten Bollwerke preiszugeben. Darum zog er zunächst gegen die Alemannen aus, welche unter drei ziemlich bedeutenden Königen, dem Chnodemar, Gundomad und Vadomar, dem Sitze des Reiches am nächsten und gefährlichsten waren. Constantius gelangte bis zum Rhein an dem Knie, wo erst später Basel sich erhob, aber einen entscheidenden Kampf mit den furchtbaren Alemannen scheuend schloß er mit ihnen im Jahre 354 Frieden und Bündniß ab. Das ganze römische Ober=Germanien zwischen dem Rhein und den Vogesen von Basel bis nach Mainz ward an jene drei alemannischen Könige verliehen, und so erhielt dies Gebiet unter römischer Oberhoheit eine alemannische Bevölkerung, welche dem Kaiser in der Vertheidigung des übrigen Landes gegen die überrheinischen Germanen behülflich sein sollte [2]).

Häufig wurden aber solche Assignationen des einen Kaisers von dem andern nicht anerkannt oder an andere germanische Gefolgschaften und ihre Heerkönige verliehen, und dadurch immer die furchtbarsten Kriege in den Grenzgebieten veranlaßt. Dies zeigte sich sogleich nach des Kai=

---

1) Muchar, das römische Noricum. I. S. 93.
2) Luden, deutsche Geschichte. II. S. 171 bis 176.

ſers Rückkehr nach Italien.   Gegen die Franken, welche
noch das ganze nordöſtliche Gallien beherrſchten, ſandte Con=
ſtantius den zu ihm übergetretenen Sylvanus, einen in
römiſcher Kriegskunſt und Bildung wohl erfahrnen Mann,
deſſen Vater der Franke Bonitus ſchon in die Dienſte des
ältern Conſtantinus getreten war.   Aber die geringen Fort=
ſchritte in der Beruhigung der niederrheiniſchen Gebiete mach=
ten dieſen Franken am kaiſerlichen Hofe verdächtig, und durch
die Intriguen daſelbſt ſahe er ſich zu ſeiner eigenen Sicher=
heit genöthigt zu Köln ſich zum Kaiſer aufzuwerfen.   Zwar
fiel er bald als ein Opfer der Hinterliſt, aber ſein Tod war
von großen Folgen für den Zuſtand der rheiniſchen Ge=
biete [1]).

Denn nun brach ein allgemeiner Grenzkrieg zwiſchen
den dem kaiſerlichen Intereſſe ergebenen und den ihm feind=
lichen Alemannen und Franken aus.   Faſt alle Städte
am Rhein wurden gebrochen und zerſtört, unter ihnen
Straßburg und Mainz durch die Alemannen, und Köln
durch die Franken; ganz Gallien gerieth in Gefahr eine
Beute der eroberungsluſtigen Germanen zu werden, denen
nun kein weiteres Bollwerk mehr entgegenſtand.   Dieſer Um=
ſtand war es aber auch, der den Kaiſer Conſtantius bewog
ſeinen Vetter, den Cäſar Julianus, im Jahre 356 zur
Wiederherſtellung der römiſchen Herrſchaft an den Rhein zu
ſenden [2]).   An fünf Jahre kämpfte hier Julianus nicht ohne
Ruhm gegen die Deutſchen und erreichte mehr, als bei ſei=
nen geringen Mitteln, bei dem Haſſe und Neide des Kaiſers
gegen ihn zu erwarten war, obſchon alle ſeine Wirkſamkeit
keine dauernden Folgen hinterlaſſen hat.   Auch ſtritt er ge=
gen ſie nicht minder mit Argliſt als mit dem Schwerdte
in der Hand.

---

1) Pfiſter, Geſchichte der Deutſchen. I. S. 207.
2) Luden, deutſche Geſchichte. II. S. 182 bis 185.

Nachdem Julianus zunächſt die in dem Innern Gal=
liens ſtreifenden Alemannen zum Rückzuge nach dem Rhein
genöthigt hatte, wandte er ſich ſogleich nach dem Nieder=
Rhein gegen die Franken, und wußte auch dieſe zur Rück=
kehr zu bewegen. Ohne Kampf kam er nach dem mit ih=
nen abgeſchloſſenen Frieden wieder in den Beſitz der Stadt
Köln. Die Alemannen unterließen indeſſen nicht ihre
Streifzüge nach Gallien hinein fortzuſetzen, und waren noch
weniger geneigt, die ihnen von dem Kaiſer Conſtantius ein=
geräumten Gebiete auf dem linken Ufer des Stromes wie=
der abzutreten. Darum wandte ſich Julianus mit aller
Macht gegen ſie, und traf ihre Schaaren, die unter ſieben
Königen und zehn Fürſten ſtanden, in der Ebene von Straß=
burg. Der kühne Chnodemar war aber das Haupt dieſer
verbündeten Alemannen. Die blutige Schlacht bei Straß=
burg im Jahre 357, in welcher Chnodemar ſelbſt ſeinem
Gegner in die Hände fiel, entſchied ſich zwar bei der Ueber=
legenheit der Römer zu deren Vortheil, aber wohl mit Recht
können ſich noch die ſpätern Schwaben dieſes Heldenkampfes
ihrer Vorfahren rühmen. Die Alemannen wurden wieder
über den Rhein zurückgetrieben, und der Strom von
Baſel bis nach Mainz als Grenzmark des Reiches gegen
ſie wiederhergeſtellt. So ſtand jetzt der Cäſar Julianus hier
auf dieſelbe Weiſe wie einſt Julius Cäſar vor vier Jahr=
hunderten. Aber Roms Geſchick hatte während jener Zeit
ſchon eine andere Wendung genommen [1].

Zweimal drang Julianus darauf von Mainz aus über
den Rhein am Main aufwärts in Germanien ein, um die
Alemannen zu ſtrafen; er erneuerte dort das alte Befeſti=
gungswerk des Trajanus an der Mündung der Nidda in
den Main, und gelangte bis zu den dunkeln Walbungen des
Speſſart und Odenwaldes ohne etwas anderes zu er=
reichen, als daß die zu beiden Seiten des untern Main

---

1) Luden, deutſche Geſchichte. II. S. 185 bis 199.

wohnenden Alemannen, welche dort am Taunus unter dem
Könige Suomar, hier am Odenwalde unter dem Könige
Hortar standen, geschreckt und ihre Fürsten durch List und
Bestechung in das römische Interesse gezogen wurden. Wie
Julianus nicht im offenen Kampfe, sondern nur durch Hin=
terlist seine Feinde zu überwältigen suchte, zeigt sein Beneh=
men gegen die alemannischen Fürsten, als er im Jahre 359
zum brittenmale etwas oberhalb Mainz den Rhein
überschritt, und das feindliche Gebiet verheerend über den
Schwarzwald und den untern Neckar ostwärts vordrang
und bis dahin gelangte, wo an einem Orte, Palas oder
Capellatium genannt (vermuthlich das Gepfähl oder
Pfahlwerk [1]) von frühern Anlagen der Römer), damals die
Grenzsteine zwischen den Gebieten der Alemannen und
Burgunden standen [2]). Dort sollen die Könige der Ale=
mannen, um der Verwüstung ihres Gebietes Einhalt zu thun,
dem siegreichen Cäsar Unterwerfung gelobt haben. Und trotz
seiner Siege glaubte Julianus das streitbare Volk der Ale=
mannen nicht anders bändigen zu können, als indem er sich
durch Verrath des mächtigen Königs Vadomar bemäch=
tigte, welcher ein geheimer Freund des Kaisers Constantius
sein Gebiet, den Raurachern gegenüber, am Südrande des
Schwarzwaldes hatte [3]).

Auf gleiche Weise ward am Nieder=Rhein gegen die
Franken angekämpft, und hier wird nun zum erstenmale
der Name der Salier genannt, der nachmals für das Schick=
sal der Römer=Herrschaft im Abendlande so entscheidend ge=
worden ist. Schon oben haben wir die Salier als einen der
istävonischen Stämme Nieder=Deutschlands in dem Sal=

---

1) **Minola**, Beiträge zur römisch=deutschen Geschichte. Seite
176 bis 186.

2) **Creuzer**, zur Geschichte alt=römischer Kultur am Ober=
Rhein und am Neckar. S. 25.

3) **Pfister**, Geschichte der Deutschen. I. S. 211. 212.

lande an der Yssel kennen gelernt. Aus diesem ihrem
alten Heimathslande sollen sie durch die Sachsen zunächst
nach der batavischen Insel gedrängt, und dann weiter zur
Einwanderung in das anliegende Belgien genöthigt sein.
Sie bewohnten dort das sogenannte Toxandrien oder das
Land zwischen der Maas und Schelde (im nördlichen Brabant), was ihnen von Julianus selbst früher abgetreten worden zu sein scheint. Dort überfiel der Cäsar im Jahre 358
die Salier und die fränkischen Chamaven, welche sich in
ihrer Nähe angebaut hatten. Doch behielten sie ihre Sitze
unter Anerkennung der römischen Oberhoheit; ihre streit=
bare Jugend ward unter die Legionen aufgenommen. Diese
Salier in Toxandrien verwuchsen nun bald mit den ihnen
ostwärts benachbarten Sigambern an der Maas und Waal,
und aus ihnen sind die Eroberer Galliens hervorgegangen[1]).
Zugleich wurden die zerstörten römischen Festungen
am untern Rhein wiederhergestellt, und noch ehe Julianus das beruhigte und wiedergewonnene Gallien verließ,
unternahm er auch einen Zug über den Nieder=Rhein gegen
die fränkischen Völker, und suchte hier wie gegen die
Alemannen seinem Willen, den Rhein als Grenzmark des
Reiches aufrecht zu erhalten, Nachdruck zu geben[2]). Aber
daß die beiden großen rheinischen Völker nur scheinbar ge=
schreckt und noch weniger ihre Macht gebrochen war, zeigte
die nächste Zukunft am besten, und mit Recht bemerkt Ammianus, der Geschichtschreiber dieser Zeit, daß die Alemannen ein unverwüstliches Geschlecht seien, welches nach
allen Niederlagen nur immer um so furchtbarer auftrete.
Denn gleich nach des Julianus Abgang nach dem
Oriente zur Uebernahme der Herrschaft des Reiches im Jahre
361 und nach seinem bald darauf erfolgten Tode im Kampfe
gegen die Perser, wurde die römische Grenze am Ober=Rhein

---

1) Ledebur, die Brukterer. S. 79 bis 82.
2) Luden, deutsche Geschichte. II. S. 202. 210.

von den Alemannen wieder überschritten und Gallien mit
neuen Verheerungen heimgesucht. Der kräftige Kaiser Va=
lentinianus, welcher nach dem Ausgange des Kaiserhau=
ses der Constantier den Thron bestieg, mußte alsbald nach
Gallien eilen, wo er nach Zurücktreibung der Feinde durch
seinen Feldherrn Jovinus durch die Errichtung und Erneue=
rung von Schlössern und Grenzfestungen am Ober=
Rhein für die Sicherheit der transalpinischen Provinzen zu
sorgen suchte. Sodann brach er über den Rhein in das
Innere Germaniens ein bis zu den Höhen des Schwarz=
waldes, und kämpfte mit den Alemannen bei Solicinium,
das Einige am obern Neckar, Andere im Rheingau an der
Bergstraße suchen [1]. Vergeblich bemühete er sich die alten
Vertheidigungswerke und Festungslinien am Odenwalde
bei Heidelberg wiederherzustellen, mit Hinterlist bekämpfte er
wie Julian den mächtigen alemannischen Fürsten Makrian,
dessen Gebiet am Taunus und in der Wetterau lag und den
Stamm der Bucinobanten umfaßte, und selbst mit den
Burgunden am obern Main soll er ums Jahr 370 Ver=
bindungen abgeschlossen haben, um die Alemannen, mit wel=
chen sie in Grenzstreitigkeiten lebten und sich auch wegen
Salzquellen, vermuthlich zu Schwäbisch=Hall, stritten,
im Rücken anzugreifen [2].

Indessen der Erfolg aller dieser Bemühungen und An=
strengungen war nichtig. Denn während der Kaiser die Ale=
mannen gedemüthigt glaubte, fielen sie nach einer andern
Seite über die obere Donau in das rhätische Flachland
ein; zugleich ward das ganze nördliche Gallien von zahlrei=
chen Schaaren von Sachsen, welche überall unvermuthet
an den Küsten mit ihren Raubgeschwadern erschienen, plün=

---

1) Creuzer, zur Geschichte der alt=römischen Kultur am
Ober=Rhein und Neckar. S. 28 bis 34. Pfister, Geschichte von
Schwaben. I. S. 83. 84.

2) Pfister, Geschichte der Deutschen. I. S. 213. 214.

bernd burchzogen, und bie Einbrüche ber mehr öſtlichen Ger=
manen an ber Donau in bie illyriſchen Provinzen nö=
thigten ihn bazu, ſich ſo gut wie möglich mit ben rheini=
ſchen Germanen abzufinden. So erfolgte ein Frieden mit
ben Alemannen, nach welchem ben letztern höchſt wahr=
ſcheinlich baß ſeit zwei Decennien ſtreitige Gebiet zwiſchen
bem Rhein und ben Vogeſen biß nach Mainz abwärts
abgetreten wurde, wenn gleich ber Rhein mit ſeinen Feſtungs=
linien noch immer als Grenzmark beß Reicheß galt, und
bie auf bem linken Stromufer ſich anſiebelnden Alemannen
eben ſo bie römiſche Oberhoheit anerkannten wie bie in bem
belgiſchen Niederlande wohnenden Franken an ber Maaß [1]).
Aber wie nach allen ſolchen Friedenßſchlüſſen mit ben Ger=
manen wurden auch jetzt wieder bie ſtreitbarſten Schaaren
ber Gegner in bie römiſchen Heere aufgenommen, beren Le=
gionen bamals ſchon größtentheils germaniſirt waren.
Dieſer Valentinianuß war ber letzte römiſche Kaiſer, ber
baß Innere Germaniens heimſuchte. Es war 425 Jahre
nach ber Zeit, baß Juliuß Cäſar als ber erſte Römer ben
Rheinſtrom überſchritten hatte.

Sein Sohn und Nachfolger im Abenblande, ber Kaiſer
Gratianuß, mußte ſogleich wieder an ben Rhein eilen,
wo bie ſogenannten Lenzer Alemannen in baß Reich einge=
brochen waren. Dieſe lenziſchen Alemannen (Ale=
manni Lentienses) waren bie ſüblichſten Stämme jenes
Volkeß, benn ſie hatten ihre Sitze an ber nörblichen und
norböſtlichen Seite beß Boben=Seeß, wo wir während beß
ganzen Mittelalters ben Linzgau nach ihnen benannt fin=
ben [2]). Wegen ihrer biß in baß Bergland von Rhätien an
ben Quellen beß Rhein ſich erſtreckenden Einbrüche mach=
ten ſie ſich ſchon zur Zeit beß jüngern Conſtantius ben Rö=
mern furchtbar, als berſelbe nach ber Beſiegung beß Mag=

---

1) Luden, beutſche Geſchichte. II. S. 221 biß 240.
2) Mannert, Germanien. S. 249.

nentius nach dem Abendlande kam [1]). Zugleich lernen wir
aber aus jener Zeit unter den römischen Hülfstruppen auch
die Brisigaven kennen, welche durch ihren Namen darauf
hinweisen, daß sie aus dem alemannischen Breisgau in
dem Rheinwinkel am Schwarzwalde stammen [2]).

Jetzt, ums Jahr 378, ward Helvetien aufs neue von
den lenzischen Alemannen bedrängt. Mit Mühe wurden sie
über den Rhein zurückgedrängt und die Grenzlinie vom Bo-
den=See bis Basel wieder gesichert. Ueber den Strom selbst
kam der Kaiser nicht; der Friede ward wie gewöhnlich von
den Barbaren erkauft, und ein Theil der streitbaren Mann-
schaft in die Dienste des Reiches genommen [3]). Gratianus
war aber der letzte römische Imperator, der den Rhein-
strom gesehen hat. Denn um jene Zeit traten schon die
gewaltigen Bewegungen im Osten an der untern Donau ein,
welche die volle Aufmerksamkeit der Beherrscher des römischen
Reiches in Anspruch nahmen und seinen Untergang beschleu-
nigten.

So bestanden zwar nach einem halbtausendjährigen
Kampfe zwischen der römischen und germanischen Welt noch
die großen Barrieren am ganzen Rhein und an der Donau
entlang, aber sie waren nur schwache und unsichere Bollwerke,
da zu jener Zeit die Franken schon in den nördlichen Niederlanden herrschten wie die Alemannen am Boden=See und
im Elsaß und dadurch jene Vertheidigungswerke schon durchbrochen oder umgangen hatten. Daß beide Völker aber
noch nicht weiter gekommen waren, und daß sie das freie
Germanien noch nicht bis zu seinen ursprünglichen und spätern Grenzen hatten erweitern können, lag in der innern

---

1) Pfister, Geschichte von Schwaben. I. S. 66. 67. Luden,
deutsche Geschichte. II. S. 179.

2) Zeuß, die Deutschen. S. 310.

3) Luden, deutsche Geschichte. II. S. 287. Pfister, Geschichte von Schwaben. I. S. 89.

Zwietracht unter den einzelnen Völkervereinen und unter
den einzelnen Stämmen in jenen Vereinen, und dann in
dem Interesse der für Rom kämpfenden deutschen Schaaren.
Indessen trotz aller von den Römern häufig berichteten Ver-
nichtungskriege rücksichtlich der beiden großen rheinischen
Völker haben sich diese Völkervereine doch immer weiter
ausgedehnt, und scheinen in Folge mancher Drangsale
durch die Römer auch ihre innere Verfassung immer fester gestellt haben. Doch verloren beide Vereine noch lange
nicht den Charakter von freiwilligen Verbindungen
benachbarter und durch ein gemeinsames Interesse zusammen-
gehaltener Stämme.

Der Verein der Alemännen war gegen das Ende des
vierten Jahrhunderts ausgedehnt von der Wetterau im
Norden am Rhein aufwärts bis zum Südende des Schwarzwaldes und bis zum Bodensee. Denn dort im Norden
saß der Stamm der Bucinobanten in dem Gebiete der
südlichen chattischen Stämme, aus denen sie wahrscheinlich
hervorgegangen sind. Ihr bald darauf wieder verschwinden-
der Name scheint sich aber in dem Buchonien (Baohunna)
des Mittelalters an der Fulda erhalten zu haben [1]). Im
Süden lernen wir an der Südwestecke des Schwarzwaldes
den alemannischen Stamm der Brisigaven kennen, deren
Namen sich in dem ausgedehnten Breisgau des Mittelalters
bewahrt hat, während die Lenzen den südöstlichsten alemannischen Stamm am Bodensee bildeten. Alles dazwischen
liegende Gebiet war von Alemannen zahlreich bevölkert, obschon uns die Namen der einzelnen Stämme, woraus manche
der spätern Gaunamen zu erklären sein mögen, nicht aufbe-
wahrt sind. Denn das ganze Neckar = Land und das Gebiet am untern Main war noch alemannischer Boden, und
vielleicht bildete schon damals der Spessart die Grenzmark
desselben gegen die Burgunden, wie sich später dort das

----

1) Zeuß, die Deutschen. S. 311.

rheinische Franken und Frankonien von einander schieben.
Westwärts muß aber damals schon das obere Rheinthal bis
zu den Vogesen, wenn auch unter römischer Hoheit, ale=
mannische Bevölkerung gehabt haben.

Als östliche Nachbarn der Alemannen erscheinen noch
an der rauhen Alp von dem obern Neckar an gegen Nord=
osten, jenseit des Donau=Limes, die Juthungen, die durch
das ganze vierte Jahrhundert hindurch eine arge Geißel für
Rhätien blieben. Doch wurden die römischen Besitzungen
in dem rhätischen Flachlande nebst dem Reichslimes an der
obern Donau entlang bis nach Regensburg hin weit länger
behauptet, und fast bis zum Untergange des römischen Rei=
ches, als die jenseit der Donau an der Teufelsmauer und
am Pfahlgraben, wie dies auch aus den dort aufgefundenen
Münzen erhellt [1]). Zwar treten die Juthungen als ein
durchaus selbstständiges Volk auf, aber so wie sie zur Zeit
ihres Einbruches in Rhätien unter dem jüngern Constantius
ausdrücklich schon ein Theil der Alemannen genannt wer=
den, so scheinen beide gemeinsam an der Zertrümmerung des
obern Donau=Limes gearbeitet zu haben, so daß auch bei
spätern Angriffen auf jene Gegend, wo von den Alten bald
der eine, bald der andere Volksname angegeben wird, gewiß
immer beide zu verstehen sind [2]). Erhalten hat sich aber
der Name der Juthungen durch das ganze vierte Jahrhun=
dert, und erst im fünften Jahrhundert verschwindet derselbe,
um einem andern bekanntern Namen zu weichen [3]).

Von den Franken ist schon oben bemerkt, daß sie
jenseit des Rheins außer der batavischen Insel einen großen
Theil von Nieder=Belgien an der Maas und Schelde, aber

---

1) Wersebe, über die Völkerbündnisse des alten Deutschlands.
S. 275.

2) Luden, deutsche Geschichte. II. S. 209. 933.

3) Zeuß, die Deutschen. S. 312 bis 314.

unter römischer Hoheit, bevölkert haben, und der Name der
Salier, mit dem der der Sigambern fortan ganz zusammenfällt, ward allmählig die allgemeine Bezeichnung dieser
auf dem belgisch-römischen Gebiete sich ansiedelnden Franken. Immer neue Schaaren aus den überrheinischen Gauen
schlossen sich an sie an, und erleichterten ihnen nachmals
ihre kühnen Eroberungszüge in Gallien, obschon diese Schaaren immer nur in einzelnen Gefolgschaften bestanden. Nur
die streitbare Jugend war es, welche auf Raub und
Kampf auszog und den aus der Heimath mitgebrachten Namen auch in der Fremde behielt, während die Masse der
Bevölkerung der überrheinischen Gaue und Landschaften weder freiwillig auswanderte, noch auch durch Gewalt von
außen dazu bewogen werden konnte und die alten angestamm-
ten Sitze immer behauptet hat. Daraus erklärt sich auch
das Vorkommen gleicher Volksnamen in verschiedenen
Gegenden des Niederrheins wie bei den Chattuariern im
Osten und Westen des Stromes, und selbst die Gaugeographie des Mittelalters findet darin ihre Erläuterung.

Mochte auch der fränkische Verein im Laufe des vierten Jahrhunderts nach Osten und Nordosten schon mehr
als ehemals der Ausdehnung nach beschränkt sein, so befe-
stigte er sich dafür desto mehr in sich selbst, und das Hervortreten mehrerer nicht unbedeutender Könige bei ihnen
gegen das Ende dieses Zeitraumes, ähnlich wie bei den Alemannen, scheint darauf hinzuweisen, daß die größere Durchbildung des Gefolgewesens auch eine größere innere Einheit vorbereitet habe. Doch macht sich die damit zusammenhängende Sonderung von Ober-Franken und Nieder-
Franken noch nicht bemerkbar. Noch werden uns alle die
ältern einzelnen Völkernamen, aus denen der fränkische
Verein bestand, genannt, wie in den Feldzügen des Julianus außer den Saliern die Chamaven und Chattuarier, und
bei andern Gelegenheiten die Brukterer, Amsivarier und

Chatten [1]). Doch hat der Umstand, daß die drei Völkerschaften der Chattuarier, der Chasuaren und der
Chatten nicht blos von den Alten, sondern auch von den
neuern Geschichtschreibern vielfach mit einander verwechselt
und ihre Namen mit einander vertauscht worden sind, die
ältere fränkische Geschichte in große Verwirrung gebracht [2]),
die um so weniger zu vermeiden war, als man von Anfang
an über die eigentlichen Sitze jener Stämme im Dunkeln
war. Die eigentlichen oder nördlichen Chatten an der
Fulda und obern Lahn blieben aber wie früher das südöstliche Grenzvolk des fränkischen Vereins [3]).

Was den Bund der Sachsen anbelangt, so hat sich
derselbe unstreitig während dieser Zeit auf der Nordostseite
oder im Rücken der Franken immer weiter ausgebreitet, obschon die genauern Angaben darüber in dieser Zeit fehlen.
Da die Küstenvölker der Chauken und Friesen die vornehmste Grundlage desselben bildeten [4]), so haben auch wohl
die Völker des ältern chaukischen Vereins sich frühzeitig ihm
angeschlossen, und außer einem Theile der Amsivarier
können, nach den spätern Verhältnissen zu schließen, die
Chasuaren oder Hasegauer nicht gesäumt haben mit den
Sachsen gemeinsame Sache zu machen, wenn beide auch noch
am Ende des vierten Jahrhunderts als fränkische Völker
genannt werden [5]). Indessen dieses Schwanken bei den niederdeutschen Stämmen zwischen dem Rhein und der Nordsee
in den Angaben der Alten, ob dieselben zu den Franken oder

---

1) Zeuß, die Deutschen. S. 340. 341.

2) So vornehmlich bei den hessischen Geschichtschreibern, vergl.
Wenck, hessische Landesgeschichte. II. S. 45 bis 91, ferner Rom-
mel, Geschichte von Hessen. I. S. 33. 34. Zeuß, die Deutschen.
S. 341. 342.

3) Rommel, Geschichte von Hessen. I. S. 45.

4) Wiarda, ostfriesische Geschichte. I. S. 31. 36 bis 38.

5) Ledebur, die Brukterer. S. 94. 104.

Sachsen zu zählen seien, erklärt sich aus dem Verhältniß der von jenen Stämmen ausgehenden Gefolgschaften zu jenen größern Vereinen, so daß bei dem damals noch wenig fest ausgebildeten Zustande der Völkervereine ein Stamm zu gleicher Zeit beiden Vereinen angehören konnte.

Auch über das Verhältniß der alten Angrivarier (Angern) und Cherusken, welche nicht lange darauf unter den sächsischen Völkern genannt werden und sich seltsamer Weise grade durch ihre Theilnahme an den Sceunternehmungen mit jenen Küstenvölkern als Sachsen zu erkennen gaben, zu dem sächsischen Vereine in jener Zeit des vierten Jahrhunderts ist nichts bekannt. Daß übrigens die Sachsen durch ihre Raubzüge zur See nach den belgischen, brittischen und gallischen Küsten sich den Römern wie zur Zeit ihres ersten Auftretens durch diesen ganzen Zeitraum furchtbar machten und zur Zeit Valentinians das ganze nördliche Gallien verheerten, ist schon oben erwähnt. Doch scheinen die Sachsen in dieser Zeit noch keine festen Ansiedlungen in jenen Küstengebieten zur bequemern Ausführung ihrer Züge vorgenommen zu haben, wie es für das folgende Jahrhundert sich bestimmter nachweisen läßt [1]).

Minder gefährlich als am Rhein waren die politischen Verhältnisse zwischen der römischen und germanischen Welt an der Donau, und doch kam grade von dieser Seite der Hauptstoß, welcher zur Auflösung des Reiches beitrug. Dies geschah vornehmlich durch die Gothen, und kaum war es zu erwarten, daß nur ein halbes Jahrhundert nach des Julianus Kämpfen am Rhein die Gothen in der Welthauptstadt selbst die Herrschaft führen würden. Die Rückwirkung davon auf die Gestaltung der Völkerbündnisse und der Stämme im Innern Germaniens oder auf dem eigentlich deutschen Boden ergiebt sich leicht von selbst, und die

---

1) Wersebe, über die Völkerbündnisse des alten Deutschlands. S. 131.

Entwickelung der dortigen Verhältnisse nähert sich schon allmählig dem später bestehenden und durch das ganze Mittelalter dauernden Zustande.

An der mittlern Donau tritt im Laufe des vierten
Jahrhunderts der Name der Quaden noch einmal mit Bedeutsamkeit hervor. Denn es heißt von den Quaden, daß
sie zur Zeit des jüngern Constantius verheerende Einfälle in
die illyrischen Alpen-Provinzen gemacht hätten, welche den
Kaiser sogar bewogen in der pannonischen Stadt Syrmium
seinen Sitz zu nehmen, von wo er sie mit dem Schwerdte
oder wohl vielmehr durch Jahrgelder zur Ruhe brachte [1]).
Als Theilnehmer an diesen Einbrüchen in das Reich werden
aber stets Sarmaten genannt, deren leichte Reiterei den
mehr im Fußkampfe streitenden germanischen Schaaren will-
kommen sein mußte [2]). Doch dauerte die von Constantius
bewirkte Ruhe nicht lange. Denn die vom Valentinianus dort an der mittlern Donau befohlenen Festungsbauten
riefen das Unglück der Verheerung aufs neue über jene
Landschaften, während der Kaiser selbst im Kampfe mit den
Alemannen vollauf beschäftigt war, und die Arglist der Römer gegen die Häupter der Germanen hier wie am Rhein
entflammte nur so mehr die Wuth der Feinde. Diese Gefahr der illyrischen Provinzen war es, welche den Valentinianus zur Abschließung eines Friedens mit den Alemannen
zwang, worauf er sogleich nach Carnuntum eilte, die Quaden zurücktrieb und die Reichsgrenze noch einmal sicherte.
Sein plötzlicher Tod im Jahre 375 setzte dem weitern Kampfe
ein Ende [3]).

Seitdem tritt das Volk der Quaden nicht mehr in der
Geschichte hervor, und wenn ihr Name auch ferner noch in

---

1) **Luden**, deutsche Geschichte. II. S. 187. 209.

2) **Linhart**, Geschichte von Krain und der südlichen Slaven
Oestreichs. II. S. 13 bis 19.

3) **Luden**, deutsche Geschichte. II. S. 235. 240 bis 242.

Verbindung mit andern Völkernamen genannt wird, so ist
dies mehr nur eine alte Erinnerung, als daß es das Fort=
bestehen desselben bewiese. Ohne Zweifel ging dies Volk
bald darauf auch in den gothischen Völkerverein auf, der
von der untern Donau aus in seinen verschiedenen Zweigen
sich westwärts bis zum baierschen Tafellande hinaufzog,
während der Name der Gothen zu gleicher Zeit ostwärts
über einen großen Theil der sarmatischen Ebenen am Pon=
tus und bis zur Wolga hin eine Ausdehnung erhielt, wie
sie nie einem andern deutschen Völkernamen zu Theil ge=
worden ist. Doch dauerte dies auch nicht lange, und die
mit der Zurückbringung des gothischen Namens aus den
Gebieten von Ost = Europa verknüpfte Katastrophe war es,
welche den großen Kampf zwischen den Römern und Gothen
hervorrief, der mit der Zertrümmerung des untern Donau=
Limes auch die Brechung der letzten römischen Barrieren
am Rhein zur Folge hatte.

**6) Die Zertrümmerung des Rhein= und Donau=
Limes in Folge der Wanderungen der Go=
then und die Umgestaltung der Völkerverhält=
nisse in Deutschland.**

Die jenseit der untern Donau in dem dacischen Lande
wohnenden Gothen, ehemals das Schrecken der Römer,
lebten den größten Theil des vierten Jahrhunderts hindurch
mit dem Reiche in einem frieblichen Vernehmen, was
gewiß weniger die kriegerischen Maaßregeln des Kaisers
Constantinus verursacht haben, als weil von seinen Nachfol=
gern die den Gothen versprochenen Jahrgelder, womit
man am Rhein wie an der Donau schon längst den Frieden
von den Barbaren zu erkaufen gewohnt war, regelmäßig
entrichtet wurden. Anstatt mit den Waffen und mit Raub=
zügen jetzt mit dem Ackerbau beschäftigt, verlieren sich die

Gothen fast gänzlich aus der nur in Kriegen bestehenden rö=
mischen Geschichte zu jener Zeit [1]), und auch über die
Vandalen an ihrer Westseite nach der mittlern Donau
beobachten die Alten während der Zeit der Constantier und
Valentier ein tiefes Schweigen [2]). Diese zunehmende Ge=
sittung der gothischen Völker in Dacien mußte aber um so
mehr befördert werden durch die schon um die Mitte des
vierten Jahrhunderts bei ihnen stattfindende Verbreitung des
Christenthums. Schon bekamen die Gothen in einem
ihrer Stammgenossen, in dem Wulfila (Ulfilas), einen
Apostel, und die Gothen haben den Ruhm das erste germa=
nische Volk zu sein, welches zur Religion der neuern Zeit
übertrat, wenn sie dieselbe auch in der arianischen Form
empfingen und behielten [3]).

Verschieden von diesen dacischen Stämmen der Gothen
im Südwesten sind aber diejenigen Stämme, welche im
Nordosten das alte Kriegerleben fortsetzend mit ihrem Ruhme
bald wieder die Welt erfüllten. Denn in zahlreichen Kriegs=
gefolgschaften sich über die sarmatischen Ebenen verbrei=
tend gründeten sie hier ein Reich, welches ein Seitenstück
zu dem römischen hätte abgeben können, wenn es an Bil=
dung und Ordnung der Verwaltung das gehabt hätte, was
dem römischen an jugendlichen Kräften seiner Bevölkerung ab=
ging. Hermanrich, aus dem alten fürstlichen Stamme
der Amaler, war das Oberhaupt dieser nordöstlichen oder
sarmatischen Gothen, welcher, wie es heißt, von dem ponti=
schen bis zum baltischen Meere herrschend nicht nur über alle
slavischen Stämme jener Gebiete sondern, nach den von
dem gothischen Geschichtschreiber aufbewahrten Völkernamen,
auch über einen großen Theil der Völker finnisch=ugri=

1) Aschbach, Geschichte der Westgothen. S. 19.

2) Zeuß, die Deutschen. S. 448.

3) Luden, deutsche Geschichte. II. S. 275. Aschbach, Ge=
schichte der Westgothen. S. 29 bis 31.

schen Stammes an der Wolga seine Gewalt begründet ha=
ben muß ¹). Die östlichsten Stämme dieses Reiches waren
die Alanen, welche nach den Angaben der Alten dem go=
thischen Stamme zugezählt werden müssen. Dennoch be=
zeichnet dieser Name im weitern Sinne auch Völker ganz
anderm Ursprunges, die zum Theil selbst dem ugrischen
Volksstamme angehören. Gleich den übrigen Germanen tra=
ten einzelne Schaaren derselben häufig in römische Dienste,
und fast überall verrathen die Namen ihrer Fürsten ein
dem deutschen Sprachstamme frembartiges Gepräge ²).

Aber jene mächtige gothische Herrschaft des Hermanrich
ward nach kurzem Bestehen gänzlich vernichtet durch das
Andringen der den Gothen und Römern gleich furchtbaren
Hunnen, eines andern Volkes von ugrischem Stamme,
welches aus seinen Stammsitzen jenseit der Wolga am Ural
in den letzten Zeiten des Kaisers Valentinianus aufbrechend
mit seinen Reiterschaaren in die fruchtbaren Gefilde und
Weideebenen von Ost=Europa einbrach. Die Zertrümme=
rung des gothischen Reiches und das darauf folgende
Durcheinanderwerfen aller gothischen Stämme vom Don
und Dnepr bis zur Donau brachte die letztern zunächst wie=
der in Berührung mit dem römischen Reiche, indem ein
Theil derselben um Aufnahme bei dem Kaiser Valens im
Morgenlande, des Valentinianus Bruder, bat, ein anderer
Theil aber entweder in den alten Sitzen in Dacien zurück=
blieb, oder sich westwärts und nordwärts in das Bergland
von Siebenbürgen und der Karpathen, in das von den Alten
sogenannte Kaukaland, zurückzog ³). Mögen nun auch die
unterscheidenden Namen der östlichen und westlichen Go=
then schon früher üblich gewesen sein, so mußten sie doch

1) Luden, deutsche Geschichte. II. S. 253 bis 256. Aschbach,
Geschichte der Westgothen. S. 22.

2) Adelung, älteste Geschichte der Deutschen. S. 280.

3) Aschbach, Geschichte der Westgothen. S. 42 bis 44.

jetzt bei dem Zuſammenfallen der Stämme ihre Bedeutung
verlieren, und nur das ſcheint ſicher zu ſein, daß die in das
Reich aufgenommenen Stämme, obſchon größtentheils den
ſarmatiſchen Gothen angehörig, fortan unter dem Namen
der Weſtgothen (Visigothi) erſcheinen, während die jen=
ſeit der Donau zurückgebliebenen daciſchen Gothen nachmals
als die Oſtgothen (Austrogothi, Ostrogothi) ſich wieder
einen Namen erworben haben [1]).

Aber die in das Reich übergeſiedelten gothiſchen Völker
mußten aus manchen Gründen mit den Römern bald in
Zwiſt gerathen. So kam es zwiſchen beiden zum offenen
Kriege, und die furchtbare Gothen=Schlacht bei Adriano=
polis im Jahre 379 entſchied nun für immer die Ueberle=
genheit der germaniſchen Völker über die Römer [2]). Der
Kaiſer mit ſeinem ganzen Heere ging zu Grunde, und der
große Donau=Limes von Pannonien bis zum Pontus
hin war fortan zertrümmert [3]). Es blieb dort für immer
das offene Thor für die von dem Pontus kommenden Bar=
barenhorden, um in das Reich einzufallen und daſſelbe zu
brandſchatzen. Zwar ward durch den Theodoſius, den
des Gratianus freie Wahl auf den gefährdeten Thron erhob,
das oſtrömiſche Reich noch einmal wieder hergeſtellt, und
wohl weniger durch die Waffen als durch Unterhandlungen
und Verträge wurden die Gothen beruhigt, aber ſie blieben
als eigenes Volk in Möſien an der Donau angeblich in
römiſchen Dienſten ſitzen. Sie bildeten damals die eigent=
liche Kriegsmacht des oſtrömiſchen Reiches, und die ger=
maniſirten Legionen verwandelten ſich in vollſtändige germa=
niſche Heerhaufen, ohne deren Willen im Reiche nichts mehr
geſchehen konnte [4]).

---

1) Luden, deutſche Geſchichte. II. S. 264 bis 276.
2) Luden, a. a. O. II. S. 292 bis 295.
3) Muchar, das römiſche Noricum. I. S. 36.
4) Pfiſter, deutſche Geſchichte. I. S. 224.

Eben diese **Gothen** haben dem **Theodosius** die Allein=
herrschaft im Reiche erwerben müssen wie ihre rheinischen
Stammgenossen einst dem **Constantinus** und dem **Julius**
Cäsar. Aber auch im Abendlande spielen die germanischen
Schaaren in römischen Diensten schon eine Hauptrolle. Ja
die zu große Vorliebe des **Gratianus** für die **Alemannen**
und **Franken** wird als die Ursache seines Sturzes angege=
ben, als er von dem Feldherrn **Maximus** aus Britannien,
einem alten Waffengefährten des **Theodosius,** im Jahre 383
der Herrschaft und des Lebens beraubt wurde. Doch nur
vier Jahre später erfolgte auch der Fall des **Maximus** durch
den morgenländischen Kaiser, welcher des **Gratianus** Bruder,
den jüngern **Valentinianus,** zum Herrscher im Abendlande
einsetzte. So wie aber demselben von dem **Theodosius** der
Franke **Arbogast** als Vormund und als eigentlicher Ge=
walthaber im Reiche zur Seite gesetzt wurde, so standen viele
andere deutsche Fürsten an der Spitze der Militär= und Ci=
vilverwaltung in den Provinzen, und die sie begleitenden
und umgebenden deutschen Stämme scheinen nicht ohne Ein=
fluß auf die Veränderungen im Reiche zu jener Zeit gewe=
sen zu sein [1]). Durch eben diese Verhältnisse im Reiche
standen sich aber damals auch die abendländischen Ger=
manen und die morgenländischen Germanen feindselig
gegenüber, und die folgenden Kämpfe der Imperatoren unter
einander waren meist bedingt durch das Interesse der einen
oder der andern deutschen Parthei im Reiche.

Gegen diese romanischen Germanen standen aber
die jenseit der Reichsgrenzen wohnenden Stämme nicht min=
der feindlich als wie gegen die Römer selbst, und ihre Für=
sten erstrebten eine ähnliche vortheilhafte Stellung im Reiche.
Daher dauerten die Fehden am Rhein von den **Aleman=**
nen und **Franken** immer fort, und an der Spitze der letz=
tern erscheinen drei nicht unbedeutende Könige **Genobald,**

---

1) **Luden,** deutsche Geschichte. II. S. 313 bis 315.

Markomer und Sunno, gegen welche Arbogast von Köln aus im Jahre 391 selbst einen Feldzug unternahm, die Brukterer und Chamaven züchtigte und bis zum Gebiet der Amsivarier und Chasuaren vordrang [1]).

Doch wurde der Krieg bald durch einen Frieden been=digt, und durch Verträge mit den Alemannen und Franken sicherte und stärkte sich Arbogast, da er nach der Ermor=dung seines jungen Kaisers nothwendig mit dem morgenlän=dischen Kaiser in Kampf zu gerathen befürchten mußte, in=dem Theodosius nicht blos den Fall des Hauses der Valen=tier an jenem übermächtigen Franken zu rächen hatte, son=dern auch die von ihm unter dem Namen des Schattenkai=sers Eugenius geführte Herrschaft im Abendlande über das alte Heimathsland des römischen Staates nicht anerkennen konnte. Die Entscheidung des Kampfes zwischen beiden er=folgte im Jahre 394 zu Aquileja am Fuße der julischen Alpen. Nicht Römer, sondern Franken und Alemannen kämpften dort gegen Gothen, welche von dem Glücke und der Einsicht des Theodosius geleitet ihm die Weltherrschaft erwarben [2]).

Unbestritten waren damals die Germanen schon das vorherrschende Element im römischen Reiche. Roms Zeit war damals erfüllt, und selbst wenn dem Theodosius eine längere Waltung im Reiche vergönnt gewesen wäre, er würde den Zustand desselben, wie er nur das naturgemäße Resultat der halbtausendjährigen Entwickelung in dem Kon=flikt der römischen und germanischen Welt seit des Julius Cäsars Zeit war, nicht haben umgestalten können. Um so weniger aber vermochten seine Söhne und Enkel, welche als Kinder den Thron bestiegen haben und immer Kinder geblie=ben sind, die folgende Entwickelung zum Vortheile des römi=schen Kaiserthumes zu bedingen, vor dessen geistiger Ueberle=

---

1) Ledebur, die Brukterer. S. 261. 262.
2) Luden, deutsche Geschichte. II. S. 317 bis 319.

genheit und Hoheit sich jedoch noch alle Germanen beugten, und dadurch schon damals das Ansetzen eines romanischen Charakters bei ihnen, so viele derselben im Reiche lebten, bewirkten. Den dadurch unter den Germanen selbst hervorgerufenen Konflikt zeigte die nächste Folgezeit.

Noch bestanden damals die beiden Barrieren des limes Rhenanus und des obern limes Danubianus, aber ihr nahe bevorstehendes Schicksal ließ sich bei dem damaligen Zustande der Welt nicht mehr verkennen, und ihr Fall zu Anfange des fünften Jahrhunderts gleich nach dem Tode des letzten römischen Imperators Theodosius, wie ihn der englische Geschichtschreiber Gibbon mit Recht bezeichnet [1]; entschied auch den Untergang der römischen Weltherrschaft und damit das Ende der alten Welt. Die Veranlassung zu dieser Entscheidung kam wieder durch die Wanderungen der Gothen und zwar innerhalb des Reiches. Ueberhaupt wurde damals der Zustand der Weltverhältnisse und somit auch Germaniens durch drei Gothen bestimmt durch Stilicho, Alarich und Radagais, von denen jeder auf besondere Weise zur Umgestaltung der Welt beigetragen hat. Denn Stilicho von vandalisch = gothischem Stamme, Vormund für den jungen Kaiser Honorius und Oberfeldherr im abendländischen Reiche, strebte als der erste Hauptrepräsentant des romanischen Lebens danach das wankende Reich durch germanische Kraft aufrecht zu erhalten, und stand darum nicht minder dem Radagais als dem Alarich feindlich gegenüber. Alarich, aus dem eblen Fürstenstamm der Balthen, Heerkönig der Westgothen und in der Kriegskunst wohl gebildet in der Schule des Theodosius [2], stand mit seinem Volke zwar innerhalb des Reiches aber an den Grenzen, und während er als Feind Roms auftrat

---

1) Edw. Gibbon, the history of the decline and fall of the Roman empire. Basil. 1788. 8. Vol. V. Chap. 29. p. 114.

2) Aschbach, Geschichte der Westgothen. S. 66.

und mit dem Stilicho in Italien einen Kampf begann über
die Begründung entweder romanischen oder germanischen Le=
bens im Reiche, vollführte sein Bundesgenosse der Gothe
Radagais, aus dem Innern Germaniens hervorbrechend,
das Zerstörungswerk der äußern Vertheidigungslinien des Rei=
ches, um sich ungehindert mit ihm in Italien zu vereinigen.

Noch hatte Stilicho gleich nach des Theodosius Tode
die Linien am Rhein und an der obern Donau besucht
und durch Verträge mit den dortigen Völkern seiner Herr=
schaft einige Sicherheit gegeben [1]), als Alarich, welcher die
Verwirrung im oströmischen Reiche benutzend sich die Ver=
waltung des östlichen Illyriens erzwungen hatte, im
Jahre 400 die julischen Alpen mit seinem kriegslustigen und
aus den römischen Waffenlagern bewaffneten Volke überstieg
und in Italien eindrang. Zwar gelang es damals noch
nicht gegen Stilicho durchzubringen, aber die Ueberlassung des
westlichen Illyriens an die Gothen nebst der Entrich=
tung bedeutender Jahrgelder gaben dem Alarich eine für
beide römischen Reiche sehr wichtige Stellung, indem er als
Beherrscher aller illyrischen Länder im Süden der Donau,
wenn auch unter der angeblichen Oberhoheit beider Kaiser=
reiche, sich nach Willkühr auf das eine oder andere werfen
konnte [2]). Die Germanisirung jener Gebiete war die
nothwendige Folge davon.

Aber kaum hatte sich Italien von dem gothischen Schrek=
ken erholt, als eine neue Fluth von Norden hereinbrach.
Denn ein mächtiges Conglomerat germanischer Gefolgschaf=
ten der verschiedenartigsten Stämme, unter denen aber go=
thische Vandalen die vornehmste Rolle gespielt haben mö=
gen, drang nach der Zertrümmerung des Donau=Limes un=
ter der Anführung des Heerkönigs Radagais, eines Go=
then, im Jahre 405 über die Alpen in das Heimathsland

1) Pfister, Geschichte der Deutschen. I. S. 126.
2) Aschbach, Geschichte der Westgothen. S. 72 bis 79.

des römischen Reiches ein [1]). Auch diese Gefahr wußte
Stilicho abzuwenden. Doch bleibt es dunkel, auf welche
Weise die Feinde aufgerieben oder über die Alpen zurückge=
trieben wurden, und die gefährlichen Folgen dieses furchtba=
ren Angriffes hatten die jenseit der Alpen liegenden Provin=
zen zu erfahren. Denn der pannonische Limes war nun
ganz aufgelöst, und der mehr oberhalb an der Donau in
Noricum und Rhätien so gebrochen, daß er sich nur noch
in Trümmern durch die erste Hälfte des fünften Jahrhun=
derts erhalten hat [2]).

Radagais selbst verschwand unter diesen Kämpfen, aber
seine Völker suchten sich nach einer andern Seite hin Bahn
zu brechen, und die Abberufung der römischen Kriegsschaa=
ten am Rhein durch Stilicho zur Beschirmung Italiens
gegen die nächsten Feinde an den Alpen eröffnete nun den
stürmenden Barbaren einen Weg nach den reichen galli=
schen Landschaften, da Stilicho nicht ohne Grund hoffen
durfte, nach der Behauptung Italiens auch in den transal=
pinischen Gebieten bei den stets unter sich feindlichen Ger=
manen Roms Oberhoheit bei günstiger Gelegenheit wieder
herzustellen. So erfolgte im Jahre 406 der große Ein=
bruch der Germanen in Gallien, wodurch dieses Land im
weitern Umfange als bisher durch die rheinischen Stämme
zum erstenmale germanisirt worden ist. Unstreitig bilde=
ten die hier eindringenden Schaaren die aus Italien zurück=
getriebenen Gefolgschaften, welche durch zahlreiche neue Aben=
teurer verstärkt als Heere oder Volksmassen sich jenseit
des Rheins eine neue Heimath suchten. Die römischen
Städte am Rhein, vornehmlich die in seinem obern Laufe
wie Straßburg, Speier, Worms, sind wahrscheinlich damals
in Trümmer gesunken, und wenn Mainz die erste der von
den Barbaren zerstörten Städte war, so scheint der Uebergang

1) Luden, deutsche Geschichte II. S. 346.
2) Muchar, das römische Noricum. I. S. 37. 38.

derselben über den Rhein in seinem mittlern Laufe oder an
der Ausmündung des Main statt gefunden zu haben [1]).

Die Namen der über den Rhein wandernden Völker
sind bei den verworrenen Nachrichten der Alten über diese
Begebenheit zwar willkührlich gehäuft worden, doch werden
Vandalen, Sueven und Alanen vorzugsweise genannt,
und sie lernen wir auch fortan in den gallischen Landschaften
kennen. Sicher ist zugleich, daß ihnen die Burgunden als=
bald gefolgt sein müssen. Was nun zunächst die Vanda=
len anbetrifft, so muß der bei weitem größte Theil dieses
Volkes den alten heimischen Boden Germaniens für immer
verlassen haben. Denn wenn es sich auch bestätigt, daß
eine Schaar von ihnen an der Donau in Pannonien zurück=
geblieben ist, so verloren sich diese doch bald unter andern
verwandten Stämmen [2]). Der Name der Sueven aber
ist trotz seiner Allgemeinheit und Unbestimmtheit darum be=
sonders zu beachten, weil unter diesem Namen von germa=
nischen Schaaren in Hispanien ein geraume Zeit dauerndes
Reich gegründet worden ist. Kann man auch der Angabe
des fränkischen Geschichtschreibers Gregor von Tours nicht
unbedingt beipflichten, daß diese Sueven von den östlichen
Alemannen oder den Juthungen herzuleiten sind [3]), welche
bald darauf unter dem Namen der Sueven vorkommen, so
ist noch weniger die neuere Hypothese zu rechtfertigen, daß
unter ihnen das alte Volk der Semnonen an der Elbe zu
verstehen sei, welches damals seiner alten Heimath für im=
mer entsagt, und in demselben Zustande, wie es einst in
Germanien wohnte, ein neues Vaterland in Hispanien ge=
funden habe [4]). Gewiß ist es ganz irrig unter den in ver=

---

1) Luden, deutsche Geschichte. II. S. 350.

2) Zeuß, die Deutschen. S. 449. 454.

3) Luden, deutsche Geschichte. II. S. 350. Pfister, Ge=
schichte von Schwaben. I. S. 91.

4) Zeuß, die Deutschen. S. 455 bis 457.

schiebenen Gegenden der damaligen römisch = germanischen
Welt vorkommenden Sueven und Herulern irgend ein bestimmtes suevisches Volk (oder Gefolgschaft) der ältern Zeit
wieder erkennen zu wollen, und so mögen unter den damals
über den Rhein setzenden Sueven sehr verschiedenartige Gefolgschaften ostgermanischer Stämme gemeint sein, welche
erst auf ihrem gemeinsamen Zuge durch Gallien zu einem
bestimmten Volke erwuchsen.   Unmöglich konnten die
Alten genaue Auskunft über diese Verbindungen der sich vielfach durchkreuzenden Gefolgschaften der wandernden Heer=
könige und Recken haben, und da der heilige Hieronymus
unter jenen in Gallien eindringenden Völkern die Sueven
gar nicht, wohl aber die Quaden nennt, so mag dies suevische Volk, welches seit der Zeit des ältern Valentinianus
eigentlich verschwindet, einen Hauptbestandtheil jenes neuern
suevischen Vereins abgegeben haben, indem er außer den andern bekannten Völkern noch Heruler und Gepiden und selbst
auch Sachsen hinzufügt ¹).

Auch von den Alanen, die wir als fernere Begleiter
der Vandalen und Sueven wiederfinden, ist es sicher, daß
eine Abtheilung derselben über den Rhein gegangen, obschon
bei der gleichen Allgemeinheit und Unbestimmtheit dieses Namens in ethnographischer Beziehung schwer zu sagen ist, ob
sie germanischen und nicht vielmehr slavischen oder selbst
ugrischen Stammes waren, da Hieronymus ihnen nicht
nur Sarmaten an die Seite setzt, sondern auch ihre Für-
stennamen in Gallien nicht auf deutsche Abstammung hinweisen ²).   So wenig übrigens die Alanen vor dieser Zeit
als auf dem eigentlichen Boden Deutschlands hausend vorkommen, eben so wenig finden sie sich daselbst auch später.
Nur im Westen wie im äußersten Osten am Kaukasus hat
sich ihr Andenken länger erhalten.

_____

1) Zeuß, die Deutschen. S. 450. 464.
2) Zeuß, die Deutschen. S. 704. 705.

Während nun jene drei Völkerschaaren sich im Jahre 406 schnell über die innern Theile Galliens ausbreiteten, und nicht lange darauf Gelegenheit fanden selbst bis nach Hispanien vorzubringen, hielten sich die Burgunden, welche ihrem Zuge folgten und damit auch gänzlich das innere Deutschland verlassen haben, noch eine Zeitlang in der Nähe von Mainz auf [1]), bis sie sich erst später auf der Westseite des Stromes nach Süden hinauf ausdehnten. Die eigentlich rheinischen Germanen scheinen mit diesen Auswanderern zwar nicht gemeinsame Sache gemacht zu haben, doch werden unter den letztern auch Alemannen mit aufgeführt. Um so auffallender aber ist es, daß die Auswanderer nicht mit den Alemannen in Zwist geriethen, da deren nördliche Gebiete am Main offenbar von dem durchbringenden Zuge berührt werden mußten, während doch von einem Kampfe gegen die Franken berichtet wird, durch deren Gebiet, das sich nur bis zur Lahn und Mosel am Rhein aufwärts erstreckte, der Zug nicht gegangen sein kann. Die Veranlassung des Kampfes zwischen den Franken und Vandalen, bei welchem die letztern nach dem Verluste ihres Königs Godegisel in große Noth geriethen, und nur durch die Hülfe der Alanen unter ihrem Fürsten Respendial gerettet wurden, ist daher unbekannt [2]).

Uebrigens lehrt die Folgezeit, daß auch diese alten rheinischen Germanen oder die Alemannen und Franken die damals günstige Gelegenheit zu größerer Ausbreitung auf dem römischen Gebiete nicht verabsäumt haben. Für die Rhein-Lande selbst scheint aber zu eben jener Zeit in der

---

1) Türk, Forschungen auf dem Gebiete der Geschichte. Heft 2. Die Burgunder. S. 8. 9. Vergl. Werfebe, über die Völkerbündnisse des alten Deutschlands. S. 278.

2) Luden, deutsche Geschichte. II. S. 350. Papencordt, Geschichte der vandalischen Herrschaft in Afrika. Berlin 1837. 8. S. 10.

Stellung jener beiden Völker zu einander eine wichtige
Veränderung eingetreten zu sein, welche noch immer zu
den dunkelsten Verhältnissen der rheinischen Geschichte gehört.
Denn die Burgunden blieben noch einige Zeit in der Umgebung von Mainz stehen, und haben sich wahrscheinlich zu
beiden Seiten des Rheins so wie um den untern Main
im Norden und Süden des Stromes in dem bisherigen alemannischen Lande gelagert.   Die Stadt Worms mag damals nach den Sagen im Liede der Niebelungen einer der
Hauptpunkte ihrer Herrschaft am Rhein gewesen sein [1]). Zu
Mainz wurde auch im Jahre 412 durch ihren König Gunthikar und durch den Alanen Goar, welcher mit seiner
Schaar in römische Kriegsdienste getreten und am Rhein
zurückgeblieben war, ein gewisser Jovinus als Kaiser aufge-
stellt, dessen Kriegsmacht aus den in der Nähe wohnenden
Völkern oder außer den Burgunden und Alanen aus Alemannen und Franken bestand.   Eben hier war es auch, wo die
Burgunden frühzeitig mit dem Christenthum bekannt
wurden, und bald zur katholischen Form desselben über-
traten [2]).

Eine Folge des Aufenthaltes der Burgunden am mittlern Rhein in den ersten Zeiten des fünften Jahrhunderts
scheint nun aber gewesen zu sein, daß die Alemannen
durch sie des nördlichsten Theiles von ihrem Gebiete an dem
Rhein und Main so verlustig gingen, wie sie früher die
obern Main=Gebiete verloren hatten.   Sie wurden ohne
Zweifel durch die über den Rhein gehende Völkerbewegung
nach Süden gedrängt, oder die nördlichen Stämme trennten sich von ihnen, und haben sich auch nach dem Abzuge
der Burgunden nicht wieder mit ihnen vereinigt.   Denn später
werden hier Franken genannt, und der Ursprung des nachmals
sogenannten rheinischen Frankens (Francia Rhenana)

---

1) Gaupp, das alte Gesetz der Thüringer. S. 41.
2) Zeuß, die Deutschen. S. 468. 469.

scheint schon bis in diese Zeit zurückverlegt werden zu müssen. Die Waldungen an der Lauter und Sur oder der Hagenauer Forst auf der Westseite des Rheins, die nachmalige Grenzmark des alemannischen Elsaß gegen das rheinische Franken, mochten schon zu jener Zeit die Alemannen von den Burgunden scheiden und die Grenze bezeichnen, bis wie weit von Mainz aufwärts die Uebergangsstraße über den Rhein sich ausdehnte, während die Mündung der Murg auf der Ostseite des Stromes dieselbe Grenze andeutete [1]).

Aber der Zertrümmerung der furchtbaren Rhein=Barriere, welche im Innern Germaniens seinen eigenen Bewohnern so lange Trotz geboten hatte, und der Einnahme der transalpinischen Provinzen durch die Germanen folgte alsbald auch der Fall der alten Welthauptstadt durch die Gothen. Denn Stilicho, von dessen Tüchtigkeit der schwache Honorius allein noch die Erhaltung seines Reiches erwarten konnte, fiel schon im Jahre 408 als ein Opfer der Kabalen am kaiserlichen Hofe, und da man bei aller Armseligkeit selbst noch dem gewaltigen Alarich trotzen zu können glaubte, so mußte, während der Hof in dem sichern Ravenna an der Meeresküste thronte, im Jahre 410 Rom dafür büßen, welches seit der gallischen Verheerung oder seit acht vollen Jahrhunderten keinen Feind in seinen Mauern gesehen hatte [2]). Grade das erste christlich=deutsche Volk war auch zur ersten Züchtigung jener Stadt für die von ihr an der Menschheit geübten Frevel von der Vorsehung berufen.

Indessen den Alarich verhinderte ein plötzlicher Tod an der weitern Ausführung seiner Plane, und sein Schwager Athaulf, der nach ihm die Führung der Westgothen übernahm, war milder gegen Rom gesinnt. Er wünschte die

---

1) Zeuß, die Deutschen. S. 319. 346. Vergl. Rommel, Geschichte von Hessen. I. S. 37. Anmerk. 16.

2) Luden, deutsche Geschichte. II. S. 354 bis 367. Aschbach, Geschichte der Westgothen. S. 81 bis 92.

Erhaltung der alten Weltherrschaft durch deutsche Kraft gleich wie Stilicho, er suchte sich mit dem Hofe zu befreunden, und zog bald mit seinem Volke über die Alpen nach Gallien, um sich in diesem durch Römer und Germanen auf gleiche Weise zerrütteten Lande Verdienste um den kaiserlichen Hof zu erwerben [1]). Drohend standen hier Alemannen, Burgunden und Franken am obern, mittlern und untern Rhein. Trier, die große belgische Metropole und die Hauptstadt aller transalpinischen Provinzen, ward am Anfange des fünften Jahrhunderts so oft von den Franken verheert [2]), daß Constantinus, welcher von Britannien aus als Kaiser sich der Herrschaft jener Provinzen bemächtigte und sich durch Verbindung mit den Alemannen und Franken zu behaupten suchte, den Sitz seiner Herrschaft nach Arles im südlichen Gallien zu verlegen genöthigt war. Dieser Aufstand des Constantinus führte wiederum die Vandalen und Sueven schon im Jahre 409 über die Pyrenäen nach Hispanien [3]), und wenn das innere Gallien dadurch auch von ihnen befreit wurde, und der Gegenkaiser bald durch den kaiserlichen Feldherrn Constantius vernichtet ward, so ließ die Zwietracht zwischen ihm und dem Gothen Athaulf und die Eifersucht jener drei rheinischen Völker auf das Eindringen der Westgothen in Gallien, das sie als ein ihnen zukommendes Gebiet betrachteten, keine Ruhe daselbst wieder eintreten, und noch weniger dasselbe unter die römische Herrschaft zurückkehren [4]).

Zwar folgten die Gothen bald darauf den Vandalen nach Spanien, aber sie behaupteten sich zugleich im Besitze des von ihnen eroberten südlichen Galliens, wo

1) Aschbach, Geschichte der Westgothen. S. 93 bis 100.

2) Minola, Merkwürdigkeiten am Rhein-Strom. S. 91.

3) Papencordt, Geschichte der vandalischen Herrschaft in Africa. S. 11. 12.

4) Luden, deutsche Geschichte. II. S. 368 bis 376.

Athaulfs Nachfolger Wallia zu Toulouse seinen festen
Herrschersitz aufschlug und den ersten Grund zu dem mäch=
tigen gothischen Reiche legte [1]), welches sich unter sei=
nen nächsten Nachfolgern über das gesammte südwestliche
Gallien bis zur Rhone und Loire ausdehnte, und welches
erst später auf die jenseit der Pyrenäen liegenden hispani=
schen Lande beschränkt wurde. An der Loire wurden die
Gothen aber schon am Ende des fünften Jahrhunderts Nach=
barn der Franken, durch welche sie dann nicht lange darauf
ihrer meisten gallischen Besitzungen beraubt wurden [2]). Auf
der andern Seite aber, an der Rhone, wurden die Gothen
Nachbarn der Burgunden, welche sich während der ersten
Hälfte des fünften Jahrhunderts noch immer in der Nähe
des mittlern Rheins gehalten zu haben scheinen, bis die
neuen durch die Hunnen veranlaßten Völkerbewegungen sie
auch ihrer spätern Heimath zuführten [3]). Denn es ist nicht
wahrscheinlich, daß, wie man wohl angenommen hat [4]), die
Burgunden durch die Verträge mit dem kaiserlichen Feldherrn
Constantius schon im zweiten Decennium des fünften Jahr=
hunderts die Gebiete auf der Westseite der Vogesen und
und des Jura erhalten haben, da es noch ums Jahr 435
heißt, daß der Feldherr Aetius sie bei ihrem Einfall in Ober=
Belgien an der Mosel zurückgetrieben habe. Sicher lagen
daher jene Gebiete wohl in der nachmaligen Rheinpfalz [5]).
Doch berichten die Chronisten aus jener Zeit, daß den Bur=
gunden nur acht Jahre später, also noch vor Attilas Zeit,
schon von dem Aetius das Land Savoyen (Sabaudia)

---

1) Afchbach, Geschichte der Westgothen. S. 110.

2) Afchbach, Geschichte der Westgothen. S. 141. 151. 161.

3) Türk, Forschungen auf dem Gebiete der Geschichte. Heft 2.
Die Burgunder. S. 9.

4) Luden, deutsche Geschichte. II. S. 379. Pfister, Ge=
schichte von Schwaben. I. S. 92.

5) Türk, die Burgunder. S. 10.

am Jura und an den Alpen theilweise als Wohnsitz einge=
räumt worden sei [1]).

Somit hatte in Folge dieser Bewegungen im Abend=
lande Germanien im Westen seine Naturgrenzen wie=
dergewonnen, der Rhein war wieder ein echt germani=
scher Strom geworden wie vor einem halben Jahrtausend
vor Julius Cäsars Auftreten in Gallien. Ja der Name Ger=
manien war selbst über diese Grenze weit hinaus erweitert
worden, obschon jene nach Gallien gänzlich ausgewanderten
Stämme doch mehr oder minder nachmals wieder die rö=
mische Oberhoheit anerkannt haben, was bei den beiden
ältern rheinisch=germanischen Stämmen nicht der Fall war.
Diese beiden Stämme der Alemannen und Franken
blieben immer in Germanien wurzeln, und haben sich nur
zum Theil über römisches Gebiet verbreitet. Sie blieben
daher immer echte Deutsche, sie wurden nicht in Romanen
umgewandelt, und blieben auch fortan zwei Hauptelemente
des Völkerlebens in Deutschland. Die beiden ersten Decen=
nien des fünften Jahrhunderts sind aber in so fern äußerst
wichtig, als sie den Grund zu der neuen Gestaltung der
europäischen Staaten gelegt haben, welcher auch durch
den furchtbaren Völkersturm, der bald darauf von Osten her
durch die Hunnen unter Attila kam, nicht mehr zerstört wer=
den konnte [2]).

Um die Zeit als nach dem Tode des Honorius im
Jahre 423 sein Neffe Valentinianus III. auf dem Throne
der verfallenden Weltherrschaft saß, Aetius aber von go=
thischem Stamme und ein Mann von großer Kraft und
Einsicht als kaiserlicher Oberfeldherr gleich wie einst Ar=
bogast und Stilicho die eigentliche Herrschaft im Reiche
führte, war der Zustand und die Stellung der beiden rhei=
nisch=germanischen Völker folgender. Die Alemannen

---

1) Gaupp, das alte Gesetz der Thüringer. S. 41.

2) Pfister, Geschichte der Deutschen. I. S. 231.

herrschten am Schwarzwalde und am ganzen obern Rhein
entlang, wenigstens von der Mündung der Murg aufwärts
bis zu dem alten helvetischen Lande, das zum Theil zu
jener Zeit auch schon ihre Beute geworden sein muß. Denn
damals sanken jene helvetischen Prachtstädte wie das Augusta
der Rauracher und Vindonissa nebst Aventicum in Trümmer.
Und ohne Zweifel sind es die lenzischen Alemannen, welche
von dem Bodensee her sich über die Hochebenen an der Aar
und Reuß bis zu den Alpen hin ausbreiteten, deren Andenken noch die spätere Zeit in der berühmten Lenzburg
an der Aar erhalten zu haben scheint [1]). In den rhätischen Alpen dagegen an den Quellen des Rhein, wo
nachmals die romanischen Rhätier hervortreten, müssen sich
die Römer länger behauptet haben, indem die Anfälle der
Alemannen daselbst von ihnen noch um die Mitte des fünften Jahrhunderts zurückgewiesen wurden [2]).

Nach Westen hin werden damals noch die Vogesen
die Grenzmark der Ausbreitung der Alemannen gebildet haben, und erst nach dem Abzuge der Burgunden aus den
mittlern Rheingegenden können sie sich über die nördlichen
Theile der Vogesen hinaus über einen Theil der lothringischen Hochebene an der obern Mosel, die später eine
durchaus germanische Bevölkerung zeigt, ausgebreitet haben. Ostwärts reichten sie bis an den Neckar, wo sie an
das ihnen verbündete Volk der Juthungen stießen, welche
von ihren Sitzen aus an der rauhen Alp noch bis auf des
Aetius Zeit sich durch ihre Raubeinbrüche in das rhätische
Flachland furchtbar machten, da der obere Donau-Limes,
wenn auch vielfach durchbrochen und zertrümmert, bis dahin
noch immer dort die Grenzmark des Reiches bezeichnete.
Aber ums Jahr 430 werden die Juthungen zum letztenmale
genannt, und statt ihrer erscheinen fortan die Sueven oder

---

1) Pfister, Geschichte von Schwaben. 1. S. 67. Anmerk. 76.
2) Zeuß, die Deutschen. S. 319.

Suaven, welche, wie aus den Angaben des gothischen Ge=
schichtschreibers Jornandes erhellt, eben nur jene frühern Ju=
thungen sind [1]). Auf der Peutingerschen Tafel erstreckt sich
diese Suevia oder das Land der im engern Sinne genannten
suevischen Völker neben der Alamannia von der Mündung
des Main bis gegen den Schwarzwald hin [2]). Dieser neuere,
wenn auch ganz allgemeine Name der Sueven, hat sich nun
aber nicht blos als ein besonderer hier für alle Zeit er=
halten, sondern ist bei der engen Verbindung, in welcher wir
fortan die Alemannen im Westen uud die Sueven im Osten
erblicken, später sogar der vorherrschende für das allmählig
unter sich verwachsene Volk bei den Deutschen geworden.

Während so am obern Rhein die ursprünglich geschiede=
nen Stämme im Laufe der Zeit sich mehr und mehr einten
und schon jetzt die Bildung des nachmaligen schwäbischen
Volksstammes erkennen lassen, zeigt sich am untern Rhein
die entgegengesetzte Erscheinung, daß der mächtige und weit
ausgebreitete fränkische Verein sich in zwei oder eigent=
lich drei Gruppen gliedert, wie dies mit der Entwickelung
seiner ursprünglichen Bestandtheile in ihrer Stellung zum rö=
mischen Reiche zusammenhängt, und dann auch durch das
Verhältniß zu dem in ihrem Rücken sich ausbildenden säch=
sischen Verein bedingt ward. Gleich den Alemannen streb=
ten die Franken seit dem Beginn des fünften Jahrhunderts
immer mehr banach eine sichere Eroberung an den galli=
schen Gebieten zu machen, welche sie bisher nur auf Raub
und Plünderung durchzogen hatten, und vornehmlich waren
die Salier von ihrer neuen Heimath Toxandrien aus un=
ter den fränkischen Stämmen thätig das Gebiet ihrer An=
siedlungen zu erweitern, so daß bald alle fränkischen Gefolg=
schaften, die mit ihnen gemeinsame Sache machten, unter

---

1) Zeuß, die Deutschen. S. 315.
2) Mannert, Germanien. S. 241.

ihrem Namen begriffen wurden, und daß seit jener Zeit die Salier die Gruppe der Nieder-Franken bezeichnen [1]).

Denn schon in der Zeit des Honorius muß der größte Theil von dem römischen Nieder-Germanien und von Nieder-Belgien oder das Land am untern Rhein und an der Maas durch die Franken für das Reich verloren gegangen sein. Nach der Verlegung des Regierungssitzes aus dem vielfach verheerten Trier nach Arles in der Nähe des Mittelmeeres verschwinden jene Gebiete nebst Köln ganz aus der Geschichte, und selbst der Rhein wird nur selten erwähnt. Während aber die Salier bis zu den Ardennen und bis zur Somme hin sich ausbreiteten, müssen die eigentlich rheinischen Franken oder Ober-Franken ihre Eroberungszüge über die Landschaften von Köln und von Trier an der untern Mosel ausgedehnt haben, und wenn es auch vom Aetius heißt, daß er siegreich gegen die Franken gestritten habe, aufs neue bis zum Rhein vorgedrungen sei, und selbst noch einmal Köln eingenommen habe, so war dies doch für das sinkende Reich ohne Nutzen und ohne dauernde Folgen. Bestimmte Nachrichten über den Zustand des fränkischen Vereins in seinem Innern fehlen, und seltsamer Weise werden nicht einmal bedeutende Heerkönige dieses Volkes am Anfange des fünften Jahrhunderts genannt. Denn die nebelhafte Gestalt eines Königs Faramund zu jener Zeit, mit dessen Namen man selbst das salische Gesetz in Verbindung gebracht hat, ist für die Geschichte ohne alle Bedeutung [2]), und sein Name ist höchst wahrscheinlich nichts als die allgemeine Bezeichnung eines Vormundes d. h. Vorstehers und Beschützers der Franken [3]).

---

1) Zeuß, die Deutschen. S. 328. 332.

2) Luden, deutsche Geschichte. II. S. 381. 382. Vergl. Türk, Geschichte der Franken. S. 60 bis 69.

3) So erscheint schon das uralte deutsche Wort Vormund als foramunto oder muntporo d. h. protector, defensor. Phillips,

Noch kommen zu jener Zeit alle die ältern Volksna=
men vor, aus denen der fränkische Verein bestand; nament=
lich finden wir in den römischen Heeren erwähnt die Salier,
Chamaven, Tubanten, Brukterer, Amsivarier und auch Ba=
taver [1]). Aber gegen die Mitte des fünften Jahrhunderts
zeigt sich schon die Sonderung der Stämme in jenem
Verein, und schon treten bei den Saliern die Vorgänger
von dem Herrschergeschlechte hervor, durch welches der ge=
sammte Zustand Galliens und Germaniens umgestaltet wer=
den sollte. Denn dort in dem Lande der Tungern auf der
belgisch=germanischen Grenzmark an der untern Maas er=
scheint nun der fränkische Heerkönig Chlodio oder Chlo=
gio, mit welchem auch Aetius gekämpft haben soll. Nach
dem fränkischen Geschichtschreiber Gregor von Tours, war
es dieser Chlodio, der sich ums Jahr 430 der Stadt Cam=
bray an den Quellen der Schelde bemächtigte, und durch
die Erweiterung seiner Eroberungen bis zur Somme jenseit
der Ardennen den Grund zu dem Reiche der Merowingen
legte [2]). Wie überall in den römischen Provinzen erleich=
terte auch hier die Abneigung der Bewohner Belgiens gegen
die römische Herrschaft und die Begünstigung der Barbaren,
unter deren Herrschaft sie glücklicher als unter der römischen
lebten, die Fortschritte der deutschen Völker.

Indem auf solche Weise die salischen Nieder=Fran=
ken ihre Herrschaft von dem rheinischen Deltalande bis über
die Ardennen hinaus begründet hatten, scheinen sich auch die
Ober=Franken näher an einander angeschlossen zu haben.
Denn seit jener Zeit findet man die an den Ufern des Rhein

---

deutsche Staats= und Rechtsgeschichte. I. S. 185. Nicht minder
scharfsinnig hat man jenen Namen verglichen mit dem englischen
Lord Paramount. (Gaupp, das alte Gesetz der Thüringer. Seite
114. 115.

1) Ledebur, die Brukterer. S. 263.
2) Luden, deutsche Geschichte. II. S. 385. 386.

wohnenden fränkischen Stämme unter dem Namen der Ri=
parier (Ripariolen) oder Ripuarier erwähnt, welcher
vermuthlich lateinischer Abstammung als die Anwohner
des Stromes bezeichnend zuerst, ähnlich wie der Name
der Franken überhaupt, von den am gallischen Stromufer
als Grenzbesatzungen (milites riparienses oder limitanei)
angesiedelten fränkischen Schaaren ausgegangen sein mag,
jedoch nicht bei dem fränkischen, sondern vielmehr bei dem
gothischen Geschichtschreiber Jornandes zuerst vorkommt [1]).
Aber wenn auch im Gegensatze gegen die westlichen Fran=
ken oder gegen die niederfränkischen Salier gebraucht, scheint
der Name der Ripuarier von Anfang an kaum alle östli=
chen oder obern Franken bezeichnet zu haben. Wenigstens
beschränkte er sich bald auf das Gebiet, welches im Mittel=
alter das fränkische Ripuarien genannt das Land zu
beiden Seiten des untern Rhein von der Mosel und Lahn
abwärts bis zur Waal umfaßte, und westwärts bis zur
Maas reichte, so daß es auf der rechten Seite die Gebiete
der Tenkterer, Chattuarier und untern Usipeter und auf der
linken Seite die der Ubier und Gugernen in sich schloß.
Köln, die römische Metropole von Nieder=Germanien ward
schon damals der Mittelpunkt des ripuarischen Landes und
der Sitz ripuarischer Fürsten.

Durch besondere Gesetze erhielten die Ripuarier eine
Abgeschlossenheit von den übrigen Franken, und der Umfang
ihrer Provinz entsprach den Grenzen des nachmaligen frän=
kisch = kölnischen Kirchsprengels. Dagegen bildete der
nordwestliche Theil des römischen Nieder=Germaniens oder

---

1) Zeuß, die Deutschen. S. 343. Vergl. dagegen Eichhorn,
deutsche Staats= u. Rechtsgeschichte. I. S. 133. 134. Ganz mißlun=
gen ist aber offenbar die Erklärung der beiden fränkischen Volksna=
men der Salier und Ripuarier als einen Unterschied zwischen Meer=
Franken und Fluß= oder Ufer=Franken bezeichnend, nach Luden,
deutsche Geschichte. II. S. 69.

die Gebiete der Tungern, Sigambern und Bataver, so wie
das angrenzende Hamaland und Salland oder die nachmali=
gen Sprengel von Lüttich und Utrecht, letzterer jedoch
mit Ausnahme von Friesland, das eigentliche Heimathsland
der salischen Franken und des salischen Rechtes,
dessen Ursprung schon in den Anfang des fünften Jahrhun=
derts zurückverlegt wird [1]).

Da aber der Name der Ripuarier nicht alle obern oder
binnenländischen Franken umfaßte, so erhellt, daß die weiter
ostwärts wohnenden Stämme sich auch von den Ripua=
riern mehr sonderten, und dieser Gegensatz mußte um so
schärfer werden, je mehr der zwischen den christlichen und
heidnischen Germanen sich am Rhein zu entwickeln be=
gann. Die Ausbreitung des Christenthums unter den Fran=
ken führte selbst einen Theil ihrer alten Stämme dem säch=
sischen Vereine zu. So gestaltete sich hier unter den obern
Franken der Gegensatz zwischen den Ripuariern am Rhein
und den eigentlichen Ost=Franken, wie wir ihn schon in
der Zeit der hunnischen Herrschaft Attilas wahrnehmen, und
unter ihnen spielten wegen ihrer geographischen Stellung und
wegen der Größe ihres Gebietes die Brukterer und die
Chatten offenbar die Hauptrolle [2]). Aber auch mit den
Brukterern gingen noch Veränderungen vor sich, durch welche
sie dem fränkischen Namen entfremdet wurden, und somit
blieben allein die Chatten als das ostfränkische Hauptvolk
im Unterschiede von den Ripuariern und Saliern übrig, und
standen fortan, wenn auch stets zum fränkischen Stamme
gerechnet, doch immer in einer eigenthümlichen und etwas
abgesonderten Stellung zu den Franken. Durch diese chatti=
schen Franken scheinen übrigens auch die ältern alemanni=
schen Gebiete am untern Main und Neckar für den frän=
kischen Namen gewonnen zu sein, wie durch sie vornehmlich

---

1) Ledebur, die Brukterer. S. 265.
2) Ledebur, die Brukterer. S. 266. 267.

die Landſchaften an der untern Moſel bis über Trier hinauf ihr fränkiſch-germaniſches Gepräge bekommen haben
mögen [1]).

Gleichen Schritt mit der Ausbreitung und Ausbildung
des fränkiſchen Vereins und Volkes hielt aber der der Sachſen, welche dadurch ſchon jetzt den Grund zu der Feindſchaft
legten, wodurch dieſe beiden Hauptvölker der ſpätern deutſchen Geſchichte ſo bekannt und wichtig geworden ſind. Nach
zwei Seiten hin waren aber die Sachſen thätig, einmal zur
Erweiterung ihres Bundes auf dem Feſtlande, was nur
auf Koſten der Franken geſchehen konnte, und dann zur See
in der Befehdung des römiſchen Gebietes an den brittiſchen,
belgiſchen und galliſchen Küſten, und auch da mußten ſie
nach der Begründung der fränkiſchen Herrſchaft in dem Lande
jenſeit des Rheins wieder mit den Franken in feindliche Berührung kommen.

Die transalbingiſchen Saxonen, die Chauken und Frieſen nebſt den Amſivariern und Chaſuaren bildeten bis dahin
noch immer den Stamm der jüngern Sachſen, an
welche ſich aber im Laufe des fünften Jahrhunderts auch
die Angrivarier und zwar nach der weitern Ausdehnung
ihres Gebietes über die Landſchaften zu beiden Seiten der
mittlern Weſer nebſt den Cherusken angeſchloſſen haben
müſſen, ſo daß das Land der Brukterer nun ſchon das
Grenzland zwiſchen den Franken und Sachſen geworden
war, und daß das Volk der Sachſen ſich ſüdwärts ſchon bis
zu den Gauen der Chatten erſtreckte. Sicher iſt es wenigſtens, daß das nachmalige ſächſiſche Land eher nach Südweſten als nach Südoſten hin ſeine bleibende Ausdehnung
erhielt [2]). Mangeln nun auch die beſtimmten Zeugniſſe,

---

1) Zeuß, die Deutſchen. S. 345. 346.
2) Schaumann, Geſchichte des niederſächſiſchen Volkes. S.
19 bis 24.

daß die Angrivarier schon im fünften Jahrhundert dem säch=
sischen Verein angehört haben, so muß man dies doch noth=
wendig aus demjenigen entnehmen, was uns über das Ver=
hältniß derselben zu den sächsischen Angeln in Britannien
bekannt ist; und aus der Erwähnung der Cherusken unter
den sächsischen Raubgeschwadern an den gallischen Küsten
aus der zweiten Hälfte des fünften Jahrhunderts ist zu
schließen, daß nun jenes alte Hauptvolk des innern Germa=
niens auch in den Verein der Sachsen aufgenommen worden
sei [1]). Aber jenseit der fränkischen Chatten und der säch=
sischen Cherusken liegt um die Mitte des fünften Jahr=
hunderts im Innern Deutschlands noch alles im Dunkeln.

Die Züge zur See wurden von den Sachsen nach ge=
wohnter Weise fortgesetzt, und wenn man anfangs blos auf
Raub ausging, wogegen die römischen Küstengebiete in Gal=
lien und Britannien unter dem Namen der sächsischen
Gestade (littora Saxonica) durch die Obhut eigener Beam=
ten Schutz gewähren sollten [2]), so dachten die Sachsen,
gleich wie die Franken zu jener Zeit, auch schon an feste
Ansiedlungen in den durch ihr Schwerdt gewonnenen Ge=
bieten, und merkwürdiger Weise gelang es ihnen zu gleicher
Zeit mit jenen eine Herrschaft in einer römischen Pro=
vinz zu errichten, wodurch der sächsische Name zu hohem
Ruhme im Abendlande gelangte. Diese Doppelheit in der
Verbreitung über ein erobertes Gebiet neben der Behauptung
der ältern Stammsitze theilt das Volk der Sachsen mit den
Franken obschon unter sehr verschiedenen Verhältnissen.

Auf ihren kleinen mit Leder überzogenen Fahrzeugen,
den Myoparonen, und auf größern Schiffen den Kyu=
len (Kielen) trotzten die Sachsen allen Gefahren der stür=

---

1) Ledebur, die Brukterer. S. 273.

2) Zeuß, die Deutschen. S. 385. Phillips, deutsche Staats=
und Rechtsgeschichte. I. S. 47.

mischen Nordmeere [1]), und blieben Jahrhunderte lang der
Schrecken der Römer und nachmals der Franken.   Ihre
Raubzüge erstreckten sich an den gallischen Küsten entlang
südwärts bis nach Bordeaux hin.   Aber so wie sich die
Sachsen auf den Inseln an der Mündung der Loire
festsetzten und ansiedelten, so finden wir eine solche Nieder=
lassung derselben auch an der gallischen Nordküste in dem
Gebiet von Armorica, der spätern Normandie, wo sie je=
doch die römische Oberhoheit anerkannten.   Dort werden uns
die bajocassinischen Sachsen (Saxones Bajocassini) ge=
nannt, und in dem karolingischen Zeitalter finden wir eben
dort an der Mündung der Seine den sächsischen Gau Ot=
lingua (pagus Otlingua Saxonicus).   In der ältern frän=
kischen Geschichte der Merowingen=Zeit geschieht dieser gal=
lischen Sachsen häufig Erwähnung [2]).

Die glanzvollste Unternehmung der Sachsen war jedoch
die Eroberung der Provinz Britannien, welche letztere von
dem römischen Kaiserthume längst aufgegeben in einem Zu=
stande der innern Auflösung sich nicht der feindlichen Angriffe
der gallischen Bevölkerung des schottischen Hochlandes er=
wehren konnte, die sich stets von der römischen Herrschaft
frei erhalten hatte, und ehemals unter dem Namen der
Caledonier, jetzt unter den neuern Namen der Picten
und Scoten gleich den germanischen Stämmen das wohl
angebaute römische Gebiet mit ihren Raubzügen unausgesetzt
heimsuchte.   Es waren aber die Sachsen bei den brittischen
Romanen eben so als tapfere Krieger schon lange bekannt,
wie die Alemannen und Franken bei den belgischen und gal=
lischen Romanen, und die Veranlassung zur Ansiedlung der
Sachsen daselbst so wie zur allmähligen Eroberung Britan=
niens ward durch die brittischen Provinzialen selbst gegeben,

---

1) Wiarda, ostfriesische Geschichte. I. S. 38. 39.
2) Wersebe, über die Völkerbündnisse des alten Deutschlands.
S. 131 bis 133.

I.   23

welche die Hülfe der Sachsen gegen ihre nähern Feinde nach=
suchten [1]).

Die um die Mitte des fünften Jahrhunderts beginnende
erobernde Kolonisirung Britanniens durch die Sachsen ist nach
langwierigen Kämpfen mit den Britten erst nach anderthalb
Jahrhunderten vollendet worden, indem erst am Schlusse des
sechsten Jahrhunderts die Sachsen den Theil der brittischen
Insel sich völlig unterworfen hatten, der nachmals das säch=
sische England gebildet hat. Uebrigens erhellt aus dem
Gange dieser Begebenheit von selbst, daß die Eroberung
nicht das Werk der sächsischen Volksgemeinden des Festlan=
des, sondern nur verschiedener von ihnen ausgehender Ge=
folgschaften gewesen ist, an welche sich die verschiedensten
Stämme des nördlichen Germaniens von dem Rhein bis
zur Elbe hin anschlossen [2]). Darum entstanden auch die
vielen kleinen sächsischen Reiche daselbst, welche erst spä=
ter zu einer Heptarchie umgebildet, und noch später zu
einem gemeinsamen Staate vereinigt wurden. Da die Mehr=
zahl der Völker des sächsischen Vereins zu jener Zeit aus
den friesischen Stämmen bestand, zu deren Geschlecht die
gesammte Küstenbevölkerung des deutschen Meeres gehörte,
so darf es nicht befremden auch den Namen der Friesen
neben dem der Sachsen unter den Eroberern jenes Insellan=
des genannt zu sehen [3]), obschon es nicht unwahrscheinlich
ist, daß mit demselben, trotzdem daß er damals in den der

---

1) Phillips, deutsche Staats= und Rechtsgeschichte. I. S. 52.

2) Die in der neuesten Zeit aufgestellte Behauptung, daß die
sächsischen Eroberer Britanniens nicht von dem jetzigen Deutschland,
sondern vielmehr von den unmittelbar aus Holstein und Schleswig
an den belgisch=gallischen Küsten angesiedelten Sachsen und Angeln
ausgegangen sei, hängt mit der ganzen Auffassung von dem Wande=
rungssystem der Völker aus der cimbrischen Halbinsel nach der Elbe
hin zusammen. S. Schaumann, Geschichte des niedersächsischen
Volkes. S. 25 bis 30.

3) Wiarda, ostfriesische Geschichte. I. S. 43. 44.

Sachsen aufgegangen war, auf die Bewohner des ältern friesischen Gebietes zwischen Rhein und Ems hingewiesen ist.

Als die drei Hauptstämme unter jenen Eroberern nennt jedoch der sächsische Geschichtschreiber Beda die Sachsen, Angeln und Jüten. Da nun jene brittischen Sachsen schon in älterer Zeit unter dem Namen der Angelsachsen bekannt sind [1]), (welche sonst aber auf dem Festlande nicht vorkommen), und da der Name der Angeln auf der brittischen Insel in der That eine Hauptrolle spielt, so daß unstreitig der Name Englands (Angelland) von ihnen entlehnt ist [2]), so hat man sich viele Mühe gegeben, diese in dem sächsischen Verein erscheinenden oder wenigstens mit den Sachsen irgend wie verbündeten Angeln in Germanien aufzufinden. Denn daß das kleine Ländchen Angeln in Schleswig, wenn auch neben der Urheimath der Saxonen gelegen, nicht das Land sein kann, aus welchem jene zahlreichen anglischen Schaaren hervorgegangen sind, ist schon öfters bemerkt worden [3]).

Nun haben wir allerdings schon den alten suevischen Stamm der Angeln an der mittlern Elbe in der heutigen Altmark kennen gelernt, und daß sie auch zu jener Zeit noch vorhanden waren, erhellt daraus, daß sie einen nicht unbedeutenden Bestandtheil des gleich darauf hervortretenden Volksstammes der Thüringer bildeten. Aber gegen die Verbindung dieser suevischen Angeln im Binnenlande mit den friesischen und sächsischen Völkern an der Nordsee spricht der Gang der Geschichte, und wenn auch einzelne Schaaren dieser Angeln mit jenen Stämmen gemeinsame Sache gemacht haben mögen, da, wie weiter unten zu bemerken sein wird, auch einige Schaaren von Warnen in der Nähe des untern Rheinlandes

---

1) **Phillips**, deutsche Staats- u. Rechtsgeschichte. I. S. 377.

2) **Zeuß**, die Deutschen. S. 494.

3) **Wersebe**, über die Völker und Völkerbündnisse des alten Deutschlands. S. 218.

vorzukommen ſcheinen, ſo ſtehen doch die Angeln und Sach=
ſen in Germanien urſprünglich in einem ſo geringen Zuſam=
menhange, daß auf ſolche Weiſe der Name der Angelſach=
ſen nicht zu erklären iſt. Auch hilft es dabei nichts, daß
man dieſe Angeln von der mittlern Elbe nach Jütland
ziehen läßt [1]), um von dort aus in der Mitte zwiſchen
Jüten und Sachſen nach Britannien zu gelangen, denn je=
nes eben nicht ſehr zahlreiche Volk an der Elbe iſt dort auch
ferner geblieben.   Daß auch ſie in noch ſpäterer Zeit zu
Sachſen geworden ſind, beweiſet natürlich für die frühere
Zeit nichts.   Man hat ſich zwar dadurch zu helfen geſucht,
daß man nach Anleitung der alten däniſchen Sagengeſchichte
die Angeln und Jüten als uralte Bewohner der cimbriſchen
Halbinſel betrachtete, welche von echt deutſchem Stamme
erſt durch die von Oſten von den Inſeln herüber kommenden
normanniſchen Dänen theils verſprengt, theils unterjocht
ſein ſollten, ſo daß ſich das Andenken von den Angeln hier
nur in dem Ländchen Angeln erhalten habe, während der
jüngere Name der Jüten eine Vermiſchung der ältern deut=
ſchen Bevölkerung mit jenen einbringenden Normannen be=
zeichne [2]); doch hat man ſich nicht darüber ausgeſprochen,
in wie fern dieſe Annahme nach dem älteſten däniſchen
Geſchichtſchreiber Saxo, bei welchem übrigens jene ältern
Jüten und Angeln auch unter dem Namen der Sachſen
vorkommen, mit den Autoren des Alterthums in Ueberein=
ſtimmung ſtehe.

Nun werden aber in der Tradition die beiden ſächſiſchen
Gefolgsherren Hengiſt und Horſa ausdrücklich Angrivarier
genannt [3]), und aus der in jenen ältern Zeiten vorkommen=

---

1) Dahlmann, Geſchichte von Dänemark. I. S. 15. Zeuß,
die Deutſchen. S. 495.

2) Dahlmann, Forſchungen auf dem Gebiete der Geſchichte.
I. S. 254. 431.

3) Ledebur, die Brufterer. S. 273. Anmerf. 885.

ben Vertauschung der Namen der Angeln und Angern
ist man nicht ohne Grund zu entnehmen berechtigt, daß jene
Angeln in Britannien von eben den Angrivariern abstam=
men, welche nicht nur als ein sächsisches Bundesvolk bekannt
sind, sondern auch nachmals unter dem Namen der Engern
einen Haupttheil des sächsischen Volksstammes in Deutsch=
land gebildet haben [1]).

Vier Hauptvölker sind es eigentlich, von welchen die
germanische Bevölkerung Britanniens ausgegangen ist, ob=
schon sämmtlich friesischen oder sächsischen Stammes, die
S a ch s e n , A n g e l n , F r i e s e n und J ü t e n , welchen der
sächsische Geschichtschreiber auch noch Brukterer und Rugier
zufügt und an einer andern Stelle anstatt der Jüten die
D ä n e n nennt. Grade hier wiederholt sich die bei den ger=
manischen Völkern vielfach vorkommende D r e i t h e i l u n g ,
welche von der militärischen Verfassung der Gefolgschaften
später auch auf die Völker und ihre politischen Eintheilungen
übergegangen ist. Darum treten immer nur die Namen der
Sachsen, Angeln und Jüten hervor, welche in den von ihnen
auf jenem Insellande gegründeten Herrschaften die Dreithei=
lung immer wieder erkennen lassen. Doch ging der Name
der J ü t e n , welchen wir später noch in Verbindung mit dem
der Dänen in seinem Heimathslande in der cimbrischen Halb=
insel werden kennen lernen, bald in den der Sachsen auf,
und nur die Insel W i g h t hat das Andenken an dieses Volk,
welches von Beda auch unter dem Namen der V i t e n ge=
nannt wird, bis jetzt erhalten [2]). Noch mehr ist aber gleich
am Anfange der Name der F r i e s e n dort von dem der Sach=
sen verschlungen worden, obgleich nicht nur alle sächsischen
Annalen die Friesen als einen Hauptbestandtheil der germa=
nischen Bevölkerung jenes Landes angeben, sondern auch von

---

1) P h i l l i p s , deutsche Staats= und Rechtsgeschichte. I. S. 378.
G a u p p , Recht und Verfassung der alten Sachsen. S. 4. Anmerk. 3.

2) Z e u ß , die Deutschen. S. 497. 499.

ben alten Autoren der letzten Zeit neben den Britten die An=
geln und Frieſen als die Hauptſtämme deſſelben, und von
den ſpätern Annaliſten die Engländer Abkömmlinge der Sach=
ſen und Frieſen genannt werden. Ja ſelbſt der Meerbuſen
bei Edinburg in Schottland hieß ehemals das frieſiſche
Meer [1]).

War nun auch dieſes jüngere brittiſche Sachſen=Land
von dem Lande Alt = Sachſen (Eald - Seaxum) des Feſt=
landes durch das Meer geſchieden, ſo blieben doch beide im=
mer in Verbindung mit einander, wenn gleich dieſe nicht
von der Art war, wie zwiſchen den nach Gallien auswan=
dernden und ſich über jenes Land verbreitenden ſaliſchen
Franken und den auf deutſchem Boden zurückbleibenden ri=
puariſchen Franken und fränkiſchen Chatten. Beiderlei Sach=
ſen haben einen ſehr verſchiedenen Entwickelungsgang ge=
nommen, und indem die Angelſachſen ſich frühzeitig zum
Chriſtenthum wandten [2]), und jenes Inſelland grade
einer der wichtigſten Sitze für die Ausbildung der chriſtlichen
Religion in der germaniſchen Völkerwelt beim Beginn des
Mittelalters wurde, konnte von da aus dieſe Lehre auch am
beſten wieder zu den Stammgenoſſen des Feſtlandes verbrei=
tet werden. Die Wirkſamkeit der angelſächſiſchen Miſſio=
näre nicht nur bei den frieſiſch=ſächſiſchen Völkern Deutſch=
lands, ſondern auch bei den andern Stämmen dieſes Lan=
des in dem karolingiſchen Zeitalter beweiſet am beſten die
fortdauernde Verbindung und Verwandtſchaft der bei=
den ſächſiſchen Völker in Britannien und Deutſchland.
Und trotz der verſchiedenen und ſelbſtſtändigen Entwickelung
beider mußten ſie im Gegenſatze gegen die doppelten Fran=
ken, welche doch in politiſcher und religiös=kirchlicher Bezie=
hung immer vereinigt blieben, ſich um ſo mehr denſelben na=
tionellen Charakter bewahren, als jene brittiſchen Sachſen

---

1) Wiarda, oſtfrieſiſche Geſchichte. I. S. 43 '44.
2) Phillips, deutſche Staats- und Rechtsgeſchichte. I. S. 380.

durch die Verdrängung und Vernichtung des brittisch=römischen Elementes auf ihrem Gebiete ein durchaus germanisches Leben zu führen im Stande waren, während die westlichen oder salischen Franken in der Verbindung und Vermischung mit den römischen Provinzialen in Gallien im Unterschiede von ihren östlichen oder ripuarisch=chattischen Stammgenossen, die auf deutschem Boden dem deutschen Leben treu blieben, bald einen ganz andern Charakter annahmen.

7) Das Eingreifen der Hunnen in die Angele-genheiten der abendländischen Welt und die dadurch bewirkte Umgestaltung in dem Zu-stande der germanisch = deutschen Völkerwelt. Die Thüringer und Baiern.

Schon ein halbes Jahrtausend dauerte der großartige Kampf zwischen der römischen und germanischen Welt, und wenn auch seit dem Beginne des fünften Jahrhunderts schneller als bisher seiner Entscheidung entgegeneilend, stand die alte Weltherrschaft doch noch immer da und drohete, selbst be-siegt, die Sieger durch ihre Bildung und durch die Scheu vor der alten Hoheit ihres Namens zu besiegen, und das abgestorbene Leben der alten Welt noch einmal wieder gel-tend zu machen. Ein Theil der gothischen Völker oder ein Theil der Abkömmlinge der alten Sueven Ost=Germa-niens hatte schon innerhalb des römischen Reiches neue Sitze gefunden, und erkannte dort mehr oder weniger die Oberho-heit des Kaiserthumes an. In West=Germanien am Rhein und an der Nordsee hatte sich aus den alten Stamm-völkern Germaniens in Verbindung mit einigen suevischen Stämmen schon ein festerer Zustand ausgebildet, und wir finden hier schon die bestimmteren Verhältnisse der Völker zu einander, wie sie sich durch das Mittelalter in ihren Grundzügen erhalten haben. Aber weiter ostwärts auf der

Grenzmark des Ostens und Westens des alten Germaniens oder in dem Stromgebiet der Elbe und zumal in den vielfach verheerten Gebieten an der mittlern Donau bis in die Alpen hinein waren die Verhältnisse der deutschen Völker noch wenig bestimmt und sicher ausgebildet.

Es bedurfte noch eines großen Sturmes, welcher über die römisch=germanische Welt dahin wehend und die Völker des Abendlandes durcheinander werfend die Entscheidung aller dieser Verhältnisse herbeiführte. Dieser Sturm trieb die letzten ostgermanischen oder suevischen Völker von der Elbe nach Süden zur Donau, und ließ dort eine ganze Reihe neuer germanischer Staaten entstehen, während er den Untergang der römischen Welt in dem Konflikt mit der germanischen Welt beschleunigte. Nachdem aber der Sturm ausgetobt hatte und die Atmosphäre wieder gereinigt war, gewahrt man an der innern Grenzmark Groß=Germaniens das Volk der Thüringer, und an der Donau in dem rhätisch=norischen Blachfelde treten die Baiern hervor, zwei Völker, welche nicht nur zu den Hauptstämmen der Bewohner des spätern Deutschlands gehören, sondern auch durch einen großen Theil des Mittelalters hindurch die östlichen Grenzvölker Deutschlands gegen die slavische Völkerwelt gebildet haben. So dunkel auch ihr Ursprung ist, so sicher ist doch ihre Abstammung von den suevischen Völkern Ost= Germaniens. Jener Sturm aber kam durch das erneute Auftreten der Hunnen.

Die Begründung eines großen hunnischen Reiches gegen die Mitte des fünften Jahrhunderts, welchem ein großer Theil der germanischen Völkerwelt dienstbar ward, konnte bei der Rohheit jenes Volkes, dem alle die sittlichen Lebenselemente abgingen, welche den Germanen die große Ueberlegenheit selbst über die Römer gaben, nur durch einen außerordentlichen Mann zu Stande gebracht werden, welcher hoch über seinem Volke stehend in der Benutzung der germanischen Schaaren zu seiner eigenen Größe und zu dem

Verderben Roms eine Kraft des ihm Inwohnenden politi=
schen Geistes beurkundet, wie man sie unter Barbaren zu
finden sonst nicht gewohnt ist. Dieser großartige Mann war
Attila, des Mundzuk oder Mundiuch Sohn, welcher nach
der Vereinigung der Stämme seines Volkes bei dem ihm
wohl bekannten zerrütteten Zustande des doppelten Weltrei=
ches im Osten und Westen und bei der Getheiltheit und der
Zwietracht der germanischen Völker nicht ohne Glück nach
der Weltherrschaft strebte, um die er nur mit dem ihm sonst
befreundeten Aetius in Verbindung mit den westlichen Go=
then zu kämpfen hatte.

Die Abtretung der Provinz Pannonien, dieses Ab=
steigequartiers der wandernden Völker zu jener Zeit, an die
Hunnen von dem oströmischen Hofe auf Veranlassung jenes
Aetius gewährte dem Attila diejenige Stellung an der mitt=
lern Donau, von wo aus er nach Belieben seine Waffen ge=
gen den Osten und Westen des römischen Reiches wenden
konnte [1]). Wie Attila sein großes Reich begründet hat, ist
unbekannt; doch ist es sicher, daß er das ganze innere oder
barbarische Europa von dem Rhein und der Donau an
bis zur Wolga beherrschte, und daß alle dort wohnenden
Völker von germanischem, slavischem und finnisch=ugrischem
Stamme ihm unterthänig waren. Aber wie sehr er der
deutschen Kraft und Tüchtigkeit vertraute, erhellt daraus, daß
Arbarich, der König der Gepiden, und Walamir, einer
der ostgothischen Könige, die mit ihren Völkern in der Nähe
des Mittelpunktes seiner Macht in den dacischen Gebieten
saßen, als seine vornehmsten Stützen und Feldherrn galten.
Diese furchtbare hunnisch=germanische Macht konnte aber
dem abendländischen Reiche um so weniger gleichgültig sein,
als dort ein Mann wie Aetius waltete, der schon aus
eigenem Interesse für die Erhaltung der römischen Herrschaft
ankämpfen mußte. So wurden durch ihn politische Verbin=

---

1) Mannert, Germanien. S. 582.

bungen mit den innerhalb des Reiches wohnenden germani=
schen Völkern angeknüpft, und diese waren es gewiß, welche
in Vereinigung mit manchen andern Umständen den Attila
bewogen, nachdem er lange das östliche Reich an der untern
Donau geängstigt hatte, sich mit aller seiner Macht nach
Westen gegen den Rhein zu wenden, um in den trans=
alpinischen Ländern Roms das im Abendlande gegen seine
Macht errichtete Gegenbündniß zu zersprengen und die
Anerkennung seiner Herrschaft zu erzwingen ¹). Die Auf=
reizungen des Vandalen=Königs Geiserich, welcher der
Feindschaft mit den Westgothen in Hispanien ausweichend
mit seinem Volke selbst nach Afrika übergegangen war, dort
im Laufe des vierten Decenniums des fünften Jahrhunderts
eine germanische Herrschaft begründet hatte und damals in
noch größerem Zwiespalt mit den Gothen stand, mögen nicht
ohne Einfluß darauf gewesen sein den Heereszug des Attila
nach Gallien zu beschleunigen ²).

Die damalige Welt theilte sich in eine hunnisch=
germanische und römisch=germanische Parthei, und
bei der großen Frage, ob Hunnen oder Römer in der Welt
herrschen sollten, waren die Germanen gleichsam die Mit=
tel, deren sich beide Partheien im gegenseitigen Kampfe be=
dienten. Die Kraft der Germanen hat auch hier für die
Freiheit der Welt kämpfen und dieselbe retten müssen.
Des Aetius vornehmste Bundesgenossen waren die Westgo=
then unter ihrem heldenmüthigen Könige Dietrich; neben
ihnen die Burgunden unter ihrem Könige Gunthikar
und außerdem Schaaren von andern in Gallien angesiedel=
ten germanischen Stämmen wie von Sachsen und auch
von den Alanen ³). Nicht minder wußte er die Fran=

---

1) Luden, deutsche Geschichte. II. S. 396 bis 413.

2) Papencordt, Geschichte der vandalischen Herrschaft in
Africa. S. 61 bis 81.

3) Aschbach, Geschichte der Westgothen. S. 121.

ken für sich zu gewinnen, aber bei diesem Volke durchkreuzte
sich die römische und hunnische Politik, und damit hängt der
Streit zweier königlichen Brüder bei den Franken um die
Herrschaft zusammen, von denen der eine beim Aetius, der
andere beim Attila Unterstützung fand. Eben bei dieser Gelegenheit lernen wir die dreifache Gruppe der fränkischen
Stämme zu jener Zeit kennen [1]), obschon man bei den un-
bestimmten Nachrichten über jene streitenden Könige sie
eben so wenig für die Söhne jenes Chlodio und als Ober-
häupter aller Salier, als für die beiden alleinigen Ober-
häupter der Ripuarier halten darf [2]), da ein solcher reichs-
ähnlicher Zustand sich weder bei den einen noch den andern
damals schon ausgebildet haben kann. Wie dem aber auch
sei, die Salier und Ripuarier folgten der römisch-germani-
schen Parthei, während die Ost-Franken oder die Brukterer, Chatten und die fränkischen Stämme bis zum Neckar
hin den Fahnen Attilas sich anschlossen.

Unter den Völkern germanischen Stammes, welche unter dem mächtigen hunnischen Heerkönige nach Westen zogen, um an der Mündung des Main den Rheinstrom zu
überschreiten, erscheinen außer den Ostgothen und Gepiden nun auch zuerst die suevischen Stämme der Rugier
und Turcilingen nebst den Herulern und Scyren
(Sciren) [3]); dann wird hier zum erstenmale der Toringer
gedacht [4]), und unter den in seinem Gefolge genannten
Sueven sind wohl kaum andere als die an der rauhen Alp
zu verstehen. Denn sicher ist es, daß auf diesem Verhee-
rungszuge durch die Mitte Germaniens die letzten Ueberreste

---

1) Ledebur, die Brukterer. S. 266. 276.

2) Mannert, Germanien. S. 220. Ganz irrig wird daher
schon Faramund ums Jahr 420 ein gemeinsamer König aller Franken genannt, bei Mannert, Geschichte der Franken. I. S. 94.

3) Zeuß, die Deutschen. S. 484. 489.

4) Zeuß, die Deutschen. S. 354.

des obern Donau = Limes in Rhätien und Noricum ih=
ren Untergang gefunden haben [1]). Auf die eigentlichen Ale=
mannen hat dieſe Völkerbewegung wohl keinen großen Ein=
fluß ausgeübt, und im Norden Germaniens ſcheinen die
Sachſen von ihr ganz unberührt geblieben zu ſein [2]).

Aber gleich beim Eintritt dieſer Völkerfluth in das gal=
liſche Land fand ſie an den am mittkern Rhein wohnenden
Burgunden Widerſtand, und erſt die Beſiegung derſelben
nach dem Falle ihres Königs bahnte den vereinten Schaa=
ren einen Weg in das Innere Galliens. Dies ſiegreiche
Vordringen der Hunnen ſcheint zugleich die Folge gehabt zu
haben, daß ſich die Burgunden ſeitdem mehr nach Süden
zogen, und ſich allmählig über die Landſchaften an den Weſt=
gehängen des Jura und der Alpen ausbreiteten [3]). Wäh=
rend ſich ſodann ein Theil des Heeres nordwärts gegen die
Franken wandte und ſiegreich bis nach Tongern vorgedrun=
gen ſein ſoll, richtete ſich die Hauptmaſſe grade weſtwärts,
und gelangte nach der Verheerung aller noch beſtehenden
Städte wie beſonders von Trier und Metz bis nach Or=
leans an der Loire [4]). Die ehemals ſo blühenden rheini=
ſchen Gebiete waren weit und breit nur mit Trümmerhaufen
erfüllt, und durch die Jahrhunderte lang fortgeſetzten An=
griffe der Alemannen und Franken mögen die zahlreichen
Denkmale alter Bildung daſelbſt weniger gelitten haben als
durch dieſe neu einbringenden Schaaren germaniſchen und
hunniſchen Stammes. Vor dem Anrücken des römiſch=
gothiſchen Heeres unter Aetius und dem Könige Dietrich
zog ſich Attila nach den weiten catalauniſchen Ebenen
an der Marne in dem galliſchen Campanien (Champagne)
zurück, und die furchtbare Schlacht, welche hier im Jahre 451

1) Muchar, das römiſche Noricum. I. S. 39.
2) Luden, deutſche Geſchichte. II. S. 406.
3) Zeuß, die Deutſchen. S. 470.
4) Minola, Merkwürdigkeiten am Rhein = Strom. S. 97. 98.

geliefert ward, und in welcher sich das doppelte Gothenvolk feindlich gegenüber stand, entschied gegen der Hunnen Herrschaft in der Welt. König Dietrich starb den Heldentod, die Westgothen haben jedoch das Abendland vor hunnischer Barbarei gerettet [1]).

Attila kehrte über den Rhein zurück. Aber sein im folgenden Jahre über die Alpen nach Italien unternommener Zug bedrohte selbst die alte Welthauptstadt mit dem Verderben, wenn nicht der König der Hunnen aus mancherlei Ursachen zur Heimkehr nach Pannonien bewogen worden wäre; und ein plötzlicher Tod im Jahre 453 hemmte die weitern Plane jenes großartigen Mannes. Attilas Tod war von wichtigen Folgen begleitet. Denn gleich wie die ganze barbarische Welt in Bewegung gerieth, so sahe auch das abendländische damals nur noch auf Italien beschränkte Reich die furchtbarsten Katastrophen, die seine bevorstehende Auflösung bezeichneten. Actius, der gewaltige Patricius des Reiches und dessen letzte Stütze fiel durch des Valentinianus eigene Hand, weil er wie Stilicho in der Verwirrung der Zeit nicht das zu leisten schien, was Roms alter Hochmuth forderte [2]). Aber der gleich darauf folgende gewaltsame Tod des Valentinianus gab wieder die Veranlassung dazu, daß die Welthauptstadt im Jahre 455 von Geiserichs Vandalen aus Afrika eingenommen und verheert ward, und Roms Fall war schimpflicher als der der alten karthagischen Hauptstadt, deren Untergang an Roms Enkeln nach sechs Jahrhunderten gerächt ward. Dennoch erhielt sich das Reich an zwei Decennien, während welcher Zeit der Sueve Richimer als Befehlshaber der deutschen Söldner in Italien unter dem Namen der von ihm erhobenen und wieder entsetzten Imperatoren dort die Herrschaft führte.

---

1) Luden, deutsche Geschichte. II. S. 413 bis 420. Aschbach, Geschichte der Westgothen. S. 123 bis 126.

2) Luden, a. a. O. II. S. 422 bis 429.

Noch gewaltigere Umwandlungen erfolgten aber in der
barbarischen Welt. Als eine Folge der Herrschaft Atti=
las daselbst muß man es betrachten, daß aus den weiten
Flachebenen jenseits der Karpathen bis zum baltischen Meere
hin alle suevischen Stämme, so viele derselben noch bis
dahin an der Weichsel und Oder bis zur Elbe hin gewohnt
hatten, nach den südlichen Gegenden an der Donau gezo=
gen waren, so daß in jenen Gebieten das bis jetzt mehr un=
terdrückte Leben der slavischen Völkerwelt freier und
selbstständiger hervortreten konnte. So finden wir nun fortan
bis zur Elbe hin slavische Völkerschaften ausgebreitet, die
dort nicht erst ganz neu eingewandert sein können, sondern
deren Stammväter schon in früherer Zeit daselbst gehauset
haben müssen. Dagegen lassen sich die kolonisirenden Ein=
wanderungen der Slaven über die Karpathen in die Donau=
Gebiete bis in die Alpen und bis zum Abria=Meere
seit den Zeiten der Gothen bestimmter verfolgen [1]), weshalb
aber auch diesen Slaven das Schicksal zu Theil geworden
ist, fast immer unter fremder Herrschaft anfangs der germa=
nischen Völker und später der Völker von finnisch=ugrischem
Stamme zu stehen.

Aus den letzten in der alten Heimath zurückgebliebenen
und, wie es scheint, nach Westen etwas zusammengedrängten
suevischen Stämmen ist das Volk der Thüringer, wenig=
stens theilweise, hervorgegangen, welches grade in dem Her=
zen des alten Groß=Germaniens wohnend zuerst zu Attilas
Zeit in der Geschichte genannt wird und in seinen später be=
kannten Sitzen auf der Westseite der mittlern Elbe (und
vermuthlich auch der Saale) auf der Grenzmark Mittel=
Deutschlands gegen das weite Slavenland erscheint.

Mehr als bei irgend einem andern deutschen Stamme
ruht auf dem Ursprunge und den frühesten Schicksalen des

---

1) Linhart, Geschichte von Krain und der südlichen Slaven
Oestreichs. II. S. 58. 65.

Volkes der Thüringer ein faſt undurchbringliches Dunkel,
und ſelbſt die Frage, innerhalb welcher Grenzen man das
alte Thüringen eigentlich zu ſuchen habe, wird ſich kaum
jemals ganz genügend beantworten laſſen [1]). So vielfach
die Ableitung dieſes Volkes von den älteſten Stämmen
Germaniens verſucht worden iſt, eben ſo mannigfaltig iſt
auch bis jetzt die Erklärung ſeines Namens geweſen. Als
ein mächtiges Volk treten die Thüringer gleich bei ihrem er=
ſten Bekanntwerden in der Geſchichte auf, und zeigen ſich
von dem Harz im Norden bis zum Thüringerwalde im Sü=
den und bis über denſelben hinaus verbreitet, aber auch
über die Zeit der Entſtehung dieſes Volkes fehlen durchaus
alle Nachrichten, da der Blick der Alten in dieſes Innere
Germaniens, wo die Thüringer ohne Berührung mit der rö=
miſchen Welt die Tage ihrer Kindheit verlebt haben müſſen,
nicht hineinreichte. Doch iſt es ſicher, daß ſie ſchon lange
ein anſehnliches Volk waren, ehe ſie uns in der Geſchichte
entgegentreten, und die Bildung dieſes Vereins mag vielleicht
ſchon dem Ende des dritten Jahrhunderts angehören, als
die Umgeſtaltungen des germaniſchen Völkerlebens ſowohl
im Weſten am Rhein als im Oſten bei den gothiſchen Völ=
kern erfolgten. Auch ſcheint ſelbſt die alte ſächſiſche Volks=
ſage auf das Beſtehen des thüringiſchen Volkes zu jener Zeit
hinzuweiſen. Erwähnt wird der Name dieſes Volkes zum
erſtenmale ſchon am Anfange des fünften Jahrhunderts vom.
Vegetius Renatus, welcher die Thüringer neben den Bur=
gunden nennt und ſie, ähnlich wie bald darauf Jornandes,
wegen ihrer **trefflichen Pferde** rühmt [2]). Sie erſchei=
nen hier gleichſam als ein ſchon längſt bekanntes Volk, und
auf dieſelbe Weiſe gedenken ihrer die ſpätern Autoren wie
Sidonius Apollinaris, der Byzantiner Procopius und der go=

---

1) Gaupp, das alte Geſetz der Thüringer. S 263.
2) Zeuß, die Deutſchen und die Nachbarſtämme. S. 354.

thiſche wie der fränkiſche Geſchichtſchreiber, Jornandes und Gregorius, ohne etwas näheres über ſie hinzuzufügen [1]).

Wenn es nun auch unläugbar iſt, daß die Thüringer aus einer Verbindung verſchiedenartiger ſ u e v i ſ c h e r Stämme hervorgegangen ſind, wie dies ſchon die Bezeichnung ihres alten Geſetzbuches deutlich beurkundet, ſo ſcheint dies Volk doch auch zugleich in einer nähern Beziehung zu den eigent= lichen S t a m m v ö l k e r n Germaniens zu ſtehen, wie dies gleichfalls aus dem Inhalte jenes Geſetzbuches geſchloſſen worden iſt. Hat man ſich aber aus dem ſpätern Gange der hiſtoriſchen Entwickelung dieſes Volkes verleiten laſſen, das= ſelbe in ein verwandtſchaftliches Verhältniß mit den S a c h = ſ e n und F r i e ſ e n zu ſetzen [2]), da Thüringen bekanntlich mehrere Jahrhunderte hindurch mit dem ſächſiſchen Lande in genauer Verbindung ſtand, ſo ſcheint es bei weitem richtiger zu ſein die Beziehung der Thüringer auf die F r a n k e n feſt= zuhalten, und beide Volksnamen greifen in einigen Gebieten des innern Deutſchland ſo durcheinander, daß eine Sonde= rung derſelben auf dem hiſtoriſchen Wege kaum möglich er= ſcheint. Denn ſo wie nach dem früher Bemerkten die weſt= germaniſchen und die oſtgermaniſchen oder ſueviſchen Völker ſich in ihrem ganzen geſelligen und politiſchen Leben bedeu= tend von einander unterſchieden, und ſo wie dieſe Unterſchiede natürlich auch auf die aus ihnen hervorgegangenen Völker= vereine der ſpätern Zeit übergegangen ſein müſſen, ſo hat man dieſelben auch in dem Charakter der ältern deutſchen V o l k s r e c h t e wieder zu erkennen geſucht, und hat wohl nicht ohne Grund aus eben dieſen Volksrechten auf eine größere oder geringere Verwandtſchaft der verſchiedenen deut= ſchen Völker zurückſchließen zu können geglaubt.

Nach der ſich daraus ergebenden Gruppirung der deut= ſchen Völker während und nach der Zeit der Völkerwanderung

---

1) L u d e n, deutſche Geſchichte. II. S. 394 395.

2) E i c h h o r n, deutſche Staats= u. Rechtsgeſchichte. I. S. 617.

schließen sich aber die Thüringer nicht sowohl an die säch=
sischen Völker als vielmehr an die doppelten Franken an [1]).
Denn das alte thüringische Gesetzbuch zeigt die deutlichsten
Spuren einer nahen Verwandtschaft mit dem salischen und
ripuarischen Gesetzbuche, obschon auch ein anderes Element
sich darin befindet, welches andeutet, daß die Thüringer nicht
ganz und gar aus einer und derselben Wurzel mit den
Franken hervorgegangen sind, und welches auf eine theilweise
Abstammung derselben von den Sueven hinweiset, wie
man es schon aus äußern historischen Gründen annehmen
muß [2]). Darum stehen aber die Thüringer so eigenthüm=
lich unter den deutschen Völkern da, weil ihr Ursprung an
ein doppeltes Element in volksthümlicher Beziehung ge=
knüpft sein muß, und nur noch die Langobarden stehen
ihnen hierin zur Seite, indem dieselben ursprünglich suevi=
schen Stammes vermuthlich, in Folge einer langen Verbin=
dung mit den sächsischen Völkern sich an die zweite Gruppe
der aus den Stammvölkern Germaniens hervorgegangenen
jüngern deutschen Völker, wozu die Sachsen, Friesen und
Angelsachsen gehören, anschließen [3]). Aber auch bei diesen
ist das ursprüngliche Element und der ursprüngliche Charak=
ter nicht ganz verwischt, wie sich dies aus ihrer vielfachen
Beziehung zu den aus den Sueven hervorgegangenen Baiern
ergiebt.

Wenn man nun zugeben muß, daß der Kern des Lan=
des der Thüringer zwischen dem Harz und dem nach ih=
nen benannten Waldgebirge gelegen war und ostwärts bis
zur Saale und Elbe reichte, nordostwärts aber sich über
das Gebiet der Diöcese von Halberstadt bis zu der sich in
die Elbe ergießenden Ohra erstreckte [4]), und wenn man die

---

1) Gaupp, das alte Gesetz der Thüringer. S. 21.
2) Gaupp, a. a. O. S. 62 bis 65. 241 bis 263.
3) Gaupp, a. a. O. S. 19 bis 23. 66 bis 70.
4) Eichhorn, deutsche Staats= und Rechtsgeschichte. I. S. 147.

Beziehung dieses Volkes zu den Stammvölkern Germaniens anerkennt, so ist man auch gezwungen zuzugeben, daß die alten Cherusken, deren Gebiet sich im Harzgau über die östlichen und südlichen Gehänge des Harzgebirges ausdehnte, einen nicht unbedeutenden Bestandtheil dieses thüringischen Volkes gebildet haben, während ein anderer Theil der Cherusken in den Verein der Sachsen aufgegangen ist [1]). Dagegen ist es nun eine schon seit älterer Zeit gewissermaßen fest gewordene und auch in neuern Zeiten wieder vertheidigte Annahme gewesen, den Ursprung der Thüringer von den suevischen Hermunduren herzuleiten, woraus man zugleich den jüngern Volksnamen entnehmen zu können glaubte, in so fern der Name der Duringen nur eine Abkürzung für Irmenduren (Hermunduren) sein sollte [2]).

Da es nicht geläugnet werden kann, daß die Hermunduren zum Theil in eben jenen Gebieten ihre Sitze hatten, wo wir nachmals die Thüringer finden, so scheint jene Annahme der Abstammung der letztern von den Hermunduren wohl begründet zu sein [3]), wenn man auch immerhin zugeben mag, daß dieselben nicht minder auf die Bildung der Völkerstämme der Alemannen und Sueven am Schwarzwalde und an der obern Donau von großem Einflusse gewesen sind. Denn die Annahme möchte sich schwerlich rechtfertigen lassen, daß der mächtige und weit ausgebreitete suevische Verein der Hermunduren nur allein zur Bildung des jüngern thüringischen Volkes beigetragen und sich in dasselbe umgewandelt habe [4]). Sicher gehörten zu dem Vereine der

---

1) Gaupp, das alte Gesetz der Thüringer. S. 74 bis 80. Luden, deutsche Geschichte. II. Seite 394. Wilhelm, Germanien. S. 197.

2) Grimm, deutsche Mythologie. S. 216.

3) Mannert, Germanien. Seite 203. Phillips, deutsche Staats- und Rechtsgeschichte. I. S. 48.

4) Zeuß, die Deutschen und die Nachbarstämme. S. 353. 354.

Hermunduren auch die vom Ptolemäus an dem Main und
am Fichtelgebirge genannten kleinern Stämme der Turonen
und Teuriochämen, mit welchen man den Namen der
Thüringer vielfach in Verbindung gebracht hat [1]), während
derselbe nach Andern, nach Analogie dessen der Lothringer,
von einem alten Fürsten oder Helden entlehnt sein
müßte [2]).

Indessen das suevische Element des thüringischen
Volkes wird ganz bestimmt bezeichnet durch die Ueberschrift
des alten thüringischen Gesetzbuches, welches genannt wird
„das Gesetz der Angeln und Warnen das heißt der Thü=
ringer" (lex Angliorum et Werinorum hoc est Thurin-
gorum), obschon dadurch nach einer andern Seite hin die
Schwierigkeiten in der Bestimmung des Ursprunges und der
Ausbreitung der ältesten Thüringer auf gewisse Weise wieder
vermehrt werden.   Anerkannt ist es übrigens jetzt ganz all=
gemein, daß jenes Gesetzbuch wirklich das der Thüringer
sei [3]), wenn man auch noch über die Zeit der Abfassung
desselben streitet, da Einige dieselbe in die Zeit Karls des
Großen verlegen, Andere dagegen den Hauptbestandtheil
desselben schon dem sechsten oder siebenten Jahrhundert zu=
schreiben [4]).   Die hier als Thüringer bezeichneten Angeln
und Warnen erinnern aber an den von Tacitus an der un=
tern Elbe und am baltischen Meere genannten Verein von
sieben suevischen Völkern, die sich dort im Laufe der Zeit
spurlos verloren haben, und von denen nur jene beiden sich
erhalten und zur Bildung des neuen thüringischen Volkes

---

1) Grotefend bei Ersch und Gruber, allgem. Encyklopädie.
Abth. II. Th. VI. S. 365.

2) Luden, deutsche Geschichte. II. S. 395.

3) Kraut, über das Gesetz der Angeln und Warnen bei Falck,
Cranien zum deutschen Recht. Heft 3. Heidelberg 1828. 8. S. 122
bis 148.

4) Gaupp, das alte Gesetz der Thüringer. S. 234 bis 241.

24*

mit beigetragen haben [1]). Denn schwerlich liegt es in
dem Sinne jener Ueberschrift, daß durch sie allein jenes
Volk gebildet worden sei, indem man vielmehr annehmen
muß, daß sie entweder den wichtigsten Bestandtheil desselben
abgegeben haben, oder daß sie durch ihre besondern Sitze den
weitesten Umfang des thüringischen Volkes und Gebietes
haben bezeichnen können [2]).

Demnach haben nun Einige aus der Verbindung dieser
suevischen Angeln und Warnen mit den angeblich cherus=
kischen Turonen und Teuriochämen die Thüringer hervor=
gehen lassen [3]). Andere dagegen, welche wie Werfebe das
Gebiet jener sieben suevischen Stämme nicht an die
Ufer der Ostsee, sondern in das Stromgebiet der Saale von
dem Harz bis zum thüringischen Waldgebirge verlegten, ha=
ben eben dieselben zu Stammvätern der Thüringer ge=
macht [4]). Und damit hängt dann wieder die Annahme zu=
sammen, daß sich das älteste Thüringen nicht über das nach
ihm benannte Waldgebirge südwärts hinaus erstreckt habe,
obschon die jüngern hessischen und fränkischen Geschichtschrei=
ber nicht ohne Grund eine solche Ausdehnung Thüringens
bis zum obern Main hin vertheidigt haben [5]). Auch mag
dabei noch erwähnt werden, daß zwei der angesehensten For=
scher in der ältesten deutschen Geschichte wie Philipp Clu=

---

1) Zwar hat Luden in der neuesten Zeit die Beziehung dieser
Angeln und Warnen zu jenen Stämmen beim Tacitus durchaus ver=
worfen, aber seine Erklärung jener beiden Völkernamen ist eben so
willkührlich als unstatthaft. Luden, deutsche Geschichte. III. Seite
621. 657.

2) Ledebur, allgem. Archiv für die Geschichtskunde des preu=
ßischen Staates. 1834. Th. XIII. S. 85 bis 89.

3) Wilhelm, Germanien. S. 276. 280.

4) Werfebe, über die Völkerbündnisse des alten Deutschlands.
S. 220.

5) Wenck, hessische Landesgeschichte. II. S. 146. Kremer,
Geschichte des rheinischen Franziens. Manheim 1778. 4. S. 184.

ver und Leibnitz früher den thüringischen Volksnamen von
einem jener sieben Stämme von den Reubignen, in Deu-
ringen verwandelt, abgeleitet haben [1]), wenn schon dies eben
so wenig zu rechtfertigen sein wird, als wenn man in neuern
Zeiten bei jenem Namen der Thüringer an die gothischen
Thervingen und Türcilingen gedacht hat.

Wie sich diese verschiedenen Elemente des thüringischen Volkes zusammengefunden und mit einander vereinigt
haben, darüber ruht ein tiefes Dunkel, und selbst wo dieselben nachmals ihre Sitze in dem thüringischen Lande gehabt
haben, gehört zu den streitigsten Punkten der ältern Geschichte dieses Volkes, indem dieselben nach den mannigfachen sich noch jetzt in jenem Gebiete vorfindenden Anklängen
in den Namen der Lokalitäten, vornehmlich an die Namen
jener beiden suevischen Stämme, von der Elbe bis zur Werra
bald hierhin, bald dorthin von den neuern Geschichtsforschern
verlegt werden. Noch später werden wir auf diese Verhältnisse zurückzukommen haben. Doch erhellt wenigstens, daß
die verschiedenen thüringischen Stämme schon am Ende des
fünften Jahrhunderts ein gemeinsames Reich bildeten,
und daß sich bei ihnen ein ausgebildetes Königthum vor-
fand, welches wir, wenn vielleicht auch noch nicht zu eben
jener Zeit, doch mit Bestimmtheit im Anfange des sechsten
Jahrhunderts wahrnehmen, als die Thüringer mit den Franken in nähere Berührung traten und dadurch auch alsbald
ihre Selbstständigkeit einbüßten.

Der Angeln im innern Deutschland geschieht, wenn
man von den mit den Sachsen verbundenen Angeln absieht,
später keiner besondern Erwähnung, dagegen werden die
Warnen und zwar, wie es scheint, in sehr verschiedenen
Sitzen noch öfters genannt. Der Byzantiner Procopius erwähnt ihrer am meisten. So berichtet er von dem Langobarden Risiulf, daß er sich aus den südlichen Gegenden, ver-

---

1) Gaupp, das alte Gesetz der Thüringer. S. 72.

muthlich von der Donau, zu den Warnen geflüchtet habe.
Auch erhellt aus seinen Angaben, daß am Anfange des
sechsten Jahrhunderts eine Abtheilung des Volkes der Warnen noch an den Ufern des baltischen Meeres in der
Nähe der Elbe und zwar in der Nachbarschaft der bei dieser
Gelegenheit zuerst genannten Dänen gesessen habe, indem
er erzählt, daß eine Schaar von Herulern bei ihrer Rückwan-
derung aus den Gebieten an der Donau nach Durchschrei-
tung eines weiten wüsten Raumes zu den Warnen und sodann zu ihren Nachbarn, den Stämmen der Dänen, gekommen sei [1].

Bestätigt wird übrigens diese Angabe des Byzantiners
durch den merkwürdigen Brief des ostgothischen Königs Dietrich an die Könige der Heruler, Warnen (Guarni) und
Thüringer zu eben jener Zeit, um sie zu bewegen mit
ihm und den Burgunden gemeinsam Gesandte an den fränkischen König Chlodwig zu schicken, damit er von seinem
Grimme gegen die Westgothen ablasse. Denn es erhellt
daraus, daß die Warnen, seien es nun die an der Ostsee
oder die in dem thüringischen Lande oder auch beide zusammen, als ein besonderes Volk neben den Thüringern damals noch unter einem eigenen Könige standen. Zweifelhaft
bleibt nur dabei, ob die Angeln damals unter den Thüringern schon mitbegriffen waren oder nicht. Wenn aber die
alten Landeseinwohner den Namen der Thüringer bereits
früher führten, so mag seine Fortdauer in der nachfolgenden
Geschichte und sein späterer Sieg über die beiden andern
Namen damit zusammenhängen, daß die Masse des Volkes
diesem Stamme angehörte. Auch scheint die besondere Verwandtschaft des thüringischen Rechts mit dem der Franken
für ein Uebergewicht des nichtsuevischen oder altgermanischen Bestandtheiles im Volke zu sprechen, wenn gleich

---

1) Zeuß, die Deutschen. S. 361.

dadurch eine temporäre politische Herrschaft der suevischen Elemente noch keineswegs ausgeschlossen wird [1].

Noch bis zum Schlusse des sechsten Jahrhunderts kommen die Warnen als ein eigenes Volk in der deutschen Geschichte vor, obschon auch hierbei nicht alles ganz klar ist. Denn Procopius berichtet, daß eine Schaar von Warnen auch am Nieder=Rhein ihre Sitze gehabt habe, und er bringt diese Warnen in eine politische Verbindung mit den damaligen sächsischen Bewohnern der brittischen Inseln. Wenn nun aber Einige diesen ganzen Bericht als mit Fabeln und Entstellungen durchwebt und als auf einer Verwechselung der Warnen mit den deutschen Sachsen beruhend verworfen haben [2], so haben dagegen die neuern niederländischen Geschichtschreiber die Spuren der alten Warnen in dem Delta= lande des Rhein noch jetzt wieder zu erkennen geglaubt [3]. Auch läßt sich wohl nicht gut läugnen, daß schon die Alten die deutschen Völkerschaften vielfach mit einander verwechselt haben, worin ihnen die ältesten deutschen Geschichtschreiber häufig um so mehr gefolgt sind, als sie zugleich den Ursprung und die ältesten Schicksale ihrer Stammgenossen an die Völ= ker und Helden des Alterthumes anzuknüpfen suchten. Grade in der Urgeschichte der Thüringer ist dieser Umstand von dem nachtheiligsten Einfluß gewesen, und die Verwechselung der= selben mit den westrheinischen Tungern ist selbst für die Erläuterung der ältesten fränkischen Geschichte bis auf den heutigen Tag von der größten Bedeutung geblieben.

Aber auch noch in ganz andern Gegenden finden wir das Volk der Warnen zu jenen Zeiten erwähnt. So lebte am Hofe des westgothischen Königs Dietrich, zu Attilas Zeit, ein vornehmer Warne Achiulf, welchen er aber die von ihm abhängigen Sueven in Hispanien setzte, und eben so

---

1) Gaupp, das alte Gesetz der Thüringer. S. 83.
2) Zeuß, die Deutschen. S. 382.
3) van Kampen, Geschichte der Niederlande. I. S. 57. 58.

stand ein Jahrhundert später eine Schaar von Warnen un=
ter einem gewissen Wakkar und seinem Sohne Diet=
bald in Italien in byzantinischen Diensten unter dem
Feldherrn Narses bei dessen Kampf mit den Ostgothen [1]).
Zum letztenmale finden wir die Warnen in Deutschland er=
wähnt bei ihrem Unterjochungskriege durch die Franken
unter dem austrasischen Könige Childebert am Schlusse des
sechsten Jahrhunderts, obgleich es auch hier wieder bestrit=
ten ist, ob man dabei an die rheinischen Warnen [2]) in
dem nachmaligen Gebiete der Friesen oder, was doch immer
am wahrscheinlichsten ist, an die thüringischen Warnen
an der Werra [3]) denken soll.

An der ganzen Donau entlang erfolgte indessen mit
der Auflösung des großen hunnischen Reiches die Bildung
einer Reihe von Staaten durch deutsche Völker, welche theils
zuerst unter seinen Kriegsschaaren bekannt geworden sind,
theils auch als ganz neu in der Geschichte hervortreten.
Denn die Zwietracht unter Attilas Söhnen und ihr Streit
um die Herrschaft veranlaßte die germanischen Völker ihre
alte Selbstständigkeit wiederherzustellen, und die Gepiden
unter ihrem Könige Ardarich, denen sich die Ostgothen
unter ihrem Fürsten Walamir anschlossen, haben den Ruhm
ihren Stammgenossen zu beiden Seiten der mittlern und un=
tern Donau das Zeichen zur Erhebung gegeben und durch
ihre Tapferkeit am meisten zur Befreiung der germanischen
Völkerwelt von der hunnischen Oberhoheit beigetragen zu
haben. Die große Schlacht an dem sonst ganz unbekannten
Flusse Netab, welcher nach dem Jornandes auf der panno=
nischen Seite der Donau zu suchen ist, wahrscheinlicher aber
wohl nach der dacischen Seite derselben verlegt werden
muß, entschied das Schicksal jenes hunnischen Reiches. Ein

---

1) Zeuß, die Deutschen. S. 361. 362.
2) van Kampen, Geschichte der Niederlande. I. S. 67. 68.
3) Gaupp, das alte Gesetz der Thüringer. S. 84.

großer Theil des hunnischen Volkes unter Attilas ältestem
Sohne Ellak fiel im Kampfe, der Ueberrest desselben rettete
sich nach der untern Donau an die Gestade des Pontus,
wo er, noch eine Zeit lang den oströmischen Kaisern furchtbar, bald verschwand und in seine von der Wolga aufs neue
vordringenden Stammgenossen, die Bulgaren, aufgegangen
sein muß [1].

In den bisherigen Sitzen der Hunnen im Osten und
Westen der mittlern Donau gründeten nun die beiden Völker, welche an der Spitze der deutschen Stämme gestanden
hatten, zwei neue ansehnliche Reiche. Die Gepiden unter
Arbarich behielten ihre frühere Heimath in dem dacischen
Gebiete, das sie von den Karpathen bis zur Donau hinab
beherrschten, und wo die schon seit älterer Zeit hier einheimischen slavischen Stämme ihre Oberhoheit anerkennen
mußten [2]. Die Ostgothen dagegen nahmen ihre Sitze in
dem pannonischen Gebiete westwärts bis in die Alpen
hinein, und standen damals unter den drei fürstlichen Brüdern Walamir, Widemir und Dietemir, welche die ge-
theilte Verwaltung des Landes übernahmen, aber zu Rath
und Vertheidigung vereinigt blieben, da sie nicht minder sich
noch einiger Angriffe der aufgelösten hunnischen Schaaren zu
erwehren hatten, wie sie gegen ihre germanischen Stammgenossen an der obern Donau gerüstet sein mußten [3]. Gleich
den ältesten gothischen Königen waren sie aus dem Geschlechte der Amaler, dessen Name sich auch bei mehrern
Mitgliedern des spätern ostgothischen Königshauses wiederholt. Beide Völker aber, Gepiden und Ostgothen, traten sogleich mit dem byzantinischen Hofe in Verbindung, und

---

1) Luben, deutsche Geschichte. II. S. 432 bis 434.

2) Muchar, Geschichte der Ansiedlung der Slaven in Inner-
Oestreich, in der steiermärk. Zeitschrift. Heft 8. 1827. S. 72 bis 80.

3) Manso, Geschichte des ostgothischen Reiches in Italien.
S. 11 bis 13.

wußten sich durch Gewinnung von Jahrgeldern einen
Einfluß auf die spätern Verhältnisse zwischen den germani=
schen Völkern an der Donau und dem oströmischen Reiche
zu sichern [1]).

Im Nordwesten von ihnen erscheinen sodann die fünf
Völker der Langobarden, Heruler, Rugier, Turci=
lingen und Sciren, welche zu jener Zeit an Macht und
Volksmenge ihnen wohl nicht zu vergleichen waren, aber
durch ihre Beziehung zu den spätern Bewohnern der deut=
schen und italischen Seite der Alpen von dem Po bis zur
Donau hin von der größten Bedeutung sind. Denn grade
aus ihnen müssen, wenn auch mit manchen Umgestaltungen
die beiden merkwürdigen und mächtigen Völker hervorgegan=
gen sein, welche nicht lange nachher die östlichsten Stämme
der germanischen Völkerwelt in den alpinischen Gebieten bil=
deten, während jene beiden Hauptvölker Germaniens der äl=
tern Zeit spurlos verschwanden. Dies führt aber auf die
dunkle und schwierige Urgeschichte der italischen Langobar=
den und der Baiern, deren Geschicke in den spätern Jahr=
hunderten nicht minder vielfach mit einander verknüpft wa=
ren, wie sie schon bei ihrer Wanderung aus den nordischen
Gebieten bis zur Donau gleiche Schicksale getheilt haben
werden [2]).

Der Name des Volkes der Langobarden, welches
wir unter den suevischen Stämmen an der untern Elbe ken=
nen gelernt haben, verschwindet dort nach des Ptolemäus
Zeit gegen das Ende des zweiten Jahrhunderts, und bei den
alten Autoren wird derselbe nicht eher wieder genannt, als

---

1) Luden, deutsche Geschichte. II. S. 436. 437.

2) Vergl. J. E. v. Koch = Sternfeld, das Reich der Longo=
barden in Italien nach seiner Bluts= und Wahlverwandtschaft zu
Bajoarien. München 1839. 4. Doch giebt dies, übrigens sehr un=
kritische Werk, in dieser Beziehung weniger für die älteste als für
die spätere Zeit.

bis der Byzantiner Procopius den Untergang des Reiches
der Heruler an der Donau durch die Langobarden zur Zeit
des Kaisers Anastasius ums Jahr 500 berichtet [1]). Denn
nur fragmentarisch steht noch eine andere gleichzeitige Nach=
richt da, nach welcher eine an der Donau auftretende Schaar
von Langobarden in Verbindung mit den ganz unbekannten
Obiern an dem großen Markomannen=Kriege Antheil ge=
nommen haben soll [2]). Dennoch ist nicht zu bezweifeln, daß
die Langobarden schon um die Mitte des fünften Jahrhun=
derts als ein ansehnliches Volk an dem Nordufer der Do=
nau, dem pannonischen Gebiete gegenüber um die Flüsse
Gran und Waag, aufgetreten seien, da sie gleich darauf mit
solcher Bedeutung unter ihren Stammgenossen daselbst er=
scheinen [3]).

Es fragt sich aber, in welchem Verhältnisse diese an der
Donau vorkommenden Langobarden zu jenen ältern suevi=
schen Langobarden an der Elbe stehen, und bei den ver=
schiedenen Angaben über beide Völker rücksichtlich ihrer äl=
tern Heimath, bei den alten Autoren und bei den spätern
einheimischen Geschichtschreibern, glaubte man entweder gar
keine Beziehung zwischen beiden annehmen zu dürfen, oder
aber die spätern einheimischen Berichte durchaus verwerfen
zu müssen [4]). Nichts desto weniger scheint doch auch hier
wie bei den Burgunden, Gothen und andern deutschen Völ=
kern eine gewisse Beziehung zwischen den ältern und jün=
gern deutschen Stämmen gleiches Namens statt zu finden,
wenn man auch die jüngern Völker als aus ganz andern
Elementen erwachsen und zusammengesetzt betrachten muß,

---

1) Türk, Forschungen auf dem Gebiete der Geschichte. Heft 4.
Die Langobarden und ihr Volksrecht. S. 26.

2) Zeuß, die Deutschen. S 471.

3) Luden, deutsche Geschichte. II. S. 437.

4) Leo, Geschichte von Italien. Hamburg 1829. 8. Th. I. S.
62. 63. Zeuß, die Deutschen. S. 472.

so wie man in dem mächtigen Volke der Langobarden an
der Donau um so weniger ein im Laufe der Zeit und durch
die Völkerbewegungen daselbst ganz anders gestaltetes Volk
wird verkennen können, als jene Langobarden an der Elbe
immer nur ein wenig zahlreiches, wenn auch sehr streitbares
Volk waren. Und dazu kommt noch, daß jene nördlichen
Langobarden, wenn auch zum Theil, doch niemals gänzlich
ihre altväterlichen Sitze verlaßen haben. Denn während uns
bei den alten Autoren die Nachrichten über die Langobarden
während des dritten und vierten Jahrhunderts durchaus ver=
laßen, haben wir eine reiche Quelle über ihre ältesten Schick=
sale bei dem spätern einheimischen Geschichtschreiber Paul
Warnefried, und da wiederholt sich die bei allen gothischen
und vandalischen Völkern vorkommende Stammsage von einer
Auswanderung ihrer Ahnen aus dem Norden. Skandina=
vien ist auch hier das Stammland der Langobarden, und
es wird ausführlich berichtet, wie die Langobarden unter den
Fürsten und Königen, welche sie seitdem über sich erhoben,
von einem Lande bis zum andern vorgedrungen sind, und
zuletzt die Donau erreicht haben. Unter diesen Ländernamen
erscheint dann auch Mauringa, welches an das fränkische
Stammland Maurunganien bei dem Geographen von Ra=
venna erinnert [1].

Noch hat es bis jetzt nicht gelingen wollen jene geogra=
phischen Namen zu enträthseln, und wenn man sieht, daß
die Langobarden bei ihrem Zuge vom Norden her schon da=
mals mit den Bulgaren Kämpfe bestanden haben, so er=
hellt leicht, daß sich in das Andenken von den ältern Wan=
derungen des Volkes bei seinen spätern Abkömmlingen in
Italien mancherlei einmischte, was erst zu den spätern Be=
gebenheiten seit seiner Ansiedlung in jenem Lande gehörte.
Muß man demnach die skandinavische Abstammung der Lan=

---

1) Türk, Forschungen auf dem Gebiete der Geschichte, Heft 4.
S. 6 bis 16.

gobarden auch dem später ausgebildeten Sagenkreise der deutschen Völkerwelt überlassen, da die Aussagen der viel jüngern nordischen Geschichtschreiber [1] hier gar nicht in Betracht kommen können, und man zunächst doch immer auf jene suevischen Langobarden an der Elbe für das gleichnamige Volk an der Donau Rücksicht zu nehmen hat, so läßt sich doch sehr wohl der Grund von der Entstehung einer solchen Sage nachweisen. Derselbe scheint in eben dem Umstande zu liegen, aus welchem man selbst die Langobarden von den Sueven ausscheiden und zu den eigentlichen Germanen vom Stamme der Ingävonen rechnen zu müssen glaubte [2].

Denn die spätern italischen Langobarden zeigen in ihrer Verfassung und Sprache so wie in ihren Sitten die merkwürdigste Uebereinstimmung mit den Stämmen der Sachsen auf dem Gebiete der ingävonischen Völker in Germanien so wie mit den Angelsachsen in Britannien, so daß man immer geneigt war auf einen ursprünglichen Zusammenhang dieser drei Völker zurückzuschließen. Alle Verhältnisse des Lebens bei diesen Völkern erläutern sich gegenseitig, und sind daher auch von ihren neuern Geschichtschreibern zur genauern Charakterisirung derselben immer mit einander verglichen worden [3]. Wie bei allen von den nordischen Germanen abstammenden oder mit ihnen doch in Verbindung stehenden Völkern, bei welchen die Verehrung des Odin auf eine eigenthümliche und ihr ganzes Leben gestaltende Weise hervortritt, findet sich auch bei ihnen ein priesterlicher Adelstand, die Ethelinge der Sachsen und die Ada-

---

1) Dahlmann, Forschungen auf dem Gebiete der Geschichte. I. S. 321.

2) Phillips, deutsche Staats- und Rechtsgeschichte I. S. 33.

3) Leo, Geschichte von Italien. I. S. 55 bis 60. Phillips, deutsche Staats- und Rechtsgeschichte I. S. 362. Vergl. Phillips, angelsächsische Staats- und Rechtsgeschichte. Göttingen. 1825. 8.

linge der Langobarden, und eine strenge Standestheis
lung derer, die nicht leibeigen waren, in Edle, Freie und
Hörige.

Aber die Sachsen, welche seit der Zeit des dritten und
vierten Jahrhunderts als das herrschende Volk in dem nörd=
lichen Deutschland erscheinen, stehen, wie schon oben bemerkt
ist, durch die Jüten in der cimbrischen Halbinsel mit den
nordischen Germanen in genauem Zusammenhange, und
durch die Verbindung mit ihnen konnte sich bei den italischen
Longobarden die Sage von der Abstammung aus Skandi=
navien bilden und erhalten, da die Sachsen selbst theilweise
als Eroberer sich von der cimbrischen Halbinsel her über die
Gebiete der ingävonischen Völker ausgebreitet haben müssen.
Weil man aber nicht geneigt war in den Langobarden des
Tacitus und des Warnefried durchaus verschiedene Völker
anzunehmen und man doch fand, daß die Langobarden des
Tacitus einen Landstrich bewohnten, welcher nachmals von
sächsischen Stämmen besetzt war, so stellte man die scharf=
sinnige Ansicht auf, jene Langobarden hätten sich den Sach=
sen unterworfen, wie später die Nord=Thüringer, und hät=
ten auf solche Weise einen sächsischen Herrenstand und
sächsische Verfassung und Religion bekommen, aber den
alten Nationalnamen behalten wie jene Thüringer. Die
Nachricht des Tacitus beziehe sich demnach auf das unter=
worfene langobardische Volk, die des Warnefried auf die
langobardischen Herren, deren Geschlechter eben so wie die
der nordthüringischen Herren Traditionen über ihre Abkunft
bewahrt haben möchten [1].

Indessen hat man nicht mit Unrecht bemerkt, daß diese
Annahme durch des Tacitus Angabe von der Tapferkeit je=
nes Volkes wenig begünstigt werde, indem er ausdrücklich
hinzufügt, daß es seine Freiheit unter Kämpfen und Ge=

---

1) Leo, Geschichte von Italien, I. S. 62. 63.

fahren aufrecht zu erhalten wiſſe [1]). Einfacher ſcheint demnach die Annahme zu ſein, daß jenes langobardiſche Volk
an der Elbe ſchon frühzeitig gleich mehrern andern ingdvoniſchen Völkern, von denen ſie wahrſcheinlich ſelbſt urſprünglich ausgegangen waren, ſich freiwillig an den dort an
den Geſtaden der Nordſee ſich bildenden Bund der Sachſen angeſchloſſen, und daß es während der langen Zeit ſeiner Theilnahme an dieſer Verbindung ungefähr von dem Anfange des dritten bis in die Mitte des fünften Jahrhunderts
das volksthümliche Gepräge empfangen habe, welches
die mit einer kräftigen Eigenthümlichkeit ausgeſtatteten Sachſen allen jenen ingdvoniſchen und ſelbſt auch den ſich ihnen anſchließenden iſtdvoniſchen Völkern Germaniens aufge-
drückt haben müſſen [2]). Die Langobarden wurden damit
ſelbſt ein ſächſiſches Volk und nahmen auch die bei den
Sachſen begründete Tradition von einer Abſtammung aus
dem Norden bei ſich auf, und als dann ſpäter ein Theil
jener Langobarden durch uns unbekannte Ereigniſſe, jedoch
gewiß nicht auf feindſelige Weiſe ſich von dem ſächſiſchen
Bunde trennte, und ſich ſüdwärts zur Donau wandte, mußte
bei den hier zuſammenſtrömenden Schaaren, aus welchen
das jüngere langobardiſche Volk erwuchs, jene Sage um
ſo mehr Wurzel ſchlagen und ſich zugleich durch die Sagen
bereichern und erweitern, welche von den ſich ihnen anſchließenden Schaaren ausgingen.

Denn der in der Heimath an der Elbe zurückgebliebene
Theil des Volkes erſcheint dort auch noch in der ſpätern Zeit
durch das ganze Mittelalter unter dem Namen der Barden
in der Landſchaft Bardengowe, wo die gleichnamige Stadt
Bardonwik (Bardewik bei Lüneburg) als eine der vornehm-

---

1) Türk, Forſchungen auf dem Gebiet der Geſchichte. Heft 4.
S. 11.

2) Gaupp, Recht und Verfaſſung der alten Sachſen. S. 2.
Das alte Geſetz der Thüringer. S. 68.

sten Handelsstädte in dem karolingischen und sächsischen Zeit=
alter der deutschen Geschichte bekannt ist [1]). Aber die von
jenem Gebiete ausgezogenen langobardischen Gefolgschaften,
die an sich nur eine sehr geringe Schaar bilden konnten,
müssen durch die Vereinigung mit verschiedenen andern Ge=
folgschaften und durch die Aufnahme der von allen Seiten
zusammenströmenden Kriegerschaaren erst das mächtige
Volk geworden sein, als welches wir sie gegen das Ende
des fünften Jahrhunderts an der Donau wahrnehmen, und
welches bei allem ursprünglichen Zusammenhange mit jenen
suevischen Langobarden doch als durchaus verschieden von
demselben zu betrachten ist.

Die bei diesen jüngern Langobarden selbst bis in späte
Zeit hin herrschende Heerverfassung, wie sie sich auch
bei den in Britannien erobernd auftretenden Angelsachsen
vorfindet, läßt die Bildung und Entstehung dieses wandern=
den und nur auf kriegerische Unternehmungen ausgehenden
Volkes am besten erkennen [2]). Auch muß man aus dem
Umstande auf eine friedliche Trennung von dem sächsischen
Bunde und auf einen friedlichen Auszug der ursprüngli=
chen Gefolgschaften dieses jüngern langobardischen Volkes
aus jenem alten Heimathslande schließen, weil nicht nur die
italischen Longobarden mit den Sachsen unter den deutschen
Völkern immer in einem besondern Verkehre standen, sondern
auch zahlreiche Schaaren des eigentlichen sächsischen Vol=
kes sich bei den Langobarden an der Donau vorfinden, und
bekanntlich selbst einen Hauptantheil an der Eroberung Ita=
liens durch dieselben hatten [3]).

Als westliche oder südwestliche Nachbarn der Langobar=
den an der Donau erscheinen zu jener Zeit nach dem Falle
des hunnischen Reiches zunächst die beiden Stämme der

---

1) Zeuß, die Deutschen. S. 110.

2) Leo, Geschichte von Italien. I. S. 68 bis 70.

3) Gaupp, das alte Gesetz der Thüringer. S. 69. 70.

Heruler und Rugier, deren Name noch auf einige Zeit den der Langobarden an Ruhm überstrahlte. Beide Völker führen uns aber in die norischen und rhätischen Gebiete zurück, so weit sich dieselben in der Ebene am Nordsaume der Alpen ausbreiteten. Noch auf geraume Zeit bildeten dieselben blos ein Durchzugsland für die wandernden Schaaren germanischer Krieger [1]), und aus den unsichern, zum Theil auf Mißverständnissen beruhenden Nachrichten der byzantinischen Geschichtschreiber so wie des Jornandes läßt sich kaum ein klares Bild ihres politischen Zustandes gewinnen. Doch sieht man aus der Lebensbeschreibung des heiligen Severinus, welcher gegen das Ende des fünften Jahrhunderts als ein Mann von großem Einfluß auf die germanischen Schaaren und ihre Häuptlinge erscheint, daß sich noch immer Ueberreste der alten römischen Grenzlinie in einigen festen Plätzen mit Besatzungen erhalten hatten, daß aber auch die Landschaften auf der Südseite der Donau den fortwährenden Einfällen der Völker auf dem jenseitigen Ufer preisgegeben waren, und daß die letztern schon begonnen sich in Ufer=Noricum und in dem rhätischen Flachlande festzusetzen. Diese Völker bestanden aber nur aus den früher in gothischer und hunnischer Dienstherrschaft gewesenen Gefolgschaften, welche noch ohne feste Sitze von der Beute ihrer Kriegszüge lebten, oder sich von der unterworfenen ansäßigen Bevölkerung der ehemaligen römischen Provinzen an der Donau ihren Unterhalt verschafften. Daher entstanden auch Verbindungen unter ihnen unter der gemeinschaftlichen Dienstherrschaft eines Fürsten eben so leicht als sie sich lösten; ein fester Zustand der Ansiedlung scheint sich nur allmählig und eine geordnete Verfassung bei denselben schwerlich vor der Mitte des sechsten Jahrhunderts gebildet zu haben [2]).

---

1) Muchar, das römische Noricum. I. S. 40.
2) Eichhorn, deutsche Staats= u. Rechtsgesch. I. S. 120. 121.

So treten hier die Heruler als eine der bedeutendſten
Gefolgſchaften auf, welche gleich der der Langobarden in
dem Laufe ihrer Wanderungen zu einem anſehnlichen Volke
erwachſen ſein muß. Da, wie ſchon oben bemerkt, Schaaren von Herulern in den verſchiedenſten Gegenden an den
Grenzen des römiſchen Reiches von der Mündung der Donau bis zur Mündung des Rhein genannt werden, und da
aus des Jornandes Angaben hervorgeht, daß die Heruler ein
als leichte Krieger beſonders ausgezeichnetes Volk waren,
deſſen Dienſte von allen Völkern bei ihren Fehden geſucht
wurden und deſſen Schaaren auch unter den römiſchen Hülfs=
völkern erſcheinen, ſo wird man um ſo weniger daran denken
können, ſie für einen der ältern Stämme der germaniſchen
Völkerwelt zu halten, und ſie von den Suarbonen des
Tacitus oder den Pharodenen des Ptolemäus an der Oſt=
ſee abzuleiten [1]). Vielmehr erſcheinen ſie eigentlich als gar
kein Volk ſondern nur als Kriegerſtämme und Gefolg=
ſchaften, von welchen die an der Donau auftretende, die ſich
zuerſt bei einem Angriff auf die noriſche Hauptſtadt Juvavia
ums Jahr 480 bekannt machte, hier erſt den Charakter eines
Volkes gewonnen hatte, und als ſolches ſich auch bis zum
Anfange des folgenden Jahrhunderts erhielt.

Laſſen ſich auch die Sitze dieſer Heruler wie der ihrer
andern Stammgenoſſen an der Donau bei ihrem unſtäten
Zuſtande nicht ſicher bezeichnen, ſo ſcheint es doch, daß der
Mittelpunkt ihrer Macht an der Nordſeite der Donau in
dem alten Lande der Quaden an der March geweſen ſei [2]).
Der Natur ihres politiſchen Zuſtandes entſpricht es vollkom=
men, wenn Procopius ſie ein ſehr böſes und wildes Volk
nennt, und aus ſeinen Angaben erhellt zugleich, daß ſie ſich
viele ihrer umwohnenden Stammgenoſſen und darunter ſelbſt
die Langobarden unterworfen hatten. Darum rühmt er ſie

---

1) Zeuß, die Deutſchen. S. 476.
2) Luden, deutſche Geſchichte. II. S. 437.

auch wegen ihrer Volksmenge, und nennt sie das mäch= tigste Volk an der Donau zu jener Zeit, bessen Fall und Vernichtung durch seinen kriegerischen Uebermuth hervorgeru= fen wurde [1]).

Die Rugen oder Rugier, welche uns zuerst unter den Kriegsschaaren des Attila genannt werden und sobann nach der Auflösung seines Reiches an den Ufern der Donau neben den Herulern vorkommen, stehen schwerlich mit den Rugiern des Tacitus am baltischen Meere in einem andern Zusammenhange als die jüngern Langobarden mit den äl= tern. Doch kennt jene baltischen Rugen noch die gothische Wanderungssage, nach welcher sie den Gothen weichen muß= ten. Jornandes bezeichnet sie als die Holmrugen (Ulme= rugi), was man durch Insel=Rugen erklärt mit Beziehung auf die Inseln an der Mündung der Oder, im Unterschiede von den von ihm noch in Skandinavien genannten Ethel= rugen, die sonst gar nicht bekannt sind. Auch spricht er von diesen jüngern Rugen an der Donau, und erwähnt ih= rer bei den Kämpfen zwischen den Sueven und den Ostgo= then. Genauer lernen wir sie aber kennen aus der Lebens= beschreibung des heiligen Severinus, woraus man sieht, daß sie das Uferland der Donau in dem heutigen Unter=Oestreich zu beiden Seiten des Stromes bewohnten, eine Gegend, welche in jenen Zeiten unter dem Namen Rugiland er= scheint und bis in die Gegend der Ens sich erstreckt haben muß [2]). Die Rugen standen damals in einem feindseligen Verhältnisse mit ihren östlichen Nachbarn den Ostgothen, und es wird uns bei der Gelegenheit ihr König Flaccitheus genannt, dessen Geschlecht sich auch bis zum Untergange ih= res Reiches in Rugiland erhielt [3]).

---

1) Zeuß, die Deutschen. S. 479. 480.

2) Luden, deutsche Geschichte. II. S. 437.

3) Zeuß, die Deutschen. S. 484. 485.

In Verbindung mit dieſen Herulern und Rugiern an
der mittlern Donau werden ſtets die Sciren und Turcilingen genannt, obſchon man über ihre Sitze und ſonſtigen
Verhältniſſe kaum etwas ſicheres angeben kann, und es nur
eine Vermuthung bleibt, daß ſie im Süden jener beiden andern Völkern oder im Mittel-Noricum oder Ober-Panno-
nien gewohnt haben [1]). Gleich dem Namen der Heruler erſcheint der der Sciren, Seyren oder Schiren auch in weiter Verbreitung, und findet ſich beſonders in Verbindung
genannt mit denen der Hunnen und Alanen.   Denn eben
dort an der untern Donau und an den Geſtaden des Pontus, wo uns dieſer Name ſchon in der germaniſchen Urzeit
entgegentritt, finden wir ſie von den alten Autoren und vom
Jornandes als Bundesgenoſſen der Hunnen und dann der
Alanen in Verbindung mit mehrern andern barbariſchen
Völkern ungefähr am Ende des vierten Jahrhunderts zuerſt
wieder angegeben, ſo daß es faſt als zweifelhaft erſcheinen
kann, ob unter dieſem Namen immer, wenn auch nicht
ein deutſches Volk als ſolches, doch deutſche Kriegerſchaaren oder Gefolgſchaften verſtanden werden dürften [2]).
    Beſtimmter finden wir dann die Schiren in Verbindung
mit den Rugen und Turcilingen in den Heeren Attilas
um die Mitte des fünften Jahrhunderts wieder genannt,
und nicht lange darauf bildeten ſie einen Hauptbeſtandtheil
der Kriegerſchaaren, welche unter der Führung des Odoacher
zum erſtenmale eine ſelbſtſtändige germaniſche Herrſchaft in
Italien begründeten.   Daher hat man auch gemeint, daß die
Schiren von den baciſchen Gebieten aus, wo ſie zuerſt in
dieſen Zeiten erwähnt werden, mit jenen andern Völkern
über die juliſchen und karniſchen Alpen nach jenem Lande
gezogen ſeien und ſich erſt nach der Vernichtung der Herrſchaft des Odoacher daſelbſt über die Alpen nach der mitt-

---

1) Luden, deutſche Geſchichte. II. S. 437.
2) Zeuß, die Deutſchen. S. 486. 487.

lern und obern Donau zurückgewandt hätten, wo man in
den sich zu beiden Seiten jenes Stromes um Regensburg
ausbreitenden Gebieten noch in zahlreichen Ortsnamen das
Andenken an dieses Volk wiederzufinden glaubte. Auf jeden
Fall steht dieses schirische Volk in einer bestimmten Bezie=
hung zu dem eben dort gleich darauf erscheinenden Volke der
Baiern, wenn es auch kaum mehr als eine Vermuthung
genannt werden kann, daß das alte baierische Fürstengeschlecht
der Scheiern (das Haus Wittelsbach) von ihm seinen
Ursprung und seinen Namen herleite [1]. Noch dürftiger ist
unsere Kenntniß von dem Volke der Turcilingen, welches
immer nur wenig zahlreich gewesen sein kann, und welches
wir allein in Verbindung mit den beiden vorher genannten
Völkern zuerst in dem Heere des Attila und dann unter den
Kriegsschaaren Odoachers erwähnt finden [2].

Folgen wir dem Donau=Laufe durch die Gebirgspforte
des Stromes in dem alten Rugenlande, westwärts hinauf
nach den baierschen Tafelflächen, so kommen wir in
ein Gebiet, welches zu jener Zeit, nach dem Sturze der
hunnischen Herrschaft Attilas, von tiefer Nacht bedeckt wird.
Nur so viel sieht man bei dem ungewissen Lichte der dürf=
tigen Nachrichten, welche nur gleich Blitzen das dichte Dun=
kel daselbst zuweilen erhellen, daß sich in der zweiten Hälfte
des fünften Jahrhunderts dort noch keine bestimmte politische
Gestaltung gebildet hatte, und daß dies Gebiet, wo sich
manche Trümmer des alten Donau=Links noch immer er=
halten hatten, der Tummelplatz der Verheerungszüge der be=
nachbarten germanischen Völker, der Sueven im Westen,
der Thüringer im Norden und der oben genannten go=
thischen Völker im Osten war [3]. Schon wurden damals

---

1) Huschberg, älteste Geschichte des Hauses Scheiern=Wit=
telsbach. München 1834 8. S. 36. 40. 60.

2) Zeuß, die Deutschen. S. 489.

3) Luden, deutsche Geschichte. II. S. 436.

dieſe Gebiete des rhätiſchen Flachlandes unter dem Namen
des benachbarten Noricum mitumfaßt [1]), und dieſes noriſche
Land im weitern Sinne iſt das Heimathsland des baierſchen
Volksſtammes geworden.

Der Urſprung und die Herſtammung des Volkes der
Bajoaren oder Baiern liegt zwar ganz im Dunkeln, und
kaum weichen die Anſichten der ältern und neuern Autoren
darüber bei irgend einem deutſchen Volke mehr von einander
ab als bei dieſem, da man ſelbſt über ſeine deutſche Herkunft immer in Zweifel geweſen iſt, doch ſteht es heut zu
Tage wohl durchaus feſt, daß die Baiern von Anfang an ein
echt deutſches Volk ſind, aus wie verſchiedenen Elementen der altgermaniſchen Völkerwelt man ſeine Entſtehung
auch immer erklären mag.   Denn grade die einheimiſchen
Geſchichtſchreiber, ſowohl älterer als neuerer Zeit, haben ſich
am meiſten bemüht den frembartigen Urſprung des erſt
im Laufe der Zeit deutſch gewordenen Volkes nachzuweiſen,
welches zwar nachmals im Mittelalter immer ein Hauptbeſtandtheil des eigentlich deutſchen Volksſtammes geweſen iſt,
aber ſich niemals an die Spitze der geiſtigen Entwickelung
der deutſchen Volksthümlichkeit zu ſtellen vermocht hat.   Und
die auffallende Sonderung der jüngern Baiern von den
politiſchen und religiöſen Intereſſen aller übrigen deutſchen
Völker in den neuern Zeiten möchte faſt zu der Vermuthung
führen, daß jener Annahme von einer wenigſtens frembartigen Beimiſchung dieſes deutſchen Volkes eine gewiſſe
Wahrheit zum Grunde läge, die ſich ſomit auf eine ganz
naive Weiſe in der Geſchichtsforſchung ausſpreche, wenn die
Nachweiſung davon nicht zu wenig durch die Geſchichte und
durch die hiſtoriſchen Zeugniſſe gerechtfertigt erſchiene.

Genannt wird das Volk der Baiern zwar erſt um die
Mitte des ſechsten Jahrhunderts von dem gothiſchen Geſchichtſchreiber Jornandes, doch muß man den erſten Anfang

---

1) **Mannert**, Germanien. S. 574.

zur Bildung dieſes Volkes nothwendig ſchon in jene Zeit
bald nach dem Untergange des hunniſchen Reiches ſetzen,
und bei Gelegenheit der Angabe der Stellung der Völker zu
einander an der obern Donau iſt es, daß derſelbe der Bajoaren (Bajobari, Bajoarii) erwähnt. Gleich nach ihm
nennt auch der Dichter Venantius Fortunatus dies Volk unter eben demſelben Namen, und um ſo auffallender iſt es
daher, daß es bei den beiden Geſchichtſchreibern aus der
zweiten Hälfte des ſechsten Jahrhunderts, bei dem Byzantiner Procopius und dem Franken Gregor, von denen ſich wenigſtens Angaben über die Stellung der Völker an der Nordſeite der Alpen erwarten ließen, nicht erwähnt wird [1]). Daß
der Name der Bajoaren an den der alten Bojen erinnert,
welche in eben jenen Gebieten an der obern Donau uns im
Alterthum zuerſt bekannt werden, lag zu nahe um überſehen
zu werden, und dieſer Umſtand veranlaßte zuerſt den ältern
baierſchen Geſchichtſchreiber Aventin zu der Annahme, daß
die Baiern von jenem galliſchen Volke herzuleiten ſeien [2]).

So mißlich nun auch ſolches blos etymologiſches Verfahren in ethnographiſchen und hiſtoriſchen Verhältniſſen ſein
mußte, ſo fehlte es doch nicht an Nachfolgern auf dieſer
Bahn, und man ſuchte dann dieſe Annahme zu modificiren,
bis man ſich zur Ableitung der Baiern von den ältern germaniſchen Stämmen wandte. Sobald man aber einmal
die Abſtammung der Baiern von den galliſchen Bojen zum
Grunde legte, ſo hielt man auch an der Schreibart Bojoarier feſt, obwohl dieſes Volk immer nur unter dem Namen
der Bajoarier vorkommt, woraus das ſpätere Bavaren
und das heutige Baiern geworden iſt [3]). In der neuern
Zeit war es zuerſt W. v. Pallhauſen, welcher die ſchon

---

1) Zeuß, die Deutſchen. S. 368.

2) Mannert, Geſchichte von Baiern. Leipzig 1826. 8. Th. I.
S. 15.

3) Mannert, Geſchichte von Baiern. I. S. 20.

früher viel verhandelte Streitfrage über die ursprüngliche Na=
tionalität seiner Landsleute wieder aufnahm und zu beweisen
suchte, wie diese Bajoaren aus den gallischen Bojen hervor=
gegangen wären, und wie sie nach der Zeit der Völkerwan=
derung ihr gallisches Idiom allmählig mit der beutschen
Sprache vertauscht hätten [1]). Ihm folgte sobann Buch=
ner, welcher im Widerspruch mit aller Geschichte zu be=
weisen glaubte, daß die gallischen Bojen nach ihrer Vertrei=
bung durch die Markomannen aus Bojohenium das Flach=
land von Rhätien und Noricum in Besitz genommen hätten,
daß sie sich dort als ein eigenes und selbstständiges
Volk, obschon unter der Oberhoheit der Römer, durch die
gesammte Kaiserzeit erhalten und sich sobann bei der Auflö=
sung des römischen Reiches im fünften und sechsten Jahr=
hundert in das Volk der Bojoaren oder Bajoaren mitten in
der Reihe der damaligen beutschen Völker an der obern Do=
nau umgewandelt hätten [2]). Damit stimmt auch Werscbe
überein, welcher meint, daß die alten gallischen und roma=
nisirten Bojen in dem rhätischen Flachlande nach des
Attila Zeit ihre Selbstständigkeit und Unabhängigkeit von den
Römern wiedergewonnen haben, und nach ihrer Vereinigung
mit den beiden Nachbarvölkern, den rhätischen Breonen
oder Brennen im Süden, im heutigen Tyrol, und den
Norikern in den Ostalpen das neue Volk der Bajoaren
gebildet haben, das sich, angeblich nur wenig verschieden von
den Völkern der Alemannen und Franken, diesen in der
Reihe der Gegner der Römer zugesellt habe. Doch sollten
die Bajoaren des Jornandes grade nicht diese Baiern an der

---

1) Vinc. v. Pallhausen, Gartbald, erster König Bojoariens
oder die Urgeschichte der Baiern. München 1810. 4. Anmerk. 38.
S. 92 bis 114. Anm. 84. S. 170 bis 173. Anm. 86. S. 175 bis
178. Anm. 134. S. 223 bis 227. Anm. 138. S. 229 bis 241.

2) Buchner, Geschichte von Baiern. I. S. 44. 75 bis 78.
109 bis 111.

Donau, ſondern vielmehr die alten bojiſchen Bewohner
Bojohemums ſein, die ſich auch dort neben den Marko⸗
mannen noch immer erhalten hätten [1]).

Dagegen nöthigte nun aber ſchon die Sprache der äl⸗
tern Baiern, die durchaus nicht auf ein frembartiges Ele⸗
ment hinweiſet und, wie es leicht erklärlich iſt, nur in man⸗
cherlei Ortsnamen jener Gebiete Spuren fremden Urſprun⸗
ges zu erkennen ſind, auf das germaniſche Element in der
Abſtammung Rückſicht zu nehmen. Demnach nahm man
in der jüngſten Zeit an, daß die Bajoaren des Mittelalters
zwar aus den romaniſch gewordenen galliſchen Urbewoh⸗
nern von Rhätien, Windelicien und Noricum größtentheils
hervorgegangen ſeien, daß aber auch der deutſche Stamm
der Schiren, denen man noch das illyriſche Volk der
Oſen zugeſellte, einen Hauptantheil an der Bildung und
Geſtaltung derſelben gehabt habe [2]). So willkührlich nun
auch dieſe Verſchmelzung ſo ganz heterogener Elemente in
volksthümlicher Beziehung zu einem deutſchen Volke des
klaſſiſchen Bodens unſers Vaterlandes im Mittelalter iſt, ſo
zeigt ſich doch darin eine Hinweiſung auf diejenigen germa⸗
niſchen Stammelemente, auf welche man, wie es ſcheint,
bei der Erklärung der urſprünglichen Bildung dieſes Volkes
am meiſten Rückſicht zu nehmen hat.

Denn die Baiern ſind ohne allen Zweifel rein deut⸗
ſcher Abkunft und deutſchen Stammes. Die ganze Lage
der Dinge machte es damals völlig unmöglich, daß ein an⸗
deres als ein deutſches Volk in dieſer Gegend, mitten unter
ſiegreichen deutſchen Völkern, zur Selbſtſtändigkeit ge⸗
langte; die Geſetze der Baiern, in ſpäterer Zeit geſammelt,
zeugen auch durchaus für deutſche Art und Sitte, und in der

---

1) Werſebe, über die Völkerbündniſſe des alten Deutſchlands.
S. 270 bis 272. 287. Anmerk. 419.

2) Huſchberg, älteſte Geſchichte des Hauſes Scheiern⸗Wit⸗
telsbach. S. 31 bis 43.

Geſchichte zeigt ſich nicht das Geringſte, was bei beſonnener
Prüfung eine andere Annahme rechtfertigen könnte [1]). Nur
über das ältere deutſche Stammvolk dieſes jüngern deutſchen
Volkes war man bisher noch uneinig, obſchon es ſich hier
wie bei den Thüringern faſt mit Nothwendigkeit ergiebt, daß
die Baiern nicht von einem einzelnen ältern germaniſchen
und zwar ſueviſchen Volke, ſondern aus verſchiedenen
Stämmen erwachſen ſind, wie ſie durch die Umwälzungen
in jenen Gebieten zuſammengeführt worden ſind. In dieſer
Beziehung hat ſich nun Mannert's Annahme bis jetzt
noch immer am meiſten empfohlen, nach welcher jene vier
gothiſchen Völker der Heruler, Rugier, Schiren und Tur=
cillngen in dem Lande Noricum an der Donau durch ihre
Vereinigung den Grund zu dem baierſchen Volke gelegt
haben [2]).

Denn der Verſuch derſelben dort eigene kleine Staaten
zu gründen, wie wir es beſonders bei den Rugiern an den
Ufern der Donau wahrnehmen, mißlang durch die innere
Zwietracht bei dieſem Stamme und durch das Eingreifen des
italiſchen Heerkönigs Odoacher, welcher ein ihm zugefügtes
Unrecht zu rächen hatte. In dem geſchwächten Zuſtande
aber, in welchem ſich alle dieſe Stämme nach ſeinem Rück=
zuge nach Italien befanden, war ein engeres Zuſammen=
ſchließen um ſo nothwendiger, wenn ſie nicht aufs neue je=
dem Andringen der Nachbarn unterliegen wollten. Aber als
vereinigtes Volk wählten ſie oder empfingen von ihren
Nachbarn den Namen der Bajoaren, der von dem Lande
der Bojen, deſſen Bewohner ſie waren, auf jeden Fall ent=
lehnt ſein muß, wie man auch immer die Umbildung der
erſten Sylbe des Namens erklären mag. Denn in dem
Donau=Lande wie in dem Quellgebiet der Elbe ſcheint ſich

---

1) Luben, deutſche Geſchichte. II. S. 439.

2) Mannert, älteſte Geſchichte Bajoariens und ſeiner Bewoh=
ner. S. 101 bis 115.

der Name der ältesten gallischen Bevölkerung durch alle
Jahrhunderte erhalten zu haben. Von jenen gothischen Völ=
kern aber ist mit wenigen Ausnahmen dort nicht wieder die
Rede, sie verschwinden fortan, und statt ihrer kennt man an
derselben Stelle nur die Bajoaren, welche bei den Bewoh=
nern Italiens zu jener Zeit jedoch nur unter dem Namen
der Noriker erscheinen, so wie ihr Gebiet das alte Nori=
cum war. Auch ist es nicht unwahrscheinlich, daß sich der
Name Noricum, welcher sich seitdem für das Flachland von
Rhätien üblich zeigt, durch dies neue Volk dorthin ver=
breitet habe, als die Bajoaren, dem Völkergedränge im Osten
ausweichend, sich mehr westwärts zu den weiten und ver=
wüsteten Ebenen an der obern Donau von dem Inn bis
zum Lech hinaufzogen. Wenigstens kennt schon der lango=
bardische Geschichtschreiber Paul Warnefried das Land der
Noriker (provincia Noricorum) als die Heimath des
Volkes der Bajoaren, und Noricum bleibt in allen spätern
Zeiten die Benennung des Baierlandes bei den Schriftstel=
lern des Mittelalters [1]).

Diese historische Ableitung des Volkes der Bajoaren
verstärkt sich noch durch eine auffallende Erscheinung in den
durch die Franken gegebenen bajoarischen Gesetzen. Denn
an fünf Familien werden in denselben genannt, welche
sich, wie aus der Bestimmung ihres Wehrgeldes zu entneh=
men ist, durch einen besondern Adel der Geburt auszeich=
neten, und dies schien nur dadurch zu erklären zu sein, daß
ihre Vorfahren schon als erbliche Stammhäupter an der
Spitze derjenigen Völker gestanden hatten, welche sich gegen
das Ende des fünften Jahrhunderts zu dem neuen gemein=
samen Volke vereinigten. Da nun aber fünf Adelsfamilien
bei den spätern Baiern vorkommen, neben denen noch das
fürstliche oder königliche Geschlecht der Agilolfingen er=
scheint, so glaubte man noch einige andere germanische

---

1) Mannert, Geschichte von Baiern. I. S. 12. 13. 22.

Stämme als an der neuen Verbindung theilnehmend hinzu=
ziehen zu müssen, und man dachte dabei einmal an die Schaar
von Gepiden, von welcher es heißt, daß sie den Schiren
bei einem Kampfe mit den Ostgothen in Pannonien Hülfe
geleistet habe, und auch an das fast ganz verschollene Volk
der Quaden, dessen Ueberreste sich noch in dem Marchfelde,
also in der Nachbarschaft der Rugier an der Donau, erhal=
ten haben sollten[1].

Gegen diese Annahme der Abstammung der Bajoaren
glaubte man sich aber wieder aus sprachlichen und histo=
rischen Gründen erklären zu müssen, und dazu schien die
erste Sylbe dieses neuen Namens auf ein anderes Heimaths=
land dieses Volkes hinzuweisen, wenn gleich auch dabei an=
erkannt werden mußte, daß der Name der Bojen immer
das eigentliche Stammwort des jüngern Namens abgab.
Eben so wenig ließ sich verkennen, daß der Name der Ba=
joaren oder Bojoarier eine durchaus germanische Form hat,
und in seiner Endung „arier oder varier" auf viele entspre=
chende Volksnamen hinweiset, wie wir sie bei den istävoni=
schen und ingävonischen Stämmen Germaniens kennen ge=
lernt haben.   Nur ist man über die Auslegung und Deutung
dieser Endsylbe bei jenen Völkern und bei den Bajoaren
bis jetzt eben so wenig einig geworden, als wie über die
Herleitung des bajoarischen Volkes selbst.   Doch scheint es
fast sicher zu sein, daß man hier eine andere Deutung an=
nehmen müsse als bei vielen der andern entsprechenden Völ=
kernamen.   Wenigstens scheint man bei der Umbildung des
Wortes Bojen in Bojoarier oder Bajoarier, wenn auch nicht
an Abkömmlinge der erstern, doch an solche Stämme ben=
ken zu müssen, welche durch die Bewohnung oder Be=
sitznahme des bojischen Landes mit den alten Urbewohnern
desselben fortan in einen gewissen Zusammenhang traten,
so daß diese Umbildung des ältern Namens ein Analogon

---

1) Mannert, Geschichte von Baiern. I. S. 13. 14.

in den Namen der Brukterer und Boruktuarier oder der An=
gern und Angrivarier finden könnte. Demnach hat nun der
nordische Sprachforscher Rask jenen jüngern deutschen Volks=
namen aus dem altnordischen Worte „veriar,“ im Angel=
sächsischen „vare“ d. h. wohnen, erläutert und als die Be=
wohner des bojischen Landes erklärt [1]), während Andere
darin eine kriegerische Wehrverbindung haben erkennen
wollen, welche entweder von den dort einwandernden deut=
schen Stämmen zum Schutze gegen ihre Nachbarn oder schon
von Attila bei seinem Zuge über den Rhein errichtet wor=
den sei [2]).

Wie es sich aber auch mit der Erklärung dieses Na=
mens verhalten mag, so glaubte man doch, auch bei der
Annahme der echt deutschen Abstammung der Baiern, darum
an jene oben genannten gothischen Völker hier nicht denken
zu dürfen, weil diese dem niederdeutschen Sprachstamme
angehörten, die Sprache der alten Bajoaren aber, welche
übrigens nach der Aussage des Paul Warnefried mit der der
Langobarden ganz übereinstimmte, dem oberdeutschen
Sprachstamme, wie bei den Alemannen, Franken, Thürin=
gern und andern angehören sollte [3]). Da nun aber dieser
Dialekt bei der Reihe der süddeutschen Sueven, wie bei den
Markomannen, Hermunduren und Quaden, angenommen
wurde, so war dies ein Hauptgrund, dieses jüngere deutsche
Volk von jenen suevischen Stämmen herzuleiten, und auf
die Markomannen hat man in dieser Beziehung von ver=
schiedenen Seiten her seine Aufmerksamkeit gerichtet.

---

1) **Dahlmann**, Forschungen auf dem Gebiet der Geschichte.
I. S. 219.

2) **Luden**, deutsche Geschichte. II. S. 441.

3) **Zeuß**, die Deutschen. S. 379. Das Willkührliche dieser
Annahme, wie es sich aber in dem ganzen ethnographischen Systeme
dieses Verfassers ausspricht, ergiebt sich leicht, wenn man die un=
läugbare Verwandtschaft zwischen den Bajoaren und Langobarden,
welche letztern doch den Niederdeutschen angehören müssen, beachtet.

So erklärte nun Luden die Annahme am natürlichſten und dem Zuſtande dieſer Zeit am meiſten angemeſſen, daß die Bajoaren von den ſuevischen Völkern auf der linken Seite der Donau, von den Markomannen und ihren Nachbarn ausgehend, das gegenüberliegende Land in Beſitz genommen haben, nicht als wanderndes Volk ſondern als Kriegsheer, und daß ihnen das Land als Entſchädigung oder Gewinn bei der allgemeinen Ausgleichung der Völker nach dem Sturze der hunniſchen Herrſchaft geblieben ſei [1]). Der Name der Markomannen wird zwar während der Zeit des vierten Jahrhunderts nur noch wenig genannt und verliert ſich allmählig, doch wird derſelbe noch auf der Peutingerſchen Tafel an dem Nordufer der Donau erwähnt und kommt ſodann in den Kriegsheeren Attilas wieder zum Vorſchein. Dagegen nennt uns der Geograph von Ravenna das alte Heimathsland der Markomannen oder den Bergkeſſel der Elbe in dem alten Bojenheim unter dem Namen des Landes Bajas, welches aus dem Worte Bajohaim (die deutſche Umwandlung des Wortes Bojenheim) abgekürzt ſein ſoll, und aus dieſem Lande leitete man die markomanniſchen Bajoaren oder Bajovaren über die Donau in ihr nachmaliges Heimathsland [2]). Unmöglich aber können dieſe Markomannen allein die Grundlage zu dem bajoariſchen Volke abgegeben haben, und wenn man ſie wegen der oben bemerkten Angaben auch nicht ganz unberückſichtigt laſſen dürfte, ſo könnte man ſich nur zu der in der jüngſten Zeit ausgeſprochenen Annahme verſtehen, daß die Bajoaren aus einer Verbindung der von Norden und Oſten kommenden und am Nordſaume der Alpen zuſammentreffenden Stämme der Markomannen und jener kleinern gothiſchen Völker entſtanden ſeien [3]).

---

1) Luden, deutſche Geſchichte. II. S. 440.
2) Zeuß, die Deutſchen. S. 364 bis 307.
3) Ganpp, das alte Geſetz der Thüringer. S. 17. 18.

Uebrigens giebt Jornandes seinen Bajoaren ohne ge=
nauere Grenzbestimmung im Westen die Sueven zu Nach=
barn. Doch erhellt aus der nächstfolgenden Zeit, daß sie
sich sogleich über das ganze rhätische Flachland von den
Alpen bis zur Donau und westwärts bis zum Lech hin
ausgebreitet haben, während ihre Einwanderung und Ansied=
lung im rhätischen Alpenlande von Tyrol nur erst einer spä=
tern Zeit angehören kann. Streitiger aber ist es, ob sich
die Bajoaren auch schon ursprünglich nordwärts über die
Donau hinaus, über die spätern Gebiete des Nordgaues,
ausgedehnt haben, wo wir am Schlusse des fünften Jahr=
hunderts noch Schaaren von Sueven und Thüringern um=
herschwärmend genannt finden. Diese Frage ist eben so ver=
schieden beantwortet worden, wie man die Einwanderung der
Bajoaren in das mittelaltrige Noricum (das rhätische Flach=
land) entweder von Osten oder von Norden her bestimmte.
Doch auch selbst bei der Ableitung der Baiern von den
Schiren nahm man jene im Norden von Regensburg sich
ausbreitenden Gebiete noch für das alte Bajoarien in An=
spruch [1]).

Als das westlichste Volk in dem Donau=Lande von
Süddeutschland erscheinen sodann die Sueven, deren Name
wie schon oft im Allgemeinen, so auch hier im Besondern
bei ältern und neuern Autoren vielfache Verwechselungen und
Irrthümer veranlaßt hat. Nach des Jornandes Angabe
wohnten die Sueven, mit welchen damals die Alemannen
vereinigt waren, im Westen der Bajoaren, und von den Ale=
mannen bemerkt er, daß sie sich südwärts bis in das Hoch=
gebirge erstreckt hätten, von wo die alpinischen Gewässer sich
zur Donau hinabergössen. Schon ist oben erwähnt worden,
daß diese Sueven oder Suaven, die Stammväter der nach=
maligen Schwaben, eben dasselbe Volk seien, welches

---

1) **Huschberg**, älteste Geschichte des Hauses Scheiern=Wit=
telsbach. S. 41.

während der Zeit des vierten Jahrhunderts und bis auf die
Zeit des Aetius hin unter dem Namen der Juthungen
oder Vithungen erſcheint, und daß ihre Sitze im Oſten
der Alemannen, mit welchen ſie fortan immer in enger Verbindung vorkommen, an dem linken Ufer der obern Donau
weſtwärts bis zum Neckar geweſen ſein müſſen [1]). Aber
die gänzliche Auflöſung des obern Donau-Limes in dem
rhätiſchen Flachlande in Folge des Heereszuges des Attila
über den Rhein muß auch zur größern Ausbreitung dieſer
Sueven nach Süden hin in dem ſchon oft von ihnen durch-
ſchwärmten und ausgeplünderten Gebiete Veranlaſſung gegeben haben. Denn damals erfolgte ſicher die Verbreitung
und Anſiedlung in dem weſtlichen Theile des rhätiſchen
Flachlandes zwiſchen der Donau und dem Lech ſüdwärts
bis zum Bodenſee hin oder über die nachmals zur Diöceſe
des ſchwäbiſchen Bisthumes Augsburg gehörigen Landſtriche, die fortan immer ein Theil des alten Landes Schwaben im Mittelalter geblieben ſind [2]).

Die Lage des Landes der Sueven (regio Suevo-
rum) beſchreibt zwar der gothiſche Geſchichtſchreiber Jornandes ausführlich, aber die Erklärung ſeiner Nachrichten über
ihre Stellung unterliegt, wie man mit Recht bemerkt hat [3]),
unauflöslichen Schwierigkeiten, und aus ſeiner Erzählung
geht mit Sicherheit hervor, daß er die ihm vorliegenden ältern Quellen mißverſtand, oder doch ganz verſchiedene Zeiten
und Länder mit einander verwechſelte. Denn er ſagt, das
Land der Sueven (Suaven) werde im Oſten von den Bajoaren begrenzt, im Weſten von den Franken, im Süden von den Burgunden und im Norden von den Thüringern, und fügt dann unmittelbar hinzu, daß ſie damals

---

1) Zeuß, die Deutſchen. S. 315. 316.

2) Pfiſter, Geſchichte von Schwaben. I. S. 95. Buchner,
Geſchichte von Baiern. I. S. 113.

3) Eichhorn, deutſche Staats- u. Rechtsgeſchichte. I. S. 122.

auch mit den Alemannen verbunden gewesen wären, die
sich bis in die Alpen hinauferstreckt hätten [1]).

Was nun zunächst die Ausdehnung der Grenzen Sue=
viens gegen Norden an das thüringische Land betrifft, so
hat man dies gewöhnlich dadurch erklärt, daß Thüringen
vor der Unterwerfung unter die Franken (was nur erst der
ersten Hälfte des sechsten Jahrhunderts angehören kann) süd=
wärts bis an die Donau gereicht habe. Freilich scheint
mit Ausnahme dieser Stelle beim Jornandes kein sicheres
Zeugniß darüber vorhanden zu sein, und die südliche Ver=
breitung des thüringischen Volkes und Landes über den Thü=
ringer=Wald und über den Main hinaus gehört zu den strei=
tigsten Punkten der ältern deutschen Geschichte. Die be=
kannten Thatsachen der spätern Zeit scheinen gegen eine solche
Annahme zu sprechen. So wie einiges Licht der Geschichte
auf die Gegenden zwischen der Donau und dem Thüringer=
Walde fällt, erscheint alles Land ostwärts der Rednitz als
Besitzthum slavischer Völker und wird allmählig von Ost=
franken und Baiern aus germanisirt [2]). Eine Ausbreitung
der Slaven in diese Gegenden nach der Unterwerfung Thü=
ringens durch die Franken, hat man gemeint, sei gegen alle
Analogie der Geschichte, und jene erkläre sich vielmehr nur
dadurch, daß seit dem Anfange des fünften Jahrhunderts
diese Gegenden durch die Unternehmungen der Donauvölker
den größten Theil ihrer Bewohner verloren. Denn grade
hier ist das alte Suevien nach der Peutingerschen Tafel (im
Nordosten der Alemannen von dem obern Main bis zur

---

1) Jornandes, de rebus Get. c. 55. Nam regio illa Sue-
vorum ab oriente Bajobaros habet, ab occidente Francos, a me-
ridie Burgundiones, a septemtrione Thuringos. Quibus Suevis
tunc juncti Alemanni etiam aderant, ipsique Alpes erectas om-
nino regentes, unde nonnulla fluenta Danubio influunt, nimio
cum sono vergentia.

2) K. H. v. Lang, Baierns Gaue nach seinen drei Völkerstäm=
men. Nürnberg 1830. 8. S. 99 bis 105. 122 bis 128.

Donau hin) zu suchen, und eben hier müßte nach den Haupt-
beweisen, welche man außer dem Jornandes für die Ausdehnung Thüringens bis zur Donau anführt, das thüringische
Land bie Donau erreicht haben [1]).

Nun scheinen aber wirklich nach den Angaben des Eugippius in dem Leben des heiligen Severin die Thüringer
in der zweiten Hälfte des fünften Jahrhunderts die ehemaligen Gebiete der Mariösken westwärts vom Böhmerwalde,
wenn auch nur eine Zeitlang, besetzt zu haben, da die verheerenden Einbrüche derselben in die Uferlandschaften an der
Donau bis nach Passau abwärts darauf hindeuten, daß
jenes Volk nicht aus weiter Ferne kam, sondern in der Nähe,
der Stadt Regensburg gegenüber, seine Sitze hatte [2]). Und
damit scheinen auch die Nachrichten bei dem Geographen
von Ravenna übereinzustimmen, nach welchem die beiden
Flüsse Bak und Regan, in denen man nicht ohne Grund
die beiden oberpfälzischen Flüsse Nab und Regen wiederzu-
erkennen meinte, das Land der Thüringer durchströmen
sollten [3]). Nichts desto weniger hat man diese Zeugnisse jenes Geographen und auch des Eugippius als ungenügend
und als unsicher verwerfen zu müssen geglaubt, indem man
selbst anstatt der Thüringer den Namen der Turcilingen
bei dem letztern Autoren vorzuziehen geneigt war. Zwar auch
die Stelle des Venantius Fortunatus über den Sieg des
austrasischen Königs Siegbert, Chlotar's I. Sohn, über zwei
Völker, von welchen nach dem Zusammenhange das eine die
Thüringer, das andere die Awaren zu sein scheinen, verlegt

---

1) **Eichhorn**, deutsche Staats- und Rechtsgeschichte. I. S.
114. 128.

2) Zeuß, die Deutschen. S. 355.

3) Anonymus Ravennas, geographia ed. Porcheron. Paris 1688. 8. p. 185. Per quam Turingorum patriam transeunt
plurima flumina, inter cetera quae dicuntur Bac et Reganum,
quae in Danubio merguntur.

jenen an die Nab (Nabis), aber nach der Angabe des Paul
Warnefried wurde er in Thüringen in der Nähe der Elbe
erfochten, und statt des Flusses Nab glaubte man an die
Saale (Salis anstatt der unsichern Leseart Nabis) denken
zu müssen [1]).

Westwärts sollen die Sueven sodann an die Franken
grenzen, was man früher durch die Annahme zu erklären
suchte, daß dies von den Alemannen zu verstehen sei, die
nach Jornandes mit den Sueven (Schwaben) verbunden
waren. Indessen dann müßte man sich den Elsaß als
fränkisches Land denken, also die Stelle auf das sechste oder
auf die letzten Jahre des fünften Jahrhunderts beziehen, und
unter dieser Bedingung allein würde Suevien (in Verbindung
mit Alemannien), aber auch nur erst seit jener Zeit, süd=
wärts an das Land der Burgunden, das sich von der
Saone ostwärts über den Jura hinauserstreckte, grenzen.
Nimmt man aber die Zeit des sechsten Jahrhunderts an,
so glaubte man die Worte des Jornandes noch angemessener
erklären zu können, daß man das fränkische Land für die
ostrheinischen Gebiete hielt, welche durch Chlodwig frän=
kisch wurden. Denn bekanntlich stießen die südöstlichen Gaue
des nachmaligen rheinischen Frankens an die Gaue der
Diöcese von Augsburg, welche wie das Ries, der Brenzgau,
Albgau und der schwäbische Virngrund zu dem eigentlichen
Schwabenland gehörten [2]). Indessen abgesehen von der
noch unerwiesenen Annahme, daß Chlodwig wirklich auf
der östlichen Rheinseite Germaniens die fränkische Herr=
schaft begründet habe, führten die Gebiete am untern Nek=
kar, soweit sie zu den Diöcesen von Speier, Worms und
Mainz gehörten, seit dem Abzuge der Burgunden daselbst
gewiß schon lange vor Chlodwigs Zeit den fränkischen

---

1) Luden, deutsche Geschichte. II. S. 438. 597. III. S. 676.
677 und 767.

2) Lang, Baierns Gaue. S. 77 bis 83.

Namen; nur würde dann dieſes oſtſchwäbiſche Land, das
eigentliche Suevien, ſüdwärts nicht an Burgund, ſondern an
das Land Rhätien und zwar damals ſchon an Hohenrhä=
tien jenſeit des Bodenſees grenzen [1]).

Die Erwähnung der Bajoaren als der öſtlichen
Nachbarn der Sueven würde allerdings mit der Lage des
letztern Volks an der obern Donau und am Lech ſtimmen,
doch iſt es nicht wahrſcheinlich, daß die erſtern ſchon zu je=
ner Zeit dieſen Namen führten, und da man vorausſetzen
muß, daß der Name vom Jornandes hier anticipirend ge=
braucht wird, ſo erſcheint es auffallend, daß jener Geſchicht=
ſchreiber nicht vielmehr die Stämme genannt hat, aus de=
nen das bajoariſche Volk erſt ſeitdem erwachſen ſein muß.
Auch iſt es nicht zu läugnen, daß alle weitern Nachrichten,
welche derſelbe von der Lage und den Thaten jener Sue=
ven in der gleich darauf folgenden Zeit mittheilt, wenig mit
der von ihm genau bezeichneten Lage derſelben übereinſtim=
men, ſo daß man deshalb auch anzunehmen geneigt war,
daß ſeine Sueven durchaus nicht in dem bezeichneten Ge=
biete an der Donau und am Lech, ſondern vielmehr im
öſtlichen Franken am obern Main zu ſuchen ſeien, und
daß man unter den von ihm genannten Bajoaren nicht die
Bewohner des heutigen baierſchen Landes im Süden der
Donau, ſondern die Bewohner des alten Bojohemums,
die denſelben bojiſchen oder bajoariſchen Namen führen moch=
ten, zu verſtehen habe [2]).

Auf jeden Fall kann die Erzählung des Jornandes nur
für die ſpätere Zeit einigen Werth haben, und giebt über
die Stellung und Verhältniſſe der Donau=Völker im fünf=
ten Jahrhundert keinen Aufſchluß. Am wenigſten darf man,
wie aus den ſeinen Nachrichten ſichtbar beigemiſchten Miß=

---

1) Eichhorn, deutſche Staats= u. Rechtsgeſchichte. I. S. 129.
2) Werſebe, über die Völkerbündniſſe des alten Deutſchlands.
S. 288.

verständnissen erhellt, aus seiner Beschreibung folgern, daß
derselbe Zustand hier in bem Gebiete der obern Donau schon
um die Mitte des fünften Jahrhunderts vorhanden gewesen
sei. Merkwürdig ist es nun aber, daß seine Beschreibung
vom Suevenlande, wenn man sie mit ältern Nachrichten zu-
sammenhält, auf die Verhältnisse im vierten Jahrhun-
bert passen würde. Denkt man sich das Suevien der
Peutingerschen Charte vom Thüringer=Walbe in südwestli-
cher Richtung bis in die Gegenden zwischen dem Neckar und
der Donau gezogen, so würde es südlich an bie bamaligen
Wohnsitze der Burgunden angrenzen, westlich wären die Gegenden des fränkischen Landes gelegen in bem Gebiete der
Chatten an der obern Fulda, nördlich stieße Suevien an
Thüringen in ben Grenzen, in welche es mit Sicherheit gesetzt werden kann, und ostwärts an die Bajoaren, wenn man
diesen Namen für eine allgemeine Bezeichnung der Bewohner des bojohemischen Landes nehmen dürfte. Ohne
Zweifel beruhen die Angaben des Jornandes auf Mißverständnissen der ältern ihm bei seinem historischen Werke zum
Grunde liegenden Quellen, wie sich dies bald noch weiter
unten ergeben wird [1]).

8) Der Untergang des abendländischen Kaiser= thumes und die letzten Wanderungen der ger= manischen Völker.

Nach einem mehr als halbtausendjährigen Kampfe zwi=
schen der römischen und germanischen Welt entschied sich
endlich das Schicksal der Weltherrschaft des Alterthums, und
ließ mit der Begründung germanischer Reiche auf ihren
Trümmern auch alsbald den Zustand Deutschlands nach
seinen Völkerverhältnissen eintreten, wie er die Grundlage

---

1) **Eichhorn,** deutsche Staats= u. Rechtsgeschichte. I. S. 130.

der deutschen Geschichte des Mittelalters geworden ist. Denn
an der Westseite, am Rhein, hatte Deutschland schon seine
spätern Naturgrenzen erreicht, aber im Süden und Südosten,
an der ganzen Donau entlang, hatten weder die ethnographischen Verhältnisse in der zweiten Hälfte des fünften Jahrhunderts sich schon ganz bestimmt durchgebildet, noch auch
hatte Deutschland hier seine nachmaligen Grenzen gefunden,
da Germanien hier noch immer weit über die deutschen Gebiete hinausreichte.

Werfen wir zunächst einen Blick auf den Zustand der
Völker im rheinischen Germanien, so waren an beiden
Ufern des Rheinstromes entlang von seinem Austritte aus
dem Alpenlande, wo uns erst nachmals die Romanen von
Hohenrhätien bekannt werden, bis zum batavischen Delta-
lande die Alemannen und Franken ausgebreitet, und als
die südwestlichen Nachbarn der erstern nach dem Innern von
Gallien hinein erscheinen die Burgunden, während sich
im Rücken der letztern fast bis zum Rhein hin wiederum die
Sachsen ausdehnten. Die schon oben angegebenen Grenzmarken zwischen den Alemannen und Franken am obern
Rhein, wie sie durch seine beiden kleinen Zuflüsse Sur und
Murg bezeichnet werden, müssen wir nach dem daselbst bemerkten schon seit der Mitte des fünften Jahrhunderts annehmen, wenn auch die Bevölkerung in dem Vereinigungs-
lande des Main und Rhein bis zur Lahn abwärts noch
schwankend einen alemannischen und fränkischen Charakter
tragen mochte [1]). Südwärts erstreckte sich das Gebiet der
Alemannen über einen großen Theil der helvetischen
Tafelfläche bis zum Fuße des Hochgebirges, in dessen Vor-
thäler sie nur erst in weit spätern Zeiten eingedrungen sind,
und westwärts verbreiteten sich die Alemannen über die el-
sassische Thalebene bis zu den Berghöhen der Voge-

---

1) Zeuß, die Deutschen. S. 321. 322.

sen [1]), doch so daß sie in den nördlichen Theilen derselben
noch über sie hinausreichten und einen Theil der lothringischen Tafelflächen an der obern Mosel bevölkerten. Hier
aber trat ihnen auch schon der Einfluß der fränkischen Nationalität entgegen.

Nach Osten zu grenzten die Alemannen an die Sueven (Suaven), und beide scheinen sich immer mehr anein-
ander angeschlossen zu haben, weil schon zu jener Zeit ihre
Namen als gleichbedeutend gebraucht wurden, so wie
sie später ganz in einander aufgingen [2]). Wenn man aber
bei den Sueven gegen das Ende des fünften Jahrhunderts
findet, daß bei ihnen mächtige Gefolgsherren oder Könige
hervortreten, so muß es um so auffallender sein, daß bei den
Alemannen während der ganzen Zeit des fünften Jahrhunderts dergleichen fast gar nicht erwähnt werden. Um so an-
sehnlicher erscheinen diese dagegen um dieselbe Zeit bei ihren
südwestlichen Nachbarn, den Burgunden. Denn bei diesem Volke wurde, nachdem sein König Gunthikar im Kampfe
mit den über den Rhein bringenden Hunnen seinen Tod gefunden hatte, durch den Gundioch, welcher von westgothi-
scher Abstammung gewesen zu sein scheint, so wie die Burgunden überhaupt immer in vielfacher Verbindung mit den
Gothen im südlichen Gallien geblieben sind, und in ihren
Rechtsgewohnheiten eine merkwürdige Uebereinstimmung mit
denselben zeigen [3]), ein neuer Herrscherstamm begründet, der
sich auch bis zum Untergange der Selbstständigkeit dieses
Volkes durch die Franken behauptet hat. Gundioch und
sein Sohn, der nachmals so berühmte König Gundebald,
erkannten beide auf dem von ihnen besetzten römischen Gebiete die römische Oberhoheit an und verschmäheten auch römische Staatswürden nicht, wenn gleich auch sie nicht die

---

1) Pfister, Geschichte von Schwaben. I. S. 98.

2) Zeuß, die Deutschen. S. 316.

3) Gaupp, das alte Gesetz der Thüringer. S. 5.

Gelegenheit verſäumt haben ſich bei der Verwirrung in Gal=
lien auf Koſten des Reiches auszudehnen.

So erfolgte noch in der zweiten Hälfte des fünften
Jahrhunderts die Ausbreitung des burgundiſchen Volkes über
die Gebiete an den Weſtgehängen des Jura und der Al=
pen, ſo weit ſich nachmals in der fränkiſchen Zeit das
burgundiſche Land ſüdwärts bis gegen die untere Rhone
hin, weſtwärts bis zur Loire, wo es an die Weſtgothen
ſtieß, und nordwärts bis über die Tafelhöhen von Langres
hinaus bis zum Quellgebiet der Moſel und Maas er=
ſtreckte [1]). Innerhalb dieſes Gebietes haben ſich die Namen
Burgund in der verſchiedenſten Bedeutung durch das ganze
Mittelalter und bis jetzt erhalten. Oſtwärts aber verbreite=
ten ſich die Burgunden auch über die Bergketten des Jura
hinaus über einen Theil der helvetiſchen Hochebene an
der Neuenburger=Seegruppe bis zur Aar, und wenn ihnen
an den Südgehängen der Vogeſen auch der Einfluß der
Alemannen hemmend entgegentrat, indem alle dort genann=
ten Ortſchaften bei dem Geographen von Ravenna bald als
burgundiſche, bald als alemanniſche vorkommen [2]),
ſo ſcheinen die Burgunden hier doch zuletzt die Oberhand be=
halten und ſich durch die Hochebene zwiſchen dem Südende
der Vogeſen und dem Jura bis zur Thalniederung des
Rhein ausgedehnt zu haben. Denn die Stadt Baſel er=
ſcheint ſpäter als eine burgundiſche Stadt, und die ge=
ſammte Diöceſe von Baſel, die übrigens immer unter dem
Metropoliten von Beſançon nach der ältern politiſchen und
kirchlichen Verfaſſung in dem römiſchen Zeitalter ſtand, muß
noch als ein Theil des Landes Burgund betrachtet werden [3]).

---

1) Luden, deutſche Geſchichte. II. S. 443.

2) Zeuß, die Deutſchen. S. 318. 470.

3) Werſebe, über die Völkerbündniſſe des alten Deutſchlands.
S. 185. Anmerk. 232.

An dem ganzen mittlern und untern Rhein entlang brei=
tete sich das Gebiet der fränkischen Völker in ihren drei
Hauptzweigen der Ripuarier, Salier und der sogenann=
ten Ost=Franken aus, unter welchen letztern bald nur noch
die chattischen Franken oder Hessen zu verstehen sind. Be=
merkt ist, daß schon nach der Mitte des fünften Jahrhun=
derts das Land an der Vereinigung des Main und Rhein
als fränkisches Gebiet erscheint, und so wie die ganze un=
tere Hälfte des Mosellandes bis zu den lothringischen
Flächen hin von fränkischen Schaaren besetzt war [1]), so hat=
ten sich dieselben auch über das belgische Niederland bis zu
den Ardennen ausgebreitet. Denn über die Somme hin=
aus, die schon vor Attilas Heereszuge von ihnen erreicht
war, scheinen sich die Franken auch in den nächsten Decen=
nien nach Attilas Zeit nicht verbreitet zu haben [2]).

Doch ruht während eben dieser Zeit ein tiefes Dunkel
auf der Geschichte der Franken, welches sich nicht eher wie=
der erhellt, als bis der König Childerich den Namen sei=
nes Volkes bei den Römern wieder berühmt machte [3]). Von
Unternehmungen der Franken und von fränkischen Heerköni=
gen nach jenem Chlodio, der ums Jahr 448 oder 451 ge=
storben sein soll, erfahren wir nichts, indem auch von jenen
sich um die Herrschaft streitenden Fürsten, die sich darum an
die römische und an die hunnische Parthei anschloßen, nicht
weiter die Rede ist. Nur das weiß der fränkische Geschicht=
schreiber Gregor zu berichten, daß jener Chlodio einen Sohn
Meroveus (Merwig) hinterlassen haben soll, der uns sonst
eben so unbekannt bleibt wie jener Faramund, und nur
durch die an ihn geknüpfte Genealogie des altfränkischen Kö=
nigsgeschlechtes von Bedeutung erscheint. Denn der Name
des Geschlechtes der Merowingen, dem die Begründung

---

1) Zeuß, die Deutschen. S. 345.

2) Luden, deutsche Geschichte. II. S. 444.

3) Türk, Geschichte der Franken. S. 76 bis 80.

des Hauptreiches der neuern christlich = germanischen Welt ge=
lang, scheint auf einen Fürsten Merwig hinzuweisen, und die
ältern fränkischen Autoren nennen jenen Childerich, welcher
um die Zeit, als das abendländische Kaiserthum in Rom zu
Grunde ging, bei den salischen Franken als König bekannt
ist, einen Sohn des Meroveus und einen Enkel jenes Chlo=
dio. Wenn sie aber bemerken, daß er über alle Franken
geherrscht habe, so wird dies durch die Geschichte seines Soh=
nes, des berühmten Chlodwig, zur Genüge widerlegt, indem
man sieht, daß er selbst nur einer der Heerkönige der sali=
schen Franken war, und daß neben ihm noch mehrere an=
dere mit eben so großer oder geringer Macht herrschten.
Noch war bei diesen Königen nicht an eine reichsähn=
liche Herrschaft zu denken, wie man sie früher ihnen wohl
zugeschrieben hat [1]). Zwar werden uns bei den chattischen
Franken auch nachmals keine Könige genannt, aber über sie
konnte sich die Macht jener salischen Heerkönige um so we=
niger erstrecken, als die ripuarischen Franken noch ihre
eigenen Fürsten hatten, von welchen wenigstens der bedeu=
tendste später zu Köln, dem politischen Mittelpunkte dieser
Franken, bekannt wird.

    Im Innern Deutschlands treten gegen das Ende des
fünften Jahrhunderts nun schon als zwei Hauptvölker die
Sachsen und Thüringer hervor, obschon wir über ihre
Ausbreitung zu jener Zeit und über ihre sonstigen politischen
Verhältnisse zu den Nachbarvölkern noch sehr im Dunkeln
sind. Nur kann man die untere Elbe und weiter auf=
wärts die Saale als ihre östliche Grenzmark gegen die
Welt der slavischen Völker und als die Grenzen Deutsch=
lands für die nächsten Jahrhunderte schon damals bezeich=
nen. Unzweifelhaft ist es, daß die Begründung einer be=
stimmtern Herrschaft über alle fränkischen Stämme durch
Chlodwig und seine Söhne und die Verbreitung des Chri=

---

1) Luden, deutsche Geschichte. II. S. 444. 445.

stenthumes bei denselben einen wichtigen Einfluß auf das
Verhältniß der in dem heutigen Westfalen wohnenden Völ=
ker sowohl zum Bunde der Franken als zu dem der Sachsen
ausgeübt habe, und daß ein Hauptgrund der alten Kämpfe
der fränkischen Merowingen gegen die Sachsen darin
zu suchen ist, daß sie die Oberherrschaft über alle fränkischen
Völker fest zu halten suchten, welche sich entweder schon an
die Sachsen angeschlossen hatten oder noch anschließen woll=
ten. Dies betrifft nun vornehmlich den Stamm der soge=
nannten Boruktuarier an der Lippe, deren Gebiet damals
auf jeden Fall das Grenzland zwischen den Ländern der
Franken und der Sachsen bildete [1]). Je nachdem aber die
Merowingen eine politische Macht entwickelten oder das
Christenthum im Osten des untern Rhein Fortschritte in der
Ausbreitung machte, demgemäß wechselten auch wohl auf
geraume Zeit die Grenzen zwischen beiden volksthümlichen
Gebieten und erhielten erst später ihre Feststellung. Darum
möchte man aber wohl eher geneigt sein, das Anschließen
jener fränkischen Boruktuarier an die Sachsen spätestens in
dem sechsten Jahrhundert anzunehmen als es, wie es in
der neuesten Zeit, geschehen ist [2]), bis in das siebente und
achte Jahrhundert hinauszuschieben.

An dem ganzen Gestade der Nordsee entlang von der
Mündung der Elbe bis zum Deltalande des Rhein zeigt sich
bei den dort hausenden alten friesischen Völkern schon seit
dem Anfange des vierten Jahrhunderts eine allmählige Um=
wandlung des Namens der Franken in den der Sachsen
ohne den Namen der Friesen selbst zu seinem Rechte kom=
men zu lassen. Daß damit Veränderungen in dem innern
Zustande der friesisch=ingävonischen Völker verknüpft waren,
erhellt aus dem spätern Zustande der dortigen Bevölkerung.
Doch scheint der sächsische Name in dem Gebiete der

---

1) Ledebur, die Brukterer. S. 275 bis 277.

2) Schaumann, Geschichte des niedersächsischen Volkes. S. 19.

eigentlichen Friesen niemals feste Wurzel geschlagen zu ha=
ben, und das oben berührte Verhältniß zwischen den Fran=
ken und Sachsen macht sich auch hier in so fern geltend,
als der friesische Name, der sich auf Kosten des fränki=
schen schon früher (obschon ungewiß wie und zu welcher
Zeit) über das batavische Deltaland ausgedehnt hatte [1]),
sich mehr und mehr von dem sächsischen trennte, und all=
mählig wieder eine selbstständige Gestalt annahm.

Noch dunkler ist das damalige Verhältniß zwischen den
Sachsen und Thüringern, von welchen die letztern von
Anfang an als ein so bedeutender deutscher Stamm in der
Geschichte hervortreten und doch, gleich den Friesen, vielfach
das Schicksal haben erleiden müssen, daß ihr Name von dem
der Sachsen und selbst auch von dem der Franken verschlun=
gen worden ist. Auch nehmen bekanntlich die Thüringer un=
ter den Stämmen Deutschlands im Mittelalter durchaus
nicht eine solche politische Stellung ein, wie man es
nach ihrer Ausbreitung und nach der geographischen Stel=
lung ihres Landes in dem Herzen Deutschlands erwarten
sollte. Daß Thüringer und Sachsen von Anfang an in
feindlichem Verhältnisse zu einander standen, erhellt schon
aus der Tradition über das erste Auftreten der Sachsen an
der untern Elbe. Zu den dunkelsten Punkten der deutschen
Geschichte gehört aber die politische Bildung und Gestaltung
des ostfälischen Landes im Osten des Harz, von welcher
dort die thüringischen Angeln nicht unberührt gelassen sein
können. Uebrigens bringt sich dabei die Vermuthung auf,
daß die Kämpfe der Sachsen zur Ausbreitung ihrer Herr=
schaft im Osten des Harzes bis zur Elbe, welche gewiß
schon dem fünften Jahrhundert angehören, mit den bald
darauf in Verbindung mit den Franken unternommenen
Kämpfen gegen die Thüringer, wobei das Land von dem
Harz bis zur Unstrut gewonnen worden sein soll, später

---

1) van Kampen, Geschichte der Niederlande. I. S. 68.

mit einander verwechselt worden sind.   Doch werden wir
hierauf weiter unten, in dem folgenden Zeitraum, zurück zu
kommen haben.

Aber während die nordwestlichen Völker an der rheini=
schen Seite Germaniens und an den Gestaden der Nordsee
bis zur Elbe sich den Blicken der Forscher jener Zeiten ganz
entzogen, herrschte die unruhige Bewegung unter den südöst=
lichen Völkern Germaniens an der ganzen Donau entlang
fort, und ließ hier erst ein volles Jahrhundert nach Attilas
Zug durch die deutschen Gebiete einen mehr geordneten Zu=
stand hervorgehen, wie er noch durch den Abzug und den
Untergang so mancher Stämme daselbst erkauft wurde, und
dann für die ersten Zeiten des Mittelalters geblieben ist.
Ward nun auch hier das gesammte obere Donau = Land
und das Gebiet der Centralalpen für die bauernde Hei=
math der deutschen Völker gewonnen, so ging doch ein gro=
ßer Theil des alten Germaniens, nach seinem damaligen
Umfange, an der mittlern und untern Donau obschon gewiß
nicht zum Nachtheil der freien Entwickelung der eigentlich
deutschen Stämme für Deutschland verloren.

Während an der Donau die Händel der deutschen Völ=
ker mit dem byzantinischen Hofe auf die alte Weise
fortbauerten, lagen sie auch in stetem Zwist unter einander
selbst, wenn gleich aus den ungenügenden Nachrichten des
Jornandes darüber sich nur mit Mühe etwas sicheres über
die Stellung und Verhältnisse der Völker zu einander ge=
winnen läßt.   Die Ostgothen scheinen noch aus der Zeit
der hunnischen Herrschaft in einem besondern Ansehn unter
diesen Völkern gestanden zu haben, und erregten dadurch und
durch ihre Stellung zum byzantinischen Reiche, die ihnen be=
sonders Gelegenheit zu Erwerbungen darbot, den Neid und die
Eifersucht der Nachbarstämme, die von ihnen auch nicht ohne
Stolz und Uebermuth behandelt worden sein mögen.   Darum
verbanden sich diese Völker gegen die Gothen; selbst Sar=
maten nahmen Antheil, und der byzantinische Hof ver=

ſäumte nicht ſeinem Vortheile gemäß dieſe Zwietracht zu
ſchüren. Aber das Glück blieb den Gothen hold und brachte
ſie zu größerer Einheit und Macht [1]).

Merkwürdig iſt es dabei, daß dieſe Händel zunächſt von
dem Volke der Sueven an der obern Donau ausgegangen
zu ſein ſcheinen, welche durch ihre an jenem Strome hinab-
ausgedehnten Raubzüge mit den in Pannonien ſitzenden Oſt=
gothen in Feindſchaft gerathen waren. Ueber dies Drängen
und Treiben der deutſchen Völkerſchaaren in den rhätiſchen
und noriſchen Gebieten am Nordſaume der Alpen entlang
belehrt uns aber vornehmlich Eugippius, der Lebensbeſchrei=
ber des heiligen Severinus, welcher letztere eben zu jener
Zeit in Noricum lebte, die Macht des Chriſtenthumes durch
ſeine Wirkſamkeit bei den barbariſchen Völkern geltend
machte, und die allgemeine Noth unter den Bewohnern der
Provinz in dieſen Tagen des Unglücks zu mildern ſuchte [2]).
Auch fällt grade in den Schluß des fünften Jahrhunderts
erſt die vollſtändige Ausbildung der kirchlichen Hierarchie
in den illyriſchen Provinzen unter der Oberleitung der rö=
miſchen Biſchöfe. Denn erſt hier iſt der Anfang der nach=
mals ſo berühmten Metropole Lorch (Lauriacum), der
Hauptſtadt von Uſer=Noricum, zu ſetzen, wie aus der Bulle
des römiſchen Biſchofs Symmachus an den dortigen Biſchof
Theodor vom Jahre 498 erhellt [3]), und trotz aller Verwü=
ſtung und Verwilderung rings umher hat ſich dieſe Metro=
pole auch durch die folgenden Jahrhunderte bis auf die Zeit
der Avaren erhalten.

Jener Eugippius berichtet von den häufigen Streifereien
der Sueven durch das rhätiſche Flachland, von den unver=
mutheten Ueberfällen der Thüringer, welche über die Do=
nau kamen und die römiſchen Ortſchaften zerſtörten, und

---

1) Luden, deutſche Geſchichte. II. S. 448.
2) Buchner, Geſchichte von Baiern. I. S. 113 bis 117.
3) Muchar, das römiſche Noricum. II. S. 288.

von den Streifereien der Heruler, bei deren Vorbringen in
die innern Gegenden auch Juvavia, die Hauptstadt von
Mittel=Noricum, ihren Untergang fand.   Vornehmlich tritt
der Einfluß des Severinus auf die Rugier hervor, welche
im Besitz der alten römischen Städte des norischen Donau=
Limes die Bewohner derselben nach andern Gegenden ver=
pflanzen wollten, die ihnen für die Errichtung und Befesti=
gung ihres dortigen Reiches zweckmäßiger erschienen, und
welche nur durch jenen Mann davon abgehalten wurden [1]).
Nun geschah es, daß die Sueven, wie Jornandes angiebt,
unter ihrem Herzoge oder Heerkönige Hunimund durch das
gothische Pannonien bis nach Dalmatien hin einen Raubzug
unternahmen und auf der Rückkehr auch das Gebiet der
Gothen nicht ungeplündert ließen.   Aus der Bemerkung des
gothischen Geschichtschreibers, daß Suevien dem dalmatischen
Lande nahe benachbart liege, erhellt aber zugleich, daß er
seine ältern Quellen mißverstehend im Widerspruch mit sei=
nen eigenen Angaben die pannonische Landschaft Suavien
(die römische Provinz Savia an der Save) mit dem suevi=
schen Lande an der obern Donau verwechselt habe [2]).
Denn die Annahme neuerer Autoren, daß auch dort an der
untern Donau ein suevischer Stamm unter diesem besondern
Namen gewohnt habe [3]), ist unbegründet und wird selbst
durch des Cassiodorus Angabe, wonach die dortigen Savier
auch unter dem Namen der Suaben vorkommen, nicht ge=
rechtfertigt.

- Die Sueven entkamen indessen nicht ungestraft.   Denn
Dietemir, einer der drei königlichen Brüder der Gothen,
überfiel dieselben am See Pelsodis (Neusiedler=See), und
nahm die ganze Schaar mit ihrem Fürsten gefangen.   Den=

---

1) Mannert, Geschichte von Baiern. I. S. 10.
2) Eichhorn, deutsche Staats= u. Rechtsgeschichte. I. S. 130.
3) Huschberg, älteste Geschichte des Hauses Scheiern=Wit=
telsbach. S. 30. 38.

noch gab er allen Sueven die Freiheit wieder und nahm den
Hunimund ſogar als Sohn auf. Dieſer dachte aber nur an
die erlittene Schmach und reizte, um ſich an den Gothen
zu rächen, das Volk der Schiren gegen dieſelben auf.
Edika (Ethicho) und Ulfo (Welf) waren damals die
Häupter der Schiren, und von ihnen hat man den nachmals
ſo berühmten Fürſtenſtamm der Welfen abgeleitet [1]), in
deren Geſchlecht jene Namen allerdings als erblich erſchei=
nen, während man andererſeits von den Stammfürſten des
Volkes der Schiren auch das alte Dynaſtengeſchlecht der
Scheiern, das ſpäter unter dem Namen Wittelsbach be=
kannt iſt, ableitete [2]). Sicher iſt dabei jedoch nur, daß die
Schiren einen weſentlichen Beſtandtheil des bajoariſchen
Volkes gebildet haben, wenn ſich auch der Zuſammenhang
zwiſchen dem baierſchen Geſchlechte der Scheiern mit jenen
Schiren nicht weiter begründen läßt, und daß auch die Wel=
fen, deren mächtige Allodien ſich von der Donau am Lech
aufwärts in das rhätiſche Alpengebirge hineinerſtreckten [3]),
als ein altbaierſches Dynaſtengeſchlecht erſcheinen. Die
Annahme der Verwandtſchaft beider Geſchlechter mit jenem
Volke hat darum bei den neuern Genealogen auch die will=
kührlichſten Schlüſſe auf die ſpätern Sitze der Schiren im
baierſchen Lande veranlaßt.

So entſpann ſich nun ein neuer Kampf mit den Go=
then, in welchem zwar der König Walamir, der alte Feld=
hauptmann Attilas, ruhmvoll kämpfend ſeinen Tod fand,
der aber für die erbitterten Gothen ſo glücklich endete, daß
das ſchiriſche Volk faſt aufgerieben wurde. Denſelben Un=
tergang fürchtend erhoben die Sueven unter ihren Herzogen

---

1) J. G. Eichhorn, Urgeſchichte der Welfen. Hannover 1816.
4. S. 18. 19.

2) Huſchberg, älteſte Geſchichte des Hauſes Scheiern = Wit=
telsbach. S. 60.

3) K. H. v. Lang, Baierns Gaue. S. 75. 161. 198.

Hunimund und Alarich aufs neue die Waffen, und die
Ueberreste der Schiren unter jenen beiden Stammhäuptlin=
gen schlossen sich ihnen wieder an.   Zugleich trat eine Schaar
von Gepiden zu ihnen über, und auch die Rugier, die.
schon mit den Gothen in Feindschaft standen, machten mit
ihnen gemeinsame Sache.   Nicht minder wurden Schaaren
von Sarmaten unter ihren Königen Beuga und Babais
unter die Waffen gebracht, und die vereinigten Völker lager=
ten sich am Flusse Bollia in Pannonien.   Auch diesen
Gegnern waren die Gothen gewachsen, und in einer sehr
blutigen Schlacht trugen ihre beiden Könige Dietemir und
Widemir einen glänzenden Sieg davon, der den Ruhm ihres
Namens aufs neue begründete.   Um so mehr suchten sie an
den Sueven Rache zu nehmen.   Daher führte einige Zeit
nachher, ungefähr ums Jahr 470, Dietemir seine Gothen
über die gefrorne Donau, um jenen Sueven in ihrem eige=
nen Lande in den Rücken zu kommen, und trotz ihrer Ver=
einigung mit den Alemannen, bei denen nun auch der Heer=
könig Gibuld genannt wird [1]), wurden sie besiegt und ihr
Land weit und breit verwüstet.   Siegreich kehrte Dietemir
nach Pannonien zurück, und empfing hier seinen Sohn
Dietrich, welcher als Geisel zehn Jahre in Byzanz gewe=
sen war und nun als Jüngling von achtzehn Jahren durch
kühne Unternehmungen gegen die sarmatischen Völker die
Größe des in ihm waltenden Geistes erkennen ließ [2]).

Während dieser Kriege aber scheinen die deutschen Völ=
ker Italien nicht aus den Augen verloren zu haben.   Schon
der rugische König Flacitheus hatte an einen solchen Zug
nach Italien gedacht, und war darum mit den Gothen, die
ihm den Durchgang durch das pannonische Land verweigert
hatten, in Zwiespalt gerathen [3]).   Jetzt regte sich auch in

---

1) Zeuß, die Deutschen. S. 321.
2) Luden, deutsche Geschichte. II. S. 449. 450.
3) Zeuß, die Deutschen. S. 485.

den Gothen die Kriegslust, und überdies in ihren bisherigen Sitzen beschränkt und Mangel leidend forderten sie ihre Könige auf, sie zu neuen Unternehmungen zu führen. Das Loos, das darüber zwischen den beiden königlichen Brüdern entscheiden sollte, bestimmte den Widemir zum Heerführer eines Zuges nach Italien, während Dietemir die Alleinherrschaft bei seinem Volke in Pannonien übernahm und dieselbe nach Süden hin jenseit der Donau auf Kosten des byzantinischen Reiches erweiterte. Widemir aber führte seine gothischen Schaaren nach Italien, und als er noch unterwegs starb, ward sein gleichnamiger Sohn, der als Heerkönig folgte, von dem dortigen Inhaber des kaiserlichen Namens, dem Glycerius, durch Geld und Versprechungen bald bewogen sich nach Gallien zu wenden und sich an die westgothischen Stammgenossen anzuschließen, deren unternehmenden König Eurich er in der Erweiterung seines Reiches unterstützte [1]).

Indessen Roms Schicksal war nicht mehr abzuwenden, und es kam bald durch einen andern Fürsten gothischen Stammes. Dies war Odoacher, welcher als Heerkönig einer großen Gefolgschaft aus jenen vier kleinern gothischen Völkern an der Donau oder der Rugier, Heruler, Schiren und Turcilingen einen Zug nach Italien unternahm. Ungewiß ist es, welchem Volke er eigentlich angehörte, da ihn Jornandes bald einen Rugier, bald einen Heerkönig der Turcilingen nennt [2]). Doch scheint er dem rugischen Königsgeschlechte nicht fremd gewesen zu sein. Bei einem andern Autor jener Zeit heißt er ein Sohn des Aedicus, und wenn dieser der oben genannte Fürst Edika wäre, so würde er eigentlich dem schirischen Volke angehören, welchem man zum Ersatze für die früher von ihm in Dunkelheit verbrachten Tage in der Ableitung alter deutscher Fürstenge=

---

1) Manso, Geschichte des ostgothischen Reiches in Italien. S. 15. 16.

2) Zeuß, die Deutschen. S. 489.

schlechter von demselben wenigstens ein rühmliches Anden=
ken für die Zukunft zu erhalten gesucht hat. Indem Odoa=
cher an die Stelle der alten Kaiserherrschaft in Italien, die
sich bis dahin nur dem Namen nach noch erhalten hatte, ein
deutsches Heerkönigthum begründete und für dieses Land
einen ähnlichen Zustand eintreten ließ, wie er schon in allen
übrigen Ländern des abendländischen Kaiserthums vorhanden
war, nahm er einen hohen Rang unter den staatengründenden
Heroen der germanischen Welt ein und veranlaßte vermuth=
lich erst dadurch die Sage, die ihn als Jüngling bei seiner
Wanderung nach Italien in Gesellschaft einiger Gefährten
mit dem heiligen Severin zusammenführt und einen pro=
phetischen Ausspruch über seine künftige Größe in jenem
Lande vernehmen läßt [1]). Schwerlich kann ihm aber jener
Severin bei seiner ausgebreiteten Wirksamkeit in den Gebie=
ten von Noricum unbekannt gewesen sein.

Diese neue deutsche Herrschaft in Italien äußerte bald
ihren Einfluß auf die jenseit der Alpen liegenden Donau=
länder, in denen die Mehrzahl jener kleinern Völker gothi=
schen Stammes noch immer zurückgeblieben war, und die
Begebenheiten in Rugiland waren es zunächst, welche
Odoachers Einmischung daselbst veranlaßten. Denn in der
Herrschaft des rugischen Volkes war dem Könige Flacitheus
unterdessen sein Sohn Feletheus, der auch den Namen
Fava führt, gefolgt, und die Stadt Faviana (castra Fa-
biana) an der Donau oder das alte römische Kastell neben
der Stadt Vindobona, die damals schon ihren Untergang
gefunden haben mochte, erscheint als das Hoflager des ru=
gischen Königshauses, und hat ihren Namen auf die glanz=
volle Kaiserstadt übertragen, welche sich nachmals auf ihrer
Stelle erhob [2]). Als nun des Königs Bruder Friedrich von

---

1) Luden, deutsche Geschichte. II. S. 451 bis 454.

2) J. v. Hormayr, Wien's Geschichte und seine Denkwürdig=
keiten. Wien 1823. 8. Th. I. Heft 2. S. 31 bis 55. Heft 3. S. 58.

dem gleichnamigen Sohne des Königs ermordet ward, be-
nutzte Odoacher dieſe Gelegenheit zum Umſturze des rugiſchen Reiches.   Er erſchien mit einem Heere, beſiegte
die Rugier und führte nach der Vertreibung des Prinzen
Friedrich den gefangenen König Feletheus nach Italien ab.
Kaum war aber Odoacher nach Italien heimgekehrt, als auch
Friedrich die Herrſchaft in dem Rugiland herzuſtellen ſuchte.
Darum ſandte der Beherrſcher Italiens ſeinen Bruder
Aonulf (Arnulf) mit einem neuen Heere über die Alpen
nach der Donau, durch welchen der rugiſche Fürſt zur Flucht
zu den Gothen genöthigt, die rugiſche Herrſchaft aber gänz-
lich aufgelöſt wurde.   Das war ums Jahr 487 oder ein De-
cennium nach der Begründung von Odoachers Herrſchaft in
Italien [1]).

An eine Behauptung jener Grenzgebiete an der Donau
ſcheint der italiſche Heerkönig jedoch nicht gedacht zu haben.
Denn er ließ die Ueberreſte von den ehemaligen römiſchen
Beſatzungen in den noch vorhandenen feſten Städten des
rhätiſch-noriſchen Reichslimes nebſt den dortigen Provinzialen nach Italien abführen [2]),   und dieſe gänzliche Aufhebung des alten Vertheidigungsſyſtems des römiſchen
Reiches, wie es ſich dort in einzelnen Bruchſtücken noch immer erhalten hatte, war von wichtigen Folgen für die Geſtaltung der Völkerverhältniſſe zwiſchen den Alpen und der
Donau.   Denn jetzt ſcheinen auch die letzten Ueberreſte der
ſueviſchen Markomannen und Quaden den Strom überſchritten und ſich in dem noriſch-rhätiſchen Flachlande mit
den noch übrigen Schaaren jener kleinern gothiſchen Völker vereinigt zu haben, ſo daß jetzt erſt der Grund zu der
Bildung des bajoariſchen Volkes gelegt wurde, welches
als ſolches in einer feſt verſchmolzenen Einheit ſeiner ver-

---

1) Huſchberg, Geſchichte des Hauſes Scheiern-Wittelsbach.
S. 32.

2) Buchner, Geſchichte von Baiern. I. S. 117.

ſchiebenen volksthümlichen Elemente erſt um die Mitte des
ſechsten Jahrhunderts bekannt wird, und damals von den
Sueven am Lech im Weſten ſich oſtwärts bis dahin ausbreitete, wo zur Zeit Odoachers noch die Oſtgothen auf
dem pannoniſchen Gebiete ſaßen [1]).

Durch eben dieſe Oſtgothen wurde aber nur wenige
Jahre nach dem Untergange des rugiſchen Reiches auch
wieder die Herrſchaft des italiſchen Heerkönigs vernichtet,
und durch ihre Auswanderung aus den Gebieten an der Donau die Veranlaſſung zu einer neuen Umgeſtaltung der Dinge
daſelbſt gegeben. Denn ſchon ſeit der Zeit ihrer Unabhängigkeit nach Attilas Tode blieben, wie es auf allen Grenzgebieten der römiſchen und germaniſchen Welt ſeit Jahrhunderten geweſen war, die Reibungen mit dem byzantiniſchen Reiche nicht aus, und bei Gelegenheit eines darüber
abgeſchloſſenen Friedens, der natürlich nicht ohne Jahrgelder
von den Oſt-Römern erkauft werden konnte, war es, daß
der junge Dietrich als Geiſel nach jener Welthauptſtadt
kam, in der er ſich mit der Bildung des Alterthums eben ſo
bekannt machte, wie er dadurch den Sitten und dem kriegeriſchen Sinne ſeines Volkes nicht entfremdet wurde [2]).
Seitdem aber Dietrich nach dem Tode ſeines Vaters Dietemir, ums Jahr 475, die Alleinherrſchaft bei den Oſtgothen
führte, konnte es um ſo weniger an Zwiſtigkeiten fehlen,
als die Gothen im Gefühle ihrer Macht nach größerer Ausbreitung auf Koſten des byzantiniſchen Reiches ſtrebten, und
die dort herrſchenden Kaiſer, wie vornehmlich der Iſaurier
Zeno, durch eine ſchlaue Politik in der Ueberliſtung und
Aufhetzung der deutſchen Völker an der Donau gegen einander ihr Reich zu ſichern ſuchten. Dazu diente jenem Fürſten vornehmlich eine andere kleine gothiſche Herrſchaft,

---

1) **Mannert,** Geſchichte von Baiern. I. S. 20.

2) **Manſo,** Geſchichte des oſtgothiſchen Reiches in Italien.
S. 14. 15.

welche schon seit älterer Zeit im Süden der untern Donau
in Mösien und am Hämus angesiedelt war und damals
gleichfalls unter einem Könige Dietrich, des Triarius Sohn,
stand. Indessen nach dem Tode dieses letztern Dietrich im
Jahre 481 wurden die Verhältnisse zwischen den Ostgothen
und dem kaiserlichen Hofe immer bedenklicher, und so sehr
wie Dietrich einen größern Schauplatz seiner Wirksamkeit
suchte, eben so sehr wünschte ihn Zeno aus seiner Nähe zu
entfernen. So begegneten sich ihre Wünsche in der Unternehmung eines Zuges nach Italien, durch welchen die kaiserliche Oberhoheit über dieses Land vielleicht noch mehr gerettet werden konnte als unter Odoachers Herrschaft [1]).

Im Jahre 489 erfolgte die Wanderung des gothischen
Heeres und Volkes über die julischen Alpen nach Italien,
nachdem sich dasselbe erst mit gewaffneter Hand durch das
Gebiet der Gepiden in der Gegend von Sirmium an der
Donau einen Weg hatte bahnen müssen [2]). Aber nicht un-
rühmlich stritt der italische Heerkönig, der den tüchtigsten
Fürsten der ältern germanischen Welt mit Recht an die
Seite gesetzt werden kann, um seine Herrschaft, die ihm
mehr der Abfall der Seinigen als die Ueberlegenheit seines
Gegners zu entreißen vermochte. In Ravenna eingeschlossen
behauptete er sich noch bis zum Jahre 493; da nöthigte
Mangel und Theuerung zur Uebergabe der Stadt. Nur
kurze Zeit nachher fiel Odoacher gegen die Bedingungen des
Vertrages als ein Opfer der Eifersucht des Königs Dietrich,
wie sie zwischen zwei solchen Männern nicht ausbleiben
konnte, und auf den Trümmern des herulisch-rugischen
Reiches in Italien erhob sich nun mit großem Glanze als
zweite germanische Herrschaft daselbst das ostgothische
Reich unter des großen Dietrich Leitung [3]).

_____

1) Manso, Gesch. des ostgothischen Reiches. S. 17 bis 29
2) Zeuß, die Deutschen. S. 439.
3) Manso, a. a. O. S. 39 bis 46.

Hat sich diese gothische Herrschaft in Italien auch nur ein halbes Jahrhundert erhalten, so ist doch die Frage von Bedeutung, wie weit sich dieselbe nach Norden zu in die Alpen hinein und über dieselben hinaus erstreckt habe, indem man in neuern Zeiten die ganze Entstehung und Bildung des bajoarischen Volkes mit der Beherrschung des rhäti- schen Flachlandes durch die Gothen von Italien aus in Verbindung gebracht hat [1]). Mit Sicherheit wissen wir, daß das gothische Reich außer dem Festlande von Italien auch die illyrischen Gebiete auf der Ostseite des abriatischen Meeres bis zur Donau hin umfaßte, und daß nordwärts auch das rhätische und norische Alpenland dazu gehörte. Widerlegen läßt sich aber aus den Zeugnissen jener Zeit die Annahme, daß dieses Reich sich über das rhätische und no- rische Flachland bis zur Donau erstreckt habe [2]). Denn die beiden Provinzen Rhätien jener Zeit, in welchen ein militärischer Befehlshaber (dux) die Verwaltung führte, bil- deten die eigentlichen Bollwerke und Schutzwehren des go- thischen Reiches gegen die andern nordischen Völker, und sie umfaßten, wie aus den Angaben des Paul Warnefried er- hellt, eben nur das rhätische Alpenland, wo uns auch das Schloß Veruca an der Etsch als der Schlüssel von Ita- lien genannt wird, während das rhätische Flachland damals schon den Namen Noricum führte. Und selbst die Breu- nen oder Brennen von gallisch = romanischem Stamm in dem obern Innthale zeigten sich hier noch als unabhängig und räuberisch gegen die gothischen Unterthanen [3]).

Bei dieser Ausdehnung der gothischen Herrschaft nach Norden hin wird man nothwendig anerkennen müssen, daß das bajoarische Volk, in welchem Zustande es auch in der Zeit des Königs Dietrich gewesen sein mag, doch von

---

1) Buchner, Geschichte von Baiern. I. S. 118 bis 120.

2) Manso, a. a. O. S. 53. 54. 321 bis 325.

3) Zeuß, die Deutschen. S. 369. 370.

demſelben unabhängig war und ſich in dieſer Selbſtſtän=
digkeit auch ferner gegen die Gothen bis zu deren Unter=
gange behauptet hat ¹). Damit iſt jedoch noch nicht ein
Einfluß der gothiſchen Herrſchaft zur Zeit Dietrichs auf
jene Stämme im Norden der Alpen, welche erſt ſeitdem un=
ter dem bajoariſchen Namen hervortreten, zu läugnen. Ge=
wiß iſt die Herrſcherzeit jenes Königs als die eigentliche Ge=
burtszeit des bajoariſchen Volkes zu bezeichnen, indem
die Bildung einer ſeitdem dort erſcheinenden feſt in ſich ab=
geſchloſſenen Nationalität im Gegenſaße gegen die frühere
Zerſplitterung des volksthümlichen Lebens in jenen Gebieten
nur durch das Anſchließen an ein ſo mächtiges Volk wie die
Gothen und durch den freundſchaftlichen Einfluß der bei ih=
nen beſtimmt ausgebildeten ſittlich=politiſchen Macht zu er=
klären ſein möchte. Ja ſelbſt ein gewiſſes Abhängigkeits=
Verhältniß der Bajoaren von den Gothen ließe ſich für die
Zeit annehmen, als ein großer Theil der Alemannen, vor dem
fränkiſchen Eroberer Chlodwig Schuß ſuchend, auch im Nor=
den der Alpen Dietrichs Oberhoheit anerkannte.

Ein ſolcher Einfluß iſt aber aus der Politik des großen
gothiſchen Königs leicht zu erklären, und zeigt ſich auch
durch mancherlei Andeutungen der Autoren jener Zeit beſtä=
tigt. Merkwürdig iſt der von Dietrich ausgehende Gedanke
eines großen politiſchen Syſtemes, welches alle germa=
niſchen Völker des weſtlichen Europa umfaſſen ſollte. Denn
er ſtand in Verbindung mit den Franken, Weſtgothen, Bur=
gunden, Alemannen, Thüringern und mit den Vandalen in
Afrika, und ſuchte eine ſittlich=politiſche Gemeinſchaft unter
ihnen zu begründen ²). Aber was dieſer große König er=
ſtrebte, das wurde erſt ſpäter von einer andern Seite und
auf eine ganz andere Weiſe von den Franken ausgeführt.

---

1) Mannert, Geſchichte von Baiern. I. S. 22. 23.

2) Manſo, Geſchichte des oſtgothiſchen Reiches. S. 70. 71.

Bei Veranlassung der Kämpfe Chlodwigs gegen die Westgothen in Gallien erfahren wir, daß sich Dietrich an die Könige der Heruler, Warnen und Thüringer wandte und sie zu einer Verbindung mit ihm aufforderte, um sich dem Grimme des fränkischen Königs entgegen zu stellen. Ja der herulische König wurde selbst von dem mächtigen Herrscher der Ostgothen der Ehre eines Waffensohnes nach deutscher Sitte für würdig erachtet [1]). Was das für ein Fürst der Heruler war, ist freilich unbekannt, und man hat zunächst an diejenigen Heruler gedacht, welche unter dem Könige Rodulf noch am Anfange des sechsten Jahrhunderts auf der Nordseite der Donau in der Nachbarschaft der Langobarden saßen. Doch scheint es bei der Lage der Dinge wohl wahrscheinlicher zu sein, an die zum bajoarischen Vereine gehörigen Heruler zu denken, obschon man daraus wieder den zu weit gehenden Schluß gezogen hat, daß die Heruler den bedeutendsten Bestandtheil in jener Verbindung gebildet haben, und daß sich in jenem Fürsten schon der Ahnherr des Geschlechtes der Agilolfingen erkennen lassen möchte, welche letztern seit der Mitte des sechsten Jahrhunderts als das oberste Fürstengeschlecht bei den Bajoaren bekannt werden [2]).

Noch hatte aber Deutschland durch den Abzug der Gothen aus Pannonien seine nachmaligen Grenzmarken an der Südostseite nicht erlangt. Denn noch bestand ein weit gegen Osten vorgestreckter Ausbau des deutschen Germaniens in dem Reiche der Gepiden in den durch das Andringen der von Osten, aus den pontischen Steppen, kommenden barbarischen Völker sehr gefährdeten Gebieten von Dacien; und das pannonische Land, dieses Absteigequartier der wandernden Völker bei ihren Zügen von Osten nach Westen und von Norden nach Süden, ward bald von neuen germanischen

---

1) Zeuß, die Deutschen. S. 356. 480.
2) Mannert, Geschichte von Baiern. I. S. 23. 24.

Schaaren, von den Langobarden, beſetzt, die ſeit dem
Anfange des ſechſten Jahrhunderts wieder in der Geſchichte
hervortreten. Seit der Zeit der hunniſchen Herrſchaft ſaßen
die Langobarden an der Nordſeite der Donau, wo ſie den
Herulern dienſtbar waren. Dieſe Heruler aber, welche ſich
nicht an den Verein der Bajoaren angeſchloſſen hatten, bil=
deten in den Ebenen des Marchfeldes einen eigenen Staat,
der zur Zeit des Kaiſers Anaſtaſius oder am Anfange des
ſechſten Jahrhunderts unter dem Könige Robulf ſtand,
und damals durch den Uebermuth ſeines eigenen Volkes nach
kurzer Dauer den Untergang fand [1]).

Denn aus wilder Kriegsluſt zwangen die Heruler ihren
König ſie gegen die Langobarden, ſo ſehr dieſe auch allen
Anforderungen ihrer Oberherren zu genügen verſprachen, ins
Feld zu führen. Aber ſie erlitten eine völlige Niederlage von
den Langobarden, ihr König ſelbſt fiel, und das heruliſche
Reich löſte ſich mit der faſt gänzlichen Vernichtung des
Volkes ums Jahr 510 auf [2]). Der Ueberreſt des Volkes
ſahe ſich nun genöthigt ſich aus der Nähe der Langobarden
fortzuziehen. Darum wandte ſich ein Theil ſüdwärts zu den
Gepiden, und ſuchte vom Kaiſer Anaſtaſius Aufnahme in
das römiſche Gebiet zu erlangen. Ein anderer Theil aber
verſchmähete es, ſich unter römiſche Oberhoheit zu begeben,
und faßte den kühnen Plan in das äußerſte Land nach
der entgegengeſetzten Richtung zu ziehen, und bei dieſer Wan=
derung nach Skandinavien erfahren wir, daß ſie nach Durch=
ſchreitung vieler wüſten, von ſlaviſchen Stämmen bevöl=
kerten Gegenden, zu den Warnen in der Nachbarſchaft der
Dänen gelangten [3]).

Aber jene nach Süden gewanderten Heruler wurden
den Römern mehr Feinde als Bundesgenoſſen, und ſelbſt

---

1) Luden, deutſche Geſchichte. III. S. 191. 192.
2) Türk, Geſchichte der Langobarden. S. 27. 28.
3) Zeuß, die Deutſchen. S. 481.

durch harte Züchtigung für ihren Uebermuth gegen die rö=
mischen Bewohner an der untern Donau vermochte der Kai=
ser Anastasius nicht sie geneigter zu machen in römische
Kriegsdienste zu treten. Sie erhielten sich auch noch ferner
dort zur Zeit des justinischen Kaiserhauses, blieben aber ein
eben so wilder und unbändiger Haufe wie früher. So er=
schlugen sie aus bloßem Uebermuth ihren König Ochon, und
schickten nun nach Constantinopel um sich vom Justinianus
ein neues Oberhaupt aus königlichem Geschlecht zu erbitten,
während sie zu demselben Zwecke auch an ihre Brüder in
Skandinavien eine Gesandtschaft abgehen ließen. Aus
Byzanz ward ihnen vom Kaiser der Heruler Suartua ge=
sandt, der nun aber mit dem aus Skandinavien kommenden
Nebenbuhler Tobasius zu kämpfen hatte. Die sich so ein=
ander gegenüber stehenden Partheien unter den Herulern
schlossen sich darauf an die beiden größern Völker der Lan=
gobarden und Gepiden an, die seit jener Zeit den für die
germanische Völkerwelt in jenen Gebieten so unheilvollen
Zwiespalt begonnen hatten [1]).

Dennoch blieb noch ein Theil der Heruler in den
Diensten der Byzantiner zurück, und sie erwiesen sich in de=
ren Kriegen als die kühnsten und tapfersten Streiter. Sie
haben vornehmlich zum Umsturze des gothischen Reiches und
zur Unterwerfung Italiens unter die byzantinische Herrschaft
beigetragen. Sie werden häufig genannt in den Heerschaa=
ren des Belisarius und Narses. Als die vornehmsten Häupt=
linge derselben erscheinen dort besonders ein Filimuth, so=
dann Fulkaris und zuletzt Sindwald, der wegen seines
Strebens nach einer Herrschaft in Italien vom Narses ge=
tödtet worden sein soll. Seitdem verschwindet dies Volk
aus der Geschichte [2]).

------

1) Zeuß, die Deutschen. S. 482.
2) Zeuß, die Deutschen. S. 483.

Unterdessen hatte das Ansehn und der Ruhm der Lan=
gobarden unter ihrem Könige Tato wegen der Besiegung
der Heruler unter allen benachbarten Völkern zugenommen.
Die Langobarden erscheinen fortan als das herrschende Volk
in Rugiland auf der Nordseite der Donau, und seitdem
scheint auch sie ein Geist der Unruhe und der Kriegslust er=
griffen zu haben. Zugleich zogen sie sich aus ihren frühern
Sitzen mehr ostwärts an der Donau hinab, und besetzten die
weiten Ebenen des nördlichen Daciens an der Theiß,
welche bei dem langobardischen Geschichtschreiber unter dem
deutschen Namen „das Feld" vorkommen. Dort kamen sie
zuerst mit den Gepiden in nähere Berührung, und von
dort wanderten sie später in Pannonien ein [1]).

Der Grund der viel bekannten und so lange dauernden
Feindschaft zwischen den Langobarden und den Gepiden
wird vom Paul Warnefried und vom Procopius verschieden
angegeben, doch erhellt, daß mancherlei Umstände zusammen
kamen, welche eine Eifersucht zwischen beiden Völkern, von
denen das erstere auf der Bahn des Ruhms emporstieg, das
letztere aber seine Glanzperiode schon gleich nach der hunni=
schen Zeit gehabt hatte, hervorriefen. Auch ermangelte der
byzantinische Hof, an welchen sich beide Völker zur Zeit des
Kaisers Justinianus um Unterstützung in ihrem Kampfe
mit einander wandten, nicht, den Haß zwischen ihnen zu
schüren und zu nähren. Denn nur so glaubte jener Kaiser
für die Sicherheit seines Reiches sorgen zu können, für dessen

---

1) Paulus Diacon., de gestis Langobard. I, 20. Egressi
quoque Langobardi de Rugiland habitaverunt in campis patenti-
bus, qui sermone barbarico Feld appellantur. Mit Unrecht hat
man früher diese weiten Ebenen, das Feld, anstatt im Osten viel=
mehr im Westen von Rugiland gesucht, und darunter die Gebiete
des schwäbischen Riesgaues im weitern Sinne ostwärts bis zum
Flusse Regen oder einen großen Theil der Landschaft Nordgau (provincia major Nordgowe) verstanden. Grupen, das älteste Deutsch=
land unter den Römern u. s. w. I. S. 316.

Bestehen sich beide Völker durch ihre Kriegszüge nach den illyrischen Provinzen am abriatischen Meere als Freunde und als Feinde gleich gefährlich erwiesen hatten. Jahrgelder waren wie immer die besten Mittel für die Römer um sie zu beschwichtigen und dann auch wieder zu neuen Angriffen zu reizen. Doch begünstigte Justinianus unstreitig von ihnen die Langobarden, weil ihm die Gepiden näher gelegen waren, und sich dem byzantinischen Reiche schon allzu furchtbar gemacht hatten, und langobardische Schaaren waren auch unter seinen Heeren, die ihm Italien von den Gothen erobern mußten [1]).

Auf ihren kriegerischen Raubzügen nach Dalmatien kamen die Langobarden und Gepiden zuerst in Zwist mit einander, und die Verhältnisse ihrer beiderseitigen Königsfamilien zu einander entzündeten die heftige Feindschaft zwischen ihnen. Denn der König Tato ward bald nach der Zeit des Unterganges der Heruler von seinem Neffen Wacho, des Zuchilo Sohn, der Herrschaft und des Lebens beraubt, und sein Sohn Hilbichis sah sich genöthigt, zu den Gepiben zu fliehen, durch deren Hülfe er den Tod seines Vaters rächen wollte. Doch Wacho und nach ihm sein Sohn Waltari standen zu kurze Zeit als Heerkönige an der Spitze des langobardischen Volkes, als daß die Feindschaft zwischen beiden Völkern unter ihnen schon zum Ausbruch kam. Dies geschah erst unter dem Könige Auboin, welcher nach der Angabe Warnefrieds ein Enkel Wachos war, wahrscheinlicher aber nach des Procopius Angabe zuerst nur die Vormundschaft für den unmündigen Waltari führte und nach dessen frühzeitigem Tode selbst als Heerkönig anerkannt wurde. Derselbe König Auboin war es, welcher die Langobarden ums Jahr 526 nach den ehemaligen Sitzen der Ostgothen, nach Pannonien, führte [2]).

---

1) Luden, deutsche Geschichte. III. S. 194. 198.
2) Türk, Geschichte der Langobarden. S. 29. 30.

Um eben jene Zeit, als Turisend oder Thorisin als
Heerkönig an der Spitze der Gepiden stand, geriethen beide
Völker zuerst in einen blutigen Kampf, welcher dadurch für
die Gepiden einen unglücklichen Ausgang nahm, daß des
Königs Turisend Sohn Turismod von dem langobardischen
Königssohne Alboin mit eigener Hand erlegt ward. Aber
die Feindschaft zwischen beiden blieb und steigerte sich noch,
bis sie mit dem gänzlichen Verderben des gepidischen Volkes endete. Denn so wie der langobardische Fürst Hildi-
chis die Gepiden aufreizte, so die Langobarden der junge
gepidische Fürst Ustrigoth, der nach dem Tode seines Vaters, des gepidischen Königs Elemund, von dem Turisend
aus der Herrschaft bei seinem Volke verdrängt war und sich
zu den Langobarden geflüchtet hatte. Doch starben die beiden Könige, Audoin und Turisend, noch hinweg, ehe das
Schicksal ihrer Völker entschieden ward, und auch der Kaiser
Justinianus erlebte nicht mehr die Umwandlung der Dinge,
welche gleich nach seinem Tode, im Jahre 565, in den da-
cisch-pannonischen Gebieten eintrat [1]).

Denn außer den Bulgaren war damals noch ein zweites den Hunnen verwandtes Volk von finnisch-ugrischem
Stamme, die Awaren, von jenseit der Wolga in die pontischen Ebenen eingewandert, und erschien zum Schrecken der
Byzantiner an der untern Donau, wo sie nach der Unterwerfung der Bulgaren und der dort zahlreich angesiedelten
slavischen Völkerschaften sich bald als furchtbare Nachbarn
des oströmischen Reiches zu erkennen gaben und mehrere
Jahrhunderte lang der Schrecken desselben geblieben sind [2]).
Die wilden Reiterhorden der Awaren wurden aber sogleich in
die Streitigkeiten der germanischen Völker an der untern
Donau hineingezogen, und haben fortan durch die Begrün-

---

1) Luden, deutsche Geschichte. III. S. 199 bis 201.

2) Muchar, Geschichte der Ansiedlung der Slaven in Inner-
Oestreich, in der steiermärk. Zeitschrift. Heft 8. 1827. S. 86.

bung einer mächtigen Herrschaft daselbst auch einen Einfluß auf die abendländisch=germanische Völkerwelt in Deutschland und Italien ausgeübt. Das Reich der Gepiden stand ihnen dabei zunächst im Wege, und so folgten sie leicht dem An= trage des langobardischen Königs Alboin mit ihm gemein= same Sache gegen die Gepiden, bei welchen Turisends jün= gerer Sohn Kunimund als Heerkönig gefolgt war, zu machen [1]).

Den vereinten Angriffen der Langobarden und Awaren von Westen und Osten unterlag das gepidische Volk und Reich, nachdem das letztere seit der Zeit der hunnischen Herrschaft eine mehr als hundertjährige Dauer in Dacien ge= habt hatte, im Jahre 566, und das gepidische Land ward eine Beute der Awaren. Der König Kunimund selbst war im Kampfe gefallen, sein Volk größtentheils aufgerieben [2]). Doch mögen sich Ueberreste der Gepiden in das karpa= thische Gebirgsland gerettet und dort, gleich den früher schon dahin geflüchteten Gothen, den ersten Grund zu der germanischen Bevölkerung gelegt haben, welche wir in den Zeiten des Mittelalters unter der Herrschaft der Ungarn daselbst wahrnehmen [3]).

Somit waren die Langobarden in Pannonien unter ih= rem Könige Alboin, dessen Ruhm weit hin durch die Länder drang, das südöstliche Grenzvolk Germaniens geworden. Aber ihr Ansehn war größer als ihre Macht. Sie befan= den sich dort auf einem entlegenen und fremden Boden, mit= ten unter den schon überall daselbst verbreiteten slavischen Völkerschaften und in der Nachbarschaft der Awaren, deren Freundschaft und Feindschaft für sie gleich bedenklich war, in einer eben so gefährlichen Lage wie die von ihnen vernichte=

---

1) Türk, Geschichte der Langobarden. S. 31.

2) Luden, deutsche Geschichte. III. S. 205.

3) Zeuß, die Deutschen. S. 440. Mascou, Geschichte der Deutschen. I. S. 306. II. S. 177.

ten Gepiden in dem daciſchen Lande. Wünſchenswerth
mußte es daher dem Alboin erſcheinen ſich dieſer gefährlichen
Stellung zu entziehen, und auf einem mehr ſichern Boden
den Grund zu einer neuen Herrſchaft zu legen, und da konnte
ſeinen Blicken das Land Italien nicht entgehen, wohin
immer das Streben der germaniſchen Völker gerichtet gewe=
ſen, und welches auch langobardiſche Schaaren in byzanti=
niſchen Dienſten im Kampfe mit den Oſtgothen ſchon kennen
gelernt hatten [1]).

Denn noch ehe die gepidiſche Herrſchaft in Dacien zu
Grunde ging, hatte auch die glanzvolle durch den König
Dietrich begründete Herrſchaft der Oſtgothen in Italien nach
einem zwanzigjährigen blutigen Kampfe mit den Byzanti=
nern ein Ende genommen, und dieſer Umſturz des gothi=
ſchen Reiches gleich nach Dietrichs Tode erſchütterte das
ganze germaniſche Staatenſyſtem der damaligen Zeit. Doch
nur durch germaniſche Kraft war es, daß des Juſtinianus
Feldherrn Beliſarius und Narſes jene gothiſche Herrſchaft zu
zertrümmern und das gothiſche Volk zu vernichten vermoch=
ten. Denn ihre Heere beſtanden aus Schaaren der verſchie=
denſten germaniſchen Völker, unter denen die Heruler
eine Hauptrolle ſpielten, und bei denen auch Hunnen zu je=
ner Zeit niemals fehlten [2]). So wie aber die Heruler auf
dem Boden von Italien ſich damals zum letztenmale einen
Namen erworben haben, ſo treten dort auch noch einmal
ihre Stammgenoſſen von der Donau, die Rugier hervor,
welche theils ſchon mit Odoacher, theils ſpäter unter den
gothiſchen Schaaren Dietrichs hier eingewandert, einen noch
immer geſonderten Theil des gothiſchen Volkes bildeten.
Sie ſuchten während der Zeit der Kämpfe mit den Byzan=
tinern nach dem unglücklichen Ringen des Königs Vitiges

---

1) Luden, deutſche Geſchichte. III. S. 207 bis 209.
2) Manſo, Geſchichte des oſtgothiſchen Reiches in Italien.
S. 267.

einen König aus ihrer Mitte, den Erarich, an die Spitze
zu stellen, der aber seiner Stellung am wenigsten gewachsen
war und bald durch die Hand eines Gothen fiel, um dem
würdigen Totilas als Heerkönig der Gothen Platz zu machen.   Seitdem verschwindet auch der Name der Rugier
aus der Geschichte [1]).

Das Sinken der Macht des gothischen Reiches in Italien zur Zeit des Königs Vitiges war übrigens von der
größten Bedeutung für den Zustand aller deutschen Völker,
die auf der von jenem Lande abgewandten Seite des Alpengebirges saßen und auf welche jenes Reich zu Dietrichs
Zeit einen wohlthätigen Einfluß ausgeübt hatte, so auf die
Burgunden im Nordwesten und auf die Alemannen, Sueven
und Bajoaren im Norden; und nur auf die Langobarden im
Nordosten hat ein solcher nicht statt gefunden, weil diese erst
in dem Todesjahre Dietrichs aus den Ebenen an der Theiß
in die Nachbarschaft der Gothen, in deren frühere Sitze in
Pannonien, am Ostfuße der Alpen einwanderten.   Denn seitdem gelang es den unter den Merowingen mächtig empor-
strebenden Franken über alle jene zwischen ihnen und dem
italischen Lande wohnenden Völker ihren Einfluß und ihre
Herrschaft geltend zu machen.   Ja ihre treulose Politik benutzte sogar das Unglück der Gothen im Kampfe mit den
Byzantinern, um sich in den Besitz der früher von den Gothen beherrschten Alpenlandschaften von Rhätien und Noricum zu setzen, von welchen aus sie schon großartige Plane
gegen das oströmische Reich zu fassen wagten.   Wenn man
daher wohl angenommen hat, daß erst mit der Auflösung
der gothischen Herrschaft um die Mitte des sechsten Jahrhunderts die Entstehung eines selbstständigen bajoarischen
Volkes und Reiches unter dem seitdem bekannten Fürstenstamm der Agilolfingen gegeben sei und dasselbe sich sodann

---

1) Manso, Geschichte des ostgothischen Reiches. S. 227.

freiwillig an die Franken angeschlossen habe [1]), so ist es
bei weitem wahrscheinlicher und der Lage der Dinge daselbst
angemessener, daß das schon früher bestehende Volk der Bajoaren jetzt in Abhängigkeit von dem fränkischen Reiche
gekommen sei.

Indessen erlag das gothische Reich in Italien nach einer
nur etwas mehr als halbhundertjährigen Dauer den Angriffen der Byzantiner nach den heldenmüthigsten Kämpfen der
Könige Totilas und Tejas im Jahre 555, und Italien
ward auf ein Decennium lang eine byzantinische Provinz, bis dieses Land durch die Einwanderung der Langobarden unter Alboin zum viertenmale, nach den Heereszü-
gen eines Alarich, Odoacer und Dietrich, germanisirt wurde.
Diese Uebersiedlung der Langobarden nach Italien erfolgte im
Jahre 568, und im Gefolge dieses Volkes nennt uns der
langobardische Geschichtschreiber außer einer Schaar von
20,000 Sachsen auch noch Gepiden, Bulgaren, Sarmaten,
Pannonier, Suaven und Noriker, durch deren Namen also
begleitende Schaaren von slavischem und finnisch=ugrischem
Stamme und von den alten römischen Provinzialen bezeichnet werden [2]). Die Awaren aber, die bisherigen Bundesgenossen der Langobarden, besetzten das von ihnen verlassene
Gebiet, die pannonischen Ebenen, bis zum Ostabhange
der Alpen und bis zu den Küsten des adriatischen Meeres.
Beide Völker wurden dadurch aufs neue Nachbarn, aber
so wie ihre Gebiete früher durch den Lauf der Donau auf
der pannonisch=dacischen Grenzmark geschieden waren, so
wurden sie es jetzt durch die Bergketten der julischen
Alpen [3]).

Mit der Begründung des langobardischen Reiches in
Italien schließt die Wanderungszeit der germanischen

---

1) Buchner, Geschichte von Baiern. I. S. 129 bis 133.
2) Zeuß, die Deutschen. S. 475.
3) Luden, deutsche Geschichte. III. S. 214.

Völker ab, und der äußere Ausbau der Welt der germanischen Reiche auf den Trümmern des römischen Reiches,
wie er zwei Jahrhunderte früher begonnen hatte, war damit
vollendet, hatte aber auch durch die emporstrebende Herrschaft der Franken seit dem Ende des fünften und dem Anfange des sechsten Jahrhunderts schon die bedeutendsten Umgestaltungen erfahren. Auch nahm das langobardische
Reich in Italien dem Umfange nach keineswegs die Stelle
des frühern gothischen Reiches ein, indem dasselbe seinen
Hauptsitz in der weiten Thalebene des Po im nördlichen
Italien behielt und sich nur theilweise über das mittlere und
untere Italien im Innern des Landes verbreitete. Gegen
Norden und Nordwesten erstreckte sich dasselbe aber nur in
die Thäler am italischen Abhange der Alpen hinein, und berührte dort die Bajoaren und hier die Burgunden in mehr
oder minder wechselnden Grenzmarken an der Wasserscheide
der Alpenketten, während sich zwischen diesen drei Völkern
und den Alemannen im Norden in dem Quellgebiete des
Rhein und des Inn die romanischen Rhätier in nationaler
Selbstständigkeit, wenn auch in politischer Abhängigkeit von
den Franken, auch ferner behaupteten.

So hatte sich nun endlich nach langer Entwickelung der
volksthümlichen Verhältnisse Deutschland oder das Land
der deutschen Stämme, wie es die geographische Grundlage für die Geschichte des Mittelalters geworden ist, aus
den weiten Gebieten Germaniens herausgebildet, und hatte
im Süden und Westen seine Naturgrenzen gefunden, wie es
durch die Auswanderung der Völker aus dem suevischen Germanien seine Grenzmarken im Osten erhalten hatte. Das
Land von den Gestaden des deutschen Meeres an beiden
Seiten des Rhein aufwärts bis in die Hochthäler der Alpen
ist nun der klassische Boden geworden, auf welchem sich aus
den in der alten Heimath zurückgebliebenen germanischen
Stämmen der deutsche Volksstamm gebildet hat, welcher in diesem Centrallande Europas an den Alpen und am

28*

Rhein wie an der obern Donau auch den Mittelpunkt aller
politiſchen Entwickelung im Mittelalter abgiebt. Im Oſten
und Nordoſten waren die Thüringer und Sachſen die
Grenzvölker dieſes deutſchen Germaniens geworden, und wurden dort durch die Saale und untere Elbe von der Welt
der ſlaviſch = wendiſchen Völker geſchieden. Gegen Südoſten
waren die Bajoaren das Grenzvolk ge ..... und berührten dort die wilden Stämme der Awar.... r deren Ober-
herrſchaft ſich ſeitdem ſlaviſche Völker .. . .e Gebiete der
öſtlichen Alpenlandſchaften verbreiteten u. . . . ſtwärts tief in
das bajoariſche Land eindrangen.

　　Aber noch ſtanden die deutſchen Völker auf dieſem Boden Deutſchlands eben ſo ſelbſtſtändig und ſich fremd einander gegenüber, wie die deutſchen Völker auf dem frühern
Gebiete des römiſchen Reiches. Der erſte Anfang zur Entwickelung einer gemeinſamen deutſchen Volksthümlichkeit erfolgte erſt aus der politiſchen Verknüpfung jener Elemente
in dem fränkiſchen Reiche der Merowingen und Karolingen,
mit deſſen Bildung das eigentliche Mittelalter der Geſchichte
der deutſchen Stämme beginnt.

Gedruckt bei B. Schmidt.